当代西方社会心理学名著译丛

方文——主编

Morality and the Regulation of Social Behavior

Groups as Moral Anchors

道德之锚

道德与社会行为的调节

[荷]娜奥米·埃勒默斯 著
Naomi Ellemers

马梁英 译　赵蜜 审校

中国人民大学出版社
· 北京 ·

当代西方社会心理学名著译丛（第二辑）编委会

学术顾问

陈欣银教授（宾夕法尼亚大学教育学院）
乐国安教授（南开大学社会心理学系）
周晓虹教授（南京大学社会学院）

编辑委员会

戴健林教授（华南师范大学政治与公共管理学院）
高明华教授（哈尔滨工程大学人文社会科学学院）
高申春教授（吉林大学心理学系）
管健教授（南开大学社会心理学系）
侯玉波副教授（北京大学心理与认知科学学院）
胡平教授（中国人民大学心理学系）
寇彧教授（北京师范大学心理学部）
李丹教授（上海师范大学心理学系）
李磊教授（天津商业大学心理学系）
李强教授（南开大学社会心理学系）
刘力教授（北京师范大学心理学部）
罗教讲教授（武汉大学社会学院）
马华维教授（天津师范大学心理学部）
潘宇编审（中国人民大学出版社）
彭泗清教授（北京大学光华管理学院）
汪新建教授（南开大学社会心理学系）
杨宜音研究员（中国社会科学院社会学研究所）
翟学伟教授（南京大学社会学院）
张建新研究员（中国科学院心理研究所）
张彦彦教授（吉林大学心理学系）
赵德雷副教授（哈尔滨工程大学人文社会科学学院）
赵蜜副教授（中央民族大学民族学与社会学学院）
钟年教授（武汉大学心理学系）
朱虹教授（南京大学商学院）
佐斌教授（华中师范大学心理学院）
方文教授（译丛主编，北京大学社会学系）

开启社会心理学的"文化自觉"
"当代西方社会心理学名著译丛"(第二辑)总序

只有一门社会心理学。它关注人之认知、情感和行为潜能的展现,如何受他人在场(presence of others)的影响。其使命是激励每个活生生的个体去超越约拿情结(Jonah Complex)的羁绊,以缔造其动态、特异而完整的丰腴生命。但他人在场,已脱离奥尔波特(Gordon W. Allport)原初的实际在场(actual presence)、想象在场(imagined presence)和隐含在场(implied presence)的微观含义,叠合虚拟在场(virtual presence)这种新模态,从共时-历时和宏观-微观两个维度得到重构,以涵括长青的研究实践和不断拓展的学科符号边界(方文,2008a)。社会心理学绝不是哪个学科的附属学科,它只是以从容开放的胸怀,持续融会心理学、社会学、人类学、进化生物学和认知神经科学的智慧,逐渐建构和重构自主独立的学科认同和概念框架,俨然成为人文社会科学的一门基础学问。

在不断建构和重构的学科历史话语体系中,社会心理学有不同版本的诞生神话(myth of birth),如1897年特里普利特(Norman Triplett)有关社会促进/社会助长(social facilitation)的实验研究、1908年两本偶然以社会心理学为题的教科书,或1924年奥尔波特(Floyd H. Allport)的权威教材。这些诞生神话,蕴含可被解构的意识形态偏好和书写策略。援引学科制度视角(方文,2001),这门新生的社会/行为科学的学科合法性和学科认同,在20世纪30年代中期于北美得以完成。而北美社会心理学,在第二次世界大战期间及战后年代声望日盛,成就其独断的符号霸权。当代社会心理学的学科图景和演进画卷，舒展在此脉络中。

一、1967年：透视当代社会心理学的时间线索

黑格尔说，一切哲学也就是哲学史。哲人道破学科史研究的秘密：滋养学术品位。但在社会科学/行为科学的谱系中，学科史研究一直地位尴尬，远不及人文学科。研究学科史的学者，或者被污名化——自身没有原创力，只能去总结梳理他人的英雄故事；或者被认为是学问大家研究之余的闲暇游戏，如对自身成长过程的记录。而在大学的课程设计中，学科史也只是附属课程，大多数被简化为具体课程中的枝节，在导论里一笔带过。

学科史研究对学术品位的滋养，从几方面展开。第一，它在无情的时间之流中确立学科演化路标：学科的英雄谱系和经典谱系。面对纷繁杂乱的研究时尚或招摇撞骗的学界名流，它是最简洁而高效的解毒剂。第二，它作为学科集体记忆档案，是学科认同建构的基本资源。当学子们领悟到自身正置身于那些非凡而勤奋的天才所献身的理智事业时，自豪和承诺油然而生。而学科脉络中后继的天才，就从中破茧而出。第三，它也是高效的学习捷径。尽管可向失败和愚昧学习，但成本过高；而向天才及其经典学习，是最佳的学习策略。第四，它还可能为抽象的天才形象注入温暖的感性内容。而这感性，正是后继者求知的信心和努力的动力。

已有四种常规线索、视角或策略，被用来观照当代社会心理学的演化：学科编年史，或者学科通史是第一种也是最为常用的策略；学派的更替是第二种策略；不同年代研究主题的变换是第三种策略；而不同年代权威教科书的内容变迁，则是第四种策略。

还有一些新颖的策略正在被尝试。支撑学科理智大厦的核心概念或范畴在不同时期杰出学者视域中的意义演化，即概念史或范畴史，是一种新颖独特但极富难度的视角；而学科制度视角，则以学科发展的制度建设为核心，也被构造出来（方文，2001）。这些视角或策略为洞悉学科的理智进展提供了丰厚洞识。

而历史学者黄仁宇先生则以核心事件和核心人物的活动为主线，贡献

了其大历史的观念。黄先生通过聚焦"无关紧要的一年"（A Year of No Significance）——1587年或万历十五年（黄仁宇，2007），条分缕析，洞悉当时最强大的大明帝国若干年后崩溃的所有线索。这些线索，在这一年六位人物的活动事件中都可以找到踪迹。

剥离其悲哀意味，类似地，当代社会心理学的命运，也可标定一个"无关紧要的一年"：1967年。它与两个基本事件和三个英雄人物关联在一起。

首先是两个基本事件。第一是1967年前后"社会心理学危机话语"的兴起，第二是1967年前后所开始的欧洲社会心理学的理智复兴。危机话语的兴起及其应对，终结了方法学的实验霸权，方法多元和方法宽容逐渐成为共识。而欧洲社会心理学的理智复兴，则终结了北美主流"非社会的"社会心理学（asocial social psychology），"社会关怀"成为标尺。而这两个事件之间亦相互纠缠，共同形塑了其当代理论形貌和概念框架（Moscovici & Marková, 2006）。

还有三个英雄人物。主流社会心理学的象征符码，"社会心理学的教皇"（pope of social psychology）费斯廷格（Leon Festinger, 1919—1989），在1967年开始对社会心理学萌生厌倦之心，正准备离开斯坦福大学和社会心理学。一年后，费斯廷格终于成行，从斯坦福大学来到纽约的新社会研究学院（New School for Social Research），主持有关运动视觉的项目。费斯廷格对社会心理学的离弃，是北美独断的符号霸权终结的先兆。

而在同一年，主流社会心理学界还不熟悉的泰弗尔（Henri Tajfel, 1919—1982），这位和费斯廷格同年出生的天才，从牛津大学来到布里斯托大学。他从牛津大学的讲师被聘为布里斯托大学社会心理学讲席教授。

而在巴黎，和泰弗尔同样默默无闻的另一位天才莫斯科维奇（Serge Moscovici, 1925—2014）正在孕育少数人影响（minority influence）和社会表征（social representation）的思想和研究。

从1967年开始，泰弗尔团队和莫斯科维奇团队，作为欧洲社会心理学理智复兴的创新引擎，在"社会关怀"的旗帜下，开始一系列独创性的研究。社会心理学的当代历史编纂家，会铭记这一历史时刻。当代社会心理学的世界图景从那时开始慢慢重构，北美社会心理学独断的符号霸权开始慢慢解体，而我们置身于其中的学科成就，在新的水准上也得以孕育和完善。

二、统一的学科概念框架的建构：解释水平

教科书的结构，是学科概念框架的原型表征。在研究基础上获得广泛共识的学科结构、方法体系和经典案例，作为学科内核，构成教科书的主体内容。教科书，作为学科发展成熟程度的重要指标，是学科知识传承、学术社会化和学科认同建构的基本资源和主要媒介。特定学科的学子和潜在研究者，首先通过教科书而获得有关学科的直观感受和基础知识。而不同年代权威教科书的内容变迁，实质上负载特定学科理智演化的基本线索。

在杂多的教科书当中，有几条标准可帮助辨析和鉴别其优劣。第一，教科书的编/作者是不是第一流的研究者。随着学科的成熟，中国学界以往盛行的"教材学者"已经淡出；而使他们获得声望的所编教材，也逐渐丧失价值。第二，教科书的编/作者是否秉承理论关怀。没有深厚的理论关怀，即使是第一流的研究者，也只会专注于自己所感兴趣的狭隘领域，没有能力公正而完备地展现和评论学科发展的整体面貌。第三，教科书的编/作者是否有"文化自觉"的心态。如果负荷文化中心主义的傲慢，编/作者就无法均衡、公正地选择研究资料，而呈现出对自身文化共同体的"单纯暴露效应"（mere exposure effect），缺失文化多样性的感悟。

直至今日，打开绝大多数中英文社会心理学教科书的目录，只见不同研究主题杂乱无章地并置，而无法明了其逻辑连贯的理智秩序。学生和教师大多无法领悟不同主题之间的逻辑关联，也无法把所学所教内容图式化，使之成为自身特异的知识体系中可随时启动的知识组块和创造资源。这种混乱，是对社会心理学学科身份的误识，也是对学科概念框架的漠视。

如何统合纷繁杂乱但生机活泼的研究实践、理论模式和多元的方法偏好，使之归于逻辑统一而连贯的学科概念框架？有深刻理论关怀的社会心理学大家，都曾致力于这些难题。荣誉最终归于比利时出生的瑞士学者杜瓦斯（Willem Doise）。

在杜瓦斯之前，美国社会心理学者，2007年库利-米德奖（Cooley-Mead Award）得主豪斯也曾试图描绘社会心理学的整体形貌（House, 1977）。豪斯所勾画的社会心理学是三头怪物：社会学的社会心理学（sociological social psychology, SSP）、实验社会心理学（experimental social psychology, ESP）和语境社会心理学或社会结构和人格研究（contextual social psychology, CSP; social structure and personality）。曾经被误解为两头怪物的社会心理学，因为豪斯更加让人厌烦和畏惧。

但如果承认行动者的能动性，即使是在既定的社会历史语境中的能动性，在行动中对社会过程和社会实在进行情景界定和社会建构的社会心理过程的首要性，就会凸显出来。换言之，社会心理过程在主观建构的意义上对应于社会过程。

杜瓦斯在《社会心理学的解释水平》这部名著中，以解释水平为核心，成功重构了社会心理学统一的学科概念框架。杜瓦斯细致而合理地概括了社会心理学解释的四种理想型或水平，而每种解释水平分别对应于不同的社会心理过程，生发相应的研究主题（Doise, 1986: 10-17）。

水平1——个体内水平（intra-personal or intra-individual level）。它是最为微观也最为心理学化的解释水平。个体内分析水平，主要关注个体在社会情境中组织其社会认知、社会情感和社会经验的机制，并不直接处理个体和社会环境之间的互动。

以个体内解释水平为核心的**个体内过程**，可涵括的基本研究主题有：具身性（embodiment）、自我、社会知觉和归因、社会认知和文化认知、社会情感、社会态度等。

在这一解释水平上，社会心理学者已经构造出一些典范的理论模型，如：费斯廷格的认知失调论；态度形成和改变的双过程模型，如精致化可能性模型（elaboration likelihood model, ELM）与启发式加工-系统加工模型（heuristic-systematic model, HSM）；希金斯（Higgins, 1996）的知识启动和激活模型。

水平2——人际和情景水平（interpersonal and situational level）。它主要关注在给定的情景中所发生的人际过程，而并不考虑在此特定的情景之外个体所占据的不同的社会位置（social positions）。

以人际水平为核心的**人际过程**，可涵括的基本研究主题有：亲社会行为、攻击行为、亲和与亲密关系、竞争与合作等。其典范理论模型是费斯廷格的社会比较论。

水平3——社会位置水平（social positional level）或群体内水平。它关注社会行动者在社会位置中的跨情景差异（inter-situational differences），如社会互动中的参与者特定的群体资格或范畴资格（different group or categorical membership）。

以群体水平为核心的**群体过程**，可涵括的基本研究主题有：大众心理、群体形成、多数人的影响和少数人的影响、权威服从、群体绩效、领导-部属关系等。其典范理论模型是莫斯科维奇有关少数人影响的众从模型（conversion theory）、多数人和少数人影响的双过程模型和社会表征论（Moscovici, 2000）。

水平4——意识形态水平（ideological level）或群际水平。它是最为宏观也是最为社会学化的解释水平。它在实验或其他研究情景中，关注或考虑研究参与者所携带的信念、表征、评价和规范系统。

以群际水平为核心的**群际过程**，可涵括的基本研究主题有：群际认知，如刻板印象；群际情感，如偏见；群际行为，如歧视及其应对，还有污名。

在过去的40年中，群际水平的研究已有突破性的进展。主宰性的理论范式由泰弗尔的社会认同论所启动，并深化到文化认同的文化动态建构论（dynamic constructivism）（Chiu & Hong, 2006; Hong et al., 2000; Wyer et al. Eds., 2009）和"偏差"地图模型（BIAS map）（Cuddy et al., 2007; Fiske et al., 2002）之中。

社会理论大家布迪厄曾经讥讽某些社会学者的社会巫术或社会炼金术，认为他们把自身的理论图式等同于社会实在本身。英雄所见！杜瓦斯尤其强调的是，社会实在在任何时空场景下都是整体呈现的，而不依从于解释水平。社会心理学的四种解释水平只是逻辑工具，绝不是社会实在的四种不同水平；而每种解释水平，都有其存在的合理性，但都只涉及对整体社会实在的某种面向的研究；对于社会实在的整体把握和解释，有赖于四种不同的解释水平的联合（articulation；Doise，1986）。

这四种不同面向和不同层次的社会心理过程，从最为微观也最为心理学化的个体内过程，到最为宏观也最为社会学化的群际过程，是对整体的社会过程不同面向和不同层次的相应表征。

以基本社会心理过程为内核，就可以勾画社会心理学逻辑连贯的概念框架，它由五部分所组成：

（1）社会心理学的历史演化、世界图景和符号霸权分层。

（2）社会心理学的方法体系。

（3）不断凸现的新路径。它为生机勃勃的学科符号边界的拓展预留空间。

（4）基本社会心理过程。

（5）社会心理学在行动中：应用实践的拓展。

社会心理学的基础研究，从第二次世界大战开始，就从两个方面向应用领域拓展。第一，在学科内部，应用社会心理学作为现实问题定向的研究分支，正逐渐地把基础研究的成果用来直面和应对更为宏大的社会问题，如健康、法律、政治、环境、宗教和组织行为。第二，社会心理学有关人性、心理和行为的研究，正对其他学科产生深刻影响。行为经济学家塞勒（Richard H. Thaler，又译为泰勒）因有关心理账户和禀赋效应的研究而获得2017年诺贝尔经济学奖。这是社会心理学家在近50年中第四次获此殊荣［这里没有算上认知神经科学家奥基夫（John O'Keefe）和莫泽夫妇（Edvard I. Moser和May-Britt Moser）因有关大脑的空间定位系统的研究而获得的2014年诺贝尔医学或生理学奖］。在此之前，社会心理学家洛伦茨（Konrad Lorenz）、廷伯根（Nikolaas Tinbergen）和冯·弗里希（Karl von Frisch）因有关动物社会行为的开创性研究而于1973年分享诺贝尔医学或生理学奖。西蒙（Herbert A. Simon；中文名为司马贺，以向司马迁致敬）因有关有限理性（bounded rationality）和次优决策或满意决策（sub-optimum decision-making or satisficing）的研究而获得1978年诺贝尔经济学奖。而卡尼曼（Daniel Kahneman）则因有关行动者在不确定境况中的判断启发式及其偏差的研究，而与另一位学者分享2002年诺贝尔经济学奖。

在诺贝尔奖项中，并没有社会心理学奖。值得强调的是，这些荣膺大奖的社会心理学家，也许只是十年一遇的杰出学者，还不是百年一遇的天才。天才社会心理学家如费斯廷格、泰弗尔、莫斯科维奇和特里弗斯（Robert Trivers）等，他们的理论，在不断地触摸人类物种智慧、情感和欲望的限度。在这个意义上，也许任何大奖包括诺贝尔奖，都无法度量他们持久的贡献。但无论如何，不断获奖的事实，从一个侧面明证了社会心理学家群体的卓越成就，以及社会心理学的卓越研究对于其他人文社会科学研究的典范意义。

杜瓦斯的阐释，是对社会心理学统一概念框架的典范说明。纷繁杂乱的研究实践和理论模式，从此可以被纳入逻辑统一而连贯的体系之中。社会心理学直面社会现实的理论雄心由此得以释放，它不再是心理学、社会学或其他什么学科的亚学科，而是融会相关理智资源的自主学科。

三、当代社会心理学的主宰范式

已有社会心理学大家系统梳理了当代社会心理学的理智进展（如乐国安主编，2009；周晓虹，1993；Burke Ed.，2006；Kruglanski & Higgins Eds.，2007；Van Lange et al. Eds.，2012）。以杜瓦斯所勾画的社会心理学的概念框架为心智地图，也可尝试粗略概括当代社会心理学的主宰范式。这些主宰范式主要体现在方法创新和理论构造上，而不关涉具体的学科史研究、实证研究和应用研究。

（一）方法学领域：社会建构论和话语社会心理学的兴起

作为学科内外因素剧烈互动的结果，"社会心理学危机话语"在20世纪60年代末期开始登场，到20世纪80年代初尘埃落定（方文，1997）。在这段时间，社会心理学教科书、期刊和论坛中充斥着种种悲观的危机论，有的甚至非常激进——"解构社会心理学"（Parker & Shotter Eds.，1990）。"危机话语"实质上反映了社会心理学家群体自我批判意识的兴起。这种自我批判意识的核心主题，就是彻底审查社会心理学赖以发展的方法学基础即实验程序。

危机之后，社会心理学已经迈入方法多元和方法宽容的时代。实验的独断主宰地位已经消解，方法体系中的所有资源，正日益受到均衡的重视。不同理智传统和方法偏好的社会心理学者，通过理智接触，正在消解相互的刻板印象、偏见甚至是歧视，逐渐趋于友善对话甚至是合作。同时，新的研究程序和文献评论技术被构造出来，并逐渐产生重要影响。

其中主宰性的理论视角就是社会建构论（如 Gergen, 2001），主宰性的研究路径就是话语社会心理学（波特，韦斯雷尔，2006；Potter & Wetherell, 1987; Van Dijk, 1993）和修辞学（rhetoric；Billig, 1996），而新的研究技术则是元分析（meta-analysis；Rosenthal & DiMatteo, 2001）。近期，行动者中心的计算机模拟（agent-based simulation；Macy & Willer, 2002）和以大数据处理为基础的计算社会科学（computer social science）（罗玮，罗教讲，2015；Macy & Willer, 2002）也开始渗透进社会心理学的研究中。

（二）不断凸显的新路径：进化路径、文化路径和社会认知神经科学

社会心理学一直不断地自我超越，以开放自在的心态融合其他学科的资源，持续拓展学科符号边界。换言之，社会心理学家群体不断地实践新的研究路径（approaches or orientations）。进化路径、文化路径和社会认知神经科学是其中的典范路径。

进化路径和文化路径的导入，关联于受到持续困扰的基本理论论争：是否存在统一而普遍的规律和机制以支配人类物种的社会心理和社会行为？人类物种的社会心理和社会行为是否因其发生的社会文化语境的差异而呈现出特异性和多样性？这个基本理论论争，又可称为普遍论-特异论（universalism vs. particularism）之论争。

依据回答这个论争的不同立场和态度的差异，作为整体的社会心理学家群体可被纳入三个不同的类别或范畴之中。第一个类别是以实验研究为定向的主流社会心理学家群体。他们基本的立场和态度是漠视这个问题的存在价值，或视之为假问题。他们自我期许以发现普遍规律为己任，并把这一崇高天职视为社会心理学的学科合法性和学科认同的安身立命之所。

因为他们持续不懈的努力，社会心理学的学子们在其学科社会化过程中，不断地遭遇和亲近跨时空的典范研究和英雄系谱。

第二个类别是以文化比较研究为定向的社会心理学家群体。不同文化语境中社会心理和社会行为的特异性和多样性，使他们刻骨铭心。他们坚定地主张特异论的一极，并决绝地质疑普遍论的诉求。因为他们同样持续不懈的努力，社会心理和社会行为的文化嵌入性（cultural embeddedness）的概念开始深入人心，并且不断激发文化比较研究和本土化研究的热潮。奇妙的是，文化社会心理学的特异性路径，从新世纪开始逐渐解体，而迈向文化动态建构论（Chiu & Hong, 2006；Hong et al., 2000）和文化混搭研究（cultural mixing/polyculturalism）（赵志裕，吴莹特约主编，2015；吴莹，赵志裕特约主编，2017；Morris et al., 2015）。

文化动态建构论路径，关涉每个个体的文化命运，如文化认知和知识激活、文化认同和文化融合等重大主题。我们每个个体宿命地诞生在某种在地的文化脉络而不是某种文化实体中。经过生命历程的试错，在文化认知的基础上，我们开心眼，滋心灵，育德行。但文化认知的能力，是人类物种的禀赋，具有普世性。假借地方性的文化资源，我们成长为人，并不断地修补和提升认知力。我们首先成人，然后才是中国人或外国人、黄皮肤或黑白皮肤、宗教信徒或非信徒。

倚靠不断修补和提升的认知力，我们逐渐穿越地方性的文化场景，加工异文化的体系，建构生动而动态的"多元文化的心智"（multicultural mind；Hong et al., 2000）。异质的"文化病毒"，或多元的文化"神灵"，"栖居"在我们的心智中，而表现出领域-特异性。几乎没有"诸神之争"，她们在我们的心灵中各就其位。

这些异质的"文化病毒"，或多元的文化"神灵"不是暴君，也做不成暴君，绝对主宰不了我们的行为。因为先于她们，从出生时起，我们就被植入了自由意志的天赋。我们的文化修行，只是手头待命的符号资源或"工具箱"（Swidler, 1986）。并且在行动中，我们练习"文化开关"的转换技能和策略，并累积性地创造新工具或新的"文化病毒"（Sperber, 1996）。

第三个类别是在当代进化生物学的理智土壤中生长而壮大的群体，即进化社会心理学家群体。他们蔑视特异论者的"喧嚣"，而把建构统一理论的雄心拓展至包括人类物种的整个动物界，以求揭示支配整个动物界的社会心理和社会行为的秩序和机制。以进化历程中的利他难题和性选择难题为核心，以有机体遗传品质的适应性（fitness）为逻辑起点，从1964年汉密尔顿（W. D. Hamilton）开始，不同的宏大理论（grand theories）[如亲属选择论（kin selection/inclusive fitness）、直接互惠论（direct reciprocal altruism）和间接互惠论（indirect reciprocal altruism）在利他难题上，亲本投资论（theory of parental investment；Trivers，2002）在性选择难题上]被构造出来。而进化定向的社会心理学者把进化生物学遗传品质的适应性转化为行为和心智的适应性，进化社会心理学作为新路径和新领域得以成就（如巴斯，2011，2015；Buss，2016）。

认知神经科学和社会认知的融合，催生了社会认知神经科学。以神经科学的新技术如功能性磁共振成像技术（fMRI）和正电子发射断层扫描技术（PET）为利器，社会认知的不同阶段、不同任务以及认知缺陷背后的大脑对应活动，正是最热点前沿（如 Eisenberger，2015；Eisenberger et al.，2003；Greene et al.，2001；Ochsner，2007）。

（三）个体内过程：社会认知范式

在个体内水平上，从20世纪80年代以来，以"暖认知"（warm cognition）或"具身认知"（embodied cognition）为核心的"社会认知革命"（李其维，2008；赵蜜，2010；Barsalou，1999；Barbey et al.，2005），有重要进展。其典范的启动程序（priming procedure）为洞悉人类心智的"黑箱"贡献了简洁武器，并且渗透在其他水平和其他主题的研究中，如文化认知、群体认知（Yzerbyt et al. Eds.，2004）和偏差地图（高明华，2010；佐斌等，2006；Fiske et al.，2002；Cuddy et al.，2007）。

卡尼曼有关行动者在不确定境况中的判断启发式及其偏差的研究（卡尼曼等编，2008；Kahneman et al. Eds.，1982），以及塞勒有关禀赋效应和心理账户的研究（泰勒，2013，2016），使社会认知的路径贯注在经济判断和决策领域中。由此,行为经济学开始凸显。

(四) 群体过程:社会表征范式

人际过程的研究,充斥着杂多的中小型理论模型,并受个体内过程和群体过程研究的挤压。最有理论综合潜能的可能是以实验博弈论为工具的有关竞争和合作的研究。

当代群体过程研究的革新者是莫斯科维奇。从北美有关群体规范形成、从众以及权威服从的研究传统中,莫斯科维奇洞悉了群体秩序和群体创新的辩证法。莫斯科维奇的团队从 1969 年开始,在多数人的影响之外,专注少数人影响的机制。他以少数人行为风格的一致性为基础的众从模型(conversion theory),以及在此基础上所不断完善的多数人和少数人影响的双过程模型(如 De Deru et al. Eds., 2001; Nemeth, 2018),重构了群体过程研究的形貌。莫斯科维奇有关少数人影响的研究经历,佐证了其理论的可信性与有效性(Moscovici, 1996)。

而社会表征论(social representation)则是莫斯科维奇对当代社会心理学的另一重大贡献(Moscovici, 2000)。他试图超越北美不同版本内隐论(implicit theories)的还原主义和个体主义逻辑,解释和说明常识在社会沟通实践中的生产和再生产过程。社会表征论从 20 世纪 90 年代开始,激发了丰富的理论探索和实证研究(如管健,2009;赵蜜,2017;Doise et al., 1993; Liu, 2004; Marková, 2003),并熔铸在当代社会理论中(梅勒,2009)。

(五) 群际过程:社会认同范式及其替代模型

泰弗尔的社会认同论(social identity theory, SIT)革新了当代群际过程的研究。泰弗尔首先奠定了群际过程崭新的知识基础和典范程序:建构主义的群体观、对人际-群际行为差异的精妙辨析,以及"最简群体范式"(minimal group paradigm)的实验程序。从 1967 年开始,经过十多年持续不懈的艰苦努力,泰弗尔和他的团队构造了以社会范畴化、社会比较、认同建构和认同解构/重构为核心的社会认同论。社会认同论,超越了前泰弗尔时代北美盛行的还原主义和个体主义的微观-利益解释路径,基于行动者的多元群体资格来研究群体过程和群际关系（布朗，2007；Tajfel，1970，1981；Tajfel & Turner，1986）。

在泰弗尔于1982年辞世之后，社会认同论在其学生特纳的领导下，有不同版本的修正模型，如不确定性-认同论（uncertainty-identity theory；Hogg，2007）和最优特异性模型（optimal distinctiveness model）。其中最有影响的是特纳等人的"自我归类论"（self-categorization theory；Turner et al.，1987）。在自我归类论中，特纳提出了一个精妙构念——元对比原则（meta-contrast principle），它是行为连续体中范畴激活的基本原则（Turner et al.，1987）。所谓元对比原则，是指在群体中，如果群体成员之间在某特定维度上的相似性权重弱于另一维度的差异性权重，沿着这个有差异的维度就会分化出两个群体，群际关系因此从群体过程中凸显。特纳的元对比原则，有两方面的重要贡献：其一，它完善了其恩师的人际-群际行为差别的观念，使之转换为人际-群际行为连续体；其二，它卓有成效地解决了内群行为和群际行为的转化问题。

但社会认同论仍存在基本理论困扰：内群偏好（ingroup favoritism）和外群敌意（outgroup hostility）难题。不同的修正版本都没有妥善地解决这个基本问题。倒是当代社会认知的大家费斯克及其团队从群体认知出发，通过刻板印象内容模型（stereotype content model，STM；Fiske et al.，2002）巧妙解决了这个难题，并经由"偏差"地图（BIAS map；Cuddy et al.，2007）把刻板印象（群际认知）、偏见（群际情感）和歧视（群际行为）融为一体。

典范意味着符号霸权，但同时也是超越的目标和击打的靶心。在社会认同范式的笼罩下，以自尊假设和死亡显著性（mortality salience）为核心的恐惧管理论（terror management theory，TMT）（张阳阳，佐斌，2006；Greenberg et al.，1997）、社会支配论（social dominance theory；Sidanius & Pratto，1999）和体制合理化理论（system justification theory；Jost & Banaji，1994）被北美学者构造出来，尝试替代解释群际现象。它有两方面的意涵：其一，它意味着人格心理学对北美社会心理学的强大影响力；其二则意味着北美个体主义和还原主义的精神气质期望在当代宏观社会心理过程中借尸还魂，而这尸体就是腐败达半世纪的权威人格论及其变式。

四、铸就中国社会心理学的"社会之魂"

中国当代社会心理学自 1978 年恢复、重建以来，"本土行动、全球情怀"可道其风骨。立足于本土行动的研究实践历经二十余载，催生了"文化自觉"的信心和勇气。中国社会心理学者的全球情怀，也从 21 世纪起开始凸显。

（一）"本土行动"的研究路径

所有国别中的社会心理学研究，首先都是本土性的研究实践。中国当代社会心理学的研究也不例外，其"本土行动"的研究实践，包括以下两类研究路径。

1. 中国文化特异性路径

以中国文化特异性为中心的研究实践，已经取得一定成就。援引解释水平的线索，可从个体、人际、群体和群际层面进行概要评论。在个体层面，受杨国枢中国人自我研究的激发，金盛华和张建新尝试探究自我价值定向理论和中国人人格模型；王登峰采用中文词汇学路径，构造了中国人人格结构的"大七模型"，以与西方的"大五模型"相区别；彭凯平的分析思维-辩证思维概念、侯玉波的中国人思维方式探索以及杨中芳的"中庸"思维研究，都揭示了中国人独特的思维方式和认知特性；刘力有关中国人的健康表征研究、汪新建和李强团队的心理健康和心理咨询研究，深化了对中国人健康和疾病观念的理解。而周欣悦的思乡研究、金钱启动研究和控制感研究，也有一定的国际影响。在人际层面，黄光国基于儒家关系主义探究了"中国人的权力游戏"，并激发了翟学伟和佐斌等有关中国人的人情、面子和里子研究；叶光辉的孝道研究，增进了对中国人家庭伦理和日常交往的理解。在群体层面，梁觉的社会通则概念，王垒、王辉、张志学、孙健敏和郑伯埙等有关中国组织行为和领导风格的研究，尝试探究中国人的群体过程和组织过程。而在群际层面，杨宜音的"自己人"和"关系化"的研究，展现了中国人独特的社会分类逻辑。沙莲香有关中国民族性的系列研究，也产生了重大影响。

上述研究增强了中国社会心理学共同体的学术自信。但这些研究也存在有待完善的共同特征。第一，这些研究都预设一种个体主义文化-集体主义文化的二元对立，而中国文化被假定和西方的个体主义文化不同，位于对应的另一极。第二，这些研究的意趣过分执着于中国文化共同体相对静止而凝固的面向，有的甚至隐含汉族中心主义和儒家中心主义倾向。第三，这些研究的方法程序大多依赖于访谈或问卷/量表。第四，这些研究相对忽视了当代中国社会的伟大变革对当代中国人心灵的塑造作用。

2. 稳态社会路径

稳态社会路径对理论论辩没有丝毫兴趣，但它是大量经验研究的主宰偏好。其问题意识，源于对西方主流学界尤其是北美社会心理学界的追踪、模仿和复制，并常常伴随中西文化比较的冲动。在积极意义上，这种问题意识不断刺激国内学子研读和领悟主流学界的进展；但其消极面是使中国社会心理学的精神品格，蜕变为北美研究时尚的落伍追随者，其典型例证如被各级地方政府所追捧的有关主观幸福感的研究。北美社会已经是高度稳态的程序社会，因而其学者问题意识的生长点只能是稳态社会的枝节问题。而偏好稳态社会路径的中国学者，所面对的是急剧的社会变革和转型。社会心理现象的表现形式、成因、后果和应对策略，在稳态社会与转型社会之间，存在质的差异。

稳态社会路径的方法论偏好，可归结为真空中的个体主义。活生生的行动者，在研究过程中被人为剔除了其在转型社会中的丰富特征，而被简化为高度同质的原子式的个体。强调社会关怀的社会心理学，蜕变为"非社会的"（asocial）社会心理学。而其资料收集程序，乃是真空中的实验或问卷调查。宏大的社会现实，被歪曲或简化为人为的实验室或田野中漠不相关的个体之间虚假的社会互动。社会心理学的"社会"之魂由此被彻底放逐。

(二) 超越"怪异心理学"的全球情怀

中国社会"百年未有之大变局",给中国社会心理学者提供了千载难逢的社会实验室。一种以中国社会转型为中心的研究实践,从21世纪开始焕发生机。其理论抱负不是对中西文化进行比较,也不是为西方模型提供中国样本资料,而是要真切地面对中国伟大的变革现实,以系统描述、理解和解释置身于转型社会的中国人心理和行为的逻辑和机制。其直面的问题虽是本土-本真性的,但由此系统萌生的情怀却是国际性的,力图超越"怪异心理学"[western, educated, industrialized, rich, and democratic (WEIRD) psychology; Henrich et al., 2010],后者因其研究样本局限于西方受过良好教育的工业化背景的富裕社会而饱受诟病。

乐国安团队有关网络集体行动的研究,周晓虹有关农民群体社会心理变迁、"城市体验"和"中国体验"的研究,杨宜音和王俊秀团队有关社会心态的研究,方文有关群体符号边界、转型心理学和社会分类权的研究(方文,2017),高明华有关教育不平等的研究(高明华,2013),赵德雷有关社会污名的研究(赵德雷,2015),赵蜜有关政策社会心理学和儿童贫困表征的研究(赵蜜,2019;赵蜜,方文,2013),彭泗清团队有关文化混搭(cultural mixing)的研究,都尝试从不同侧面捕捉中国社会转型对中国特定群体的塑造过程。这些研究的基本品质,在于研究者对社会转型的不同侧面的高度敏感性,并以之为基础来构造自己研究的问题意识。其中,赵志裕和康萤仪的文化动态建构论模型有重要的国际影响。

(三) 群体地图与中国体验等紧迫的研究议题

面对空洞的宏大理论和抽象经验主义的符号霸权,米尔斯呼吁社会学者应以持久的人类困扰和紧迫的社会议题为枢纽,重建社会学的想象力。而要滋养和培育中国当代社会心理学的想象力和洞察力,铸就社会心理学的"社会之魂",类似地,必须检讨不同样式的生理决定论和还原论,直面生命持久的心智困扰和紧迫的社会心理议题。

不同样式的生理决定论和还原论,总是附身于招摇的研究时尚,呈现不同的惑人面目，如认知神经科学的殖民倾向。社会心理学虽历经艰难而理智的探索，终于从生理/本能决定论中破茧而出，却持续受到认知神经科学的侵扰。尽管大脑是所有心智活动的物质基础，尽管所有的社会心理和行为都有相伴的神经相关物，尽管社会心理学者对所有的学科进展有持续的开放胸怀，但人类复杂的社会心理过程无法还原为个体大脑的结构或功能。而今天的研究时尚，存在神经研究替代甚至凌驾完整动态的生命活动研究的倾向。又如大数据机构的营销术。据称大数据时代已经来临，而所有生命活动的印迹，通过计算社会科学，都能被系统挖掘、集成、归类、整合和预测。类似于乔治·奥威尔所著《一九八四》中老大哥的眼神，这是令人恐怖的数字乌托邦迷思。完整动态的生命活动，不是数字，也无法还原为数字，无论基于每个生命从出生时起就被永久植入的自由意志，还是自动活动与控制活动的分野。

铸就中国当代社会心理学的"社会之魂"，必须直面转型中国社会紧迫的社会心理议题。

（1）数字时代人类社会认知能力的演化。方便获取的数字文本、便捷的文献检索和存储方式，彻底改变了生命学习和思考的语境。人类的社会认知过程的适应和演化是基本难题之一。"谷歌效应"（Google effect；Sparrow et al.，2011）已经初步揭示便捷的文献检索和存储方式正败坏长时记忆系统。

（2）"平庸之恶"风险中的众从。无论是米尔格拉姆的权威服从实验还是津巴多的"路西法效应"研究，无论是二战期间纳粹德国的屠犹还是日本法西斯在中国和东南亚的暴行，无论是当代非洲的种族灭绝还是不时发生的恐怖活动，如何滋养和培育超越所谓"平庸之恶"的众从行为和内心良知，值得探究。它还涉及如何汇集民智、民情和民意的"顶层设计"。

（3）中国社会的群体地图。要想描述、理解和解释中国人的所知、所感、所行，必须从结构层面深入人心层面，系统探究社会转型中不同群体的构成特征、认知方式、情感体验、惯例行为模式和生命期盼。

（4）中国体验与心态模式。如何系统描绘社会变革语境中中国民众人心秩序或"中国体验"与心态模式的变迁，培育慈爱之心和公民美德，对抗非人化（dehumanization）或低人化（infra-humanization）趋势，也是紧迫的研究议程之一。

五、文化自觉的阶梯

中国社会"千年未有之变局"，或社会转型，已经并正在形塑整体中国人的历史命运。如何从结构层面深入人心层面来系统描述、理解和解释中国人的所知、所感及所行？如何把社会转型的现实灌注到中国社会心理学的研究场景中，以缔造中国社会心理学的独特品格？如何培育中国社会心理学者对持久的人类困扰和紧迫的社会议题的深切关注和敏感？所有这些难题，都是中国社会心理学者不得不直面的挑战，但同时也是理智复兴的机遇。

中国社会转型，给中国社会心理学者提供了独特的社会实验室。为了描述、理解和解释社会转型中的中国人心理和行为逻辑，应该呼唤直面社会转型的社会心理学的研究，或转型心理学的研究。转型心理学的路径，期望能够把握和捕捉社会巨变的脉络和质地，以超越文化特异性路径和稳态社会路径，以求实现中国社会心理学的理智复兴（方文，2008b，2014；方文主编，2013；Fang，2009）。

中国社会心理学的理智复兴，需要在直面中国社会转型的境况下，挖掘本土资源和西方资源，进行脚踏实地的努力。追踪、学习、梳理及借鉴西方社会心理学的新进展，就成为无法绕开的基础性的理论工作，也是最有挑战性和艰巨性的理论工作之一。

从前辈学者开始，对西方社会心理学的翻译、介绍和评论，从来就没有停止过。这些无价的努力，已经熔铸在中国社会心理学研究者和年轻学子的心智中，有助于滋养学术品位，培育"文化自觉"的信心。但翻译工作还主要集中于西方尤其是北美的社会心理学教科书。

教科书作为学术社会化的基本资源，只能择要选择相对凝固的研究发现和理论模型。整体研究过程和理论建构过程中的鲜活逻辑，都被忽略或遗弃了。学生面对的不是原初的完整研究，而是由教科书的编/作者所筛选过的第二手资料。期望学生甚至是研究者直接亲近当代社会心理学的典范研究，就是出版"当代西方社会心理学名著译丛"的初衷。

本译丛第一辑名著的选择，期望能近乎覆盖当代西方社会心理学的主宰范式。其作者，或者是特定研究范式的奠基者和开拓者，或者是特定研究范式的当代旗手。从2011年开始出版和陆续重印的名著译丛，广受好评，也在一定意义上重铸了中文社会心理学界的知识基础。而今启动的第二辑在书目选择上也遵循了第一辑的编选原则——"双重最好"（double best），即当代西方社会心理学最好研究者的最好专著文本，尽量避免多人合著的作品或论文集。已经确定的名篇有《情境中的知识》（Jovchelovitch，2007）、《超越苦乐原则》（Higgins，2012）、《努力的意义》（Dweck，1999）、《归因动机论》（Weiner，2006）、《欲望的演化》（Buss，2016）、《偏见》（Brown，2010）、《情绪感染》（Hatfield et al.，1994）、《偏见与沟通》（Pettigrew & Tropp，2011）和《道德之锚》（Ellemers，2017）。

正如西蒙所言，没有最优决策，最多只存在满意决策。文本的筛选和版权协商，尽管尽心尽力、精益求精，但总是有不可抗力而导致痛失珍贵的典范文本，如《自然选择和社会理论》（Trivers，2002）以及《为异见者辩护》（Nemeth，2018）等。

期望本名著译丛的出版，能开启中国社会心理学的"文化自觉"。

鸣谢

从2000年开始，我的研究幸运地持续获得国家社会科学基金（2000，2003，2008，2014，2020）和教育部人文社会科学重点研究基地重大项目基金（2006，2011，2016）的资助。最近获得资助的是2016年度教育部人文社会科学重点研究基地重大项目"阻断贫困再生产：儿童贫困后效、实验干预与政策反思"（项目批准号为16JJD840001）和2020年度国家社会科学基金一般项目"宗教和灵性心理学的跨学科研究"（项目批准号为20BZJ004）。"当代西方社会心理学名著译丛"（第二辑），也是这些资助项目的主要成果之一。

而近20年前有幸结识潘宇博士，开始了和中国人民大学出版社的良好合作。潘宇博士，沙莲香先生的高徒，以对社会心理学学科制度建设的激情、承诺和敏锐洞察力,给我持续的信赖和激励。本名著译丛从最初的构想、书目选择到版权事宜,她都给予了持续的支持和推动。而中国人民大学出版社的张宏学和郦益在译丛出版过程中则持续地贡献了智慧和耐心。

最后衷心感谢本译丛学术顾问和编辑委员会所有师友的鼎力支持、批评和建议,也衷心感谢所有译校者的创造性工作。

方文

2020 年 7 月

参考文献

巴斯. (2011). 欲望的演化:人类的择偶策略(修订版;谭黎,王叶译). 北京:中国人民大学出版社.

巴斯. (2015). 进化心理学:心理的新科学(第 4 版;张勇,蒋柯译). 北京:商务印书馆.

波特,韦斯雷尔. (2006). 话语和社会心理学:超越态度与行为(肖文明等译). 北京:中国人民大学出版社.

布朗. (2007). 群体过程(第 2 版;胡鑫,庆小飞译). 北京:中国轻工业出版社.

方文. (1997). 社会心理学百年进程. 社会科学战线(2), 248 – 257.

方文. (2001). 社会心理学的演化:一种学科制度视角. 中国社会科学(6), 126 – 136 + 207.

方文. (2008a). 学科制度和社会认同. 北京:中国人民大学出版社.

方文. (2008b). 转型心理学:以群体资格为中心. 中国社会科学(4), 137 – 147.

方文. (2014). 转型心理学. 北京:社会科学文献出版社.

方文. (2017). 社会分类权. 北京大学学报:哲学社会科学版, 54 (5), 80 – 90.

方文(主编). (2013). 中国社会转型:转型心理学的路径. 北京:中国人民大学出版社.

高明华. (2010). 刻板印象内容模型的修正与发展:源于大学生群体样本的调查结果. 社会, 30 (5), 200 – 223.

高明华. (2013). 教育不平等的身心机制及干预策略:以农民工子女为例. 中国社会科学(4), 60 – 80.

管健．(2009)．社会表征理论的起源与发展：对莫斯科维奇《社会表征：社会心理学探索》的解读．社会学研究(4)，232–246．

黄仁宇．(2007)．万历十五年(增订本)．北京：中华书局．

卡尼曼，斯洛维奇，特沃斯基（编）．(2008)．不确定状况下的判断：启发式和偏差（方文等译）．北京：中国人民大学出版社．

李其维．(2008)．"认知革命"与"第二代认知科学"刍议．心理学报，40（12），1306–1327．

罗玮，罗教讲．(2015)．新计算社会学：大数据时代的社会学研究．社会学研究(3)，222–241．

梅勒．(2009)．理解社会(赵亮员等译)．北京：北京大学出版社．

泰勒．(2013)．赢者的诅咒：经济生活中的悖论与反常现象(陈宇峰等译)．北京：中国人民大学出版社．

泰勒．(2016)．"错误"的行为：行为经济学的形成（第2版，王晋译）．北京：中信出版集团．

吴莹，赵志裕（特约主编）．(2017)．中国社会心理学评论：文化混搭心理研究（Ⅱ）．北京：社会科学文献出版社．

乐国安（主编）．(2009)．社会心理学理论新编．天津：天津人民出版社．

张阳阳，佐斌．(2006)．自尊的恐惧管理理论研究述评．心理科学进展，14（2），273–280．

赵德雷．(2015)．农民工社会地位认同研究：以建筑装饰业为视角．北京：知识产权出版社．

赵蜜．(2010)．以身行事：从西美尔风情心理学到身体话语．开放时代(1)，152–160．

赵蜜．(2017)．社会表征论：发展脉络及其启示．社会学研究(4)，222–245+250．

赵蜜．(2019)．儿童贫困表征的年龄与城乡效应．社会学研究(5)，192–216．

赵蜜，方文．(2013)．社会政策中的互依三角：以村民自治制度为例．社会学研究(6)，169–192．

赵志裕，吴莹（特约主编）．(2015)．中国社会心理学评论：文化混搭心理研究（Ⅰ）．北京：社会科学文献出版社．

周晓虹．(1993)．现代社会心理学史．北京：中国人民大学出版社．

佐斌，张阳阳，赵菊，王娟．(2006)．刻板印象内容模型：理论假设及研究．心理科学进展，14（1），138–145．

Barbey, A., Barsalou, L., Simmons, W. K., & Santos, A. (2005). Embodment in religious knowledge. *Journal of Cognition & Culture*, 5 (1-2), 14-57.

Barsalou, L. W. (1999). Perceptual symbol systems. *Behavioral & Brain Sciences*, 22 (4), 577-660.

Billig, M. (1996). *Arguing and thinking: A rhetorical approach to social psychology* (New ed.). Cambridge University Press.

Brown, R. (2010). *Prejudice: It's social psychology* (2nd ed.). Wiley-Blackwell.

Burke, P. J. (Ed.). (2006). *Contemporary social psychological theories*. Stanford University Press.

Buss, D. M. (2016). *The evolution of desire: Strategies of human mating*. Basic Books.

Chiu, C.-y., & Hong, Y.-y. (2006). *Social psychology of culture*. Psychology Press.

Cuddy, A. J., Fiske, S. T., & Glick, P. (2007). The BIAS map: Behaviors from intergroup affect and stereotypes. *Journal of Personality & Social Psychology*, 92 (4), 631-648.

De Dreu, C. K. W., & De Vries, N. K. (Eds.). (2001). *Group consensus and minority influence: Implications for innovation*. Blackwell.

Doise, W. (1986). *Levels of explanation in social psychology* (E. Mapstone, Trans.). Cambridge University Press.

Doise, W., Clémence, A., & Lorenzi-Cioldi, F. (1993). *The quantitative analysis of social representations* (J. Kaneko, Trans.). Harvester Wheatsheaf.

Dweck, C. S. (1999). *Self-theories: Their role in motivation, personality and development*. Psychology Press.

Eisenberger, N. I. (2015). Social pain and the brain: Controversies, questions, and where to go from here. *Annual Review of Psychology*, 66, 601-629.

Eisenberger, N. I., Lieberman, M. D., & Williams, K. D. (2003). Does rejection hurt? An fMRI study of social exclusion. *Science*, 302 (5643), 290-292.

Ellemers, N. (2017). *Morality and the regulation of social behavior: Group as moral anchors*. Routledge.

Fang, W. (2009). Transition psychology: The membership approach. *Social Sciences in China*, 30 (2), 35-48.

Fiske, S. T., Cuddy, A. J., Glick, P., & Xu, J. (2002). A model of (often mixed) stereotype content: Competence and warmth respectively follow from perceived status and competition. *Journal of Personality & Social Psychology*, 82 (6), 878 – 902.

Gergen, K. J. (2001). *Social construction in context*. Sage.

Greenberg, J., Solomon, S., & Pyszczynski, T. (1997). Terror management theory of self-esteem and cultural worldviews: Empirical assessments and conceptual refinements. In P. M. Zanna (Eds.), *Advances in experimental social psychology* (Vol. 29, pp. 61 – 139). Academic Press.

Greene, J. D., Sommerville, R. B., Nystrom, L. E., Darley, J. M., & Cohen, J. D. (2001). An fMRI investigation of emotional engagement in moral judgment. *Science*, 293 (5537), 2105 – 2108.

Hatfield, E., Cacioppo, J. T., & Rapson, R. L. (1994). *Emotional contagion*. Cambridge University Press.

Henrich, J., Heine, S. J., & Norenzayan, A. (2010). The weirdest people in the world? *Behavioral & Brain Sciences*, 33 (2 – 3), 61 – 83.

Higgins, E. T. (1996). Activation: Accessibility, and salience. In E. T. Higgins & A. Kruglanski (Eds.), *Social psychology: Handbook of basic principles* (pp. 133 – 168). Guilford.

Higgins, E. T. (2012). *Beyond pleasure and pain: How motivation works*. Oxford University Press.

Hogg, M. A. (2007). Uncertainty-identity theory. *Advances in Experimental Social Psychology*, 39, 69 – 126.

Hong, Y.-y., Morris, M. W., Chiu, C.-y., & Benet-Martínez, V. (2000). Multicultural minds: A dynamic constructivist approach to culture and cognition. *American Psychologist*, 55 (7), 709 – 720.

House, J. S. (1977). The three faces of social psychology. *Sociometry*, 40 (2), 161 – 177.

Jost, J. T., & Banaji, M. R. (1994). The role of stereotyping in system-justification and the production of false consciousness. *British Journal of Social Psychology*, 33 (1), 1 – 27.

Jovchelovitch, S. (2007). *Knowledge in context: Representations, community and culture*. Routledge.

Kahneman, D., Slovic, P., & Tversky, A. (Eds.). (1982). *Judgment under uncertainty: Heuristics and biases*. Cambridge university press.

Kruglanski, A. W. , & Higgins, E. T. (Eds.). (2007). *Social psychology: Handbook of basic principles*. Guilford.

Liu, L. (2004). Sensitising concept, themata and shareness: A dialogical perspective of social representations. *Journal for the Theory of Social Behaviour*, 34 (3), 249 - 264.

Macy, M. W. , & Willer, R. (2002). From factors to actors: Computational sociology and agent-based modeling. *Annual Review of Sociology*, 28 , 143 - 166.

Marková, I. (2003). *Dialogicality and social representations: The dynamics of mind*. Cambridge University Press.

Morris, M. W. , Chiu, C. -y. , & Liu, Z. (2015). Polycultural psychology. *Annual Review of Psychology*, 66 , 631 - 659.

Moscovici, S. (1996). Foreword: Just remembering. *British Journal of Social Psychology*, 35 , 5 - 14.

Moscovici, S. (2000). *Social representations: Explorations in social psychology*. Polity.

Moscovici, S. , & Marková, I. (2006). *The making of modern social psychology: The hidden story of how an international social science was created*. Polity.

Nemeth, C. (2018). *In defense of troublemakers: The power of dissent in life and business*. Basic Books.

Ochsner, K. N. (2007). Social cognitive neuroscience: Historical development, core principles, and future promise. In A. W. Kruglanski & E. T. Higgins (Eds.), *Social psychology: Handbook of basic principles* (pp. 39 - 66). Guilford.

Parker, I. , & Shotter, J. (Eds.). (1990). *Deconstructing social psychology*. Routledge.

Pettigrew, T. F. , & Tropp, L. R. (2011). *When groups meet: The dynamics of intergroup contact*. Psychology Press.

Potter, J. , & Wetherell, M. (1987). *Discourse and social psychology: Beyond attitudes and behaviour*. Sage.

Rosenthal, R. , & DiMatteo, M. (2001). Meta-analysis: Recent developments in quantitative methods for literature review. *Annual Review of Psychology*, 52 , 59 - 82.

Sidanius, J. , & Pratto, F. (2001). *Social dominance: An intergroup theory of social hierarchy and oppression*. Cambridge University Press.

Sparrow, B. , Liu, J. , & Wegner, D. M. (2011). Google effects on memory: Cognitive consequences of having information at our fingertips. *Science*, 333 (6043), 776 - 778.

Sperber, D. (1996). *Explaining culture: A naturalistic approach.* Blackwell.

Swidler, A. (1986). Culture in action: Symbols and strategies. *American Sociological Review, 51* (2), 273–286.

Tajfel, H. (1970). Experiments in intergroup discrimination. *Scientific American, 223* (5), 96–103.

Tajfel, H. (1981). *Human groups and social categories: Studies in social psychology.* Cambridge University Press.

Tajfel, H., & Turner, J. C. (1986). The social identity theory of inter-group behavior. In S. Worchel & L. W. Austin (Eds.), *Psychology of intergroup relations* (pp. 7–24). Nelson-Hall.

Trivers, R. (2002). *Natural selection and social theory: Selected papers of Robert Trivers.* Oxford University Press.

Turner, J. C., Hogg, M. A., Oakes, P. J., Reicher, S. D., & Wetherell, M. S. (1987). *Rediscovering the social group: A self-categorization theory.* Blackwell.

Van Dijk, T. A. (1993). *Elite discourse and racism.* Sage.

Van Lange, P. A. M., Kruglanski, A. W., & Higgins, E. T. (Eds.). (2012). *Handbook of theories of social psychology.* Sage.

Weiner, B. (2006). *Social motivation, justice, and the moral emotions: An attributional approach.* Erlbaum.

Wyer, R. S., Chiu, C.-y., & Hong, Y.-y. (Eds.). (2009). *Understanding culture: Theory, research, and application.* Psychology Press.

Yzerbyt, V., Judd, C. M., & Corneille, O. (Eds.). (2004). *The psychology of group perception: Perceived variability, entitativity, and essentialism.* Psychology Press.

目录

中文版序　　　　　　　　　　　　　　　／ i
致谢　　　　　　　　　　　　　　　　　／ xv

第一部分　导论

第一章　为什么研究道德?　　　　　　／ 3
　　我们如何看待不道德行为?　　　　　／ 5
　　我们怎样审视道德行为?　　　　　　／ 7
　　我们讨论道德时在说什么?　　　　　／ 10
　　道德心理学　　　　　　　　　　　／ 12
　　群体道德的意义　　　　　　　　　／ 14
　　道德的社会功能　　　　　　　　　／ 15

第二章　群体作为道德之锚　　　　　　／ 17
　　道德信念的起源　　　　　　　　　／ 19
　　超越互依与关怀　　　　　　　　　／ 22
　　常被忽略的群体语境　　　　　　　／ 24
　　道德的社会认同路径　　　　　　　／ 26
　　群体作为道德之锚　　　　　　　　／ 30

　　　　道德作为社会测验　　　　　　　　　　　　　　　　/ 35

第二部分　个体内水平

第三章　我们都想做有道德的人　　　　　　　　　　　/ 39
　　　　做一个有德性的人　　　　　　　　　　　　　　/ 40
　　　　德性不仅仅是友善　　　　　　　　　　　　　　/ 44
　　　　是要德性还是要聪明？　　　　　　　　　　　　/ 47
　　　　评估行事道德的动机　　　　　　　　　　　　　/ 51
　　　　行事道德的群体和组织对个体的吸引力　　　　　/ 56
　　　　职场道德的重要性　　　　　　　　　　　　　　/ 59
　　　　德性决定我们是谁　　　　　　　　　　　　　　/ 62

第四章　道德走神与道德自我观　　　　　　　　　　　/ 64
　　　　羞耻感和罪疚感　　　　　　　　　　　　　　　/ 65
　　　　道德耗竭　　　　　　　　　　　　　　　　　　/ 67
　　　　道德存疑行为的情绪成本　　　　　　　　　　　/ 71
　　　　道德过失的社会意涵　　　　　　　　　　　　　/ 75
　　　　自我保护反应　　　　　　　　　　　　　　　　/ 81
　　　　应对（间接体验到的）道德感或不道德感　　　　/ 84
　　　　应对道德污点　　　　　　　　　　　　　　　　/ 89

第三部分　人际水平

第五章　我们信任谁？　　　　　　　　　　　　　　　/ 93
　　　　为什么信任至关重要　　　　　　　　　　　　　/ 95
　　　　决定信任谁　　　　　　　　　　　　　　　　　/ 97
　　　　感知到的动机影响判断　　　　　　　　　　　　/ 102

权力差异影响信任　　　　　　　　　　　　／ **105**
　　地位安全性提升信任　　　　　　　　　　　／ **108**
　　机遇与责任　　　　　　　　　　　　　　　／ **112**
　　可信无法被强制而来　　　　　　　　　　　／ **114**

第六章　寻求道德引导　　　　　　　　　　　　／ **116**
　　超越信任　　　　　　　　　　　　　　　　／ **117**
　　我们不只关心结果　　　　　　　　　　　　／ **121**
　　道德明灯使我们感受到自身的不足　　　　　／ **123**
　　道德差异引发威胁　　　　　　　　　　　　／ **127**
　　确保道德认可　　　　　　　　　　　　　　／ **131**
　　为什么道德提升如此困难　　　　　　　　　／ **134**

第四部分　群体内水平

第七章　我们的立场　　　　　　　　　　　　　／ **139**
　　群体成员资格如何塑造自我观　　　　　　　／ **141**
　　赢得接受与接纳　　　　　　　　　　　　　／ **146**
　　谁的判断至关重要？　　　　　　　　　　　／ **150**
　　无罪推定　　　　　　　　　　　　　　　　／ **157**
　　对抗群体道德的代价　　　　　　　　　　　／ **159**
　　做忠诚的群体成员　　　　　　　　　　　　／ **161**
　　窄化我们的道德视野　　　　　　　　　　　／ **163**

第八章　道德氛围　　　　　　　　　　　　　　／ **165**
　　害群之马与染缸　　　　　　　　　　　　　／ **167**
　　伦理氛围　　　　　　　　　　　　　　　　／ **170**
　　强调积极面向还是消除不利因素？　　　　　／ **174**
　　平衡结果与价值　　　　　　　　　　　　　／ **178**

　　　　道德领导力　　　　　　　　　　　　　　／ 181
　　　　过失及惩治　　　　　　　　　　　　　　／ 185
　　　　培育道德氛围　　　　　　　　　　　　　／ 187

第五部分　群际水平

第九章　**获得道德区分**　　　　　　　　　　／ **193**
　　　　争取道德优越感　　　　　　　　　　　　／ 194
　　　　应对道德贬损　　　　　　　　　　　　　／ 201
　　　　树立道德形象　　　　　　　　　　　　　／ 205
　　　　同意异议的存在　　　　　　　　　　　　／ 210
　　　　界定内群　　　　　　　　　　　　　　　／ 213
　　　　同样的目标，不同的手段　　　　　　　　／ 217

第十章　**谁值得被以德相待？**　　　　　　　／ **218**
　　　　力图公平　　　　　　　　　　　　　　　／ 219
　　　　决定应得性　　　　　　　　　　　　　　／ 227
　　　　对特权感到不适　　　　　　　　　　　　／ 232
　　　　好心办坏事　　　　　　　　　　　　　　／ 241
　　　　变换的标准　　　　　　　　　　　　　　／ 246
　　　　仅考虑成就？　　　　　　　　　　　　　／ 249

第六部分　结论

第十一章　**这会如何帮助我们？**　　　　　　／ **253**
　　　　要点串联　　　　　　　　　　　　　　　／ 254
　　　　评估个人特质作用有限　　　　　　　　　／ 256
　　　　善恶不是简单抉择　　　　　　　　　　　／ 258

群体并非所有问题的根源 / 260
我们能做什么？ / 261

第十二章 做出改变 **/ 263**
纠结于问题还是寻求方案 / 264
不在于说了什么而在于怎么说 / 266
希望催生改变的余地 / 267
只做可行之事 / 268
做出改变 / 270

参考文献 / 273
主题索引 / 307
译后记 / 321

中文版序

听闻我的《道德之锚》一书将出中文版，我感到十分惊喜。虽然西方学者往往将英语视作科学的通用语言（lingua franca），但文本如能够以不同语言写就，便能大大有利于提升其潜在受众群体的规模。尽管出生和生活在世界不同地区的人们之间可能会出现相处困难的紧张状态，但令人欣慰的是，智识交流与知识共享仍持续将人们联结在一起，并且能帮助他们理解我们所处的社会。因此，我非常高兴有此机会来为本书中文版撰写一篇专门的序言，并着重介绍本书对科学和社会领域新近进展的意义。

基于群体的道德行为研究路径

从1987年开始攻读博士学位时起，我就对群体过程和群际关系充满兴趣。受社会认同论（Tajfel, 1978；Tajfel & Turner, 1979）的启发，我对个人的思想、情感和行为受人们作为社会群体成员的社会认同和自我观的影响这一观点十分着迷。事实上，我和该领域许多同人所做的研究一致揭示了自我与其他群体成员之间存在强大的心理纽带。被视作社会群体或社群的代表而不是一个单独的个体，这能带来巨大的影响，使得范畴化和社会认同成为人类行为的核心动机（Ellemers & De Gilder, 2020）。这些年来，新型和更复杂的测量手段的采用，越来越多地揭示了这些影响的认知神经和心理生理学基础（Ellemers, 2016）。

在20世纪八九十年代，对社会群体感兴趣的研究人员把焦点主要放在群体对权力、社会地位和稀缺资源控制的政治和社会争夺上。在我的研究中，我确实评估了个体和群体的道德成就和道德特征（如"诚实"或"可靠"）。然而，与社会认同论一致，我在很长一段时间里认为伦理德性和道德成就是次要的，或者说是"备选的"维度。我认为道德判断是自我价值和积极社会认同的次要来源，因为我假定群体会宣称自己的道德优越性，以此作为"安慰奖"，即他们想要弥补自己所缺乏的"真正的"地位。人们可以通过展现自身的能力，赢得可能进入社会中权力位置的机会。直到我开始研究作为群体美德和社会地位本身潜在来源的个体和群体的道德评价时（Leach, Ellemers, & Barreto, 2007），我才意识到先前的看法并不准确。事实上，在准备本书初稿时，我重新审视和阐释了我原初的一些研究结果（Ellemers & Van Rijswijk, 1997），以反映这种认识上的转变（参见第九章）。实际上，你即将阅读的这本书总结的许多研究均表明，对于人们的自我观、他们考虑他人的方式、他们遵循的社会规范以及他们与其他群体的关系而言，德性和道德判断是重中之重。

当我更深入地检视心理学领域中有关道德的文献时，我注意到道德行为的理论解释与道德研究之间有显著的脱节（Ellemers, 2018）。一方面，道德理论进展强调群体规范、社会接纳以及社会群体和社会中对行为的规制是解释人们为何关切道德判断和道德行为的核心机制。另一方面，道德研究则主要集中于与童年时期道德发展、道德成熟的评估或是个体对假设情境下道德推理的分析相关的个体水平过程。我们对道德心理学研究进行了全面梳理，分析了涵盖数十年的1 000多篇文献，从中发现了一种类似的模式（Ellemers, Van der Toorn, Paunov, & Van Leeuwen, 2019）。绝大多数研究考察了关于对与错的道德原则的内在心理推断，而捕捉道德判断、道德情感、道德自我观和道德行为的人际、群体内和群际本质的研究则少得多，而这些水平被视为是社群和群体生活的核心。

我与不同的工作组织和监管机构的合作表明，他们同样倾向于根据个体水平上的解释和机制来应对道德行为和道德污点。这些从业者往往以参照个人性格缺陷和甄别"缺乏道德指针"的人的方式，去解释关于伦理上存疑的商业行为、违反诚信准则或不遵守专业标准的问题。他们首选的操作模式是——现在依然司空见惯——扫除"害群之马",而忽略会一次次腐蚀新加入个体之影响的群体规范、错置的忠诚和伦理工作氛围的作用(Scholten & Ellemers, 2016)。因此,这种个体水平视角也阻碍了从业者寻找问题行为的社会原因,所以他们经常无力采取更多的结构性措施来预防未来问题的发生(Van Steenbergen, Van Dijk, Christensen, Coffeng, & Ellemers, 2019)。

在本书中,我将道德心理学视为一个深刻的社会过程,它在社会行为的调节中发挥着关键作用。在哲学传统以及大量检视对与错的内在推理的研究基础上,我致力于超越这些个体内机制,同时也考虑这些机制如何影响一系列人际、群体内和群际过程。在这本书出版后的几年里,我很高兴地看到当前的研究越来越关注道德行为在所有这些不同水平上的社会功能。我们目前正在编撰的一本国际手册,也将展现道德推理、道德判断、道德情感、道德自我观和道德行为是如何在所有这些水平上运作的(Ellemers, Pagliaro, & Van Nunspeet, 2023)。该手册还将阐明这些见解是如何切合当下从环境可持续性到社会平权,再到为殖民企图和对原住民文化的漠视而公开道歉等议题的。

新兴见解与新研究领域

本书的英文版于2017年出版。在该书出版后的几年里,人们进行了更多的研究,对相关问题的认识也在不断拓展。这些都表明,书中提出的核心观点在当下仍和写这本书时一样重要,并且持续得到了更多研究支持。在这里,我将简要地讨论我和其他研究人员近期的工作,这些工作受本书所述的基础研究的启发,在过去几年中以不同的方式对书中的这些见解进行了拓展与应用。

近期研究开始超越个体内推理的哲学路径,越来越多地将道德心理学的见解应用于现实生活中的社会互动上。基于道德推理、道德判断和道德行为与行为控制、社会规范和自我观的社会机制相联系的观点,这项工作尤其拓展了对"道德悖论"的剖析。这一悖论一方面揭示了一个相当大的共识,即大多数人极为重视道德判断,并且有很大的动机去做合乎道德之事。另一方面，这种需求据发现却又是深层冲突和心理压力反复出现的源头。

对这一现象的研究一致表明，"看不见的"社会力量在发挥作用，它可能使那些最关心行事道德的人最容易对道德走神（moral lapses）视而不见，对道德批评充耳不闻，并且对自己和其他内群成员的道德污点缄口不言。换句话说，道德悖论的一个关键意涵在于，人们想要行事道德并获得内群中其他人的道德认可的需求，使得他们很难承认、考虑或处理道德上存疑的行为。

道德悖论的深远影响已被发现。举例来说，我们近来关于人们如何回应他人对自己过去道德污点的批评的研究工作就揭示了这一点。这项工作使我们能够具体说明人们何时会抗拒这种批评——而不是接受它——以及帮助他们努力实现行为的改善需要做些什么。在该过程中，社会规范和共享认同的作用在认知神经层面上也清晰可见（Ellemers & Van Nunspeet, 2020）。我们在这项工作中进行的认知神经测量显示，人们确实拒绝处理那些质疑他们过去道德行为的信息，这导致他们对这些信息充耳不闻（Rösler, Van Nunspeet, & Ellemers, 2021, in press）。与此同时，我们能够证明，明确承认人们的良好意图，原谅他们过去的污点，并让他们有新的机会来展示他们有所改进，会使他们更愿意接受这种批评；由此，这也提供了一个更具建设性的前进道路。

另一个研究方向是使用心血管压力和内分泌指标的测量来追踪那些在明确的自我报告中不显现的反应。在该研究中，我们观察到人们由于工作团队或所属社会群体中他人的道德污点而可能经受身体压力和威胁（Van der Lee, Ellemers, Scheepers, & Rutjens, 2017）。在实验环境下，当工作团队的道德目标与能力目标不一致时，研究参与者就会体验到这种适应不良的压力（Van Prooijen, Ellemers, Van der Lee, & Scheepers, 2018）。类似地，与基于利益冲突的分歧相比，道德价值观上的分歧会增加男性睾酮水平（Harinck, Ellemers, Scheepers, & Kouzakova, 2018）。在道德问题存疑时被观察到的身体不适和认知神经抵抗的程度，再次清楚地表明了为什么人们不愿意承认和讨论这些问题，即便这是他们想要提升自己所应当做的事情。

上述研究发现与其他不同脉络下的研究、对不同议题的研究和采用不同测量方法的研究的相关发现具有一致性。这种一致性加强了这样一种观念，即道德关切和道德判断对于人们自我观和社会评价的重要性比先前理论所总结的更为重要。认为道德关切是社会评价和社会行为主要推动力的信念催生了行为调节模型（Behavioral Regulation Model），该模型最初就是在本书中构建的。在理论发展的层面上，这在过去几年中引发了将行为调节模型和其他社会评价模型联系起来的努力。这项工作具体说明了每个模型的具体观点和独特贡献，并对比较不同理论视角时出现的不同争议的经验证据进行了评估。对这些模型及其强调的问题所进行的更为细致的研究揭示，对自我和他人的道德评价能够被可信地与其他类型的社会评价（如温暖或友善）区分开来，并且展现出这些判断对于社会交往和群体情境下整体印象形成和行为调节的重要性（Abele, Ellemers, Fiske, Koch, & Yzerbyt, 2021；Koch, Yzerbyt, Abele, Ellemers, & Fiske, 2021）。

关于这些理论发展指向普遍的心理机制的说法是有实际证据支持的，因为这些机制在不同的研究脉络、不同的人群和文化情境中都得到了体现。这些研究包括对跨国组织员工的研究，这其中就有在东亚（包括中国）工作的员工；还包括在同一国家里对不同文化群体的比较研究。同时，有必要提醒读者，上述所包括的绝大多数研究依赖于所谓的"怪异"（WEIRD）人群，即主要收集的是西方、受过教育、工业化国家中富裕的民主人士（Western, Educated, Industrialized, Rich, and Democratic people）的反应。但原则上，没有理由说浸润在集体主义文化中，或是被视为东亚人口之特征的群体忠诚度更加突出，应该可以推翻这些见解。事实上，群体互动和共享认同越重要，本书所述的群体规范和社会性的自我构念就越有可能影响个人的行为选择。尽管如此，让这本书中的观点为人所知还是有望促使人们在不同的本土情境下进行更多研究，以检验这些发现的普适性。毕竟，只有通过这样的跨文化工作，我们才能拓展和完善当前见解，并发现本书所研究的现象的关键边界条件。即便牵涉到类似的道德原则，其实际影响也可能截然不同。例如，对生活在荷兰的拥有不同文化传统的人所进行的比较研究表明，文化差异可能体现为人们面对社会和道德过失时的私人经历和公开展示之间在性质和程度上的差异（Shafa, Harinck, & Ellemers, 2017）。因此，即使群体层面的道德关切对于个体社会行为的整体重要性可能具有普遍性，未来的研究也必须揭示这对受到认可的具体规范性原则意味着什么，以及这又如何适用于不同的情境和社会行为。

现实意义

超越个体水平机制而强调道德的群体内和群际方面，这也开辟了具有鲜明现实意义的新探索领域。在群体内水平上，这增加了对高效和较没有效率的工作环境进行区分的努力。在群际水平上，它引发了对焦虑和防御性反应的不同理解，而此两者是现代社会不稳定和极化的典型特征。

在我们最新的一本书中，我们详细说明了这些观点对组织中人们道德行为的影响（Ellemers & De Gilder, 2022）。对群体水平的机制的考虑，解释了为何应对个人关切和行为的常见快速解决方案经常不起作用。而我们则揭示了标准程序、组织奖励制度和常规领导实践是如何引入和维持道德规范和社会准则，并在不知不觉中招致并认可道德上存疑的行为的。这有助于解释为什么如此多的组织——即使他们承诺支持社会和环境成果——持续压榨员工、欺骗客户或遭受社群非难，因为他们违反了公平、共情和关怀的关键原则。

这项研究表明，认为当前的组织实践本质上是公平和合乎道德的愿望，是如何阻止人们注意到对一些群体有利而对其他群体不利的系统性不公现象的。例如，我们发现，在学术界的职业晋升中，基于个人成就的幻觉主导着组织叙事。结果就是，女学者事业上普遍没那么成功的现象被归结为她们缺乏动机以及存在工作/家庭问题。因此，不只是男性，女性往往同样对一些证据视而不见；这些证据一致地揭示出，女性的抱负缺乏组织支持，并且她们在学术界的发展受到系统层面的阻碍。只有当人们相信这些证据表明了不公平的优势或劣势实际是维持科学领域中性别不平等的原因后，这些系统层面上的壁垒才能被打破（Faniko, Ellemers, & Derks,

2020，2022；Faniko, Ellemers, Derks, & Lorenzi-Cioldi, 2017；Van der Lee & Ellemers, 2018）。

在类似的脉络下，近期的研究也指出了学术界竞争氛围的危险性。强调"胜出"和以体育竞赛隐喻科学，使得研究人员将注意力集中在自己工作的**成果产出**之上，引诱他们忽视谨慎的**研究程序**。我们有充足的理由相信，坚持认为科学领域的思想竞争是公平的这一看法是站不住脚的。同样，接受"胜出"的欲望能够轻而易举地破坏诚信和研究实践道德这一观点，是更开放的知识交流可能得以组织所必需的（Ellemers, 2021；Ellemers, Fiske, Abele, Koch, & Yzerbyt, 2020）。

了解到人们很难面对这些让人不舒服的事实，再一次证明了常用的"快速修复策略"（quick fixes）不太可能解决道德问题。只强调社会关系和道德行为的重要性，并不一定能消除工作场所的性别不平等。事实上，这种方式很可能适得其反，因为讨论这些问题要么可能会让人有一种虚假的公平感，要么甚至会成为女性所遭受的不公的另一来源（Moscatelli, Menegatti, Ellemers, Mariani, & Rubini, 2020）。类似地，只要楷模、社会规范和错置的忠诚度固化一种纵容或隐形奖赏伦理存疑行为的工作文化，解决工作场所诚信问题的普遍措施——例如扫除"害群之马"、加大制裁或扩展监管——就往往不会有用（Van Steenbergen & Ellemers, 2021）。

同样，对社会群体在社会中所占据的位置的看法不断变化，会使人们对不同群体的社会地位和声望的合法性产生怀疑。对于那些目前享有特权地位的人来说，这让他们深感不安。这不仅因为他们的物质优势不再是不证自明的事，而且还因为他们意识到需要进行如此改变来匡扶社会正义，这让他们作为特权得利者而非成就获益者的道德立足点陷入危机。事实上，在一组研究中，我们发现商业领袖和富有的投资者非常关心他们的道德认同。尽管他们有明显的财务和社会优势，但当他们所属的职业群体被批评为缺乏对社会目标的关切时，他们还是会感觉受到了威胁和（个人）影响（Chopova & Ellemers, in press）。

出于这种担忧，商业领袖及其所代表的组织很想强调其原则和活动的道德动机。即使他们希望通过宣称自身具有社会责任感来吸引客户、投资者和员工，这些说法也难以得到验证。事实上，当声明的动机与组织先前释放的信息或关键使命不一致时，这种宣称尤其可能会引起人们对组织是否在漂白的怀疑，因而弊大于利（Jansen, Kröger, Van der Toorn, & Ellemers, 2021；Veenstra & Ellemers, 2020）。实际上，对相关证据的审视表明，寻求获得公众支持的组织不一定要试图迎合特定利益攸关人群的需求——这些人的需求甚至可能并不一致。相反，他们可以通过诚实地宣布他们的主要目的，然后按照声明所述的目标行事，从而证明他们是真实可信的行动者，这样做可能会更加有效（Ellemers & Chopova, 2021）。

此外，从更宽泛的角度来看，近期研究显示，对社会变革的抵制可能来自人们想到自身的社会优势其实并不公平时所体验到的压力（Scheepers & Ellemers, 2018, 2019）。因此，人类合法化社会各群体间既定关系的倾向，就解释了为何会有指责受害者和非人化社会中弱势群体的倾向。这为政治极化和社会群体间的冲突的出现提供了不同的理解。清楚明确地重申每个群体的道德立场和认同可能有助于避免出现道德罪疚感、羞耻感和压力，并有利于维持社会秩序和提升人们对譬如欧盟政府等政治机构的合法性的感知（Grosveld, Scheepers, Cuyvers, & Ellemers, in press）。

知识即力量，力量即责任

本书包含着强有力的知识。它有助于读者明白，各群体对道德的看法是如何会产生分歧的，即使他们认同一模一样的道德价值观。它揭示了忠诚、共情和关怀会导致对崩坏的群体规范的过度忠诚，并能够成为恶习和美德的共同根源。本书所回顾的研究表明，为何只要导致和纵容道德上不可接受的行为的制度和程序依然存在，对个体此类行为进行惩罚就不大可能奏效。而且它解释了宗教和政治领袖及其言论如何能够争取支持，将当前现实合理化并维持现状。因此，本书所提供的知识可以用来激发人们行事道德的动机——并且，即便他们被动员而去支持的目标是有害和不公的，运用本书的知识也可能会有用。事实上，这种情况很可能已经在发生了。

因此，积聚这方面的知识也意味着一种特殊的责任：了解这些机制如何运作，就可以更好地理解那些违反道德底线的人。与此同时，这也应当使人们不能再用惯常借口去忽视社会各群体之间不公平的关系，纵容对他人的伤害，或对轻率的领导熟视无睹。意识到群体水平和系统性的力量促成了道德越轨行为的出现和维持，会让人更难以声称这些问题关乎特定的个体或他们的性格缺陷，而且会让解决这些系统层面的问题变得更加紧迫。

社会心理学强调群体机制和社会机制是个体行为的驱动力。这一知识明确了可以通过改变情境和环境来改变人类行为。因此，它也带来了希望。原因在于，对情境机制的认识不只是阐明了为什么个体水平的干预注定会失败。它还有助于设想和开发可能更有成效的社会水平上的改进和变革策略。从这一意义上说，本书的知识对于质疑领导者言论的公民或下属而言，应该具有赋权的作用。本书有助于他们理解为什么领导者会抗拒他们对其的道德批判，以及他们能做什么来克服道德上的分歧。

让我以这样一种理念来结束这篇序言：**权力不仅是控制情境的机会，也是在相关情境中对他人予以关照的责任**。已有研究发现，以这种方式考虑权力的责任可以增强人们接受他人建议的意愿，减少冒不负责任的风险的倾向，并表现出对联合产出的更多关切（De Wit, Scheepers, Ellemers, Sassenberg, & Scholl, 2017；Scholl, Ellemers, Scheepers, & Sassenberg, in press；Scholl, Sassenberg, Scheepers, Ellemers, & De Wit, 2017；Scholl, Sassenberg, Ellemers, Scheepers, & De Wit, 2018a, 2018b）。同样，我希望作为读者的你们能将你们的责任付诸实践：通过运用本书的知识，去提升你们自己和周围的人的社会行为。

最后，我想感谢中央民族大学的赵蜜博士与北京大学的马梁英，谢谢她们为翻译本书所付出的努力。北京大学的方文教授将本书纳入他主编的"当代西方社会心理学名著译丛"，对此我也甚为感激。

娜奥米·埃勒默斯博士
荷兰乌特勒支大学杰出教授
2022 年 10 月

参考文献

Abele, A. E. , Ellemers, N. , Fiske, S. T. , Koch, A. , & Yzerbyt, V. (2021). Navigating the social world: Toward an integrated framework for evaluating self, individuals, and groups. *Psychological Review*, *128*, 290 – 314.

Chopova, T. , & Ellemers, N. (in press). The importance of morality for collective self-esteem and motivation to engage in socially responsible behavior at work among professionals in the finance industry. *Business Ethics, the Environment & Responsibility*.

De Wit, F. , Scheepers, D. , Ellemers, N, Sassenberg, K. , & Scholl, A. (2017). Whether power holders construe their power as responsibility or opportunity influences their tendency to take advice from others. *Journal of Organizational Behavior*, *38*, 923 – 949.

Ellemers, N. (2016). Back to the future: How today's neurocognitive techniques substantiate predictions made 50 years ago. *Psychological Inquiry*, *27*, 290 – 293.

Ellemers, N. (2018). Morality and social identity. In M. Van Zomeren & J. Dovidio (Eds.), *The Oxford Handbook of the Human Essence* (pp. 147 – 158). Oxford University Press.

Ellemers, N. (2021). Science as collaborative knowledge generation. *British Journal of Social Psychology*, *60*, 1 – 28.

Ellemers, N. , & Chopova, T. (2021). The social responsibility of organizations: Perceptions of organizational morality as a key mechanism explaining the relation between CSR activities and stakeholder support. *Research in Organizational Behavior*, *41*, 100156.

Ellemers, N. , & De Gilder, D. (2020). Categorization and identity as motivational principles in intergroup relations. In P. Van Lange, E. T. Higgins, & A. Kruglanski (Eds.), *Social Psychology: Handbook of Basic Principles* (3rd ed., pp 452 – 472). Guilford Press.

Ellemers, N. , & De Gilder, D. (2022). *The moral organization: Key issues, analyses and solutions*. Springer.

Ellemers, N. , Fiske, S. , Abele, A. E. , Koch, A. , & Yzerbyt, V. (2020). Adversarial alignment enables competing models to engage in cooperative theory-building, toward cumulative science. *Proceedings of the National Academies of Sciences*, *117*, 7561 – 7567.

Ellemers, N. , Pagliaro, S. , & Van Nunspeet, F. (2023). *International Handbook of the Psychology of Morality*. Routledge.

Ellemers, N. , Van der Toorn, J. , Paunov, Y. , & Van Leeuwen, T. (2019). The psychology of morality: A review and analysis of empirical studies published from 1940 through 2017. *Personality and Social Psychology Review*, 23, 332 – 366.

Ellemers, N., & Van Nunspeet, F. (2020). Neuroscience and the social origins of (im)moral behavior: How neural underpinnings of social categorization and conformity affect every day (im) moral behavior. *Current Directions in Psychological Science*, 29, 513 – 520.

Ellemers, N., & Van Rijswijk, W. (1997). Identity needs versus social opportunities: The use of group-level and individual-level identity management strategies. *Social Psychology Quarterly*, 60, 52 – 65.

Faniko, K., Ellemers, N., & Derks, B. (2020). The Queen Bee phenomenon in Academia 15 years after: Does it still exist, and if so, why? *British Journal of Social Psychology*, 60, 383 – 399.

Faniko, K., Ellemers, N., & Derks, B. (2022). Lack of ambition or lack of support? Diverging career experiences of men and women explain the persistence of gender bias. *Journal of Applied Social Psychology*, 52, 851 – 864.

Faniko, K., Ellemers, N., Derks, B., & Lorenzi-Cioldi, F. (2017). Nothing changes, really: Why women who break through the glass ceiling end up reinforcing it. *Personality and Social Psychology Bulletin*, 43, 638 – 651.

Grosveld, E., Scheepers, D. T., Cuyvers, A., & Ellemers, N. (in press). The integration of subgroups at the supranational level: The relation between threat to the nation and perceived legitimacy of the EU. *Journal of Social and Political Psychology*.

Harinck, F., Ellemers, N., Scheepers, D., & Kouzakova, M. (2018). Coping with conflict: Testosterone and cortisol changes in men dealing with disagreement about values vs. resources. *Negotiation and Conflict Management Research*, 11, 265 – 277.

Jansen, W. S., Kröger, C., Van der Toorn, J., & Ellemers, N. (2021). The right thing to do or the smart thing to do? How communicating moral or business motives for diversity affects the employment image of Dutch public and private sector organizations. *Journal of Applied Social Psychology*, 51, 746 – 759.

Koch, A., Yzerbyt, V., Abele, A., Ellemers, N., & Fiske, S. T. (2021). Social evaluation: Comparing models across interpersonal, intragroup, intergroup, several-group, and many-group contexts. *Advances in Experimental Social Psychology*, 63, 1 – 68.

Leach, C., Ellemers, N., & Barreto, M. (2007). Group virtue: The importance of morality vs. competence and sociability in the evaluation of in-groups. *Journal of Personality and Social Psychology*, *93*, 234–249.

Moscatelli, S., Menegatti, M., Ellemers, N., Mariani, M. G., & Rubini, M. (2020). Men should be competent, women should have it all: Multiple criteria in the evaluation of female candidates. *Sex Roles*, *83*, 269–288.

Rösler, I., Van Nunspeet, F., & Ellemers, N. (2021). Don't tell me about my moral failures but motivate me to improve: Increasing effectiveness of outgroup criticism by criticizing one's competence. *European Journal of Social Psychology*, *51*, 597–609.

Rösler, I., Van Nunspeet, F., & Ellemers, N. (in press). Falling on deaf ears: The effects of sender identity and feedback dimension on how people process and respond to negative feedback—an ERP study. *Journal of Experimental Social Psychology*.

Scheepers, D. T., & Ellemers, N. (2018). Stress and the stability of social systems: A review of neurophysiological research. *European Review of Social Psychology*, *29*, 340–376.

Scheepers, D. T., & Ellemers, N. (2019). Status stress: Explaining defensiveness in members of dominant groups. In J. Jetten & K. Peters (Eds.) *The social psychology of inequality* (pp. 267–288). Springer.

Scholl, A., Ellemers, N., Scheepers, D. T., & Sassenberg, K. (in press). With great power comes great responsibility: Understanding how power affects goal striving under different construals of power. *Advances in Experimental Social Psychology*.

Scholl, A., Sassenberg, K., Scheepers, D. Ellemers, N., & De Wit, F. (2017). A matter of focus: Power-holders feel more responsible after adopting a cognitive other-focus, rather than a self-focus. *British Journal of Social Psychology*, *56*, 89–102.

Scholl, A., Sassenberg, K., Ellemers, N., Scheepers, D., & De Wit, F. (2018a). Highly identified power-holders feel responsible: The interplay between social identification and social power within groups. *British Journal of Social Psychology*, *57*, 112–129.

Scholl, A., Sassenberg, K., Ellemers, N., Scheepers, D., & De Wit, F. (2018b). The burden of power: Construing power as responsibility (rather than as opportunity) alters threat-challenge responses. *Personality and Social Psychology Bulletin*, *44*, 1024–1038.

Scholten, W., & Ellemers, N. (2016). Bad apples or corrupting barrels? Preventing traders' misconduct. *Journal of Financial Regulation and Compliance*, *24*, 366–382.

Shafa, S., Harinck, F., Ellemers, N. (2017). Sorry seems to be the hardest word: Cultural differences in apologizing effectively. *Journal of Applied Social Psychology*, *47*, 553–567.

Tajfel, H. (1978). Social categorization, social identity and social comparison. In H. Tajfel (Ed.), *Differentiation between social groups: Studies in the social psychology of intergroup relations* (pp. 61–76). Academic Press.

Tajfel, H., & Turner, J. C. (1979). An integrative theory of intergroup conflict. In W. G. Austin & S. Worchel (Eds.), *The social psychology of intergroup relations* (pp. 33–47). Brooks/Cole.

Van der Lee, R. & Ellemers, N. (2018). Perceptions of gender inequality in academia: Reluctance to let go of the individual merit ideology. In B. T. Rutjens & M. J. Brandt (Eds.), *Belief systems and the perception of reality* (pp. 63–78). Routledge.

Van der Lee, R. A. Ellemers, N., Scheepers, D. T., & Rutjens, B. (2017). In or out? How the morality (vs. competence) of prospective group members affects acceptance and rejection. *European Journal of Social Psychology*, *47*, 748–762.

Van Prooijen, A. M., Ellemers, N., Van der Lee, R., & Scheepers, D. T. (2018). What seems attractive may not always work well: Evaluative and cardiovascular responses to morality and competence levels in decision-making teams. *Group Processes and Intergroup Relations*, *21*, 73–87.

VanSteenbergen, E. F., & Ellemers, N. (2021). The Social and Organizational Psychology of Compliance: How organizational culture impacts on (un)ethical behavior. In D. D. Sokol & B. Van Rooij (Eds), *Cambridge Handbook of Compliance* (pp. 626–638). Cambridge University Press.

Van Steenbergen, E., Van Dijk, D., Christensen, C., Coffeng, T., & Ellemers, N. (2019). Learn to build an error management culture. *Journal of Financial Regulation and Compliance*, *28*, 57–73.

Veenstra, E., & Ellemers, N. (2020). ESG indicators as organizational performance goals: Do rating agencies encourage a holistic approach? *Sustainability*, *12*, 10228.

致谢

群体至关重要，它影响我们如何看待自己和他人，影响我们在社会世界中的一举一动。我们生来所属的群体相互竞争，致力于形塑我们的归属感与自我价值感。群体规范与群体特有的价值观引导我们做出决策，引导我们决定工作与个人生活中的相关事项孰轻孰重。共享道德价值观将社群连为一体，并决定事关每个人的政治与商业决策。然而，对于损害个体福祉或破坏社会和谐的行为，许多试图进行理解或干预的尝试聚焦于单个个体及其在追求个人利益最大化时应该做出的理性选择。

本书另辟蹊径，明确将社会群体视作道德价值观的重要来源，研究群体如何影响个体及集体行为。不同于其他观点，书中并未将群体视作败德之源，致使良善之人误入歧途；相反，本书的目标在于揭示群体建立共享价值观的心理机制，理解为何群体道德——无论我们对其作何评价——会成为个体强有力的道德准则。

这本书是我多年的研究成果。我决定写作此书是希望探讨我职业生涯中所做的科学研究如何能帮助理解当今世界。在此意义上，这凝结了我作为社会心理学研究者的个人研究志趣：做对认识我们日常生活所面临的现实问题有所裨益的科学研究。

尽管本书由我一人写就，但其中观点与研究建立在诸多研究项目之上，受诸多研究基金的资助，获益于诸多国际访问、合作以及与心理学和其他学科学者的对话。因此，书中呈现的对这些问题的理解是多年来我与我的师长，以及我与在荷兰和海外的我自己的学生、博士、博士后和同人的共事中逐渐形成的。他们当中许多人同我一样，将进行有助于理解当代社会问题的研究作为自己的使命。本书对我们的合作研究进行总结，并解释这些研究如何回应本书所阐述的观点，希望这能充分呈现他们的本意以及他们为合作所付出的心血。

我能全身心投入于研究群体道德——并且能够发展新的研究方法使其成为可能——极大受益于我 2010 年获得的斯宾诺莎奖，这笔独特的奖金使我能自由选择我想要研究的议题与想使用的方法，而没有资金之顾虑。

如果不是荷兰人文与社会科学高等研究院（Netherlands Institute of Advanced Study in the Humanities and Social Sciences，NIAS-KNAW）在 2015 年春天授予我研究员资格并接收我访问，这本书也不可能面世。这一经历给予我理智刺激，让我能远离校园一段时间，并提供了促使灵感迸发的环境，使我明白不同的研究脉络如何能被置于一个更广阔的视野之中。

鲁珀特·布朗（Rupert Brown）觉得我在群体道德方面的研究很有意思，认为本书可以收录在"欧洲社会心理学专著"（European Monographs in Social Psychology）系列丛书中。他鼓励我完成此书，耐心等待其完成，并对初稿提出细致的意见，帮助我对此书做出改进。泰勒－弗朗西斯出版集团（Taylor & Francis）的埃莉诺·里迪（Eleanor Reedy）为本书的出版规划与后勤工作提供了重要支持。我的研究助理凯·范·埃克伦（Kai van Eekelen）则随时待命，为我提供实际支持，并协助进行数据准备工作。我对他们十分感谢。

2017 年 1 月
于阿姆斯特尔芬

# 第一部分
导　论

第一章
为什么研究道德？

我们对特定行为表达不赞同的最强烈的方式，就是称其是"不道德的"。让人们意识到自身行为受到道德谴责，理应能促使他们改变行为方式，然而实际并非必然如此。作为行为科学家，心理学家研究了出现这种情况的原因。他们的研究结果有助于理解人们为何易出现悖德行为，以及人们为何会排斥尝试提升道德行为。这些洞识有助于应对并防止"不道德"行为的发生。

道德判断与道德关切，是舆论关注的当今社会最紧迫的议题。"占领华尔街"运动对金融从业者的德性提出了质疑。他们不道德且不负责任的行为，被视作自 2008 年以来殃及个人、企业、国家经济与国际关系的经济危机的罪魁祸首。"9·11"事件以及世界各地的恐怖袭击引发了公众围绕善与恶的争论。人们对以保护国家安全的名义拘禁和刑讯疑似恐怖分子的道德合法性表示担忧。美国国家安全局（NSA）监控项目的曝光与维基解密的揭露提醒我们，保护公众的努力，也导致隐私受侵犯并造成错误。所有这些都表明，即便是意图获得理想后果的善意举措，也能导致伤害与痛苦。同样，埃博拉疫情的蔓延，大批移民迁往"欧洲堡垒"，国家政治不稳定，以及宗教极端主义与文化差异所导致的国际冲突，无不加剧了人们对当前社会、经济以及政治制度的道德担忧。

乍一看，解决道德问题的方法似乎很简单：我们应当阐明不同行动模式的道德意涵，制定清晰的指导原则，明确哪些行动被视作道德上可接受的，而哪些是不能接受的。这确实是贯穿舆论的一条主线：记者就近期发生的事件传达公众的愤慨与道德批判，政策制定者强调商业行为的道德影响，相关方则指出哪些法律条款有待制定。试图改变导致当下这些问题的行为的尝试，包括引入"银行守则"（banking code），制定审讯与拘留恐怖分子嫌疑人的管理条例（比如在关塔那摩监狱就需如此），以及呼吁各部门自律。这些都旨在使相关人员意识到自己的行为本质上可能是不道德的，从而说服他们意识到做出改变是必要的。

那这些举措有用吗？实际上并未见效。仍不断曝出大型的舞弊、腐败与诈骗案件，譬如银行业操纵欧洲银行与伦敦银行同业拆借利率以谋取私利的现象。而此类事件不只是发生在金融业或商界。环法自行车大赛冠军兰斯·阿姆斯特朗在接受奥普拉·温弗瑞的电视采访时承认，国际自行车比赛长期存在大规模使用兴奋剂的问题。比分操纵在欧洲足球联赛中屡见不鲜，这与世界各地博彩机构的活动脱不了干系。不同国家与不同学科都有知名学者被发现抄袭与大量数据造假。这些通常被视作不道德的行为是如此普遍，好像说明人们对道德毫不在意。但事实确实如此吗？

其实并没有这么简单。的确总有一些犯罪分子故意突破法律底线，为谋求个人利益最大化蓄意伤害他人，但绝大多数时候，情况并不是非黑即白。人们试图正确行事，但可能面临着艰难抉择。身处复杂多面的情境之中，我们经常需在短期收益与长期成本之间进行权衡，必须两害相权取其轻，在压力之下做出决定，有时会不假思索地采取行动——只有事后才能意识到自身行为可能会产生何种道德问题。

因此，日常生活中所面对的道德问题，远比简单的对错抉择复杂得多。当前许多道德忧虑都关涉这些问题。我们以现有的经济、法律与政治系统为行为指引，这些系统约束可接受行为和不可接受行为的发生概率。因此我们拥护市场经济，奉公平竞争为行商原则；但我们质疑对冲基金购买、拆分以及出售公司是否道德，因为它们为了眼前的经济利益不惜牺牲当地就业与长期发展。我们在寻找合法避税的方法上费尽机巧，但我们批判钻法律空子获益的大公司。我们坚信民主的力量与投票众数原则的公正，但当那些保护少数人利益而不惜使更多人受苦的举措遵循民主原则胜出时，我们却又怒火中烧。

当被我们同等珍视的不同道德目标与道德价值观之间发生冲突时，我们应作何选择？我们如何调和国家政治主权不受侵犯与叙利亚公民呼吁我们的声援之间的关系？如果宗教自由妨碍了对儿童的保护，使他们可能选择有害的生活方式，我们应何去何从？我们在何种状况下会出于对众多人人身安全的担忧而允许剥夺某些人的基本人权？手段总是能因目的而合理化吗？是否只要人们本意是好的，就能免于使他人受苦的责难？

这才是我们所面对的真正的问题。

❖ 我们如何看待不道德行为？

舆论引用了许多所谓道德行为心理学的说法。采用这一视角的记者与其他分析人士大多主张，要考虑不道德行为的肇事者与正常公民之间有哪些具体特征上的差异。

荷兰公共广播集团（VPRO）有关银行业不道德商业行为的纪录节目《背光》（Tegenlicht）采访了不同从业者，发现银行业吸引着饱受自闭症谱系中各种精神病理困扰的人。专家提出，做出不负责任财务决策的人要么是精神病态者，要么是同情心匮乏的自闭儿，又或者是热衷于报复那些学生时代因为他们缺乏社交技能而欺凌过他们的人的书呆子。

其他分析则强调政界与商界关键人物的自私自利与领导者个人的腐败。这也是电影对商界企业，尤其是银行业的描绘。许多人引用1987年的电影《华尔街》中的主人公戈登·盖柯（Gordon Gekko）的观点去解释金融业与商界的近期发展动向，即贪婪是好事，因为它具备进化适应价值。电影《华尔街之狼》则是这种人生观的最新阐释。

类似的反应在2003年巴格达阿布格莱布监狱虐囚事件曝光后也曾出现。公众震怒于犯下暴行的施虐者的毫无人性。参与其中的士兵被开除军籍并受到惩罚。这些不同案例的共同点在于，不道德行为的主体是特定的个体。因此，第一反应就是去惩戒并开除害群之马以绝后患。但这仅仅是某些"害群之马"的问题，还是我们也可能身处于需要更进一步审视的"大染缸"之中（Kish-Gephart, Harrison, and Treviño, 2010）？

接受过文化人类学训练的荷兰记者乔里斯·卢因迪克（Joris Luyendijk），被英国报纸《卫报》委派去了解金融界的"内幕"。2011年到2013

年间，他为"金融之声"系列采访了在伦敦旧城工作的人，并在"银行博客"上发布了自己的观察（www.theguardian.com/commentisfree/joris-luyendijk-banking-blog；另见 Luyendijk, 2015）。一方面，他的访谈印证了一些常见的观点，即金融业工作对贪婪的人有吸引力，他们最关心怎样与他人争夺最好的客户和获得最丰厚的奖金。另一方面，一些采访也让家庭成员与配偶评价自己深爱的人进入银行工作后到底发生了多大**变化**。

从对银行工作者的访谈中，可以看出金融业典型的激励结构本身就会造成道德败坏。受访者评价道，"如果将奖金与犯错联系在一起，情况就会发生变化"，现在"最不诚实的银行家安然拿走最多的钱"。他们注意到领导层的失败："外人看到的是贪婪……我看到的是糟糕的管理。"他们还指出员工会自主选择符合主流商业文化的行为方式——"你希望在银行中工作的那类人正在被赶走"。一位与银行家共事的行政教练在交谈时告诉卢因迪克："银行给人们的是一种身份认同。"这些采访共同表明，诸如激励结构、领导风格以及企业文化与身份认同等环境因素，在吸引并留住这类人中起到重要作用，并鼓励问题重重的商业实践与不负责的冒险行为。

这些观察与公众的共同关切有共鸣：既然贪婪者已然被吸引至金融业，那用畸形绩效奖励进一步助长贪婪是明智的吗？当然，如果安全官员违反了囚犯与嫌疑人管理准则，这是否也能说明对合理的审讯手段的监督与（法律）规范是缺乏的？这似乎是在呼吁对导致公开违法行为的系列事件进行深入分析，对容许这些越界行为发生的整体语境和伦理氛围有更多的关注。

呼吁对这一层次进行改变很简单。要防止已曝光的问题再度上演，也需要审视和调整组织伦理氛围，或者说安保人员使用暴力行为的文化。但如何才能实现这一点？即便是在变革或人员轮转时期，文化的功能也是延续传统、传递知识并提供稳定性——组织文化也是如此（Bradley, Brief, and Smith-Crowe, 2008; Schneider, Ehrhart, and Macey, 2013）。可接受与不可接受行为的准则以明确的正式规章条例为基础，但通过非正式的道听途说与隐含的行为规则得以转化和传播。这使我们很难捕捉或确定文化中助长或纵容不道德行为的具体因素。这必然导致在这一层面上的改变即便不能说是毫无希望，也至少是十分艰巨的。

事实上，被国家以牺牲纳税人利益为代价来拯救的银行，反而大幅提升了首席执行官的报酬，此举据称是为了确保行业地位不倒和保有吸引并留住高质量员工的能力。在荷兰就发生过此类事件。比如，荷兰国际集团（ING）和荷兰银行（ABN/AMRO）在国家支持终止后不过数周就大幅提升了首席执行官的报酬，而与此同时底层员工被大规模裁减（来源：3月20日《新鹿特丹商业报》）。巨额奖金也同样重现于华尔街。政策研究所（Institute of Policy Studies）的一份报告（Anderson, 2015）显示，2014年，167 800名华尔街工作人员的奖金较2009年——银行业危机开始后的一年——提高了27%。这也是美国国会上调最低薪资的最后一年。这份报告同时指出，监管机构仍未实施禁止鼓励"不当冒险"的奖金的金融改革法规，无视"过去六年间金融丑闻的惨痛教训"（p. 3）。但也有一些尝试正面应对挑战的案例，譬如荷兰中央银行（DNB）是世界上第一个将监管明确拓展至行为与文化的银行（IMF Global Stability Report, 2014），并为此聘请了一个心理学家团队（Nuijts and De Haan, 2013）。

当我们跳出公共争论，观察科学能在这方面作何贡献时，证据似乎也好坏参半。对于人们为什么会做出不道德行为，或如何应对不道德行为，目前还没有达成共识。源于哲学与伦理学（Appiah, 2008；Hursthouse, 1999）、生物学（De Waal, 1996, 2009）、进化科学（Tomasello, 2009）、神经科学（Churchland, 2011）或组织行为科学（Bazerman and Tenbrunsel, 2011）的不同研究路径与分析都提供了各自的解释。我所在的领域——社会心理学——过去几年关于道德的研究也比比皆是（见图1.1）。唯一能明确的研究结果是，这个问题不存在简单的解决方法。对400多个关于道德的实证研究的回顾表明，道德呼吁极易适得其反，引入道德准则并不总是有用的，道德争论会引发针锋相对的强烈反驳，道德氛围或道德文化对道德行为可能同时有促进与破坏作用（Ellemers, Van der Toorn, and Paunov, in preparation）。因此，道德的社会心理学研究是否以及如何能为旨在减少不道德行为的公共政策提供信息，有待更为细致的分析。

❖ **我们怎样审视道德行为？**

过去数年间，社会心理学家对道德的实证研究的兴趣大为增长（另见

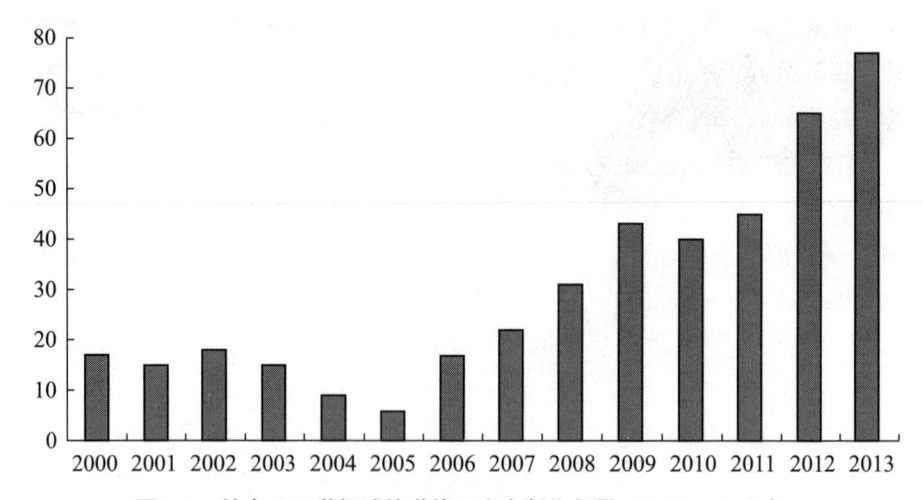

图 1.1　社会心理学领域的道德研究出版物数量（2000—2013 年）

来源：改编自 Ellemers et al., in preparation。

Giner-Sorolla, 2012; Greene, 2013; Haidt, 2012）。研究涉及道德心理学的广泛议题，涵盖道德推理、道德情感、道德自我观、道德判断以及道德行为等（见表 1.1；Ellemers et al., in preparation）。然而，讨论这些问题最常用的研究设计与方法，被批评为过度依靠某些路径而牺牲了其他研究路径。

例如，我们对道德决策的许多认识，都是基于所谓的"电车困境"范式。在这些研究中，电车正在行进，而不同轨道上都绑着人，必然会有人被碾压，参与者可以选择进行干预。他们被要求做出决策，是否要牺牲少数人的生命以挽救更多人（例如推动扳手使电车改变轨道）。对 2000 年到 2012 年间出版的研究进行梳理发现，其中有 136 篇涉及这类电车难题。这些研究分析无疑提供了一些重要信息，有助于了解此类道德决策的关注点及其影响机制。不过，但愿我们大多数人不会在现实生活中面临这种场景（另见 Bauman, McGraw, Bartels, and Warren, 2014; Graham, 2014）。

此外，很明显，社会期许的顾虑与自我保护机制，会使人们拒绝承认（即便是对自己坦白！）自己可能会做出不道德的事（Ariely, 2012; Shalvi, Gino, Barkan, and Ayal, 2015）。由口头自我报告的关切、行为或情感所得出的结论因此似乎有其局限性。然而，许多研究所用的数据是人们对身处道德困境中的自己的道德特质或行为偏好的口头报告（Ellemers et al., in preparation）。比如，有大量研究考察自陈道德品质（例如诚实）和自陈道德行为（例如诚实的意向）之间的相关性。这些研究是真的推进了我们对道德行为起源的认识，还是只能表明在自我报告中，特质测量与行为测量存在关联？

实验方法的发展使我们能超越自我报告。有大量内隐指标有可能捕捉到人们的道德判断或行为倾向。这些指标包含内隐联想测量（内隐联想测验、单词补全或反应时测量）、展示压力和压力应对的心脑血管唤醒与激素改变程度的测量，或者显示对特定类型信息的关注的眼球运动或大脑活动测量。然而，只有少数研究用这些指标来评估人们应对道德争议情境的反应（Ellemers et al., in preparation）。

表 1.1　　　　　　　　　　研究主题与话题

道德推理	道德行为	道德判断	道德自我观	道德情感
道德标准	道德许可	道德特质	道德认同	道德苦恼
道德价值观	道德伪善	道德群体印象	群体美德	道德义愤
道德根基	道德勇气	感知到的道德	道德责任	道德愤怒
道德意识形态	道德挣脱	非人化	道德自我	道德厌恶
道德信念	道德操守	道德感知	自恋	羞耻感
道德发展	道德依从	道德刻板印象	道德肯定	罪疚感
道德要求	道德净化	道德推论	道德防御	热忱
道德困境	攻击	道德典范	道德偏见	幸灾乐祸
道德义务	不道德行为	道德模式化	道德提升	
道德过失	欺骗	道德品质		
道德违背	说谎	道德模范		
道德排斥	搬弄是非	企业道德		

来源：改编自 Ellemers et al., in preparation。

这些力图切割并剖析道德行为各特定过程的方法尝试，以及不同文献的关注点差异，都使我们很难对当下从各种科学方法与路径中得出的观点有较为全局的把握，或者说使我们很难将处理不同问题的研究脉络关联起来。与此同时，这对理解现实生活中道德行为的出现与调适来说又是必不可少的（另见 Rest, Bebeau, and Volker, 1986）。例如，当研究道德决策的形成时，将内在道德信念与社会规范剥离开来是可能的，而许多研究就是这么做的。可是更多时候，道德信念是与这些规范相一致的，或者可以被概念化为内化的社会规范（Manstead，2000）。同样，出于分析目的，在研究道德决策时，研究者倾向于将认知过程与情感过程相分离。然而显而易见的是，理性与情感**都**在人们的道德决策中发挥重要作用，并且相互交织（如 Haidt，2001）。

有关道德的学术研究见诸各种文献资源，多种研究范式下的发现被发表于特定的期刊，为各自为政的不同科学共同体所用。这也就导致将这些研究关联起来，或者说将有关潜在心理机制与其对经济社会的深远意义的真知灼见整合起来进行整体把握是相当困难的。虽说如此，但对于切实推进我们试图理解的现象与旨在解决问题的认识而言，这仍是必需。至今为止，尚不十分明确这些被记录下的心理机制何以解释或共同作用于现实生活中的道德行为（Graham，2014；Hofmann，Wisneski，Brandt and Skitka，2014）。

❖ 我们讨论道德时在说什么？

道德的界定往往相当宽泛而抽象，道德准则指出什么是"好的""有德性的""公正的""合乎伦理的"或"正当的"（Haidt，2001，2012；Haidt and Graham，2007；Turiel，2006）。大量探讨道德心理学议题的实证研究（Ellemers et al.，in preparation）甚至都避开了最基本的对道德的定义。这回应了道德价值观常被视为**内隐**行为标准或共同理念的观点（Churchland，2011）。即使是研究者，显然也常假定道德到底意味着什么足够明确，并且社会对此有不言而喻的共识。不幸的是，这也会造成混乱，我将在下文做出解释。

某些定义比另一些更能说明我们可能如何确认哪些行为是对的、公正的或好的。就哲学家约翰·罗尔斯而言，此类定义多为相当笼统或"放之四海而皆准"的行为准则。它们会让人思考，比如，思考自己的行为对那些可能受其影响的人的更宽泛的后果，并考虑如何才能"为最多人谋取最大利益"（Mill，1861/1962）。另外也有一些定义认为，人们通过想象他者如何评价自己来判定自身行为是否道德。众所周知的一个例子是"黄金法则"（Golden Rule），它告诫人们，己所不欲，勿施于人。遵循这一法则被提倡为道德的行为方式，可见于不同文化与宗教传统（Churchland，2011；Morris，1997）。

然而人们已经注意到，即便遵循这类普遍性规范原则，其不同的含义也可能会同时出现，而这些含义并不总是自然而然地互相兼容（Bradley et al.，2008）。特别是在人们彼此依存以达成重要目标和结果的社会系统之中，普适性道德准则的具体含义可能取决于不同因素，比如最关切的到底是保护自我、他人或社会中不同的群体，还是为自我、他人或社会中不同群体的结果提供支持（Janoff-Bulman and Carnes，2013a）。同样，有研究认为不同的人可能重视不同的道德准则，而这些道德准则可能有截然不同的意涵。

乔纳森·海特（Jonathan Haidt）的"道德根基论"（moral foundations theory；Haidt，2012）提供了一个著名的分类。他列举出人们可能最为重视的五类道德关切，分别是：（1）不伤害他人并照顾他人；（2）确保交换关系中的公平互惠；（3）对内群成员和内群关注表示忠诚；（4）尊重并遵从权威；（5）保持身体纯净与灵魂圣洁（另见 Graham，Nosek，Haidt，Iyer，Koleva，and Ditto，2011）。引入各种类型学未必能解决怎样定义道德的问题。相反，它们会给人造成困惑，因为这表明学者之间缺乏共识，比如不同类型学或分类体系会如何相互冲突或是互为补充（Graham，2013；Janoff-Bulman and Carnes，2013b）。

心理学理论进展与道德相关研究表明，同样的道德规则和原则可能有不同的变体，也可能有不同的诠释。这使问题进一步复杂化。当我们不再关注作为理想的行为原则的道德绝对行为（Peterson，Smith，Tannenbaum，and Shaw，2009），转而研究往往无法达到理想境界的现实道德行为时（Young and Durwin，2013），这一点便显露无遗。在进行这一转变时，人们意识到，即便遵守相同的道德规则，他们也不见得会在如何应用这些一般性原则及其具体含义到底为何上达成一致。比如，尽管人们普遍认可"公平"是一种有效的道德律令，但在不同人眼中适用的具体公平原则可能是不同的。公平是意味着每个人得到他所需要的或应得的（需求取向），还是可用资源被平均分配（结果取向），又或是人们对某些分配资源的程序的偏好（规则取向）？哪些相关的资源又是需要被公平分配的？公平原则应该被应用于物质资源的分配上，还是如亚里士多德所说的"幸福"（eudaimonia）的心理福祉（psychological well-being）上（参见 Broadie and Rowe，2011；MacIntyre，1966/1998），又或者是约翰·斯图尔特·密尔学说最关切的快乐（happiness）上？不同的文化在各具体规则的重要性排序上存在差异。当人们必须在相互矛盾的道德规则中进行抉择时，这些差异会影响人们的偏好。这些差异也可能导致对同一规则出现多种解读。这使得回答上述问题变得更加复杂。

本书的重点不在于这些差异，而在于不同定义间存在的**共同之处**。即它们明确将道德目标、道德判断以及共享道德价值视作能为人所用且确实被人们用于行为的自我调节的工具（Cohen and Morse，2014；Ellemers, Pagliaro, and Barreto, 2013；Ellemers and Van den Bos，2012）。从这一视角视之，重要的是这些定义提供了有助于决定哪些行为可能被视作是"正确的"或是"错误的"指南。道德判断不管是极为抽象或普适的原则，还是十分具体甚至习惯性的行为规范，都帮助个体辨析出赞许性行为，惩治不被接受的行为，并能促使人们调整其行为倾向，以使自己的行为方式符合自己和他人的道德期待。

❖ 道德心理学

从心理学视角来看，相关研究的焦点因此集中于道德原则与道德判断的这些**特性**，而不是它们的具体**内容规定**。明确人们应当做什么、不该做什么，如何与他人就道德原则问题达成一致，或者自己和他人的行为如何被监视及惩治的过程才是当下研究的重点所在。道德原则的这些行为意涵就成了一个可以把由此衍生的具体特定规则，或者支配相关讨论的指导准则放在一旁而进行研究的议题。

这项研究工作所隐含的中心假设，超越了以往认为道德原则与行为规则的影响取决于它们所规定的行为本质的想法。即便内容相同，此类规则被制定和被传播的方式也会影响到人们的反应。譬如，观察人们试图遵循道德准则时会发现，选择采取何种自我调节与情绪反应的策略就受此影响。被传播为"该做"（dos）的规则（规定性规则）会引发趋向性的行为意图，未能达成要求则会导致羞耻感。与此同时，**同样的规则**被以"不能做"（don'ts）的形式（禁止性规则）进行规定，则会引发回避倾向，未能达成要求则主要会导致罪疚感（Sheikh and Janoff-Bulman，2010）。心理学的当务之急是，以理解共享道德规则和准则如何影响人们的思维、感觉和行为的方式去理解这些及其相关现象。

过去十五年间，社会心理学中的道德研究面向不同主题，以道德推理与道德判断的研究工作为主（见图1.2；改编自Ellemers et al.，in preparation）。这项工作研究了可能为人们所认可的不同道德原则和准则，以及这些原则和准则如何影响人们对他人与群体行为的特性的评判。道德心理学的进展，使我们可以将关于道德推理和道德判断的当代发现与目前较少关注的研究议题，即道德情感的体验与道德自我观的维持**联系**起来。人们对道德问题的兴趣日益高涨的背后有一个价值千金的问题，那就是理解如何调节和改变**道德行为**的愿望。对这一问题的回答就需要上述的联系。本书研究了人们的**道德自我观**在行为调节中所扮演的角色，并明确考量了人们的这些道德自我观与他们所属的**社会群体**之间的关系。

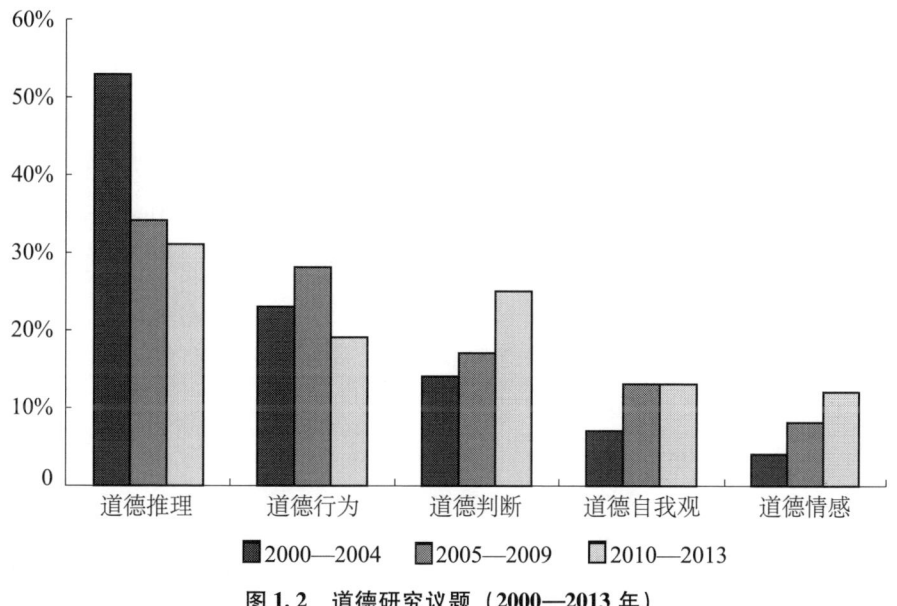

图1.2 道德研究议题（2000—2013年）

来源：改编自 Ellemers et al.，in preparation。

❖ 群体道德的意义

当审视不同作者如何解释为何道德作为心理学理论与研究的一个有意义的概念至关重要的时候，我们会明显发现，其总体目标是理解道德对共同生活于某个社群和社会中的个人与群体的社会行为会有何种影响（Cohen and Morse, 2014；Haidt and Graham, 2007；Rai and Fiske, 2011）。这种路径的一个隐含之义在于，我们所看重的**社会群体**的规范、惯例与实践，部分形塑了我们关于何谓道德行为的个人信念（Graham and Haidt, 2010；Greenwood, 2011；Manstead, 2000）。这一点早就被不同学者与理论家认识到，它始自亚里士多德，他强调，何种行为可被称为伦理行为并非一成不变，可能会因个人的社会位置及其与他人关系而有所变化（参见Broadie and Rowe, 2011）。当前对道德的定义——如《斯坦福哲学百科全书》（*Stanford Encyclopedia of Philosophy*）所述——一方面强调（社会、宗教或其他）**群体**是道德行为规范的源头，另一方面则论述了这些（社会、宗教）群体内部以特定方式行事的规范性**共享观念**的重要性（Gert, 2012）。

道德准则与道德判断的这种社会功能，意味着它们作为"最重要"的共同目标（Giner-Sorolla, 2012）发挥作用，旨在**约束个体行为**，使人们的行为符合群体道德标准与价值观（Ellemers, Pagliaro, and Barreto, 2013；Ellemers and Van den Bos, 2012）。因此，道德认可或不认可作为一种社会控制的机制发挥着作用（Beauchamp, 2001；Haidt, 2001；Hartland-Swann, 1960）。共享道德确立了人类美德的标准（Brandt and Reyna, 2011）。它们被用于评判个体是被尊重并被作为优秀、合适的成员为群体所接纳（Gert, 1988；Killen, Margie, and Sinno, 2006；Leach, Bilali, and Pagliaro, 2015），还是被嘲笑和排斥，以示对道德过失最严厉的处罚（Fry, 2006；Tooby and Cosmides, 2010）。

群体与共同体中这种对共享道德价值观和行为调节的重视，并不总是反映在道德心理学研究之中（Ellemers et al., in preparation）。然而它对现有问题及我们寻得的答案有重大意义。展现道德行为是为了实现社会包容，表达个人特定的群体成员身份。批评他人的具有道德意涵的行为——

他们**做**什么——其实暗含着对他们社会身份即他们**是**谁的批评（另见 Ellemers and Van der Toorn，2015）。要求某人改变其具有道德意涵的行为，抛开其群体所推崇的美德，实际是要求人们改变自我定义，以及与他人的关系。这是移民经常面对的两难境地，他们感到自己为寻求融入东道国并为其所接纳时，就必须切断与祖先的联结，或是被要求背弃自身的文化传统（Barreto, Spears, Ellemers, and Shahinper, 2003；Van Laar, Bleeker, Ellemers, and Meijer, 2014）。因此，想要明白人们对其具有道德意涵的行为的批评以及做出相关改变的抵制，理解道德行为的群体维度就至关重要。在试图改变人们道德行为时未能考虑到这一点，只会引发人们的抵触和防御性反应。

对于人们表现出的自我合理化倾向，以及在辩解人人都会犯的道德过失时可能发挥影响的自我防御机制，目前已经有大量的研究关注（如 Ariely，2012）。这项工作清楚表明了道德在我们如何定义自我及评价他人上的重要性。研究揭示了群体影响人们道德自我观及对他人评判的心理机制，阐明了群体成员资格及社会认同是如何影响我们的道德推理以及道德行为背后的情感反应的（见图 1.3；Ellemers and Van der Toorn，2015）。如果我们想知道如何说服人们调整其道德行为，了解这些就必不可少。

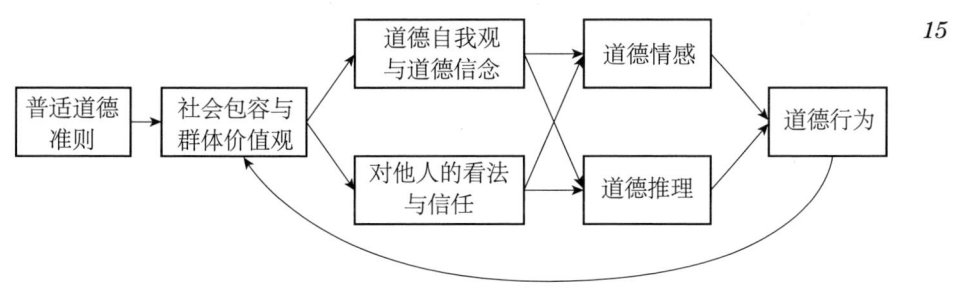

图 1.3 群体道德的意义

来源：改编自 Ellemers and Van der Toorn, in preparation。

❖ 道德的社会功能

本书探讨道德与道德判断调节生活在群体中的个体的行为的方式。这背后的核心指导原则在于假设共享道德标准可能是人们社会认同的一部分。这能够帮助个体界定他们是谁，归属于何处，并且通过提供与自我相关的行为准则，使他们表达自己独特而具体的基于群体的认同。

关于怎样行事是"正确"的共享观念可能会因人群而异，取决于文化、宗教与政治语境（Haidt and Graham，2007；Haidt and Kesebir，2010；Rai and Fiske，2011）。其重要之处在于，共享道德标准可被用于决定一个人能否被认为是品德高尚、"合乎体统"的群体成员（Tooby and Cosmides，2010）。即便这种分析表明，群体内的动力和建立独特群体认同的欲求与理解道德对个体行为的调节性影响是紧密相关的，这一群体水平语境仍未被系统纳入实证研究或先人对道德心理学的思考之中。本书明确关注道德判断的**社会意义**，以及道德判断对共同生活于群体和共同体中的人们的行为的调节作用。本书将关注并回顾涵盖范围广泛的诸多真知灼见，这些洞识表明道德如何关涉人们看待处于与他人的关系中的自己的方式（道德自我观与道德判断），以及这种方式怎样影响他们的思考（道德推理）、感受（道德情感）和举止（道德行为）。

接下来的章节将系统地讨论道德关切如何影响个体内、人际、群体内及群际水平上的行为背后的感受与思想，逐步阐明这种道德的社会功能路径的意义。现有的经验证据源于采用一系列不同方法、主题和路径的研究。理解道德行为的起源，要求我们将潜在过程的神经科学证据与在控制环境下观察到的互动联系起来，同时考虑工作态度与雇员表现的实地追踪数据。这使我们能够探讨道德行为的认知、心理-生理和动机基础，以及它们对个人的任务完成与其在团队及组织内的协作的影响。在这样的综合视角之下，我们对避免歧视与实现社会平等的动机、人际价值冲突与权力滥用以及组织伦理与员工顺从等各种紧迫社会议题的理解也会得到推进。

第二章
群体作为道德之锚

我们内心的道德指南，植根于我们所属的群体及其确立的道德标准。即便世人都遵从普适的道德准则，各群体致力于将自身与其他群体明确区分的倾向仍然会导致道德原则的分化。因此，我们所属的群体和我们试图彰显的社会认同，无不影响着我们的道德行为。被当作一个优秀的、讲道德的群体成员而被接纳、被看重的渴望烙印于我们的自我概念（个体内水平），影响我们如何看待他人（人际水平）、我们所偏好的道德标准（群体内水平），以及我们在社会中与其他群体关联的方式（群际水平）。

2015年2月的欧洲足球联赛，在费耶诺德队客战罗马队的赛事结束后，来自鹿特丹的荷兰足球流氓破坏了罗马的历史建筑——破船喷泉（Barcaccia Fountain），估计损失高达数十万甚至数百万欧元。几周后，荷兰兹沃勒的塞利阿纳姆中学（Gymnasium Celeanum）的一群高中生为罗马募集了3 000欧元用以赔偿修复。有记者询问他们为什么要这样做，指出他们和他们的学校分明与足球流氓没有任何关系，他们甚至并不是鹿特丹人。学生们回答称，每年他们学校都组织团队去往罗马这座历史名城旅游。其中一位说："我们感到对此负有责任，希望我们的所作所为能够改变意大利人对荷兰人的看法。"他们进一步解释道，进行捐款是为了弥补足球流氓的破坏行为，并且表达他们对罗马的感激，以及他们感受到的与罗马这座城市的联结。

就物质而言，他们的捐款显然是杯水车薪。以喷泉的损坏程度视之，这些学生捐赠的钱只具有象征意义，他们自己也清楚这一点。尽管如此，这些学生仍然煞费苦心地以此种方式向罗马人传递他们与他们的那些同胞是不一样的。负责体育与教育事务的罗马市议员保罗·马西尼（Paolo Masini）并未接受他们的捐赠，但接受了他们的捐赠行为所传达的善意。

抛开学生们基于群体的认同就无法理解他们的行为，毕竟仅从经济角度看，捐赠之举毫无意义。只有当我们认识到这些学生将自己视作代表了在罗马的"荷兰人"（the Dutch）时，他们自认需要对同胞行为负责的原因才会显露无遗。学生与足球流氓之间没有任何形式上的联系，事实上，他们的背景、行动或是去罗马的目的截然不同。然而，学生们担忧罗马人可能从此会因为他们的荷兰国籍而冷眼相待。他们的这笔捐款并不足以修缮破船喷泉，而是用来修复荷兰游客在罗马的声誉。通过这种方式，学生们试图表现自己与罗马市民心意相通，他们都是如此地珍视罗马的历史宝藏。

这一系列事件清楚地展现了群体和基于群体的社会认同会怎样影响我们的思想、感受与道德行为。但这同时说明，群体对其成员不仅有积极作用，也可能带来消极影响。那些足球流氓中，有人据后来的报道称在日常生活中是有担当的父亲、负责任的雇员与可靠的市民，与他们在罗马和其他足球流氓一起对抗罗马警察时的表现可谓是天壤之别。群体与其独特的规范的在场带出了这群人最阴暗的一面。在道德行为心理学中，群体和群体成员资格的影响通常就被这样描述为将心怀善意的人引入歧途。这类观点认为，他人、群体规范和压力的在场使人们忽视了自己"内心的道德指南"（Gino and Galinsky, 2012；Moore and Gino, 2013）。然而，群体也可以约束个人，甚至提升他们的道德水平，就像那些通过捐款来弥补同胞不良行为的学生一样。这一现象在更可控的环境下也得到了证明，研究显示，提醒人们注意群体规范可以帮助他们抵制自私行为或作弊的诱惑（如Pagliaro, Ellemers, and Barreto, 2011）。

群体及其规范能够影响个体行为选择，这种看法并不新鲜。然而上述例子表明，预测群体**如何**影响个人行为，或预测群体成员资格何时会促进或削弱道德表现，并不总是那么轻而易举。因而我们需要更具体地评估群体成员资格的影响，以此来理解道德行为是如何从我们的自我意识以及与他人相关联的方式中产生的。要回答这个问题，我们需要考虑人们可能拥有的道德信念的起源，以及群体在这些信念的形成中所扮演的角色。

❖ 道德信念的起源

对道德信念起源的探索往往借助生物或进化理论展开（De Waal, Churchland, Pievani, and Parmigiani, 2014；Hastings, Zahn-Waxler, and McShane, 2006；Krebs, 2008）。此种路径考察一起生活在小型社群中的个体行为，观察他们如何为了长期生存而相互依赖（De Waal, 1996）。这种环境下生活的动物已经被记录下存在分享、互助与互惠的行为。搭便车、恃强凌弱或偷奸耍滑的个体会受到群体惩罚（Boehm, 2014）。这些现象因此被视作人类道德的进化起源，有助于我们了解当代道德议题（如Tomasello, 2009）。对不同地方和不同文化的研究展示了与此相一致的发现，即人们都十分重视关乎仁爱、关怀、公平和平等的价值观（Schwartz, 1992；Schwartz and Bardi, 2001）。然而，当我们试图以此剖析当代道德行为的紧迫议题时，至少碰到三个问题（另见 Ellemers, in press）。

问题 1：我们关怀的是谁？

进化论和生物学路径认为，动物的共情（empathy）与讲究公平是人类德性的根源（De Waal, 1996, 2009），即便有证据表明它们的"心理理论"（theory of mind）并没有人类那么复杂（Call and Tomasello, 2008）。然而我们并未给予身边所有人关怀。事实上，在合作之外，竞争对自我和近亲的存活也至关重要。那么，我们的界限在哪里？除却亲缘关系或遗传关联这类具有进化生存价值的因素，依恋、信任与归属感也被发现是影响人类道德行为的重要因素。因此，定义一个"关怀圈"（circle of care）就成为可能。在此范围内，我们共情并帮助那些被我们视作"自己人"（allied selves）的个体（Churchland, 2011）。实际在儿童发展非常早期的阶段，群体认同和群体从属的出现就关联着道德的形成。尽管这在研究中主要被视作一个群体内现象，但显然幼童已经能够分辨出"内群"和"外群"。他们进行道德判断时会将这些复杂社会关系纳入考虑，区分内群成员和外群成员可能的意图与需求（概述参见 Killen and Rizzo, 2014）。例如，根据其他个体的群体身份，他们对公平规则的运用将有所不同（Killen et al.，2006）。儿童们认为公平对待与自己类似的人很重要，但对不类同的其他人则不太关心。这项研究表明，简单地将公平、关怀与共情视作道德行为的潜在动因或一般机制，其实意义不大。

问题2：互依也会失效

以小型团体和共同体中的互依来解释道德行为，有赖于这样一个假设，即所有人彼此认识，并且会被他们之前的行为问责。这一假设在考察少数个体间的人际关系时能够成立。的确，相互依存假设的提出是基于对小型共同体中人际合作现象的研究。在小型共同体里，人们相互认识，并且支配等级鲜明（例见 De Waal et al.，2014）。然而，由此得出的结论是否也有助于理解更宽泛层面的道德行为的起源并没有那么明晰。在城市、组织或国家中共同生活工作的人们，被期许对他们不认识或可能永远不会相遇的人也以德相待。有人认为在此类更大规模的共同体中，道德行为的一个主要动机同样是相互依存与有可能进行相互惩罚。陌生人间的道德行为是通过法律与正式的行为规则来推行的。对成本和收益的权衡、对违反规则的处罚和理性的选择过程，这些被视作在更大范围内建立互依关系的工具。

然而，为了达成重要目标而相互依存是不是更大的共同体中道德行为的主要机制，这点并无定论。我们至少可以说，相互依存与道德间并非全然对应。在报酬或处罚不取决于他人的情况下，同样会出现道德行为（Bradley et. al.，2008）。与之相反，道德规范和处罚的实施——比如在经济领域中——并未使有悖道德的决策销声匿迹（Kish-Gephar et. al.，2010）。确切地说，哲学界的一个普遍观点是，道德行为的标志之一是它是**自愿**和有意的，而不是受处罚或法律的强制而发生的行为（MacIntyre，1966/1998）。与此相应，更精细的进化论分析认为，围绕（例如在获取食物的伙伴之间）互惠互利与惩罚和奖励的可能性的考虑，只是道德行为出现的**第一步**（Tomasello and Vaish，2013）。根据这种观点，"真正的道德"（genuine morality）超越了群体中基于相互依存的分享与互助。人类的道德行为还包括不惜代价的利他行为（献血，为保护他人而走上战场）。此外，道德行为需要人们在教学上进行投资，费尽心思地与他人就平等社会中可接受的规则和规范性期望达成一致（Tomasello and Vaish，2013）。所有这些道德的表现形式，都无法轻易为简单的相互依存规则所解释。

问题3：道德不只是关怀

正如我们在荷兰高中生为荷兰足球流氓的破坏行为做出补偿的案例中所看到的，道德行为不仅仅是提供关怀或者防止伤害。此外，遵守群体道德标准具有很强的象征性价值，而群体道德标准可能随相关社会或文化背景的不同而有所差异（Haidt，2001；Tomasello and Vaish，2013）。进一步来说，特定行为的道德含义通常需要相当复杂的言语描述来传达（Ellemers，in press）。不过，道德心理学研究常常受到生物学和进化论的启发。因此，在德性的积极面向上，最常用的测量方法是评估指向关怀的行为，例如奉献时间或金钱以帮助他人，或表现出合作而非自私的行为；对于德性消极面向的检测，主要落脚在对不诚实的有害行为的考察，比如监测人们是否倾向于撒谎、偷盗或行骗。

尽管以此检验人们实施伤害或是关怀他人的意愿十分有效，但这类研究无法不言自明地为解决更广泛的道德问题提供足够的见解。事实上，研究者都局限于运用一套有限的测量和范式来考察道德判断与道德行为，却将其视作一种更为普遍的道德现象，这是很危险的。评估人们是否诚实友善，或者约束他们的自身利益而进行合作，为我们提供了可以用来表明其德性的**工具**。尽管这些都是可接受的道德行为的代表，但这些行为未必抓住了道德的**本质**。将道德关切简化为告诫人们诚实友善，会丧失抽象的道德义务概念可能会以更多不同的具体形式出现的可能性。

总而言之，就研究目的而言，诚实、关怀与利他可以有效地反映道德，但不应以此三者**界定**道德。仅仅考察这些具体的行为，并不足以使我们理解现代社会道德行为。实际上，有时帮助他人或以真理为先反而有违道德原则（Morris，1997）。孩童只有学着克服自己的错误才能成长；而出于关怀，帮助他们回避这些问题，在道德意义上未必是好事。同样，关照他人有时需要保护他们远离真相。在此类情况下，道德要求的是不诚实。这些反例表明，共情与关怀并不是完全对应的关系，两者与道德也并不完全对应。相应地，对"日常道德"的检视表明，道德议题也可能涉及与伤害/关怀或公平无关的其他领域（Hofmann et al., 2014）。当人们被问及认为什么是关涉道德的行为时，他们确实会举出各种各样的例子。虽然这些例子也包括欺骗和不做好事，但从缺乏自我控制（懒惰），到侵犯身体，还有许多其他类型的违反社会准则的行为也被提及（Lovett, Jordan, and Wiltermuth, 2015）。

❖ 超越互依与关怀

由于上述提到的三个问题，如果我们只关注关怀和互依，把它们当作道德行为的核心组成部分，那么我们对人类道德的理解将十分有限。我们不否认道德行为的生物根源与进化起源，但理解这些起源并不意味着我们就能对当代与人类道德有关的问题了解得一清二楚。在更为复杂的人类社会中，不同群体共同生存于此，可能以各自特有的理想准则和共享价值观来定义所他们认为的道德（另见 Giner-Sorolla, 2012）。比如已经明确的是，不同宗教和政治意识形态可以并且确实引出了关于什么是道德的概念，即使它们对道德的具体内涵有不同的规定（Heiphetz and Young, 2014）。生物学家可能将这些关切视作"文化"指标，并因此落于自身兴趣与专业领域之外。尽管如此，承认人类道德源于人际互依与关怀，并不排除我们需要更多的洞识来理解复杂人类社会中更庞杂、更多样的道德"文化"观。

托马塞洛和瓦伊什（Tomasello and Vaish, 2013）在最近对当前关于道德起源的研究综述中，非常雄辩地阐述了这一观点。他们指出，对于生活在群体中的人来说，互动并不总是基于个人经历或特定个体间的关系。进一步来说，道德不仅有助于个人协调他们在群体中的行为，而且还与人类会在群体之间进行比较的倾向有关。因此，他们认为："……对于每个人来说，以作为一个群体的'我们'的方式来行事至关重要，亦即积极地遵循群体的方式，以便与他人协调并彰显自己的群体成员身份。"（p. 239）

按照这种推理，我们仍可以坚称，个人的道德信念源于诸如照顾他人这类普适的道德原则。但这些宽泛的准则转化为何种具体行为训诫，不同群体可能看法不同。这种转化性道德推理背后的一个重要考虑在于，表现出该群体有别于社会中其他群体的独特价值。在这种道德观念下，群体是透镜。通过这一**透镜**，普适的道德价值观（比如不伤害）被转化为界定群体的具体的价值观，这些价值进而又促进了个人道德信念的形塑（见图2.1；改编自 Ellemers and Van der Toorn，2015）。

这种概念化与将道德视为在更大、更复杂的社会中的行为准则的哲学路径一致。基于亚里士多德的看法，相关路径主张，有意识地去做被认为是好事的人就可以被称为一个好人。而**什么**是应该做的，则建立在共享的价值观和理想之上。品德高尚的群体成员是那些选择按照相关社会道德规范行事的人（MacIntyre，1966/1998）。与此相关的行为规则因此可能并不是普遍适用的。相反，这类规范可能有助于将特定群体与社会中其他群体区分开来，就像基督教的道德起源。以这一理念观之，人们常在公共伦理体系和私人道德之间进行区分的做法（MacIntyre，1966/1998；Morris，1997）已毫无意义。德性的隐含之意在于，个体行为选择在多大程度上**反映**了共享的道德价值观——这些价值观可能因群体而异（Churchland，2011）。这一分析的焦点是道德，是作为群体行为调节的准则的道德。这就要求我们从社会认同和群体生活的角度明确考虑道德原则的意义。由此，一个重要的问题就是，在对道德的惯常性实证考察中，这一点能不能被准确地体现出来。

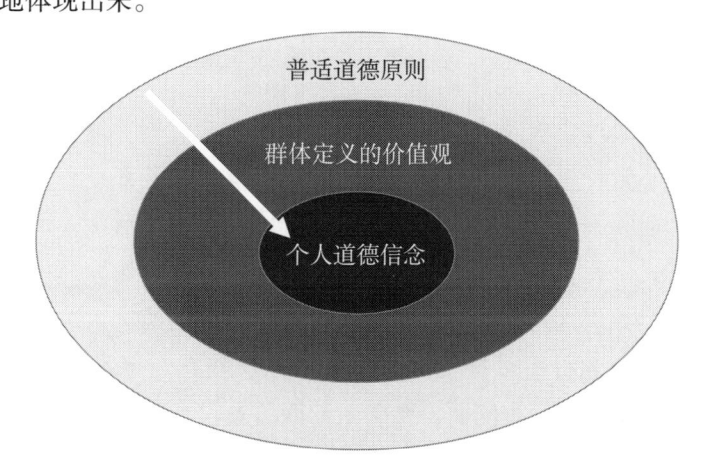

图 2.1　道德信念的起源

来源：改编自 Ellemers and Van der Toorn，2015。

❖ 常被忽略的群体语境

在致力于理解道德行为心理学的实证研究中，有很大一部分反映出研究者对个体水平上的共情和关怀的关注，这据称是德性的体现。其中一些将此两者认定为普适道德原则进行研究，而另一些则将其当作指示道德信念个体差异的变量。这些普适道德原则如何通过界定群体的价值观转化为个人道德信念，目前还缺乏系统的解答。

社会心理学中有关道德的大部分研究是采用实验路径，研究孤立现象。这在满足特定假设或控制条件时是有效的。正如第一章所述，这些研究大部分使用某个特定的范式（电车困境范式；Bauman et al., 2014），或者主要集中于考察特定的行为（欺骗）、个人特质（诚实）或情感（罪疚），将它们视为道德的代言（Ellemers et al., in preparation）。这项工作包括具有高度创造性的流程，允许研究人员运用实验控制来探究利益行为背后的心理机制。然而，这种做法导致关于道德的研究只涉及有限的道德价值观，而且这些价值观的定义非常笼统和抽象。只有相对较少的研究（约25%）明确考虑了道德上可接受的行为的**共享**观念，或认识到社会中不同群体可能有不同的道德价值观。更小一部分的研究询问了参与者**个人**认可的道德原则，以及这些原则如何影响他们的行为（Ellemers et al., in preparation）。

这种实证研究路径能将单个行为分离出来，对个人道德偏好进行检验。有时，这通过要求人们说明他们的整体特质来进行，例如撒谎、偷窃或欺骗——不管特定情境是否引诱他们如此行事。这些都是有价值的道德研究策略，但并不能反映道德问题的表现方式。日常生活中，道德问题往往以两难形式出现，人们试图两害相权取其轻。譬如虽然偷窃一般被认为是错误的，但如果这是为了养活孩子，或是为给生病的家人医治的唯一方式，人们可能会觉得可以接受。这种复杂性反映在道德推理的研究中就是，询问人们这样的两难问题，要求他们回答自己所认为的正确选择。这也清楚表明，通过评估个人的一般特质或整体道德信念去理解或预测在更丰富、更复杂的社会情况下的选择，其价值颇为受限。

这一状况表明了理论解释与实证研究之间的分化。在**理论**层面上，共享道德原则及其对被群体接纳和社会共同体运作的重要性被普遍承认,甚至被格外强调。与此同时,**实证**研究主要针对一般特质或在社会环境几乎缺位的情况下的个体决策。比如在理性决策过程中,相关的实验研究分支处理的是不同类型的关切如何与行为偏好相关联(根据计划行为论;Manstead,2000)。还有一些研究讨论认知耗竭对于道德行为所需的自我控制的影响,或探索表明道德行为的理性/情感成分的大脑不同区域的作用。

在更自然的环境中研究道德则受到其他限制。组织心理学与管理学的相关研究就是如此,其重点是组织文化中的行为伦理。此类研究关注组织中的人,考察各项原则、领导力或行为规范如何影响组织的道德决策(Treviño,Den Nieuwenboer,and Kish-Gephart,2014)。虽然这种路径明确将现实生活语境下群体层面的影响纳入考量,但并未清晰地揭示因果关系(Aldrich,1999;Murmann,Aldrich,Levinthal,and Winter,2003),而且研究情境的丰富性和复杂性与实验室中的控制研究差距很大,很难将这些观察结果同道德实验研究的进展联系起来(Rest,Bebeau et al.,1986)。事实上,目前还没有什么综合模型或路径能提供一个框架来统合源于这些不同研究传统的观点。

此外,尽管道德判断与道德原则常被定义为规范共同生活于**群体**中的个体行为的规则,但明确考察诸如道德氛围、共享道德标准或道德领导力等群体层面的变量如何影响个人观念的实证研究还是相对较少(见图2.2;

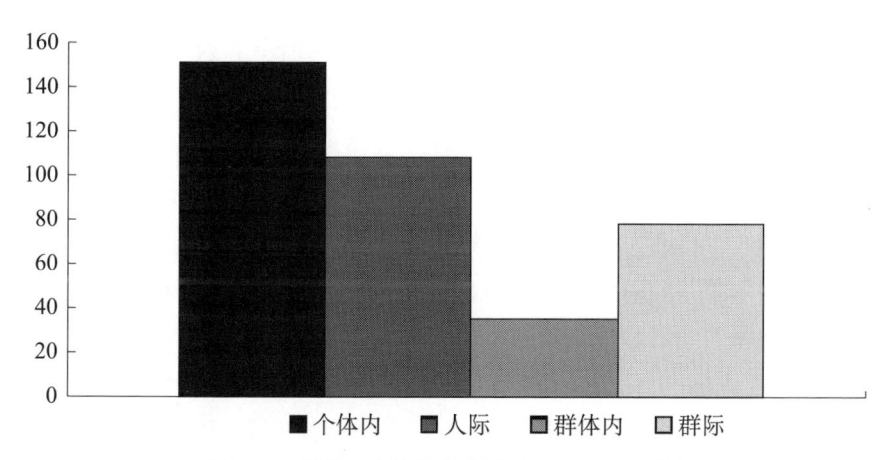

图2.2 道德研究的解释水平(2000—2014年)

来源:改编自 Ellemers et al.,in preparation。

改编自 Ellemers et. al., in preparation）。相反，大多数研究主要关注的个体，是被从具有共同身份和群体过程的社会背景中剥离的个体。将个体明确视作社会群体的成员，这正是当下研究所欠缺的。要想理解个体何时以及为什么会最倾向于或最不倾向于根据共享道德价值观调整自己的道德行为，我们仍需将个人所属的**群体**的特征，以及这个群体与其他相关群体之间的关系纳入考量之中。

❖ 道德的社会认同路径

社会认同路径提供了一个模型，能够详细说明群体成员资格和群际关系如何影响个体的思想、感受与行为（Tajfel, 1974, 1978; Tajfel and Turner, 1979; Turner, 1985）。社会认同路径的核心假设是在许多社会情境中，人们认为自己和他人不是独立的个体，而是不同社会群体的代表。我们每个人都可以同时属于不同群体，比如我既是一个母亲、一位社会心理学家、一名荷兰公民，同时还是一个舞蹈爱好者。然而，我并不总是会给予这些社会身份以同等的关注。当我们谈到各种休闲方式时，我身体中的舞蹈爱好者便占据了主导地位。在重新审议大学关于学生研讨会的指导方针的会议上，我的发言会带有我作为心理学家的专业目标与标准的色彩。而在家庭聚会上，我则会和其他妈妈分享做母亲的经验。当我听说来自不发达国家的学习心理学的学生所遭遇的艰辛时，我就清晰地意识到，自己仅仅因为出生于荷兰便享有得天独厚的条件。这些社会归类不仅影响着我对自己的认知，也同样影响我对他人的态度，以及看起来与此关联最紧密的道德准则。

迄今为止，已有大量研究说明群体成员资格与社会认同可以阐释各种当代问题与现象（Ellemers, 2012）。这些研究覆盖范围广，从多元文化社会中的种族张力、对恐怖袭击的反应，或妇女和同性恋者的职业前景，到虚拟团队的动机与工作表现，以及卓有成效的领导力等议题（另见 Ellemers and Haslam, 2011; Haslam and Ellemers, 2011; Haslam, Ellemers, Reicher, Reynolds, and Schmitt, 2010）。它们的共同点在于，社会认同路径为之提供了群体水平现象的解释。社会认同路径并不将社会难题、无法与权威合作或丧失工作积极性归咎于个体欲求、需要与信念的问题，而是强调社会认同的力量。我们对自己和他人的看法与感受，也同样取决于我们是谁、我们来自哪里，以及我们到底想要归属于何处。

将社会认同的视角应用于道德心理学可清楚表明，道德原则与道德判断规制着个体行为。共享的道德标准意味着群体对好的、得体的群体成员是有标准的。遵照这些道德规范行事，便能确保个体在群体中被尊重、被接纳。因此，社会认同——哪些群体被人们认为是对他们如何看待自己和他人密切相关的——构成了引导道德行为的道德决策的核心面向。这一新视角的引入推进了现有的洞见，并且开辟了崭新的探索与认识领域。本书将对此进行阐述。

如果我们认识到是群体——以及普适道德原则在各社会群体中转化为共享道德价值观的方式——在决定我们的道德自我观，在评判他人的道德行为，那么是群体在决定我们所体验到的道德情感、我们的道德推理及道德推理影响我们道德行为的方式的事实就变得显而易见。已有研究提供了令人信服的证据，表明（与自我相关的）他人的标准、信念和行为确实可以影响个体层面的道德推理、道德情感、道德自我观、道德判断和道德行为的各种指标（见表 2.1；改编自 Ellemers and Van der Toorn，2015）。这些研究说明群体的道德氛围或道德领导力、道德过失可能会招致内群惩罚的威胁或者允许对他人道德进行间接体验的道德许可保证，都对人们的道德影响深远，不管个人内心秉持何种道德信念或道德指南。这些都将在之后的章节中更详细地进行讨论。

表 2.1   群体如何影响道德

研究主题	事例	参考文献
道德推理	美国参与者认为，由美国安全部门对恐怖主义嫌疑人进行严刑拷打，要比由英国安全部门来实施要合理得多。	Tarrant, Branscombe, Warner and Weston (2012). *Journal of Experimental Social Psychology*, 48, 513–518.
	当自己的需求与他人的需求发生冲突时，土耳其和西班牙的青少年会做出不同的道德决定。	Kumru (2012). *Social Behavior and Personality: An International Journal*, 40, 205–214.

续表

研究主题	事例	参考文献
道德情感	挪威人报告，当将对泰特族（Tater）的歧视看作一种内群的道德缺失时，他们会为此感到羞耻。	Gausel, Leach, Vignoles, and Brown (2012). *Journal of Personality and Social Psychology*, 102, 941–960.
	荷兰公民因荷兰维和部队未能保护斯布雷尼察的穆斯林免遭塞族屠戮而感到罪疚。	Zimmermann, Abrams, Doosje and Manstead (2011). *European Journal of Social Psychology*, 41, 825–839.
道德自我观	当荷兰公民被告知在实现移民平等待遇上，荷兰的道德水平不如德国时，他们认为这严重影响了他们的个人形象。	Täuber and Van Zomeren (2013). *European Journal of Social Psychology*, 43, 149–159.
	在被告知自己所属群体的其他成员平等对待西班牙裔求职者后，美国白人报告了更积极的道德自我评价。	Kouchaki (2011). *Journal of Personality and Social Psychology*, 101, 702–715.
道德判断	当道德信念被视为是群体共享的时，任何对这些信念有异议的人都会遭到更多负面评价。	Goodwin and Darley (2012). *Journal of Experimental Social Psychology*, 48, 250–256.
	认为他国人（阿尔巴尼亚人、法国人、摩洛哥人、罗马尼亚人、美国人）也同属于其道德共同体的意大利人，不太可能对他们带有偏见。	Passini (2013). *Journal of Community and Applied Social Psychology*, 23, 261–269.
道德行为	当青少年足球运动员看到自己朋友恃强凌弱时，他们也更易于实施霸凌行径。	Steinfeldt, Vaughan, LaFolette and Steinfeldt (2012). *Psychology of Men and Masculinity*, 13, 340–353.
	在有浓厚的商业道德文化的组织中，员工更少做出不道德的选择；强调个人利益的工作氛围则会促进不道德行为的发生。	Kish-Gephart, Harrison and Treviño (2010). *Journal of Applied Psychology*, 95, 1–31.

来源：改编自 Ellemers and Van der Toorn, 2015。

因此，社会认同路径澄清了（不）道德行为的本质和重点，明确了要想在这一领域实现变革所需做的工作。事实上，腐败被归因于"腐败的个人"还是"腐败的组织"会导致打击商业腐败所需采取的手段大不相同（Pinto, Leana, and Pil, 2008）。个体雇员不被容许的行为（例如偷窃物品）可以通过加强监督来遏制；而想要对抗组织层面的腐败（白领犯罪），可能需要更换最高管理层，甚至是改变整个商业模式。

另外，社会认同路径阐明，要想预测群体如何影响个体的思想、情感或行为，仅仅确定人们是否（技术上）属于某个特定群体（通过确定他们的族群出身）、是否依仗群体获得重要产出（因为合同制雇佣），或者是否与其他群体成员相似（因为他们共同拥有独特的偏好或特质）还远远不够。实际决定性的因素是人们对群体的**主观**认同感和归属感、感情投入与依恋（Ellemers, De Gilder, and Haslam, 2004；Ellemers, Kortekaas, and Ouwerkerk, 1999）。对群体与个体的社会认同的相关性进行这种更为个人化的概念化会催生个体的思想、情感与行动，无论群体本身或外部观察者是否将该个体视作群体的一员。事实上，尤其是当人们渴求某种群体成员资格却被他人质疑时，个体仿效该群体所独有的特征与价值观的努力甚至可能会更加显著（Ellemers, Sleebos, Stam, and De Gilder, 2013；Sleebos, Ellemers, and De Gilder, 2006a, 2006b）。雄心勃勃的群体成员，为了获取信任并被接纳，往往最为浓墨重彩地表现典型的群体价值观，以此宣誓对群体的忠诚（Ellemers and Jetten, 2013；另见 Breakwell, 1978）。

重要的一点在于，群体层面的标准与特征对成员个人的影响可能并不相同，这取决于个体主观上对融入群体的重视程度。道德群体标准能多大程度上决定个体行为，在于群体能否成功为成员灌注主观上对共同身份的认同感。一个对医院职工的研究说明了这一点（Duffy, Scott, Shaw, Tepper, and Aquino, 2012）。这项研究显示，让职工相互竞争降低了他们对工作团队的认同感，并且引发了对更有成就的团队成员的嫉妒。认同感的削弱和嫉妒心又引发了道德推脱以及破坏他人声誉的行为。实验研究同样表明，因为一起工作的人最终待遇的不同而被唤起的嫉妒，可能会诱发试图贬损居于有利地位者的不诚实的行为（另见 Gino and Pierce, 2009）。因此，即便员工知道，要想获得重大的个人和工作成果，需要大家相互依靠，需要组织团结，但受竞争性奖励机制或团队领导者所鼓动的人际竞争文化还是会削弱他们对共享身份的认同感。如果没有共享的认同或道德价值观，群体成员自然就失去了遵照道德原则行事的动力，成功合作也便遭到破坏。

总而言之，现在已经有充分证据表明，**群体**是规制个体道德行为的一个关键因素。除了认为人们依赖他人以获取有价值的结果这一想法，作为群体成员而被接纳、被尊重以及被珍视，才是重要得多的原因。将自我视为群体成员的倾向，驱动人们去采用共享的群体道德原则，让他们很可能为维护道德标准而做出努力，以及决定他们将表现出何种道德行为。感受到与他人的心理联结，会使人内心备受鼓舞，愉悦感得到提升，使他们更加坚持不懈地追求共同目标（Carr and Walton, 2014）。

❖ 群体作为道德之锚

基于社会认同与自我归类原则框架的分析，本书提出了群体作为道德之锚的核心作用。道德群体标准与共享道德价值观，决定了个人的道德信念。由于每个个体都同时属于多个群体，并且对这些不同群体身份的关注或相对重要性的排序可能会不时调整，所以什么会被视作是道德的也会有所变化——这取决于社会情境以及因此被激活的相关的社会认同。发生在罗马的荷兰足球流氓的破坏性行为以及后续荷兰学生们试图进行补偿的行为就是一个很好的例证。

群体成员资格，以及行为合乎群体内共享道德规范的重要性，过往已经有所发现。譬如说，研究发现"道德传染"（moral contagion）并非不分青红皂白地发生，人们更倾向于效仿某个与自己拥有相同群体成员身份的人（"内群"成员）所表现出的不道德行为，而不是那些代表其他群体的人（"外群"成员；Gino, Ayal, and Ariely, 2009）。然而这些研究大部分所暗含的假设在于，个人的道德标准表明了他们"真实"的信念，而"良善"之人可能会被群体引入歧途（类似的批评参见 Reicher, Spears, and Postmes, 1995），这是通过引用"道德指针"（moral compass）的比喻来传达的，意味着人们内心存在是非感。在他人的影响之下，目睹其道德过失现象，这一内在的道德指针便偏离了"正北方"，诱使人们做出有违自身道德标准的行为（Gino and Galinsky, 2012; Moore and Gino, 2013）。

这种关于群体对个体道德行为影响的定性是有问题的，它假定内在道德信念在一定程度上天然地优于群体道德标准。然而，人们会对什么是"真正的德性"有分歧，实际上也确实如此，因为并没有严格的对错之分。另外，出于分析需要，可以对内在道德信念与道德群体标准进行区分，但这两者经常将人们导向同一方向。个人道德信念并非凭空产生。相反，这些信念是在与我们的重要他者的观点的接触中形成的，也可能起源于随时间推移而内化的群体价值观（Manstead，2000）。

在此意义上，可以认为群体，以及群体认可的共享道德标准与价值观，为内在道德指针的形成提供了道德之**锚**。这一道德之锚，是将导致人们与自己认为对的言行南辕北辙，还是帮助他们保持道德航向，取决于人们自身的道德信念是否坚定，以及群体设定的标准较之个人标准而言是更严苛还是更宽松（Hornsey，Majkut，Terry，and McKimmie，2003）。因此，将群体视为道德之锚，并非宣扬群体价值观比个人信念更能有效影响个体言行，也不是主张无论群体道德具体如何规定，成员都应该遵循。而是说这能够推进当下**心理学**中对道德标准如何发展、维持，以及它们如何影响个人判断和行为的认识。

这一路径对于当下的学术争议与舆论争议而言有三大关键意义。

1. 群体界定了何为道德

正如上文所述，理论性论述中似乎有相当大的共识，即群体界定了什么是道德。在小规模的同质化社会中，人们可能会对道德的首要基础与具体内容达成广泛共识，但在更大规模的存在不同文化、宗教或政治群体的社会当中，不同群体对何为道德的分歧便会凸显出来（Gert，2012）。与此相应，哲学家强调，并不存在什么普适的规范性道德（Churchland，2011；Gert，2012）。心理学家也认为，道德价值观通常反映出特定社会的文化信仰特征（Haidt，2001；Sachdeva，Singh，and Medin，2011）。研究表明，置身于中国还是西方环境下，往往会激发不同的道德价值观（Chen and Chin，2010）。比如在个人主义文化中，自主性作为重要价值观占据首位，而在集体主义文化之中，责任则相对更重要。这一发现与对道德的这样一种定义相呼应，即道德是"文化或亚文化强制规定的一系列美德"（Haidt，2001，p. 817）。

因此，当我们研究道德原则与道德判断如何有助于规范群体中的个体行为时（Rai and Fiske，2011；Ellemers and Van den Bos，2012），我们不能仅仅指望那些普适道德准则。相反，我们要考虑它们如何根据共享群体价值观被形塑，并为个体提供具体的行为准则。即便处于不同文化、不同情境中的人对基本的道德价值观有共识，但基于群体的主要关切，这些价值观被具体化的结果也可能是迥然相异的道德律令（Turiel，2006）。因此，道德被定性为一种"内群现象"（Janoff-Bulman and Carnes，2013b）。事实上，特定群体或文化的具体道德，甚至会违背基本的、普适的道德观。比如，当自给自足比利他更受重视，或者当保全颜面比诚实更重要时，这种情况就会出现。

但我们对既有研究的回顾（Ellemers et. al.，in preparation）揭示，已有的经验研究，大多聚焦于所谓的道德普适原则（伤害/关怀，自利/自私，诚实/欺骗），默认每个人都同意什么是道德。尽管在抽象意义上可能的确如此，并且在脱离情境的实验环境下能对道德行为进行有效的审视，但此类结果对那些更复杂多面的问题却并不那么适用。而正是这些复杂多面的问题使道德成为如此妙趣横生且意义重大的研究议题。

在某种程度上，有时内嵌于法律之中的高度抽象的道德准则，作为现实生活中的行为准则，其局限性也广为人知。这一点很明显，比如人们会求助于牧师、拉比或法官，希冀他们帮助解读特定情境的具体意涵。的确，即便对于普适道德原则的有效性存在广泛共识，但就如何正确行事而言，这些原则也可能生发出截然不同甚至有时是完全相反的结论（见表2.2；改编自 Ellemers and Van der Toorn，2015）。

表 2.2　对普适道德原则的共识如何会引发围绕道德行为的观点分歧

普适道德原则	群体定义的价值观	个人道德信念
不伤害	割礼是宗教的标志 手术是治疗疾病的手段	应当给婴儿实施割礼 不该给婴儿实施割礼
公平分配资源	高绩效应当获得更多奖赏 付出同等努力应当获得同等报酬	发放巨额奖金是正确的 发放巨额奖金是错误的
要可靠和真诚	人们应当表明自身立场 人们应当忠于群体	按照个人喜好行事是正确的 按照个人喜好行事是错误的

来源：改编自 Ellemers and Van der Toorn，2015。

2. 其他内群成员的道德行为会影响自我

对道德进行群体水平上的分析，其另一含义在于，道德行为意味着其他内群成员或者群体作为一个集体，都会牵连到**自我**。群体作恶（群体主动）以及群体**收到**的结果和待遇（群体被动）都是如此。群体层面的目标与理想指引着个体道德选择，群体中其他成员的道德过失行为会引发集体罪疚感，而他们的道德善行则会提升个体的自我观（见表 2.1）。例如，当被告知穆斯林移民在荷兰的待遇不如在德国时，来自荷兰的研究参与者感到这玷污了他们的个人形象（Täuber and Van Zomeren, 2013）。还有研究表明，对于 1995 年荷兰维和部队未能保护斯雷布雷尼察的波斯尼亚人免遭塞族屠戮，荷兰国民现今背负集体罪疚感。同胞行径唤起了他们的道德责任感，使他们更可能支持以经济赔偿或公开道歉的形式来对受害民众进行补偿（Zimmerman, Abrams, Doosje, and Manstead, 2011）。相反，美国的白人学生在目睹内群成员公平对待申请本科生研究助理岗位的西班牙裔申请者后，会有更积极的自我观。然而，一旦以这种方式确立了群体无偏见的道德名声，群体内其他成员表达出偏见的可能性反而会增加，例如声称白人申请者比美国黑人更适合警察部队的空缺岗位（Kouchaki, 2011）。

本书说明了群体道德行为与个体所表现出的道德情感、自我观和行为之间存在紧密的心理关联。经由对共同社会身份的觉知、对群体的依恋——而非经由和犯罪者的密切人际交往、在越轨行为中的工具性卷入或相互依赖——这种联系在心理和象征层面上得以建立。人们为先辈在战争中犯下的罪行，或者因为基督教中的"原罪"（original sin）观感到罪疚；不相识的内群成员的道德行为，则使他们感到自己也崇高无比。由于这种联系，一方面，我们为内群成员的道德过失而感到痛苦，并试图以自身的道德行为进行弥补；另一方面，当我们因内群成员以往的行为获得道德声誉时，我们又在监督自己道德行为上放松了警惕。

3. 群体维系着个体道德行为

当下分析倾向于将道德行为作为个体水平上的现象来处理。因此，试图遏制被视为不道德行为（例如在商业环境中）的努力，或者说服人们改变他们行为方式的尝试（例如促进种族融合），大多集中于改变人们关于什么是"正确"的信念上。如果道德指的是"实际上由某些社会、群体或个体所提出并接受的行为准则"（"描述性道德"；Gert, 2012）的话，那么其他人就没有必然的理由去按照这些他们不认可的道德原则行事。这样，道德原则既不同于举止得体（礼仪）的规定，也不同于更为普遍有效的法律规则和制裁（Gert, 2012）。相反，按照共享道德价值观行事，为个体提供了一种践行群体特有价值观的途径。这也就解释了为什么批评某种行为是不道德的，或是试图让人们认识到自己行为方式是错误的，并不是改变道德行为的最佳策略。自我保护机制延伸至群体水平，使人们为当前现实与实践辩护。人们渴望继续被群体所接纳，害怕失去成员身份，他们对标志群体独特价值观或行为准则的批评也因此具有弹性。

对行事道德的渴望，是自我调节的强大动机。与此同时，这种渴望使人们试图为道德走神辩护，也能抵受他人针对自身道德行为的批评（Bandura, 1999；Bandura, Barbaranelli, Caprara, and Pastorelli, 1996）。即便那些意识到自己的某些**行为**可能并不道德的人，通常也会对自身的道德**认同**有积极的评价（Conway and Peetz, 2012）。这种自我欺骗式的美化，使人们不愿意改变行为或对当前做法做出改进。事实上，各种自助以及群助机制〔"道德虚伪"（moral hypocrisy）、"道德推脱"（moral disengagement）、"道德许可"（moral licensing）、"道德声誉"（moral credentials），例见 Gino and Galinsky, 2012〕——这些机制将在后文中讨论——已被发现，并被用以说明这种"道德悖论"。试图掩盖自身或群体其他成员的不够道德的行为包括倾向于合理化对他群的攻击，认定他群并无人性（McAlister, Bandura, and Owen, 2006），或是对自己所在群体造成了威胁（Leach et al., 2015）。相比外群成员（英国安保），美国人更易于接受美国安保人员严刑拷打恐怖主义嫌疑人的行为（Tarrant, Branscombe, Warner, and Weston, 2012）。

考虑到我们所了解到的群体在道德行为中的重要性，以特定个体的道德缺陷去解释当下关注的道德存疑行为的惯常做法便有失公允。因此，聚焦于个人道德决心的不足，批评人们道德信念力量不够或本质不纯，或指责人们在群体中处于匿名状态时社会责任会丧失，以诸如此类的方式试图改善道德行为的尝试必然都是不充分的。从个体道德入手的解决方案，或者是忽略群体中其他人意见的劝诫，都很可能无功而返。

❖ 道德作为社会测验

要想超越常见的以个体水平上的解决方案来应对不道德行为的问题，就必须认真考量道德作为一种群体现象是如何在调节社会互动方面发挥其功能的。就这一角度而言，道德行为是一种**社会测验**，用以评估人们是否值得被接纳，并获得群体的尊重。群体特有的价值观，以及这些价值观如何能与其他群体的价值观相区分，决定了道德原则的性质和内容。人们依照这些准则行事，力证自己配得上其群体成员资格，并传递自己希望成为受群体器重的优秀成员的愿望。被接纳的感觉、共享的身份以及对其他内群成员行为的连带责任感，无不限制了个体会给予他人以多少关怀。

理解道德的这些功能及其在群体生活中所发挥的积极作用，对于想要成功改变道德行为、解决与道德相关的当代社会问题的努力来说必不可少。如果我们想要了解如何引发道德行为，或如何让人们改变不道德的行为，这一点便尤为重要。后续章节将回顾实证研究中的相关证据，以阐明这种路径的特定意义。接下来的内容将依次探讨社会认同和群体层面的关切如何影响个体的行为动机和自我观（个体内水平），如何影响我们看待他人以及与他人互动的方式（人际水平），如何透露道德群体规范的性质和内容并决定群体和组织中的道德氛围（群体内水平），以及如何解释社会中不同群体之间的关联方式（群际水平）。

34

第二部分
个体内水平

第三章
我们都想做有道德的人

那些我们钦佩的聪明又成功的人,并不总是正人君子的做派,甚至有时算不上友善。假如我们想明白行事道德的动机,就需要把它与有能力或友善的愿望对立起来——尤其在这些不同品质似乎顾此失彼的情况下。被自己看重的群体接纳并珍视的渴望,是这一过程的核心关切所在。比起展现个人能力,做那些被认为有道德的事能更有效地让我们确立群体成员资格。寻求融入被视为是有道德的群体而非有能力的群体,有助于我们建立起一种合乎道德的社会身份。

在迪士尼电影《加勒比海盗》中,我最喜欢的电影角色是由约翰尼·德普扮演的杰克·斯帕罗(Jack Sparrow)船长。他是一名海盗。作为海盗的他说,他不诚实,并且在这一点上他是可以仰仗的人。他将自己与诚实的人相对照,说诚实者行为难以预测,因为他们可能出乎意料地做出一些诚实但实则愚蠢无比的事来。这种人生观清晰地表明,德性的缺失不仅不是人格缺陷,还能被视作一种资本。它也证明我们可能会接受一个人或者有德性或者聪明,而不必两者兼备。一个满口谎言的海盗的生活看起来是那样激动人心且惊险万分,特别是当他还像杰克·斯帕罗那样英俊又风趣幽默的时候。

其他例子也显示,我们敬佩那些亡命之徒和诈骗大师的胆大妄为与傲慢无礼,特别是他们比那些乏味的、毫无想象力的执法者更聪明的时候。有时我们原谅他们的不道德,因为那些悖德的行径看起来是为了匡扶正义。比如,罗宾汉,他劫富济贫;又比如,电视剧中的德克斯特(Dexter)

法医，他杀人但杀的是连环杀人犯；再比如，连续剧《24小时》中由基弗·萨瑟兰扮演的杰克·鲍尔（Jack Bauer），他刑讯目击者来获取可能阻止恐怖袭击的信息。有时，我们就是单纯欣赏不道德的人所展现的无与伦比的创造力与过人的智谋，就像乔治·克鲁尼和布拉德·皮特在系列电影《十一罗汉》《十二罗汉》和《十三罗汉》中所扮演的诈骗老手那样策划完美的盗窃。

这对我们自身的道德标准而言意味着什么？我们崇拜并暗自羡慕那些无名小卒，视其为英雄和榜样，而他们只不过是罪犯罢了。是不是罪犯如果像约翰尼·德普或乔治·克鲁尼那样帅气，我们就会轻易原谅他们的道德过失？是不是因为我们明白自己不够聪明，或是没有胆量去做同样的事，所以才羡慕那些抢劫或杀人后却能逍遥法外的人？德性与能力之间，是否存在内在的取舍关系？如果是这样的话，被看作诚实却愚蠢的人，是否真的还不如被看作不道德但聪明的人？我们是真的喜欢那些道德楷模，还是会因为他们让我们相形见绌而厌恶他们呢？做一个行为可预测的海盗和做一位道貌岸然的圣人，哪个更糟糕？

旨在解答这些问题的研究已经探讨了人们的目标、动机以及自我观，以此研究道德关切是如何与显示自身能力的愿望相关联的，又是如何能跟与人为善的努力相区别的。最初，这项工作依赖于自我陈述的理念、偏好或优先考虑。最近，研究人员开始在这些考察中纳入生理参与的隐匿指标，比如通过评估参与者执行任务时的认知注意，来获取更多有关人们实际道德努力的程度的直接证据。

❖ 做一个有德性的人

做一个有德性的人意味着什么？童年发展与父母、老师和其他成人引领的社会化在儿童学习和定义何为可接受的道德标准上发挥了重要作用（Eisenberg, Guthrie, Cumberland, Murphy, and Shepard, 2002）。经典发展观（如 Kohlberg, 1971, 1978；Rest, 1986）认为，通往这一状态有一条统一的轨迹。在成为一个有德性的人的路上，儿童阶段性地提高其进行道德推理的能力。根据推测，儿童需要提高自身进行道德推理的能力，才能超越满足私欲的自然倾向。最初，儿童遵循着既定规则以避免惩罚与社会否定，但随着时间推移，他们可能会内化重要的社会标准，帮助自己进行自我控制并按照普适伦理准则行事（另见 Heilbrun and Georges，1990）。

导致道德认可或道德否定的行为，和那些践行或违反其他类别的社会标准的行为不同。相较之下，指导行为的道德原则更接近基于政治或宗教信仰的行为性意识形态（Heiphetz and Young，2014）。与此相应，在习得关于行为的道德原则的过程中，儿童、家长与老师对道德过失（推开另一个孩子）和违背社会习俗（骂脏话）的反应是不同的。例如，违背社会习俗主要会使他人根据既有规则来施加惩罚。与此相反，道德过失则更可能引发关于个人行为会怎样伤害到他人的详细说明，以解释为什么这样做是错误的，而不管是否存在针对这类行为的明确规则（Killen and Rizzo，2014）。

当我们开始注意到，我们言行诚实、让他人免于沮丧、与他人分享我们所拥有的东西或选择合作而不是为一己私欲汲汲营营，别人会给予我们以认可时，我们便学到了应当怎么做才会被看作有德性的人。这一习得德性的路径在评估人们道德自我观的惯用方法上也同样有所体现，这类测量方法要求个体：（a）在面对道德两难问题时，以合作而非自私的表述方式，自述他们倾向于合作的程度；（b）自述他们在多大程度上视自己为有同情心的、利他的或诚实的人；（c）自述他们对抽象道德准则的认可程度；（d）自述他们对特定道德问题的立场（概述参见 Ellemers et al.，in preparation）。对这些观念的类似的依赖，在被视作标志着"道德人格"（moral personality）的总体特质中也十分鲜明。这体现在经典的"大五"（Big Five）人格量表中，个体展现"尽责性"或"宜人性"的倾向就被用于确定"道德人格"这一目的（概述参见 Hough, Oswald, and Ock, 2015）。最近有人提议，用 HEXACO 六因素人格量表中的"诚实/谦逊"（honesty/humility）子量表，作为个体在道德特征差异上的更为具体的指标（Ashton and Lee，2007，2008，2009；另见 Stets and Carter，2011）。诸如此类的测量要求个体指出他们认为特定特质与自己在多大程度上是相符的。因此，就人们认为自己大体上是一个尽责、宜人或诚实的人，并且如此呈现自我而言，这些测量可以被视作反映了他们将这些品质奉为行为理念的倾向性。

另一种路径则假定，人们的道德自我观与道德理想，可以从他们是否以及多大程度上支持宗教信仰的倾向中推断出来。事实上，已有研究证明，让人们想起上帝与宗教，可能会减少那些被宗教明令禁止的行为（例如吸毒或赌博）。然而，这无法让我们了解在没有明确宗教准则的领域中，人们的道德理想或行为偏好到底是什么。实际上，鉴于宗教虔敬意味着人们仰仗上帝获取安全和护佑，宗教虔敬甚至会增加人们参与与宗教无关的不合乎道德的或冒险的行为的意愿（例如跳伞；Kupor, Laurin, and Levav, 2015）。因此，研究其实显示了道德与宗教虔敬之间并不存在一一对应的关系。有些人似乎把他们的宗教信仰作为其道德价值观的一个内在源泉。然而对其他人来说，宗教准则主要为他们提供了表现特定行为的外在理由，而又无损他们的个人道德信念（Rest, Thoma, Moon, and Getz, 1986）。

道德的内在指标与外在指标可能不一致的观念，是阿奎诺和里德（Aquino and Reed, 2002）所开发的"道德认同"量表的核心特征。标准的人格量表要求人们报告自己多大可能会表现出那些通常被认为是合乎道德的特定特质，"道德认同"量表同样包含这种测量。此类测量被视作捕捉到了道德的外在"符号化"（symbolization）维度。此外，它还评估了个体心中认为每一项特质对其自我概念的重要程度，这部分量表旨在把握道德的"内化"（internalization）维度。这一路径揭示了"符号化"与"内化"两者之间存在差异。道德符号化主要意味着如何在公众面前将自我呈现为有道德的人。与此相对，道德内化则更可能预测个体实际是否会表现出被视作是有道德的行为，例如高中生向当地慈善机构进行食物捐赠（Aquino and Reed, 2002）。

因此，外在和内在的道德自我观之间的差别，加深了我们对人们何时以及为何想要行事道德的理解。这种区别也使我们能够明白一种可以被看作"道德悖论"的情况为何会出现。对自我报告的人格剖面的研究表明，人们实际的道德行为和他们的道德自我观之间存在系统性偏差。那些最积极地视自己为有德性的人，也最可能表现出所谓的"道德主义偏差"（moralistic bias）。这些个体会强调道德特征与他们对自己的描述是多么贴合——尽管有证据表明他们夸大了自己的道德行为（Vecchione and Alessandri，2013）。因此，尽管道德意味着诚实可靠，但那些极度热衷于树立自身道德形象的人，在报告自己的道德行为时往往并不那么真实可信（Djikic，Peterson，and Zelazo，2005；Mulder and Aquino，2013）。

重要的是，对道德自我的不同概念化，不仅反映了不同个体试图在不同他人面前树立的道德形象之间的不同，还代表着不同个体内心所看重的道德理想之间的区别。外在与内在自我观之间的偏离，也可能因为人们在具体情境中的实际行为并不仅仅受自身道德理想所驱使，还受到环境的制约。事实上，人们为什么在遵从内心道德信念时可能力有不逮，有着许多原因（另见 Cohen and Morse，2014）。他们可能缺乏预见行为长期后果的洞见——例如，当他们无意间引起环境破坏时。而监控或抑制可能伤害他人的行为反应的能力有限，也可能使人做出与内心道德信念相悖的行为，譬如在社会互动中无意地流露出偏见（与外族群成员保持身体距离）或者不适（遇到同性恋者时）。

最后，道德理想的践行可能受多元群体资格的困扰，因为人们往往有着**多重**认同，不同认同可能规定了相互冲突的意识形态。当一个人遵从自己重视的某套道德理想（例如个体的选择自由），却需要违背另一套看来同等重要的道德准则（例如忠于自己的宗教共同体）时，此种情况就会出现。故而有不同类型的理由能合理解释人们为何不能总是成功地践行他们的道德意愿，尽管他们怀有的道德理想是如此真挚。因此，人们常把看似可能反映其道德感的具体行为和其更持久且抽象的道德认同感分离开来（Conway and Peetz，2012）。

总而言之，理想自我观可能源于某些社会化经验或群体标准，这些经验标准关乎获得道德认可的典型方式。然而，此类外在准则只有被个体内化为与自我有关的行为标准时，才会成为道德理想。道德自我观的相关研究表明，人们普遍认为做一个宜人、友善、诚实的人十分重要，并且倾向于在他人面前如此呈现自我。无论能否达到他人的期望或是否能践行自己的道德理想，他们都始终保持此种自我观。因此，人们的描述性道德自我观（他们通常会如何行事）并不必然与理想自我观（人们试图与内化的标准保持一致）相重合。由此，从这个意义上说，人们的道德感主要受他们

想成为怎样的人影响——和他们平时是怎样的人或怎么做可能关系不大。

因此，紧随而至的问题就是：在人们看来，自己想成为的那种有德性的人的最重要品质是什么？这个问题并非那么容易回答，因为惯常被用于指示"道德"的特质包含着复杂而相当宽泛的行为领域。测量尽责性、宜人性或是评估诚实/谦逊的人格量表显然就是这种情况。同样，道德认同量表所囊括的特征的范围也十分广泛（Aquino and Reed，2002）。其中包含的一些行为可以被视作是特别针对道德行为的（比如诚实和公平）。然而在道德认同评估中所使用的主要特质测量的是，与他人共情或展现亲和行为的更一般的倾向（共情，善良，关怀，友善）。

的确，展现亲和性的总体倾向经常被视作德性的指标，即便这并不能不证自明地帮助我们确定，展现出这一点的人在多大程度上会明以道德准则规约自身的行为（另见 Cushman，2015）。基于进化论的道德研究路径——如第二章所示——可能助长了人们将友善作为德性的指标。强调人际依赖、将自私自利与合作对立，以及力图预测利他行为，这些都可能强化这样一种观念，即更亲和、天性更友好的人，一定也更有道德。

然而，以如此笼统的术语思考德性，并不能不证自明地帮助我们理解最初到底是什么引起我们对道德行为议题（人们是否以及何时可能使自己的行为在道德上趋于受人欢迎）的兴趣。实际上，我们很容易想到亲和性与德性不相一致的例子。一个例子是，有些人在评价他人时表现出不留情面的坦率，可能意味着这个人很有道德，尽管他的行为方式看起来很无礼或不友好。与此相反，本章开头所提到的诈骗高手明显不讲道德，撒谎、偷盗以及欺骗对他们来说信手拈来。但如果他们看起来没有那么迷人、友善而且对行骗对象的处境极富同情心，他们也不会屡屡得手。在没那么极端的情况下，人们的德性也不能从是否愿意表现出友善或共情来推断。因此，接下来让我们仔细考量那些有助于我们决定是否应当以及如何去区分德性与亲和性的经验证据。

❖ 德性不仅仅是友善

如上所述，在对道德的科学研究与评估中，存在把德性与热情或友善混为一谈的倾向。这很不幸，因为如此做法遮蔽了能从这项工作中所获得的结论。对道德所做的界定与测量不够精确，使得不同的研究结果看起来不相一致或相互矛盾，但愿这只是因为同样的标签却被用于指称差别很大的特征。即便如此，从该领域研究发展进路来看，这种混乱又是可以理解的，它反映了心理学中社会判断维度的研究领域中的主导路径。

有关社会印象形成的理论与研究基本区分出了社会判断的两个主要领域。在评价那些描述社会对象的关键特征时，"能动性"（agency）与"共生"（communion）被大体区别开来（Osgood, 1971; Rosenberg, Nelson, and Vivekananthan, 1968; White, 1980; Williams and Best, 1982）。能动性指与有效完成任务相关的能力和水平，共生或热情意味着人们在社会交往中如何行事并与他人联结。能动性与共生，或者说能力与热情的特征，被用于评估各种社会对象，包括自我、其他个体、社会群体甚至公司（Cuddy, Fiske, and Glick, 2008; Fiske, 2015; Malone and Fiske, 2013）。

将人们的行为与倾向大致分为任务性和社会性两个面向，尽管总体来说合理且有效，但一旦试图更具体地理解道德行为并对其做出预测时，这种区分则往往力有不逮（Baumert, Halmburger, and Schmitt, 2013）。即便如此，这两个维度还是已经被用来区分能力和德性。这种做法被证明是非常令人困惑的，因为"德性"一词由此就被用于描述人际交往的整体质量。而实际上，这可以指诚实/公平（德性；De Bruin and Van Lange, 2000; Martijn, Spears, Van der Pligt, and Jakobs, 1992），可以指友善/热情（亲和性；Cuddy et al., 2008; Ybarra, Park, Stanik, and Seungjae Lee, 2012），或者两者兼备（Aquino and Reed, 2002; Wojciszke, 2005）。但这些都是截然不同的行为领域，当目的是为了理解、预测或改变人们的道德行为时，区分到底是诚实/公平还是友善/热情就至关重要。

当下对道德的研究兴趣主要受这一愿望所驱使，即阐明人们秉持哪些道德理想、他们何时以及怎样遵照道德准则行事，或是如何能改进他们的道德行为。前几章已经提出，在这一过程中将人们的自我感与社会认同纳入考虑的重要性。我们想成为怎样的人，想要归属于何处，采用谁的道德准则并将其内化，以及我们想要他人怎样看待自己？想要回答这些问题，仅仅评估人们在与他人互动中对他人表现出热情或友善的整体倾向是远远不够的。相反，我们需要具体说明的是，人们在界定自己和想到自身所属群体时认为哪些特征至关重要，以便理解这些特征与他们的自我感和社会认同的关系。

我们首先用成系列的五个研究对这些问题进行考察，这些研究的参与者来自不同的国家，涉及不同类型群体，研究采用了多元的方法（Leach, Ellemers, and Barreto, 2007）。尽管使用的路径不同，我们从这五个研究中得到的结果却非常清晰且高度一致。我们首先要求研究参与者利用随机排列的特质清单来描述他们所属的群体。这些特质根据预测试得来。在一长串潜在特征中，预测试结果显示了哪些特征被视为是与社会群体相关的。

这组研究得出的第一个重要结论是：对参与者给的评分所做的因子分析结果呈现了三个不同的群组，分别是**能力**（能干，聪明，有技能）、**德性**（诚实，真挚，可靠）和**亲和性**（讨人喜欢，热情，友善；Leach et al., 2007）。在对不同的研究参与者样本针对不同群体的描述进行的分析中，也出现了这些相同的群组。比起把能力特质与涵括亲和性和德性的更宽泛的特质进行两厢比较（即类似于经常在文献中出现的"能力"与"热情"区分），这组研究一致表明三个群组的区分在统计上更充分地反映了数据特征。

这组研究的第二个共同发现是，根据参与者所给的德性特质、能力特质和亲和性特质评分，对群体道德的**预测方差**是能力与亲和性的**两倍**。我们将其解释为一种内隐指标，该指标表明人们在想到社会群体时，对道德的重视程度超过了其他潜在相关特质。相应地，群体为他人所感知到的道德能最好地预测参与者会对不同群体所做的整体评价。然而，德性、亲和性和能力这三组特质也同样可被分别视作是美德、重要性和价值的指标。进一步的控制测量证实，将德性操作化为"正确性"特质（好的，对的），将能力操作化为"成就"特质（成功的，有声望的），而将亲和性操作化为"集体性"特质（善良的，仁慈的）的做法是合理的。

另一个值得注意的反复出现在不同研究中的发现在于（Leach et al., 2007），研究参与者也都相当明确地指出，群体道德特质很重要，认为这些是对他们的群体而言最重要的特征。此外，他们更可能将道德品质赋予某个他们对之认同感更强的群体。实际上，即便在能得到群体能力与亲和性的相关信息的情况下，群体的道德也是唯一一个能独立预测内群自豪感与认同感的因素。这说明了道德对于人们自我观与社会认同的重要意义。

综上所述，由不同参与者参与、在不同群体语境下进行的这一系列研究强有力地表明：（a）德性不仅仅是友善；（b）德性——而不是能力或亲和性——是衡量人们是否愿意将一个群体视为自己认同组成部分的主要标准；（c）即便群体缺乏竞争力或亲和性，群体道德也可以成为内群自豪感与认同感的来源。

有关道德在社会判断中的独特重要地位的这些初步发现，在后续其他人的研究中被不断证实。这些研究使用不同范式和调查样本，并且在不同的文化背景下展开。这意味着有更多证据说明，在社会印象形成中区分亲和性和德性是合理的（Brambilla and Leach, 2014；Goodwin, Piazza, and Rozin, 2014）。此外，在做出这种区分后，其他研究证实了相比亲和性或能力，人们更看重个体的德性和群体的道德（Brambilla, Rusconi, Sacchi, and Cherubini, 2011；Brambilla, Sacchi, Rusconi, Cherubini, and Yzerbyt, 2012；Goodwin et al., 2014）。因此，当在"热情"或共生领域把亲和性和德性分离开来时，在能力之外，德性看来也是人类行为中另一个需要考虑的关键因素。事实上，在区分了这三个行为维度之后，德性常常要比能力和亲和性更为人看重。另外，人们显然不仅关心自己的个人特征或实际行为，还从他们所隶属的群体的独特品性中获取道德认同感。

❖ 是要德性还是要聪明？

当我们把能力与德性看作价值的两个核心维度时，随之而来的问题自然就是这两者之间的关系是怎样的。有趣的是，这个问题经常没有被明确说明。实际上，虽然我们时常接受能力和水平的测试或评估，但对我们明确的德性评估却少得可怜（除了第五章中讨论人事选拔时所进行的所谓"诚信测验"；概述参见 Ones and Viswesvaran, 2001）。因此，我们往往暗中认为我们所传达的关于自己的信息会被认为是诚实而真挚的，或者我们默认地推断自己先前的成就将被视作是证实了我们的德性与能力。实际上，在缺乏具体的反对证据时，由于晕轮效应，这种情况的确很可能发生。在德性和能力均被视作是相关的情况下，其中一个经常被认为对另一个有增强效应。例如，最近一项对组织领导力的研究提出，很可能存在一种"人品回报"，即展现一种道德领导力是确保商业成功的最佳途径（Kiel, 2015；另见 Carroll and Shabana, 2010）。因此，自 2015 年起，《哈佛商业评论》的年度"全球最佳 CEO"的评选开始将环境、社会和治理（environmental, social, and governance, ESG）表现纳入评分，以此作为财务业绩这一常规标准的补充。与此类似，道德模范不仅被视作愿意考虑他人的产出，而且被视为能将他人产出纳入自己的目标成就之中（Frimer, Walker, Dunlop, Lee, and Riches, 2011）。

遗憾的是，行动的道德进程与对重要目标的追求并不总是兼容的。而且恰恰相反，当面临德性和聪明二择其一的复杂权衡时，我们经常被迫首先考虑如何分配我们有限的资源或精力。这一点有大量的商业决策记录佐证（Barraquier, 2011；Clegg, Kornberger, and Rhodes, 2007；Hahn, Figge, Pinkse, and Preuss, 2010；Margolis and Walsh, 2003；Vogel, 2005）。《哈佛商业评论》引入环境、社会和治理评分后，确实大大改变了"最佳 CEO"的排名，尽管财务业绩指标在最终排名中的权重有 80%，而 ESG 指标仅占 20%。道德行为与目标达成之间的权衡，还被认为是个体在人际交往中一个普遍面临的张力的源头。这也反映在经常被用来评估人们道德品质的道德两难故事中：自私往往被置于利他或诚实的对立面，用以测试当我们面对欺骗他人来获取个人利益的诱惑时会作何反应（如 Narvaez and Hill, 2010）。因此我们很容易告诉自己，我们的目标是兼顾二者，因为我们试图行事道德并获得成功。但这现实吗？如果我们自我观的这两个重要方面竟是互不兼容的呢？当我们意识到追求其中一个可能以牺牲另一个为代价时，我们会如何应对？真正对我们认为道德到底有多重要的检验是：当道德行为限制了其他领域成功的可能时，或者反之，当我们牺牲道德理念来为重要个人成就铺路时，我们会如何抉择？

为了深入理解这些问题，我们开发了一种研究方法，使人们认为自己总是可以既有德性**并且**同时又能展现自身能力这件事并不那么容易。我们让这两个选项彼此对立，要求研究参与者选择他们更看重哪一个——即使现实生活中我们愿意相信自己能够在行事道德的同时也能表现得有能力。我们着手在一系列研究中探讨这一问题，通过实验操纵检视其他人如何看待群体成员的社会行为和学术成就（Spears, Ellemers, and Doosje, 2005）。研究表明，对于人的情绪健康而言，作为一名优秀群体成员而受到他人尊重，比因为学术成就而受到尊重更重要。当对个体的社会行为的尊重缺乏时，再多基于其能力的学术尊重也无法弥补。事实上，我们的研究参与者感到自己因他人这种失衡的评价方式而受到伤害。重要的是，当反向操作这种不平衡，也就是当他们的社会行为而不是学术成就受到他人尊重时，他们报告的幸福感并没有下降（Spears et al., 2005；另见 Branscombe, Spears, Ellemers, and Doosje, 2002）。

在这项初步研究的基础上，我们进一步开展了一系列采用标准化程序的研究。这使我们能够评估作为人为创设的群体中的成员（归纳式与演绎式的问题解决者），他们在实验室控制情境下的行为偏好反应，是否与自然群体成员（意大利南部居民）在自然环境中的反应类似。采用两类样本和两种方法得出的研究结果一致（Ellemers, Pagliaro, Barreto, and Leach, 2008）。在不同研究当中，控制个人行为偏好后，研究参与者通常更倾向于以群体认为是合乎道德的方式行事，而不是做群体认为聪明的事（见图3.1）。更重要的是，我们的实验设置能够使研究的任务行为保持不变；唯一变化的是，会引导研究参与者相信任务行为会让他们看起来有能力/没有能力，或者有德性/没有德性。

在实验环境下，我们还可以监控研究参与者做出行为抉择所需要的时间。系列研究一致表明，当被告知这是一种道德行为时，参与者将更快地决定是否按群体倡导的方式来行事（而不是遵循他们的个人偏好）。事实上，即便明确指出这样做会让他们看起来没那么聪明，参与者也会对道德原则的号召表现出更高的响应。综上，这些结果显示，明确指出参与者行为的能力意涵与德性意涵，并不一定会让人们陷入左右为难、需要深思熟虑的行为困境之中。相反，人们似乎发现优先选择德性而非能力相对容易。当面临抉择时，他们会立刻选择按人们认为是合乎道德的方式行事，即便这意味着要牺牲他们能干的形象。

这些结论在另一组研究中得到了证实（Pagliaro et al., 2011），这组研

是要德性还是要聪明？

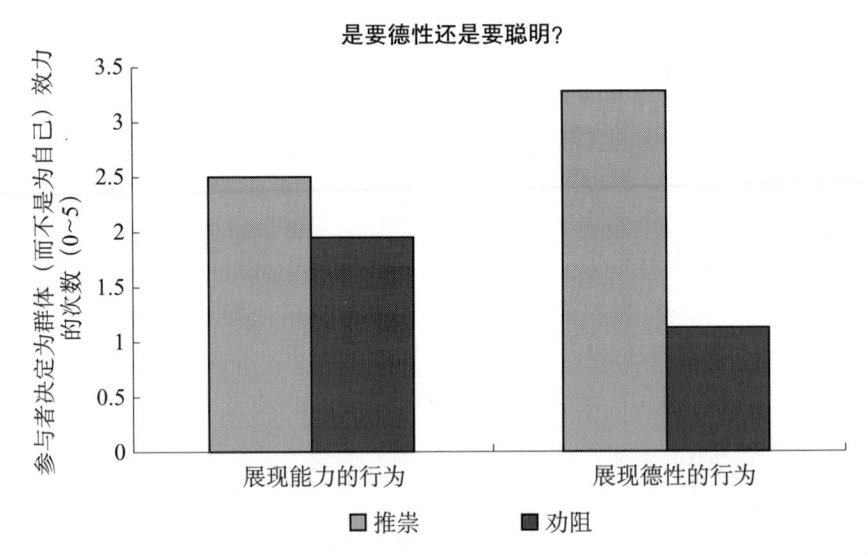

图 3.1 个体根据群体所推崇的或劝阻的行为来调整自身行为的可能性，取决于对相关行为是反映能力还是德性的思考

来源：改编自 Ellemers et al., JPSP, 2008, Study 2, Table 3。

究进一步揭示了**为什么**比起希望看似有能力或很聪明而言，人们会更看重道德原则。我们的研究参与者表示，他们之所以如此热衷地以被认为是合乎道德的方式行事，是因为在他们眼中，这是成为受尊重的优秀群体成员最有效的方式。因此，他们想通过展示群体认可的道德行为来增加他们被群体重视和接纳的可能。相比之下，他们表示自己并没有那么重视能力的展示，因为他们认为这对他们争取群体的尊重与接纳而言帮助没有那么大（Pagliaro et al., 2011；另见 Ellemers, Sleebos et al., 2013）。这些发现由此再次验证，作为一种行为原则，德性比能力更重要。这也说明了在德性与能力的权衡过程中，人们的社会认同和群体水平上的自我定义是有影响的：行事道德对人们来说是如此重要，因为这似乎是让他们被视为有价值的群体成员而收获尊重与接纳的最佳方式。显然，这对群体道德原则影响个体成员行为的方式而言意义非凡。此点将会在群体内行为的部分（第七章和第八章）详细展开探讨。

我们运用的实验方法还能区分出人们在选择以合乎道德的方式行事时，到底是出于秉持其遵循道德原则的愿望，还是由于个体的利他或帮助其他群体成员的倾向。为了检验这一点，我们对群体的规定性行为**内容**做了平衡设计：有时，群体提倡有利于本群体团结的行为是合乎道德的行为；有时，群体表示能独立行动的人才是有道德的（Ellemers et al., 2008；Pagliaro et al., 2011）。这两种原则同样能有效形塑研究参与者的行为偏好。因此，人们要么更紧密地与群体成员团结在一起，要么更多地独立采取行动——这取决于群体倡导的是哪种道德行为路线（见图3.2）。

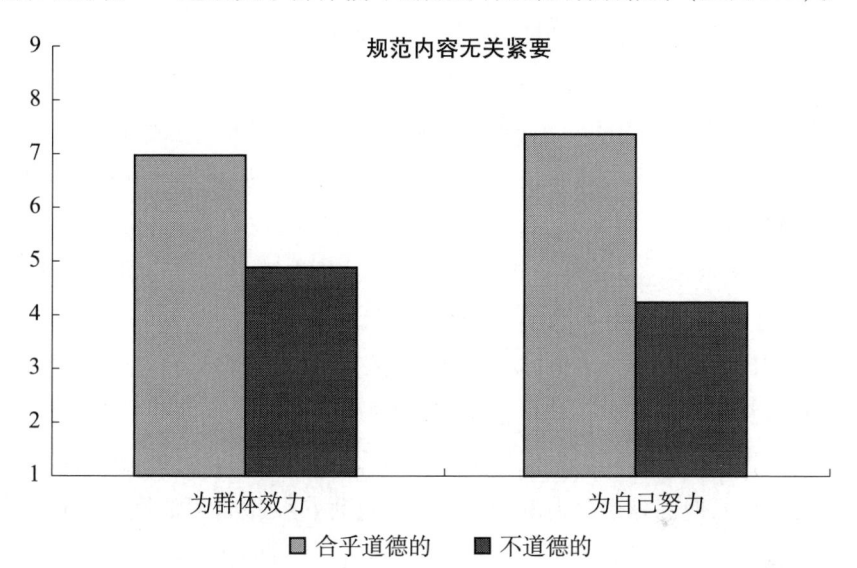

图 3.2　个体投身于群体还是为自己而努力的意愿，取决于他们认为哪种行为能够证明他们的德性

来源：改编自 Pagliaro et al., PSPB, 2011, Study 1。

❖ 评估行事道德的动机

将自己视作品行端正并且因德性而受人尊敬的人，这样一种认知对于围绕道德行为动机的实证研究中的参与者所做的选择有重要意义。事实上，这一点使那些常用的传统研究方法的有效性大打折扣，即通过评估个人更一般的特质或个体自我报告的性格特征，去预测人们表现出道德行为的可能性。计划行为论（Theory of Planned Behavior）提供了规避这一问题的策略。该理论详细说明了可能与人们行为选择相关的各种考量，尝试通过要求人们报告对非常具体、清晰的行动的忧虑与意图来提高对其行为的预测性（Manstead, 2000）。致力于这一研究传统的研究者试图预测人们的道德行为意向，使其与十分具体的、和行为相关的个人信念，比如购买有机苹果、乘坐公共交通工具或回收垃圾区分开来（概述参见 Ellemers et al., in preparation）。

然而，预先指明可能相关的具体行为并不总是切实可行的。退一步来说，就算人们的意图是真实的，他们也未必一定按计划行事。他们实际会怎么做，还取决于他们所处情境中那些未曾被预料到的方面，这可能引发其他顾虑或是眼下的权衡，使人们无法优先考虑道德问题（另见 Borg, Hynes, Van Horn, Grafton, and Sinnott-Armstrong, 2006）。因此，人们关于对与错的一般认识，或者说"应当"做什么的个人信念，并不一定能预测他们的实际行为（Gino, 2015）。其实，人们往往对自己遵从道德信念的能力过于乐观（Tenbrunsel, Diekmann, Wade-Benzoni, and Bazerman, 2010），还倾向于认为自己的这种能力要比别人强（Balcetis, 2009; Polman and Ruttan, 2012）。即使在事后，人们在回忆和报告自己之前的道德行为时也经常并不符实，就像前文提到的"道德主义偏差"一样。因此，有足够的理由推定，我们不能简单地依靠人们自述的行为倾向或自我报告的行为来推断他们是否会力图行事道德。这种自我报告可能因为人们无法表明其行为的道德意涵、不愿意准确透露自己行事的优先次序或两者兼而有之，从而导致偏差的产生。

这就是为什么我们想开发一种更隐蔽的方法，观察人们想按道德行事时是否以及如何控制自己的行为（另见 Ellemers and Van Nunspeet, 2013）。为此，我们改编了常被用于评估内隐刻板印象的研究范式，即内隐联想测验（Implicit Association Test, IAT; Greenwald, McGhee, and Schwartz, 1998）。其标准程序是要求研究参与者在电脑屏幕上出现特定类型的图像时，按下键盘上的指定键，尽可能快速、准确地做出反应。

测验的不同部分要求研究参与者使用不同的反应键。在"刻板印象一致"的反应项部分，同一反应键对应着积极的场景（例如一片海滩）和可以被视为典型内群成员的面孔（例如根据他们的性别或种族身份），另一个反应键则对应着负面的图像（例如一个垃圾场）和外群成员的面孔。在"刻板印象不一致"的反应项部分，同一反应键被用于指示积极的图像与外群成员的面孔，而另一个反应键则代表负面的图像或内群成员的面孔（见图3.3）。

图3.3　IAT 测验的刺激材料

来源：改编自 Van Nunspeet et al.，2014。

"IAT 评分"通过比较"不一致"试次和"一致"试次的反应计算得出。那些对"一致"试次的反应时比"不一致"试次短的人被认为是心怀内隐偏差，因为这意味着他们更容易将内群和积极的事物相连，而把外群与消极事物联系起来，而非相反。最初这个测验被视作反映了人们的"自动"反应，以此评估他们的"真实"偏差水平。然而，最近的研究显示，当有足够的动机时，人们是能够控制自己在这项任务中的反应的（如 Fiedler, Messner, and Bluemke, 2006；概述参见 Blair, 2002）。

我们利用 IAT 测验的后一个可控性特征，开发了适合荷兰语境的刺激材料。在荷兰，对穆斯林移民的刻板印象是一个重要的舆论焦点（Van Nunspeet et al., 2014）。因此，我们向荷兰本地研究参与者展示了佩戴或者不佩戴头巾的女性图片。这些图片已经在预测试中被证明是匹配对等的，比如就图中人物被感知到的吸引力而言它们没有任何分别。然而，根据研究参与者所处实验条件的不同，他们收到的指令对测试目标的表述有所不同。在"能力"条件下，参与者被告知这个测验是要评估他们准确处理新信息的能力。而在"德性"条件下，参与者被引导相信测验将揭示他们有多么重视平等相待不同群体的成员。

这些任务指令影响了我们的研究参与者所表现出的内隐偏差的程度。总体而言，那些认为测验是显示德性的参与者比认为测验是显示能力的参与者，对穆斯林女性表现出更少的负面偏差（见图3.4）。因此，在德性任务指令下，人们更倾向于监测和控制自身反应以求表现良好。

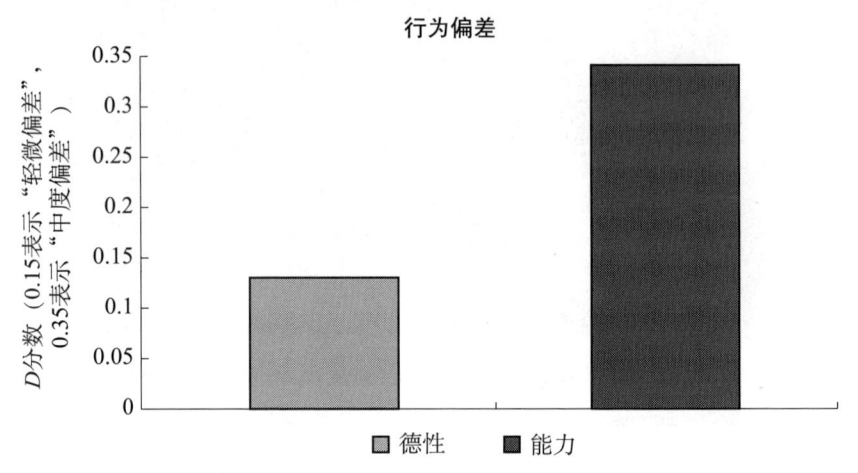

图 3.4 是否表现出负面内隐偏差（D分数）取决于参与者认为测验评估的是他们的德性还是能力

来源：改编自 Van Nunspeet et al., 2014, Study 1。

这种方法还使我们能够收集额外的证据，去证明研究参与者在监测和控制内隐反应以展示自身德性时投入了怎样以及多么大的努力。当参与者进行 IAT 测验时，我们用电极帽获取脑电图（EEG）来监测其大脑活动（见图3.5），对不同脑电进行评估，以检视对任务刺激的早期注意（刺激呈现后不到200毫秒）的不同，并指出不同任务条件下执行过程中对冲突与错误的监控（Van Nunspeet et al., 2014, Study 2）。这些指标在刺激呈现后出现得很早，不可能是出于刻意考虑，比如说希望通过监控自身反应来表现得不偏不倚。相反，德性任务指令下呈现的大脑活动可以被视为表明了人们对实验任务的先在处理取向上的差异。这种先在取向显示了人们想在任务中表现良好的积极性，以及对可能提升他们表现的任务信息的关注（另见 Amodio, Harmon-Jones, Devine, Curtin, Hartley, and Covert, 2004）。

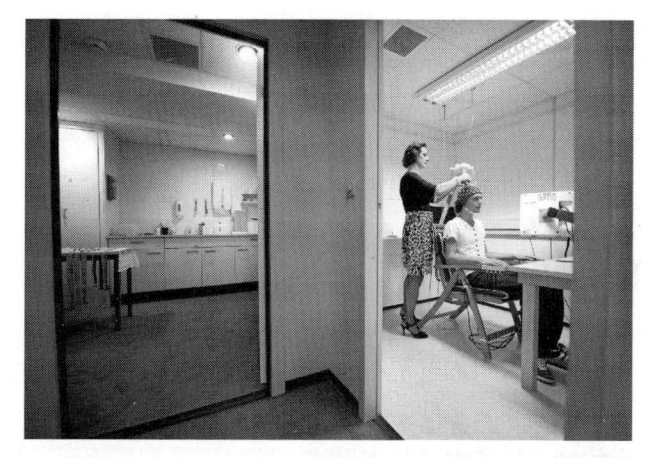

图 3.5　在实验室中，开始 IAT 测验之前将电极帽置于研究参与者的头皮上

这些脑电结果一致显示，进行 IAT 实验任务的个体之间存在差异，而差异取决于实验参与者认为任务评估的是他们的德性还是能力。也就是说，认为正在评估自己德性的参与者，对所呈现的刺激表现出注意力增加的迹象（在 N1 和 P150 上调制）。此外，与能力任务指令相比，在德性任务指令下，他们的大脑活动显示出更强的对冲突与错误的监控（在 N450 和 ERN［错误相关负波］电位上；见图 3.6）。

错误相关负波

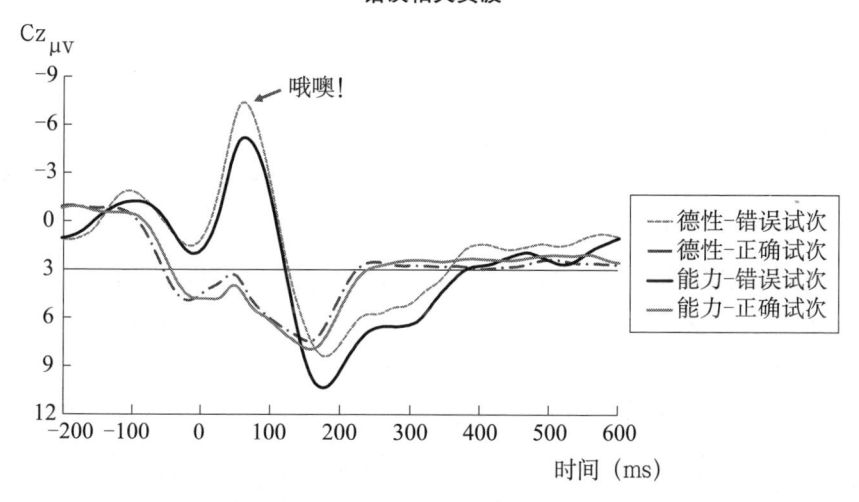

哦噢！

——德性-错误试次
——德性-正确试次
——能力-错误试次
——能力-正确试次

时间（ms）

图 3.6　对照能力与德性任务指令下，正确和错误试次中观察到的错误相关负波调制
来源：改编自 Van Nunspeet et al., 2014, Study 2。

行为结果与观察到的大脑活动共同证明，当参与者认为他们对刺激的反应将说明德性而非能力时，他们确实会投入更多精力来关注任务要求，他们还会对自己的反应进行监测和控制。这确定无疑地论证了人们实际上有更强烈的动机去表现自己的德性，而不是彰显能力。

❖ 行事道德的群体和组织对个体的吸引力

上文回顾的研究表明，对个人认同与基于群体的认同而言，（被看作）有德性比有能力或亲和更重要。然而，上述研究都是关于个体在相对人为营造和无后果情境下的道德行为意愿的。同时，就像前面说的那样，这些研究完全不能不言自明地表明，这些一般倾向如何会转化为具体情境中的顾虑，或者这些一般倾向能否预测人们在诸如工作等情境中做选择时会优先考虑的因素。许多商业情境将人们的注意力从道德关切上转移开去，因为这些情境强调的是工作效率的重要性，或是商业利润压倒一切。但还是有一些例外，比如在招募志愿者的过程中，组织达成目标的效率，在确定对组织的预期自豪感或对志愿者工作的吸引力上并不重要（Boezeman and Ellemers, 2008a, Study 1）。然而，有偿工作更容易被竞争性关切所困扰，当下的经济发展也在不断提醒我们，我们不见得总是有能力承受去进行符合我们道德观的行为的后果。确实，在商业情境中，人们可能禁不住追逐财富成功的诱惑而牺牲道德关切，或是将个人职业前景置于商业道德之上。因此，我们仍需检验在这种现实生活背景下是否也能将不同类型的考量区分开来，以此来评估与工作场所特有的能力或亲和性相比，人们对德性的重视程度究竟如何。

作为这项检验的第一步，我们试图找到一些指标，以帮助我们区分感知到的工作团队或组织的能力、德性与亲和性（Van Prooijen and Ellemers, 2015；见表 3.1）。

当我们研究这一问题时，人们似乎相当愿意并且能够识别出与这三个维度相关的组织特征的不同集群。我们用他们对公司面向客户或其他利益相关者的信任、公开和诚实的行为的关切来指示德性，把对公司赢利能力、长期职业前景和晋升机会的关注作为能力的指标。而公司氛围融洽、同事乐于助人以及一起参加社交活动，则都被视为这家公司具有亲和性的体现。

表 3.1　　组织中的德性

德性	能力	亲和性
不对客户做虚假承诺	公司赢利能力	良好的氛围
年度报告的公开性	签订长期合同的可能性	社交活动
广告真实	晋升机会	助力的同事

来源：改编自 Van Prooijen and Ellemers, 2015。

我们运用这些指标评估，人们在工作环境中会如何考量这三种不同因素的重要程度。同样，我们最感兴趣的还是当这些特征相互对立时，人们会作何反应。在第一个研究中，我们让参与者进行二选一的抉择，以此来考察这个问题（Van Prooijen and Ellemers, 2015）。我们要求临近毕业的大学生考虑他们毕业后找工作时会看重组织的哪些方面。在他们自由地表明自己所偏好的理想工作场所的特质后，我们提供了几组其他可能的组织特质，要求参与者在自己的偏好和所提供的特质群中选择一个。研究参与者报告说，他们更倾向于考虑那些看重德性和亲和性而不是能力的组织。在二选一的情形中，他们始终如一地选择了组织的德性而非能力维度，也表示他们会优先考虑组织的德性而非亲和性。这些结果值得留意，因为可以说组织对客户及其他外部利益相关者的公开诚实，对人们自身工作体验而言，可能看起来并没有像和同事的关系水平还有晋升机会的关联那么直接（另见 Ellemers, De Gilder, and Haslam, 2004; Ellemers, De Gilder, and Van den Heuvel, 1998）。

在第二个研究中，我们试图让情况更加具体，提示在某个特定组织中有一个职位空缺。我们对参与者可得的组织信息（其陈述类似于表 3.1 中描述的组织特征）进行操作，以传达一个特定组织的概况。在其中的一种情况中，我们提示这个空缺职位所在的组织是一个道德标准非常高的组织，但在赢利和为员工提供长期职业前景上相对表现较差。在另一种情况中，所给的资料显示该组织对外部利益相关者不够公开和真诚，但财务表现非常成功，而且员工有不错的晋升机会。随后我们询问研究参与者有多么渴望申请这个空缺的位置，还给了他们提交自己联系方式的机会，称这样就可以报名参加在所提及的组织的实习。在这个研究中，我们的研究参与者也一致表示，与能力更强但德性较低的组织相比，他们更容易被看起来德性较高但能力较低的组织所吸引（Van Prooijen and Ellemers，2015，Study 2）。这一点不仅体现在组织品质吸引力评分中，而且这些偏好也在申请所述公司空缺职位的意愿中显现出来。显然，德性高、能力强的组织最受青睐，而德性和能力都低的组织则最不受喜欢。然而，在德性高而能力低的组织中工作，被认为要比在德性低而能力高的组织中工作更有吸引力（见图3.7）。

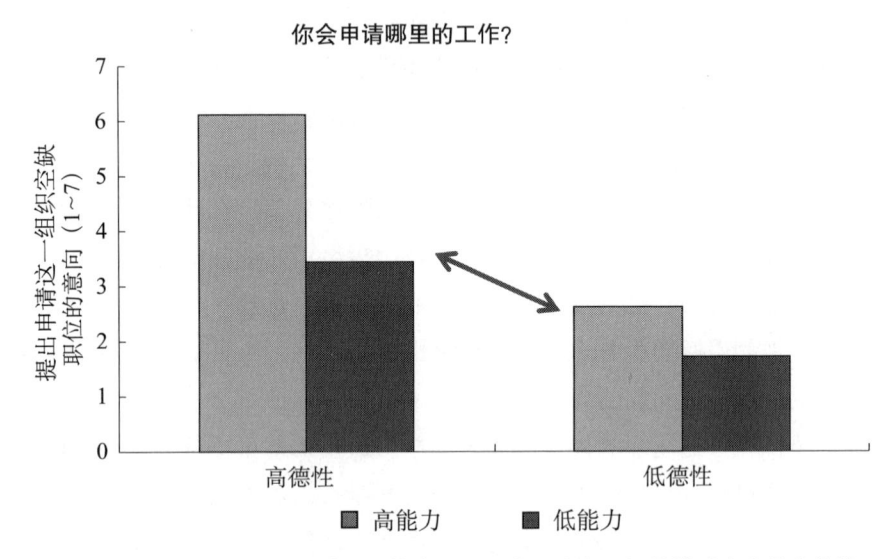

图 3.7 申请一个组织中空缺职位的意向，取决于这个组织是被形容为是高德性还是低德性，以及是高能力还是低能力

来源：改编自 Van Prooijen and Ellemers，2015，Study 2。

在这一系列研究的最后一个研究中，我们运用了更为沉浸式的方法。这一次，研究参与者被分配到一个工作团队中，在实验室中共同执行任务。每个团队成员都被要求透露一些有关他们个人能力与德性的信息，这些特征被称与接下来的任务相关。这些介绍性信息会被网络摄像头记录下来并放给其他团队成员看。在事先录制的信息中，假扮为团队成员的实验者同谋会分别将自己呈现为高德性或低德性，以及高能力或低能力。例如，他们会讲到一次自己在商店里收到收银员多找的零钱时提醒了或者没有提醒收银员（表明他们的德性），或者说起自己曾经在一次大学考试中拿到了差的成绩或好的成绩（表明他们的能力）。结果显示，关于团队德性和能力的信息都能被我们的研究参与者正确地理解和记忆，然而他们之后的反应却只和团队德性有关。也就是说，比起队友听起来不那么讲道德的情况，在队友看起来很有德性的时候，参与者报告说他们更为这个团队所吸引，更认同这个团队。参与者为一个团队所吸引并认同该团队的可能性，并不取决于他们队员自我表明的能力水平（Van Prooijen and Ellemers，2015，Study 3）。这些结果印证了先前的研究发现（Leach et al.，2007，Study 4），并且显示人们更倾向于与那些更有道德而不是能力更强的工作团队和组织产生关联并给予认同。事实上——当面临两者的权衡时——人们宁愿把自己视为一个道德高尚但没那么聪明的团体的一分子，而不是相反。即使明知后一种情况对他们的个人事业更有利，他们还是会这样做。使用不同的研究样本、群体类型和研究方法的研究得到的结果都一致地印证了这个结论。

然而，由于我们所要求的实验控制和想要使用的测量方法，可能会有人质疑说，这些都是相对人造的情境，人们的生计并不真正取决于他们在这些情境中做出的选择。因此，重要的是验证类似的模式是否真的会发生在现实生活之中，例如可以通过比较在不同道德水平的组织中实际受聘的人的工作态度来验证这一点。

❖ 职场道德的重要性

为了检视实验中观察到的决策倾向是否也会在较少受控而且可能更现实的条件下出现，我们对不同（跨国经营）组织的雇员进行了大范围的几次研究。这使我们能够明晰，那些真正在不同组织的特定环境下每天工作的人，他们是如何看待自己组织的行动与其独特特征的，以及这又是如何反映在他们自己身上的。为此，我们开展了几个调查，比如我们评估了关键组织特征与个体雇员因身在组织而感到自豪的倾向，以及关键组织特征与个体雇员对作为工作场所的组织感到满意并愿意为之效力的倾向之间的关系。

第一个研究对在不同组织中工作的个人进行抽样调查，结果显示，对组织道德的感知与组织自豪感有关，这反过来又解释了员工对组织感到满意并效忠于组织的可能性（Ellemers, Kingma, Van de Burgt, and Barreto, 2011, Study 1）。此外，一个后续研究还试图明确哪些组织行为最能促进员工对组织道德的感知。为了评估这一点，我们对通常在评定量表中得分差异大的企业社会行为的具体要素进行了区分（Kinder, Lydenberg, and Domini；参见 Sharfman, 1996）。我们收集了一家全球运营的管理咨询公司的 600 余名分析师、顾问、经理和后勤人员的回答，他们的平均年龄为 31 岁，在该组织的平均工龄为 3.4 年（Ellemers et al., 2011, Study 2）。

这个研究的结果表明，感知到的组织伦理行为（例如按伦理规范行事，公平贸易，促进少数族群的融入）有助于员工对组织道德的感知。组织伦理行为实际上比那些经典的企业社会责任活动（例如关心环境或社区参与）的影响更大。对组织道德的感知进而又能预测员工为组织效力的意愿程度和对工作场所的满意程度（见图3.8）。从大范围的组织员工样本中得出的这一证据表明，这些员工认为成为致力于商业伦理实践，并被认为是行事道德的组织的一分子十分重要（另见 Rupp and Mallory, 2015）。

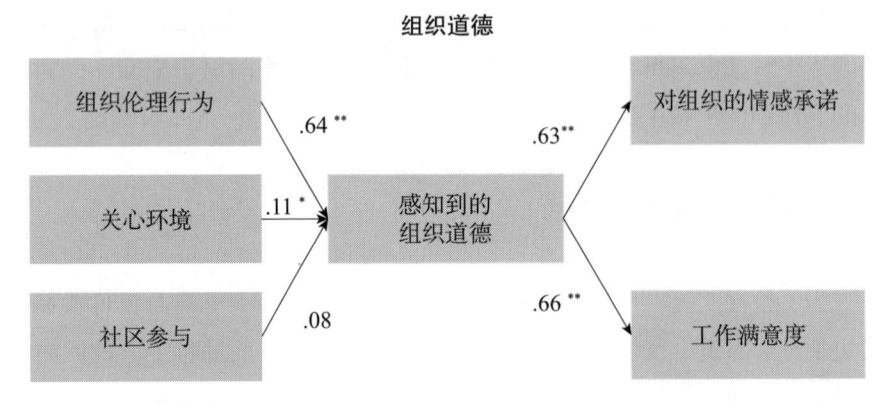

组织道德

```
组织伦理行为 ──.64**──┐
                      ↓
关心环境 ──.11*──→ 感知到的 ──.63**──→ 对组织的情感承诺
                   组织道德
                      │
社区参与 ──.08──────┘ ──.66**──→ 工作满意度
```

图 3.8　组织伦理行为如何有助于提升感知到的组织道德，以及员工的组织承诺与满意度

注：$^*p<.01$；$^{**}p<.001$。

来源：改编自 Ellemers et al., 2011, Study 2。

鉴于当下对金融业，特别是银行从业者的德性的担忧，更具体地研究类似模式是否在金融部门中工作的人中也存在似乎是重要的。此外，与我们在实验中将不同团队和组织的德性与能力对立起来进行研究一致，我们想知道，在更现实的工作环境下，人们对组织道德和商业成功的重视程度比起来到底孰高孰低。

我们获准查阅了一家全球运营的大型金融服务组织的年度员工满意度调查结果。这使我们能够在代表欧洲、亚洲、北美和南美不同国家及文化的 7 579 名中层管理人员中对这些问题展开研究，他们在一家客户银行的不同分支机构工作，是运营部门、销售部门和技术部门的代表性样本（Ellemers, Boezeman, and Zondervan, submitted, Study 1）。根据组织调查中所包含的项目，我们可以创建单独的量表，评估与组织道德（组织诚信）和组织能力（组织绩效与效率）相关的特征。我们在实验室观察到的模式在不同地区和不同部门中一直重复出现。感知到的组织诚信是员工工作满意度的一个重要预测因素：它对员工满意度的解释力高于并独立于组织能力指标（见图 3.9）。这证实了此处提出的一般性观点，即包括在金融服务部门工作的中层管理人员在内，人们普遍认为道德十分重要，并且希望加入行事道德的团体和组织。值得注意的是，在世界不同地方长大与工作的雇员之间的任何文化差异，都不会改变这一总体模式。

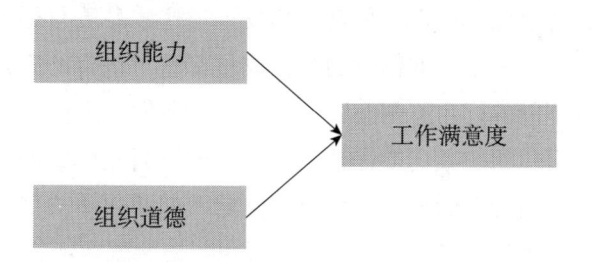

图 3.9　对受雇于一家客户银行的中层管理人员的全球样本（$N=7\ 579$）的研究显示，组织道德比组织能力更能预测工作满意度

来源：改编自 Ellemers et al., submitted, Study 1。

这些结果也与其他发现相互呼应，说明道德行为可能对人们的身份认同至关重要，即使在商业环境中也不例外。譬如，在一个调查研究中，经理人自我报告的道德行为与其道德认同相关（Reynolds and Ceranic, 2007）。一个以标准普尔 500 强企业中不同类型的家族管理企业为研究对象，检视它们对企业道德声誉的关切的研究也说明，人们的认同是怎样可能与他们在工作中的道德行为产生关联的（Block and Wagner, 2014）。该研究显示，家族名望与家族企业的联系越紧密，企业就会越小心地确保其商业行为体现社会责任感。在家族创办并所有的公司中，可以观察到更多负责任的社会管理实践（例如，对税收、有害废物与巨额高管薪酬的争议比较少）。相比之下，在和家族声誉关联并不紧密的公司中，则会看到更多道德风险与道德问题，因为家族或创始人仅出任公司 CEO。研究者对这些研究结果的解释是，家族所有者更可能将公司的长期声誉作为家族传承放在首要位置；而作为 CEO 参与日常运营的家族成员，则如同利益相关的非家族成员一般，更可能会密切关注关乎财务绩效目标实现的公司赢利能力与公司成长（Block and Wagner, 2014）。因此，这项研究的证据同样表明，人们对组织道德非常关心，这种关心会影响他们的自我意识与认同，对道德的追求使他们能够将负责任的商业行为置于财务绩效目标之上。

❖ 德性决定我们是谁

在本章中，我们看到，做一个有德性的人的动机并不能被简单等同于为人热情，或者愿意表现出利他性。相反，当这些品质与行为被定义为道德规范时，作为一种获得群体中的其他成员尊重与包容的方式，随之而来的可能是各种不同的行为原则。进一步来说，我们对人们对于德性的整体欲求或他们行事道德的倾向的评估是不充分的。当我们试图理解和预测人们在特定和具体情境下的道德行为时，决定人们所面临的困境的重要情境制约因素也必须被纳入考虑之中，比如说想要德性就要牺牲（物质）成功这样的情境制约。

在研究道德动机时，对诸如此类的权衡进行考量，是解释与道德相关的现实问题的关键。与其哀叹他们明显缺乏德性，不如考虑我们怎样才能让人们哪怕盈利更少也要践行商业伦理。同样，我们还需了解，如何才能说服审讯者在审讯嫌疑人时不使用暴力，即便他们认为不刑讯可能会危害到阻止恐怖袭击。因此，理解人们的道德动机，需要我们超越自我报告的稳定的个人特质。我们要更确切地说明，人们何时以及如何被驱动着去做有德性的人，以及我们怎么才能检视实际情况是否真的如此。只有这样，我们才能明确，如果将决定人们行事道德或不道德的那些内在信念和更稳定的特质放置一旁，是否可能在特定情境中对人们的道德行为施加影响。

　　本章所回顾的研究或许对上述情况提供了希望和范围。在具有最严格的控制与因果关系证据的实验研究中，还有在对不同类型企业和世界不同地区的大量个体员工样本的观察中，我们注意到，人们十分注重做一个有德之人，并且希望成为道德群体的一员。事实上，无论这个群体相对而言在能力或组织绩效上地位如何，人们都会表现出这种意愿。这意味着，道德行为不应被看作一种只有在人们确保其社会地位稳固或以其他方式获得成功后才能进行的奢侈行为。相反，道德动机看起来是首要且本真的。因此，我们必须超越个人特质来理解，为什么人们并不会总是按照这些特质意图行事。作为道德动机的一种来源，道德理想与价值观的力量可能会带来意外的负面后果，尤其是在试图改变或改善人们道德行为的时候。下一章将对在这一过程中发挥作用的其中一些问题进行检视。

第四章
道德走神与道德自我观

道德行为是人们自我观中最重要的部分。尽管人们通常有行道德正确之事的动机,但他们并非总能遵循道德原则。行事合乎道德,需要人们意识到并重视相关的道德关切。道德行为还要求人们进行自我控制以相应地调整个人行为。为了做符合道德的事所花费的功夫,能够提高我们的道德表现,但也会耗尽我们的心力。长此以往,注意力的涣散与疲劳可能会削弱我们展现道德的能力——尽管我们的初衷是做到最好。

推特高手乔恩·罗森(Jon Ronson)在他的著作《千夫所指》(*So You've Been Publicly Shamed*)中描述了一些不当行为(例如有人开了性别歧视或种族主义的玩笑)被揭露后,在社交媒体上引发大量负面反应的案例。被卷入其中的人称,这些不道德行为的广泛曝光以及随之而来的公开羞辱给他们造成了情感伤害。但更多苦头还在后面,除了遭受精神压力且自尊尽失,这些犯事者还报告他们付出了更实质性的代价,包括丢掉工作或被迫搬出居所。

情况甚至还能更糟。2015年春天,荷兰国家新闻媒体报道了一起大规模性犯罪案件。一名16岁的女孩被一个"情郎"嫖宿,超过60名疑似客户被审讯。案件开庭前,就有23名嫌疑人供认不讳,两名嫌疑人自杀。当公布案件会公开而非闭门审理时,代理了其他18名嫌疑人的律师表示,他预计会有更多人选择自杀。据该律师所说,他在和嫌疑人的谈话中发现,他们对因为这一罪行而被公开审判所带来的羞耻与社会影响感到害怕,那种耻辱和社会影响甚至要比他们要面临的最终判决或处罚还可怕。类似的事情也发生在世界其他地方，人们因为自己犯下的另一些类型的罪行而羞愧自杀。比如，多伦多警方认为 2015 年 8 月的两起自杀事件也源于此前发生的信息泄露，即黑客窃取了阿什利·麦迪逊（Ashley Madison）网站一些用户的个人身份信息并在网上公布，这些用户利用该网站寻求婚外性关系（来源：www.bbc.com/news/technology-34044506）。

当下，互联网与社交媒体的使用极大地提升了此类事件的发展速度与影响规模，因此人们很容易把它看作一种相对新奇的现象。然而，公开揭露和羞辱违反道德规则的个人的做法存在于各个时代，比如说中世纪让人戴木枷的惩罚手段。即便在没有触犯法律规则的情况下，对道德不当的行为施加类似的社会处罚理应会使人们感到羞愧，从而改过自新。从上述例子中不难看出，公开曝光一个人的道德缺陷可能会给其心理与生理健康造成长远影响，并且可能对（据称是）作恶者产生严重的物质上的影响。但是，这种处罚实际能达到怎样的行为改善效果，却并不明确。被视作一个道德缺失者所造成的可怕后果，非但不能使人从公开曝光所带来的情绪损伤中获益，反而可能引发一系列阻止而非促进行为改变的自我防御机制。这就是本章要讨论的主题。

❖ 羞耻感和罪疚感

羞耻感与罪疚感通常被称作"道德情感"（Tangney，1991；Tangney and Dearing，2002）。研究表明，羞耻感与罪疚感代表不同的情绪状态（概述参见 Giner-Sorolla，2012）。比方说，羞耻感能最准确地反映出对他人眼中**自我形象**的关注，而一个人的**行为之于他人**的负面影响则更容易引发罪疚感。不过羞耻感与罪疚感总是同时出现，事实上，罪疚感的体验（当意识到自己行为的过错时）可能引发羞耻感（预期他人将会发现这一点时），反之亦然：被他人羞辱可能会使人意识到自己的方式有误，从而产生罪疚感。与此相对应，羞耻感与罪疚感往往（在研究中）被一起应用；并且作为指向自身的负性情绪状态，两者（在理论上）时常被认为是可相互替换的。两者都被用来描绘对自我的情绪威胁、自我批评与自我谴责的感受。

对这两种情绪中的一种或两种的（预期）体验，经常被用于了解人们对某一特定情况的评价是否有道德考虑，也经常被用于判断某些行为的道德意涵（Giner-Sorolla, 2012；另见 Ellemers et al., in preparation）。这一点在实践中也得到了认可，以金融服务公司普华永道（PwC）为例，它希望员工遵守职业行为准则中的伦理原则。在这里，员工被明确鼓励去考虑是否会因为自己对他人所采取的行动曝光而感到尴尬，以及去设想如果他们的行为被报纸刊登后他人会如何作想，进而去判断他们的做法是否正确（见图4.1）。

需要考量的伦理问题概要

做对的事——普华永道职业行为准则

1. 它是否有违普华永道或职业的标准？
2. 它感觉对吗？
3. 它合法吗？
4. 这会为你或普华永道造成负面影响吗？
5. 还有谁会因此受到影响（普华永道的其他员工、客户、你本人等等）？
6. 如果别人知道你这样做，你会感到尴尬吗？
7. 有没有能避免引起伦理冲突的另一种替代行为？
8. 如果登在报纸上会怎样？
9. 一个理性的人会怎么想？
10. 你在晚上能安心入睡吗？

图4.1　普华永道职业行为准则中的伦理问题概要
来源：获取自 www.pwc.com/gx/en/ethics-business-conduct/download-code-of-conduct.jhtml。

这些原则首先说明了日常生活中常见的羞耻感与罪疚感同时发生的情况（英国俗语中用"尴尬"一词来表示）。其次，这些原则建议人们想想，如果别人知道了自己的行为，甚至更糟的是这些行为被报纸报道了，自己会有什么感受，以此作为一种伦理"快速测试"。这不仅表明，避免（公开）羞辱是道德行为的一个强烈动机，而且阐明了人们对道德自我形象和道德认同的关切具有**社会性**本质（Tangney and Dearing, 2002）。道德自我观不会在社会真空中演化（另见 Tajfel, 1974）；想要被与自己相关的他人如何看待，是人的道德认同的重要组成部分。有时这个他人是高度抽象的、不存在的实体，或是一个想象的榜样，如上帝、已故的父亲或母亲，或者幻想的英雄。无论如何，在这些他人眼中的（想象）自我形象，都是决定人们道德自我观的一个有力因素。

就如本章开篇所举的例子那般，直面自己的道德污点可能会造成严重后果。指出人们的道德问题，希望他们会感到羞耻从而改善行为，看似是一种极具吸引力的补救策略。但这很有可能事与愿违。由此引发的对社会惩治的恐惧可能会相当极端，而社会羞辱的威胁又可能太过严重。即便道德过失永远不会被公之于众，意识到自己有着"可怕的秘密"也能使人无法自处。如果事实确实如此，引发羞耻感与罪疚感并不是促使人们改变行为、弥补伤害或补偿受害者的最佳方式。相反，为了应对所遭遇的情绪威胁，人们可能会采取各种自我防御反应，试图向他人隐瞒自己的过失，甚至忽视或忘记自己的所作所为，以免于对自己做出过于严厉的评判，由此为自己的不道德行为正名。

上一章回顾的研究表明，人们普遍都想做有道德的人，并且认为努力向自己和他人展示德性是重要的——而不是展示能力或亲和性。在本章中，我们的讨论超越了想要做一个道德的人的理想与雄心，而是承认人们即便踌躇满志地尝试践行正义之事，错误依旧不可避免。当人们意识到自己无法达到重要的道德理想标准时，他们会作何感想？人们是希望自己的过失被宽恕，还是觉得必须粉饰太平？群体与社会认同在这一过程中扮演着怎样的角色？这些问题将在下文中进行阐述。

❖ 道德耗竭

为了能够行事道德，人们首先需要意识到特定情况的道德意涵，并了解相关的道德标准。注意到这些方面后，人们仍需要进行某种形式的自我控制，使自身行为符合道德约束及标准。因此，由于人们在注意力集中上的认知限制以及监督和调整自身行为的能力限制，将道德理想与意图转化为现实——按照这些道德标准行事——可能会受到影响。当回顾自己或他人的行为时，我们往往会认为对不同行动可能而言，它们的道德意涵显而易见。但实际上，人们必须理解复杂且模棱两可的情况及随之而来的不确定的结果。情况越是模糊不清，人们就越容易忽视自己行动的潜在道德意涵，越有可能表现出自助反应（Pittarello, Leib, Gordon-

Hecker, and Shalvi, 2015)。

各种决策困境需要不同类型的道德推理,这些推理会调用不同的大脑系统(Borg et al., 2006; Churchland, 2011)。这使得每一次确认并处理个人行为的道德意涵变得相当困难。因此,道德行为需要自我控制的资源,并且处于不断消耗之中(Gino, Schweitzer, Mead, and Ariely, 2011)。这一点在不同研究中都被发现。例如,一个对一天中不同时间做道德决策的研究(Kouchaki and Smith, 2014)发现,人们在早上通常不太可能撒谎或骗人。然而人们的自我控制资源在白天被逐渐消耗,这表现在下午接受测试的研究参与者中,说谎和欺骗行为的发生率上升了。

我们大多数人都意识到,控制自身行为的能力和决心在一天当中会逐渐耗竭(Inzlicht and Schmeichel, 2012)。比如说,经验让我们知道以健康的早餐开启一天的生活,要比拒绝午夜时分的垃圾食品容易。我们了解较少的是,类似的自我控制与动机耗竭系统同样会影响我们评估复杂道德困境的能力,以及影响我们对行为的长远后效进行充分考虑的能力,而不是我们跟随会影响道德抉择的直接冲动而行事的能力。事实上,做符合道德的事的动机可能会让我们付出沉重代价,以至于在最初道德表现上所注入的努力反而会使我们更难以长期保持所期望的行为。

这在我们实验室开展的一系列研究中得到说明(Ståhl and Ellemers, 2016)。为此,我们改编了经典的"斯特鲁普"(Stroop)任务。在这一任务中,颜色标签(红、绿)以与该颜色一致的颜色词(红色以红字母表示,绿色以绿字母表示)或不一致的颜色词(红色以绿字母表示,绿色以红字母表示)被多次呈现。这项任务的要求是忽略颜色标签上的内容。研究参与者被要求的不是**读出**单词——这是直接冲动或者说是"优势"反应——而是**说出**每个单词所显示的**颜色**。这项任务并不复杂,但是需要消耗认知。在参与者进行大量重复测试后,或者当人们因其他关切分散注意力而无法集中在任务要求上时,认知耗损就会显现。这一点可以通过比较人们在一致试次(人们只需直接说出他们的优势反应)和不一致试次(他们必须考虑并纠正自己的优势反应)中的反应看出来。人们考虑和响应每个试次所需的平均时间(RT)变长,以及对不同试次的反应的个体变异(SD)越来越大,可显示出由于分心和/或认知耗竭而导致的走神。

我们调整了这种方法，用以研究道德动机是否会消耗认知资源。为了这一目标，我们告知半数的研究参与者，该任务评估的是他们抑制初始反应的能力，以此作为他们**德性**的指标。另一半参与者则被告知任务评估的是他们抑制初始反应的**能力**（Ståhl and Ellemers，2016，Study 1）。

研究结果（见图4.2）显示，当参与者认为任务具有道德意涵时，他们更倾向于将认知控制的资源集中在任务上。相比之下，当测试的是自己的能力时，他们更容易放任自己在任务中分心。这回应了第三章中所回顾的研究，并且验证了人们在展示自己的德性而非能力上投注更多（认知）努力这一事实。

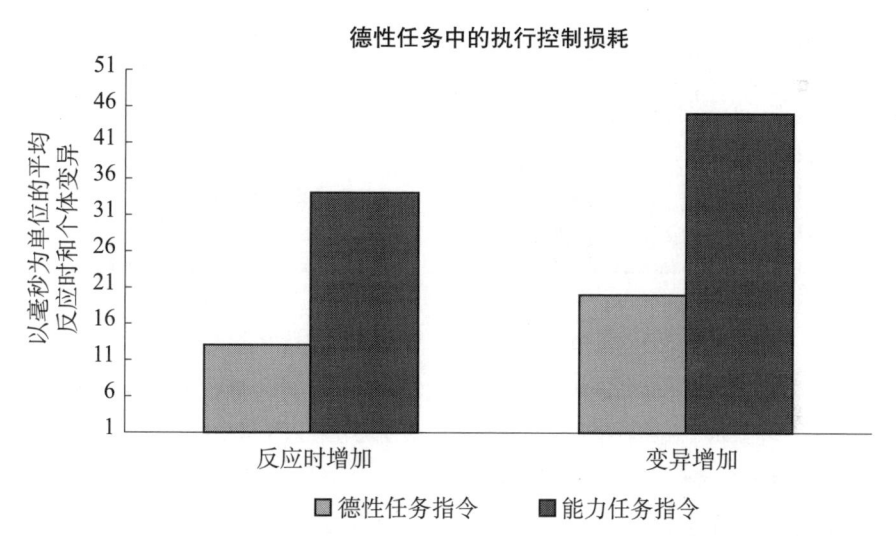

德性任务中的执行控制损耗

图4.2　在一致和不一致的斯特鲁普试次中反应时（RT）和个体变异（SD）的增加，显示了在德性任务执行过程中的认知损耗（相对于认知控制）。

来源：改编自Ståhl and Ellemers，2016，Study 1。

在第二个研究中，我们深入探索了这一发现，以检视为了良好地完成一项德性任务而不断增加认知资源是如何可能导致认知耗竭的，并且是如何对后续道德表现产生影响的。我们的做法是，首先要求参与者进行另一个不相关的任务，这一任务据称是评估他们的德性或能力。然后让参与者在中立任务指令下执行一个斯特鲁普任务，来检视他们之前在试图表现得合乎道德上所做的努力是否消耗了他们为在后续任务中表现良好调用认知资源的能力。最后，他们被安排了一项"换位思考"的任务，这项任务体现了一个人设身处地为他人着想以及站在他人角度来评估复杂社会情境的能力，通常被视作评估个人行为的道德意涵的重要方面。第二个研究显示，执行德性任务之后，人们更容易在斯特鲁普任务中走神（Ståhl and Ellemers，2016，Study 2）。也就是说，他们表现出更长的反应时与更大的反应变异，意味着他们继续监测和控制自己反应的能力有限（见图4.3）。

德性任务后的执行控制损耗

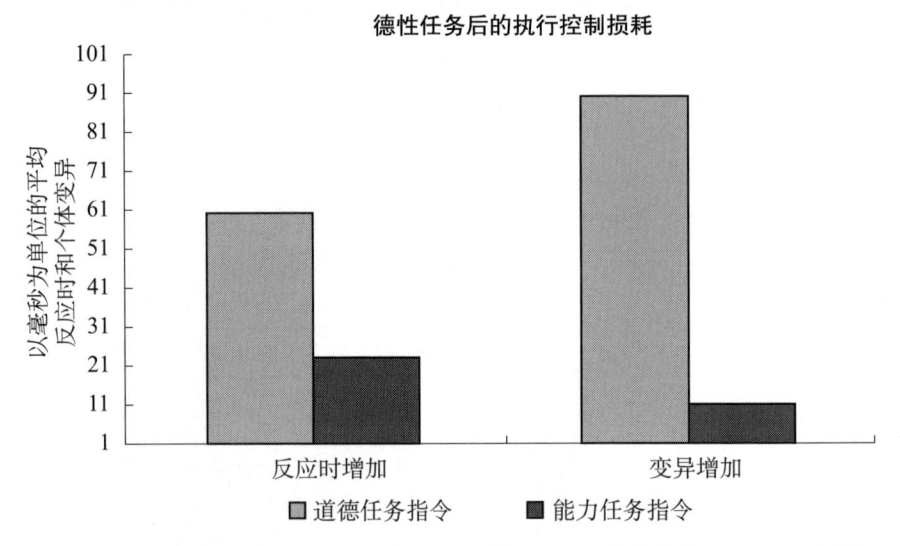

[图：柱状图，显示"反应时增加"与"变异增加"两组数据，分别比较"道德任务指令"与"能力任务指令"]

图4.3 在一致和不一致的斯特鲁普试次中反应时（RT）和个体变异（SD）的增加，显示了在执行德性任务之后的认知损耗（相对于认知控制）

来源：改编自Ståhl and Ellemers，2015，Study 2。

重要的是，第二个研究还显示，那些在德性任务指令下完成最初任务的人，在一系列社会情境中更难站在他人立场考虑问题。事实上，人们在完成德性任务后表现出的认知耗竭越明显，他们在随后的社会评估中就越难为他人设身处地着想。可以说，这些结果不仅验证了源于个人道德行为控制的认知耗竭，也说明了人们行事道德的能力可能是有限度的。换句话说，他们为了行事道德而投入的努力对自身会有负面影响，哪怕仅仅是因为认知资源的枯竭使得他们不太可能继续考虑自身行为对自己和他人的道德意涵。

这项研究由此揭示了力图行事道德的动机具有有害影响。为了在道德领域表现良好而投入的更多的认知努力会被消耗殆尽。从长远来看，这削弱了考虑复杂情况的道德意涵的能力，将人们置于产生道德走神（moral lapses）的风险之中。这样一来，追求德性的动机可能会产生意料之外的负面作用。也就是说，由此产生的以自我为中心的关切会占用认知资源，从而削弱一个人解释复杂信息或考虑模棱两可情况的不同意涵的能力，尽管这往往是道德行为所必需的。

道德耗竭的可能性，为人们经常发现自己难以一如既往地保持道德高标准这一现象带来了不同的启示。这种所谓的"道德许可"效应已被解释为**动机**失败的一种标志，即，人们一旦表现出他们的道德意图，就会不太愿意抑制自己自私的倾向（Merritt, Effron, and Monin, 2010；Sachdeva, Iliev, and Medin, 2009；元分析参见 Blanken, Van de Ven, and Zeelenberg, 2015）。这项关于认知耗竭的研究表明，紧密关注他人关切的**能力**也会随着时间的推移而降低。

❖ 道德存疑行为的情绪成本

尽管人们会有欣赏甚至认同在第三章中曾提及的海盗或是诈骗高手的隐秘乐趣，但科学证据更为有力地证明了行事不道德会付出心理成本，而不是获得好处。只有很少的研究试图检验不道德行为的吸引力。此类研究着眼于可以使不道德行为成为一种有益的体验的积极情绪。对所谓的骗子的得意扬扬或说是自大骄傲的研究揭示，行骗后"逍遥法外"会产生自我满足与积极的情绪体验，比如当忍不住在一项据称是评估智力的实验测试中查看正确答案时的体验（Ruedy, Moore, Gino, and Schweitzer, 2013；Teigen and Brun, 2011）。尽管如此，研究者的普遍共识依然是，想到自己行为悖德的可能性最有可能让人有厌恶体验。

因此，这一领域的大多数研究旨在记录道德走神的情绪成本，以及当人们以被认为是不道德的方式行事时，他们的幸福感与自我观所遭受的威胁。然而，这些研究大部分有一个潜在的共同问题：研究结果是基于对此类负性情绪状态回溯性体验的自我报告（Tangney and Dearing, 2002）。或许这可能展现的是人们对道德存疑行为**表达**一种合乎社会赞许性的悔恨或后悔，而并不是反映他们实际的内心状态。

为了应对这个解释性问题，我们进行了一个研究，这使我们得以更直接地评估意识到个人的道德缺陷是否确实构成了情绪压力的来源（Van Nunspeet, Ellemers, Derks, and Amodio, in preparation）。为此，我们**实时**监测研究参与者在收到关于他们道德行为反馈时的生理反应，并将之与收到关于他们的能力行为的反馈时观察到的生理反应进行比较。为此，我们改编了第三章所述的 IAT 测验，以检视对戴或不戴头巾女性图片的积极与消极内隐联想（Van Nunspeet et al., 2014）。不过，这次的参与者首先在中立的任务指令下完成测试（对他们在任务执行过程中的动机与努力进行标准化）。

待完成任务后，参与者被引导相信这项任务可以用来评估他们的能力与德性。换句话说，他们被告知其表现一方面显示了自己快速处理新信息和学习新任务的本领（能力方面），另一方面显示了他们关于平等主义与歧视的道德价值观（德性方面）。不同测试项目区组被用于评估研究参与者在这两个领域的表现。参与者将收到关于各个测试项目区组的反馈，这些反馈可以表明他们的德性或能力得分（与大学生的得分范围相比）。积极（高于平均水平）或消极（低于平均水平）的分数与中性（平均水平）反馈穿插在一起，以提高所提供信息的可信度（见图 4.4）。

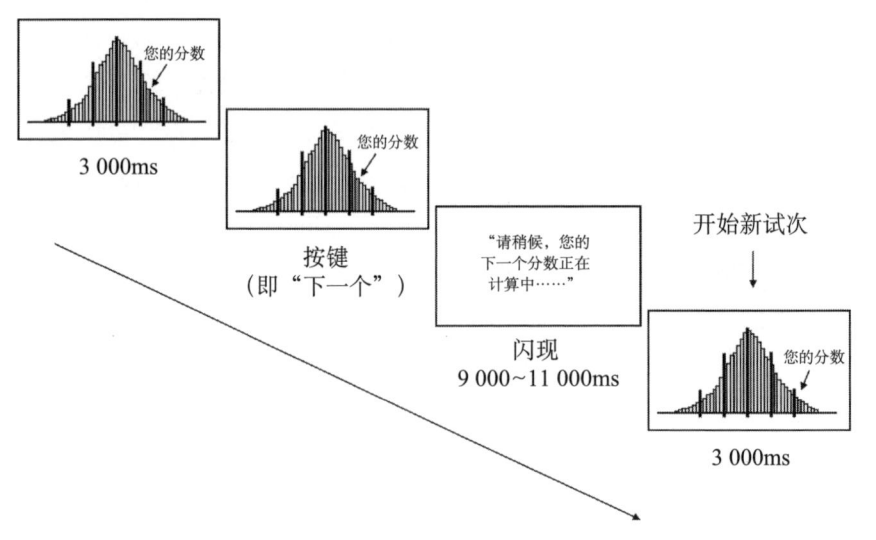

图 4.4　为各组题目所提供的信息示例，信息是对参与者在 IAT 测验中的表现的积极的个人反馈

来源：改编自 Van Nunspeet et al., in preparation。

在整个实验过程中，我们在参与者的手指上套上环形电极以监测他们的生理反应。这些反应被用于评估"皮肤电"（出汗变多），以作为生理唤醒的指标。我们统计了参与者在收到任务表现反馈期间显示出的增强的皮肤电反应（峰值）的数量。这是一种在情绪激动的情况下不由自主地产生的"自动"反应，很难为了自我表现的目的而加以调整。

参与者明确报告称，他们收到德性领域的负面反馈时，要比收到能力领域的负面反馈体会到更多负性情绪；而自我报告表明，收到这些领域的积极反馈后人们体验到的情绪则没有分别。参与者的生理反应是对其自我报告的补充，它们进一步证明了德性领域负面反馈的接收是生理唤醒的根源。也就是说，从整体趋势看来，当接收到与德性相关而不是与能力相关的反馈时，参与者的皮肤电反应更强。当参与者在被告知他们的能力之前就收到德性反馈时，这一点表现得最为明显：在收到德性相关反馈从而带来皮肤电导水平提高后，参与者再收到能力相关反馈时其响应性会显著降低。然而，在提供了能力反馈后，再给德性反馈仍能激发同等程度的生理唤醒。重点在于，这种响应模式只在给予负面反馈后才会发生，积极反馈并不会带来同样的效果。因此，基于以上，本研究的结果表明，与能力领域相比，人们的情绪在主观与客观上都更容易受到德性领域中与自我相关的负面反馈的影响。此研究在程序上排除了出现自我呈现偏差这一替代解释的可能，说明了人们在想到自己的道德过失时会付出的代价。

关于道德行为与道德自我观的大部分研究存在另一个局限性：它们大多是在实验情境中展开的——有时是极端虚假的人为营造情境（Ellemers et al., in preparation）。由此得到的结果是，在实验审视下表现出的行为，关涉的是研究者所认为的道德或不道德的特定偏好。然而，参与者在更自然的环境下是否还会表现出此类行为，或者他们是否会自发地从德性角度看待这些行为，我们常常并不知晓。事实上，这些研究的假设性或"游戏"情境对参与者而言可能显得比较失真，而且从现实生活的意义上来看也常常是无关紧要的。

为了完善这项工作，我们力图探索人们如何看待自认为缺乏德性的现实生活行为（另见 Hofmann, Wisneski, Brandt, and Skitka, 2014）。为此，我们对 700 余份故事进行内容分析。这些故事是研究参与者对自己过去的现实生活行为的报告。根据实验指令，他们或者报告自己的道德行为或不道德行为，或者报告彰显能力的行为或能力欠缺的行为，又或者报告他们过去与德性无关的行为或与能力无关的行为（控制组）。而后我们对这些行为自我描述进行编码，譬如记录人们是否说明了自己当时所处的情绪状态，如果是，他们报告的又是怎样的情绪（Ellemers, Van Dillen et al., submitted）。

总体而言，外部评定人对人们报告的不道德行为（比如偷一只唇彩）和欠缺能力的行为（例如考试不及格）的评价同样严重。相应地，不道德或者能力低下的行为的故事本身也一样可能会让人感受到基本的负性情绪（愤怒，悲伤）。然而，同讲述自己能力上失败的人相比，报告自己道德缺陷的人主动提及自我指向的负性情绪（羞耻，罪疚，后悔）的可能性要大得多。基于一系列现实生活经历的自发报告，该研究说明，认识到自己的道德缺陷会让人付出情绪成本（Ellemers, Van Dillen et al., submitted）。

我们使用同一方法更为详尽地考察了个体认识到自己的道德缺陷或能力缺陷的情绪意涵（Van der Lee, Ellemers, and Scheepers, 2016）。具体要求研究参与者讲述他们发现自己在道德领域或者能力领域存在缺陷的现实例证。我们不停留于仅仅对参与者主动提供的自传体叙述进行内容分析，而是更为明确地检视了参与者所报告的不同情绪类型体验的强烈程度。研究参与者被要求设想他们被群体内成员批评为能力不足或是德性缺乏的情境。他们提供的事例覆盖范围广泛，涵盖了多种情况。他们提供的事例表明，自己或者曾经在运动中被队友这样说过，或者曾经在工作中被同事这样说过，或者曾经在学校中被同学这样说过，又或者曾经被室友、家庭成员以及朋友这样说过。

在这两个研究中，相关事件中提及的群体与情境类型并未对结果产生影响，我们也没有发现不同的叙事类型中存在群体认同、个人自尊或群体成员尊严的水平的差异。然而，当我们要求参与者仔细思考被他们提及的经历的**情绪意涵**时，鲜明的差别便出现了。也就是说，与那些想起自己能力不足而被批评的参与者相比，那些被批评为缺乏德性的人报告了更多的罪疚感和羞耻感。而在悲伤体验上参与者的报告并无差异（Van der Lee et al., 2016）。这种结果模式表明，想起自己的道德污点并不必然会引起更多的负性情绪本身。而自我报告的罪疚感与羞耻感则具体表明，人们在思及自己的道德污点而非能力缺陷时，会出现更多的自我谴责与情绪威胁。

在第二个研究中，我们还纳入了额外的测量来确定这种情况究竟为何出现。结果显示，与因缺乏能力而受到批评相比，参与者表示他们应对道德批评的能力更差一些。也就是说，参与者报告，比起被群体成员指责能力不佳，想起自己被批评为道德有缺时感受到了更多威胁、不安并且觉得难以应对这种场面。实际上，中介分析表明，正是感知到自己无法应对道德批评（与针对能力不足的批评相比）才导致人们体会到罪疚感（Van der Lee et al., 2016, Study 2）。

以上研究清晰地说明了直面自己曾经的道德过失会给人带来的情绪成本。生理指标的使用排除了人们只报告负性情绪来显示自己悔意的可能。而对自我报告的具体情绪状态的比较则进一步阐明，道德关切并不只是单纯加剧了对各种负性情绪的感受强度。相反，同能力不足比起来，反思个人的道德污点尤其会增加个体的羞耻感和罪疚感。因此，这项研究明确了考虑个人过去道德污点将引起自我谴责的倾向，因为他们感知到自己无力应对那些场景。

❖ 道德过失的社会意涵

为了更深入理解道德污点影响情绪的原因，研究道德判断的交际功能与道德行为的社会影响至关重要。换句话说，人们考虑自身道德**自我观**时的担心，至少部分源自他们认为自己将会受到**他人**怎样的评判。比如一个使用眼动追踪设备的研究显示，那些被要求考虑过往道德污点的人会避免注视向他们呈现的愤怒面孔上的眼睛。这种对暗示着社会谴责的迹象的回避，在那些考虑自己道德成就的人身上并未发现（Van Dillen, Enter, Peters, Van Dijk, and Rotteveel, 2017）。

预想他人可能认为自己道德有缺陷会带来情绪上的负累。这一点在对一些人情绪状态的研究中得到了证实，他们感到自己必须隐匿可能被他人视作不道德的那部分认同。这就像同性恋者认为自己应当在工作场合掩藏自己的性取向，以免受道德污名侵扰。遮掩潜在的会污名化自我的面貌，看似是极具吸引力的策略，能够提升他人眼中的自我形象。然而研究显示，这种身份隐瞒在情绪上代价很高，它会加重人们的罪疚感并削弱他们的自信心（Barreto, Ellemers, and Banal, 2006；另见 Barreto and Ellemers, 2015；Ellemers and Barreto, 2015）。研究发现，试图通过掩盖被污名化的认同来防止道德上的非难，实际有损于社会互动中的评价基准和参与程度。当人们在互动过程中专注于促进积极印象而不是试图向他人隐瞒自身污名时，与其互动的同伴以及观察者对互动质量的评价便更为正面（Newheiser, Barreto, Ellemers, Derks, and Scheepers, 2015）。

这些研究表明，害怕被人发现自己在道德上有缺陷，可能是情绪压力的重要来源之一。试图避免向他人透露自己可能引起道德批评的相关信息会占用人们的认知资源，加重罪疚感与羞耻感。但事与愿违的是，也正是这种为表现出道德感而做的努力，非但没有改善社会互动的质量，而且还造成了损害。

为了探明人们**为何**如此担忧暴露自己道德缺陷，我们开展了一系列研究（Pagliaro, Ellemers, Barreto, and DiCesare, 2016）。在第一个研究中，我们向研究参与者提供了一些能表明个人能力（聪明，技术好）或德性（诚实，真诚）的评价性词语。我们首先要求他们指出，随着时间推移，这种判断会在多大程度上渗透进个人形象之中。继而我们让他们展开想象，如果他们自己被发现缺乏德性或者是缺乏能力又会怎样。研究结果显示，人们认为道德判断对个人整体印象的影响比能力判断的影响更为深远和持久。此外，比起被发现能力不足，人们更可能预期缺乏德性可能会导致自己不被尊重，受到社会排斥（另见 Ybarra et al., 2012）。

我们在第二个研究中跟进检视了这一结果，证实对一个人德性高低的判断一般被认为比对能力或亲和性高低的判断更加深远和重要。也就是说，对一个人的自我观和在别人眼中的形象而言，道德特征相对都被认为是更加重要的。比起与个人能力或亲和性相关的判断，道德判断被视作是更能诊断出一个人的真实本性、更可以预测其未来行为的依据。因此，未能达到相关道德标准被视作更有损于从内群成员那里获得的尊重。对于修复缺乏道德的形象，人们预期要比弥补能力领域的不足付出加倍努力。

在第三个研究中，我们要求参与者想象亲密友人对自己在能力或者在道德领域做出积极或者消极评价，比如针对他们驾车超速，或者受惠于推荐而获得一份工作的评价。研究结果再次显示，对于自我而言，道德判断被视作比能力判断更影响深远。因此参与者认为，与能力判断相比，（积极或消极的）道德判断更能影响他们能从群体内其他成员那里获得的尊重。参与者还表示，当被评价为不道德而非能力不足时，他们会更倾向于为自己辩护和解释，以此来修复他人眼中的自我形象。第四个研究运用类似方法重现了这些效应，并且进一步表明，由对自我的负面道德判断所引发的威胁感降低了人们感知到的应对这种情况的能力（Pagliaro et al.，2016）。一项中介分析证实，由消极道德判断所诱发的缺乏群体内尊重的预期，加重了威胁感与应对这种情况的无力感。这进而又促使参与者为自身行为进行辩护与解释，试图修复自己在群体中的形象。

先前研究表明，人们更倾向于将道德污点而不是能力缺陷视作暴露人们"真实性格"的指标（Goodwin et al.，2014；Reeder and Spores，1983；Skowronski and Carlston，1987）。此外，与帮助他人的行为相比，伤害他人的行为更易被视作有意为之（Guglielmo and Malle，2010）。当前研究（Pagliaro et al.，2016）还显示，感知到的道德判断的无处不在会对自我产生威胁，因为它引发了个人对自己作为一个优秀群体成员的形象的担忧。这导致人们十分热衷于对自己的行为进行辩护和解释，以此来修复个人形象，恢复在群体中的地位。

因此，道德行为的社会意涵及其群体水平的面向，部分解释了人们为何如此在意自己的道德自我形象。正如我们在上文中看到的，人们会担心自己的道德行为如何影响群体对他们的看法。此外，对人们为何如此在意自己的道德自我形象也应进行群体水平的分析，因为其他内群成员的道德过失可能对自己造成不良影响。事实上，人们不仅不会推卸责任，还会心甘情愿地为群体中他人的过失行为负责（Teigen and Brun，2011）。因此，一个人可能会因他者的过失而受到批评或制裁，仅仅因为他们有着相同的群体成员身份或集体认同。这种现象最著名的是所谓的荣誉文化中的"世仇"（blood feuds）。

然而，西方（"尊严"社会）也会出现这种情况，比如在一些俱乐部或体育场合当中。例如在棒球比赛里，团体对抗或者比赛中分数"被偷"

所带来的挫败感，可能导致投手用球砸击球手的头。如此"砸头"的做法能造成严重伤害。这类事故的记录包括住院治疗、无法完成赛季剩余比赛、棒球职业生涯终止，甚至有一例死亡。尽管如此，这依然被认为是对缺乏体育精神的队友的一种可接受的替代性报复形式，即便受到惩罚的对象显然并非罪魁祸首，因而本来就无须在道德上对过失行为负责（Cushman, Durwin, and Lively, 2012）。

在我们自己的研究中，我们在更为可控的情况下证明了类似结果（Van der Toorn, Ellemers, and Doosje, 2015）。在一个研究中，我们让学生参与者阅读一则报道他们所在院系的学生抄袭和造假发生率高于平均发生率的新闻消息。在另一个研究中，我们让参与者想起他们自己学科内或者是其他学科内的资深学者的学术造假行为。两个研究中的参与者均报告称，他们对本院系学生（Study 1）或本学科的研究者（Study 2）有更强烈的认同感的话，就会因为这些信息感受到更大的威胁。如果被提醒的是其他学科发生的学术造假行为，他们报告威胁感明显减轻（Study 2；Van der Toorn et al., 2015）。这些结果清楚地说明了道德过失的社会影响，并且显示，个体无法仅停留于监督自己的道德行为来防止可能的道德走神。不仅如此，他们还很容易受到与自我意识与认同相关的他人的道德过失行为的影响。

我们想进一步明确这种易受他人无德性的表现的影响是否会以及会如何显现出来。同样，为了避免仅仅依赖于自我报告，我们试图以相对免受自我呈现偏差影响的生理指标来进行评估。我们对心血管反应模式的变化进行**实时**评估来阐明问题。为此我们评估了无创心排量（impedance cardiographic, ICG）信号和心电图（electrocardiographic, EKG）信号。具体是将四个点状电极分别置于参与者的上背部和下背部，另有两个电极置于他们的胸部，将一个血压传感器绑在他们非习惯用手的食指上。正如生物-心理-社会模型（Blascovich and Mendes, 2000, 2010；Blascovich and Tomaka, 1996）所指出的那样，对人们在任务参与过程中的心率和血压的无意识变化的检视，能揭示他们是处于消极威胁还是积极挑战的状态。

消极威胁状态的标志是心排量（心脏在单位时间内的泵血量）较低。此时，通过动脉系统的血液流量由于外周血管收缩而减少。这意味着人们认为自己无法满足情境要求，比如因为不确定什么是合宜的反应或估计而无法给出所需的反应。积极挑战状态的特点则是心排量增加，同时伴随着血管扩张，这能促进富氧血液在体内的流动。这使得人们有能力随时采取需要调集必要的资源（努力、能力）来应对情境的要求的行动。基于被持续评估的不同心血管反应的读数，可以计算出一个指标来评定人们处于何种相对程度的消极威胁或积极挑战状态。通过对反应发生时进行标记并将其与个体的基线水平进行比较，我们可以将威胁或者挑战的出现与研究过程中或实验操作中的特定事件联系起来（见图4.5）。

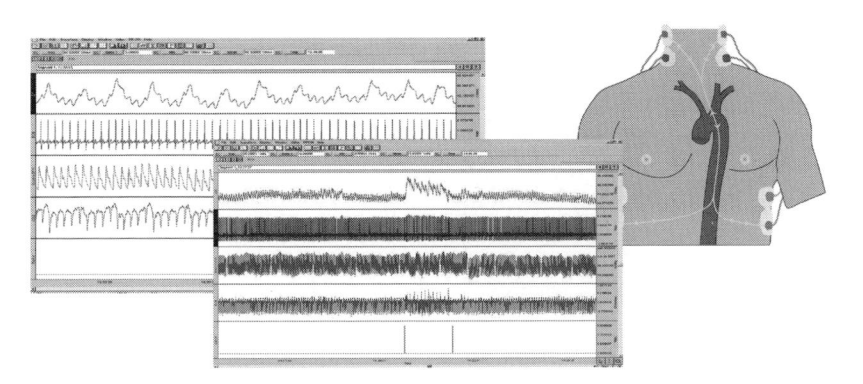

图4.5　应对特定事件时出现的心血管威胁和心血管挑战状态的对比

运用这种方法，我们首先评估了研究参与者想到自己道德缺陷时的反应，然后将之与观察到的思考自己群体中其他成员的道德缺陷的人的反应进行比较（Van der Lee, Ellemers, and Scheepers, submitted）。我们运用与上述研究相同的程序（Ellemers, Van Dillen et al., submitted; Van der Lee et al., 2016），即自传体叙事，让研究参与者讲述自己被群体内其他成员批评为缺乏德性或能力的经历。他们被要求将这些信息透露给其他研究参与者，据称这是在开始完成共同任务前"了解"自己队友的部分环节；在这项共同任务中，他们必须在一系列两难管理情境下平衡道德关切与能力关切。参与者对队友说明自己对管理决策中德性与能力考量的影响的看法，有网络摄像头置于身前，我们对其时他们的心血管反应进行评估。

结果显示，坦诚自己在道德领域的缺点后，参与者的心血管反应模式是受威胁模式；而向队友坦诚自己的能力不足，则情况不同于此（Van der Lee et al., submitted, Study 1；见图4.6）。这一研究对上文所述的过往研究进行了补充。该研究中的皮肤电读数与自我报告都表明，个人面对自己的道德缺陷时，要比考虑在能力领域的失败时显示出更消极的情绪状态（Ellemers, Van Dillen et al., submitted; Van der Lee et al., 2016; Van Nunspeet et al., in preparation）。

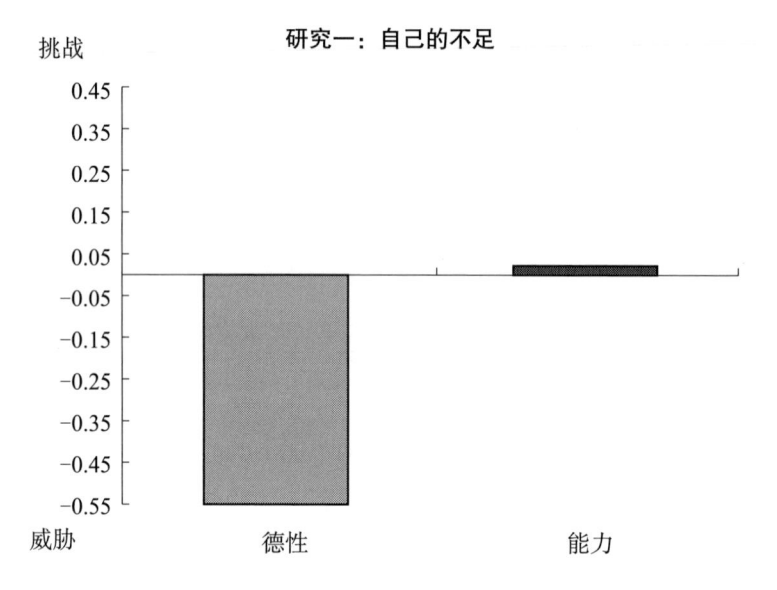

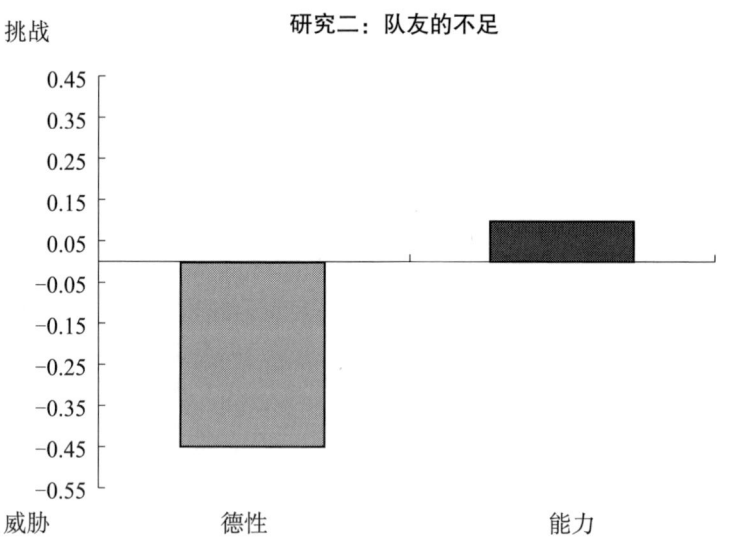

图4.6 想到德性与能力领域中的个人自身缺陷（研究一）和队友的缺陷（研究二）时出现的心血管威胁和挑战状态的对比

来源：改编自 Van der Lee et al., submitted。

我们在第二个研究中重复了同样的步骤，但这次我们要求参与者想想他们的一位**队友**讲的自己的道德或能力缺陷，同时测量他们的心血管反应。结果发现，这样做引发了与考虑自己缺陷时很相似的后果。也就是说，想到内群成员的德性缺失会引发威胁状态，而想到内群成员的能力不足则不会如此（Van der Lee et al., submitted, Study 2；见图 4.6）。

这些发现与人们报告称因群体内成员的道德过失而间接体验到羞耻感与罪疚感的研究有所呼应。既便这些个体显然无法对这些事件负责，这种情况也会发生，因为这些事件甚至在他们出生前就已发生（另见 Branscombe and Doosje, 2004）。当把本族群参与大屠杀的信息或对（前）殖民地土著居民的暴行摆到人们面前时，这种效应就会产生（Gausel, 2012）。譬如，有很长一段时间，挪威的吉卜赛（泰特族）社群都遭受着法律限制：不让他们为季节性工作而出行，将他们关进劳改营，容许国家把他们的孩子从家中带走，以及强行绝育。当挪威公民被提醒想起这段国家历史时，他们报告称感到懊悔与羞耻（Gausel and Brown, 2012; Gausel, Leach, Vignoles, and Brown, 2012）。

这一脉络下的研究说明了道德污点的社会意涵，以及这些污点与其他领域（比如能力领域）的不足有何不同。第一，试图向他人隐藏道德上污名化的个性或行为会损害社会互动的质量（Newheiser et al., 2015）。第二，人们相当关注自己的道德形象，因为他们认为当自己被揭露有道德缺陷时，就会失去其他群体成员的尊重（Pagliaro et al., 2016）。第三，吐露自己在道德领域的不足会引发一种威胁状态，但想到自己群体中其他成员的道德缺失具有同样的威胁性（Van der Lee et al., submitted）。因此，想到道德走神会付出的情绪成本不仅仅限于对个体自我观的威胁，人们更忧虑是否能融入社会群体。这不仅是因为他们可能担忧失去群体中其他成员的尊重，而且还因为当其他群体成员被发现德性有缺时，他们自己也可能受到伤害。

❖ 自我保护反应

前几节已经揭示，一旦被他人视为缺乏德性，个体会付出社会与情绪成本。即使缺乏德性的评价隐晦地源于个人所处的群体内其他成员的行为，情况也是如此。因此，研究发现人们会采取一系列自我保护策略以应对想到自己或被他人认为缺乏德性的威胁，也就不足为奇了（Bandura，1999）。

尽管可以自我安慰说道德走神总会发生，保护个人道德自我观的一个方法依然是将自己和其他人的过失的大小进行对比。比如已有证据表明，人们发现更容易记住自己的道德行为和他人的不道德行为（Hofmann, Wisneski, Brandt, and Skitka, 2014）。与此类似，研究发现人们会贬低他人的道德行为来抬高自己的道德自我观（Barkan, Ayal, Gino, and Ariely, 2012；Peer, Acquisti, and Shalvi, 2014）。研究参与者也倾向于用相当严苛的道德规则（例如有关考试作弊的道德规则）解读他人的行为；而对于自己的行为，他们会对道德规则进行额外的限定（只要没有人受到伤害就没问题）（Shu, Gino, and Bazerman, 2011）。

实际上，无论是在预期会面对棘手的道德情境时，还是为了减轻违反道德原则后对自我的道德威胁，我们都会观察到各种自助性的辩解。研究发现，人们会对自己犯下过失的严重性轻描淡写（Shalvi et al., 2015），说他人也会从自己的不诚实行为中获益（Gino, Ayal, and Ariely, 2013），或者借助自己所属群体中其他个体的德性来为他们本人的道德污点辩护（Kouchaki, 2011）。或者，他们可能会选择性"遗忘"被违反的道德原则。例如，一个实验研究证实，在受到诱惑而在实验任务中作弊后，作弊者较难记住其之前被告知的荣誉守则中的道德原则，而对中性原则的记忆则不受影响（Shu and Gino, 2012）。

因此矛盾就在于，人们对于做有德性的人或被他人视作有德性高度重视，同时这也导致他们在道德走神的情况下采用各种道德推脱的策略，以此作为一种心理防御机制。比如，想到其他内群成员可能批判自己的德性，会促使个体为自己的行为做出辩护和解释（Pagliaro et al., 2016）。我们具体研究了人们关于自身不道德行为的自传体叙事中对自我保护策略的运用，以及这与他们说的如何应对自身行为能力不足有何不同（Ellemers, Van Dillen et al., submitted）。研究表明，首先，那些被要求回想自己道德缺陷（而非能力欠缺）的人，更可能声称他们觉得很难记起自己是否曾经有过这样的行为，或者明确表示他们花了很多时间才想起这样的事情。其次，对我们所获得的叙事进行内容分析后发现，研究参与者考虑的时间范围也存在差异，而这取决于他们回忆的个人缺点的类型。

在那些想到自己欠缺能力的行为的参与者中，有74%的人透露了一些相对较近发生的事情，即大学期间的事。而在回忆自己道德缺陷的人中，只有50%的人写的是大学期间的事。参与者回忆的道德走神事件有一半是很久以前发生的事件，其中21%的叙述可以追溯至小学时期（Ellemers, Van Dillen et al., submitted）。进一步分析显示，在个体报告称体会到了更多的羞耻感、罪疚感并悔恨于自己欠缺德性的情况下，他们更有可能进行这种自我疏离（self-distancing）。在时间上进行自我疏离的策略与报告其他类型的负性情绪（例如愤怒）倾向并无关联。因此，这些研究结果表明，一个人出现道德行为污点时自我谴责的情绪体验，会导致出现将当前的自我与先前道德走神区分开来的倾向。对于那些回想自己在能力领域的缺陷的人来说，采用这种自我防御策略的可能性较小。

重点在于，这种保护道德自我观的防御性反应不仅发生在个体水平，也会出现在群体层面。比如，让挪威公民面对挪威的泰特族经受道德侵犯的史实时就观察到了这一状态（Gausel et al., 2012）。想到他们国家的这一段历史引起了对内群谴责的担忧，也引发了个人自卑感与羞耻感。因此，在不同的研究中，参与者都表现出了自我防御的反应。例如，他们在得知内群悖德行为时所体验到的羞耻感，会使他们避免与少数的泰特族群产生接触，不愿去想曾经发生过的事情，并且会阻止这些历史事实进入公共领域，而不是选择赞同向受害群体提供财政、情感或实际帮助的计划（Gausel et al., 2012）。

在商业语境下，也同样观察到了对于群体水平上的道德过失的自我防御反应（self-defensive responses）。有证据表明，让职员直面自己企业的道德存疑的商业行为，使他们不愿从伦理层面评价其组织行为。相反，他们回避道德判断，并且更愿意从纯粹法律或财务的角度来为这些行为进行辩护（Moore, Detert, Treviño, Baker, and Mayer, 2012）。自我防御反应还影响到早已公认的现象，即人们喜欢把那些比他们更优秀的人作为学习和提升的源泉。在道德领域，他们不愿意这样做。其他在道德领域更为优秀的个体或群体反而被视作威胁的来源，而不是对自我的激励（Jordan and Monin, 2008; Monin, 2007）。

这一点在对德国国民所做的一个研究中得到了确认，该研究将德国和法国在道德领域（与老年贫困做斗争和防止工资的性别差距）和商业领域（国家经济成功）的国家成就进行了比较。被告知德国在道德领域被邻国超越，使得参与者颇为不愿意去寻求和接受法国专家的帮助，即便这可能有助于改善自己的国家在这些被珍视的领域的表现（Täuber and Van Zomeren, 2012）。在以荷兰人为对象的研究中也观察到了类似反应，参与者被引导相信德国在关键的道德领域已经超越了荷兰，例如与气候变化做斗争，或是在对待穆斯林移民上表现出更多宽容。尤其是那些强烈认同其民族的个体，他们报告了对本群体的愤怒与蔑视，而不是努力在这些道德领域寻求改善（Täuber and Van Zomeren, 2013；另见 Täuber, Van Zomeren, and Kutlaca, 2015）。同样，呼吁对澳大利亚对土著居民所犯下的历史罪行公开表达悔恨之意，也遇到了强烈阻力，因为人们拒绝承认对这些事件负有集体罪责。相反，他们指责土著居民不善于生产，并且控诉他们浪费为其消除社会不利条件而提供的资金（Augoustinos and LeCouteur, 2004）。

由此，经验研究阐明了自我防御反应的短期利益何以可能损害承认过往道德污点所带来的更为长期的效益。也就是说，保护自我观，使之免受想到个人自我或群体自我的道德缺陷所带来的威胁与情绪成本的影响的渴求，降低了人们从过往道德污点中学习或采取行动以防止未来道德过失的可能性。我们现在将考虑的是，这对人们解决自己或所属群体中其他成员所表现出的道德走神的努力造成了怎样的影响。

❖ 应对（间接体验到的）道德感或不道德感

目前，我们已经确定，行事道德可能会导致认知耗竭，长远看来会招致道德走神。出于人们对自己的德性和自己在他人眼中的道德形象的重视，面对自己或自己所属群体的道德过失时，威胁到道德自我观的羞耻感与罪疚感往往就会引起人的防御性反应。那么最后一个问题就在于，这些反应如何影响到人们应对自身道德缺陷的方式，以及怎样能吸引人们致力于进行道德自我完善而非道德辩护。

情绪反应不仅显示了人们如何评价情境，还为人们的**行为**做好准备——羞耻感和罪疚感就是如此（Gausel and Leach，2011；Giner-Sorolla，2012；Tangney and Dearing，2002）。上文回顾的研究记录了这些情绪可能引发的自我防御策略，包括试图回避、忽视或忘记自我的或与自我相关的他人的道德缺陷行为。在这种情况下，羞耻感和罪疚感可能会妨碍行为改变。然而，这些情绪同样也被发现可以帮助人们认识到和解决他们的缺点，譬如当人们忏悔、表示悔恨或请求宽恕之时（Peer et al.，2014）。因此，体会到罪疚感和羞耻感以及由此带来的自我谴责可能会导致人们隐藏或忽视他们的道德缺陷，或是使人们纠正这种错误，弥补先前的过失。更为复杂的是，这两类反应都有可能是为了维护个体自我观（作为"道德羞耻感"的结果），或者也都有可能是旨在改善个体作为有道德的人的公共形象（为了应对"形象羞耻感"；另见 Allpress, Brown, Giner-Sorolla, Deonna, and Teroni, 2014）。因此，挑战在于考虑可能的一系列反应，并且理解——或者甚至是更好地去预测——每种反应最有可能出现在什么样的情况下。

承认有羞耻感或罪疚感，意味着承认对道德走神负有道德上或至少是因果上的责任（Tangney and Dearing，2002）。因此，这似乎可以被视为做出道德补偿或道德提升努力的重要的第一步。然而，此类情绪的公开**表达**并不必然发自内心。相反，这可能只是一种管理个人道德声誉的沟通策略。例如，在忽视他人诉求，做出自私的选择后，人们可能会表现得仿佛自己因为损害了他人的利益而感到羞耻与罪疚，以此表示善意（Giner-Sorolla, 2012）。事实上，明确表现出罪疚感与羞耻感是在否认存心伤害他人的意图。通过这种方式，人们可能是在传达将来会避免伤害他人的用心（Tomasello and Vaish, 2013），表现出对群体规范的明了与忠诚（Castelfranchi and Poggi, 1990；Korsgaard, 1996），并且通常能阻止进一步的物质或社会惩治。此类"保住自己的'皮'"的尝试似乎相当有效，因为这种做法会博得他人的宽恕，并减少受罚的可能（Keltner and Anderson, 2000）。

同样，处于社会优势地位的群体也可以通过表现出集体罪疚感来阻止他人对抗社会不平等。与此同时，这种口头上对道德不公的承认、请求宽恕或表示歉意，其本身并不足以引发社会变革。事实上，报告有白人罪疚感的美国居民并不一定支持旨在打击种族不平等的政策（Iyer, Leach, and Pedersen, 2004）。

要将策略性地流露悔恨与真正承认过去的道德过失区分开来并不简单。然而，除了防御性反应，为纠正和弥补过去道德污点而做出的真实努力也有据可查。这些努力包括试图重建正义或是弥补已造成的伤害，比如用财务上或情感上的支持来补偿受害者。将人们的注意力集中在先前道德过失上，很容易引起人们的自我防御性和策略性反应。因此，重要的是要了解什么时候最有可能产生这种反应，以及什么会让人们更倾向于承认和补偿自己或群体中其他成员过去的错误行为（另见 Allpress et al., 2014; Gausel and Leach, 2011）。

在这一背景下，几个可能的调节因素已经得到了研究。一般来说，当个体认为自己具有高道德标准时，他们更可能表达出亲社会的意向（例如给慈善机构捐款），并且克制自己不在实验任务中作弊（查看并使用提供的答案来解决数学问题；Jordan, Mullen, and Murnighan, 2011）。因此，人们似乎很愿意参与道德行为（例如做志愿者、献血）来弥补特定的悖德行为，因为这能使他们保持自己是道德的这样一种自我观。比如说，当面对自己所做的内隐联想测验的结果可能是种族偏见时，人们会更急切地拒绝含混不清的表述，认为它们是种族主义的（Merritt, Effron, Fein, Savitsky, and Tuller, 2012）。

对于群体水平上的道德过失，也有证据表明，个体在某些情况下愿意承担道德责任，为自己群体内其他成员过往的道德污点进行补偿，即便他们和发生的事并没有什么因果关系。这种情况的一个例证是，一些荷兰公民愿意向一个基金会进行个人捐款，该基金会的宗旨是为波斯尼亚战争中未能受到荷兰联合国部队保护的穆斯林平民提供经济补偿（Zimmermann et al., 2011）。

在不同的研究中，整体的模式似乎都是，当个体被要求考虑反映其认同核心面向之一的道德过失时，他们的反应主要是防御性反应（Conway and Peetz, 2012）。群体水平的自我也是如此。那些将群体认同与自我紧密相连的个体，在被迫承认群体并不总是符合自身的道德标准时，会做出更强的防御性反应。比如，他们会通过淡化违反道德规则的严重性来进行防御。然而，那些从具体行动或具体行为的角度考量自己道德污点的个体，更倾向于采取补偿行动（Conway and Peetz, 2012）。同样，认为群体和自己的身份认同关联不大的个体，更愿意接受群体不能总是达到群体自身的道德标准。因此，将群体不够道德的行为与人们的自我观分离开来，会使他们更愿意考虑如何建设性地处理群体的道德缺陷（Iyer, Jetten, and Haslam, 2012）。

这一研究工作表明，可能存在一个共同尺度，决定着人们是否愿意处理自我或自己所属群体的道德缺陷——而不是去捍卫过去的道德过失并为之辩解。当一个具体事件或过失被当作最终定论，或被视作揭示一个人真实道德品质的例证时，似乎最容易引发防御性反应。只有当人们看到还有修复自身道德形象或弥补所造成伤害的余地时，他们才愿意承认和处理先前的道德过失。

为检视这一论点的合理性，我们将参与者对过去道德缺陷的反应和对未来改善机会的看法进行了区分。如上所述研究一样，我们首先邀请研究参与者向他们未来的队友讲述自己之前在德性或能力方面有所欠缺的行为，并报告他们对此有何感受（Van der Lee et al., 2016, Study 1）。随后他们被告知，随后的团队任务将为他们提供一个向队友展示自己能力或德性的机会（Van der Lee et al., 2016, Study 2）。同样，他们被要求表明在这种语境下对自己（缺乏）德性或能力的感受。

这揭示了与上述推理相一致的结果模式。想到他们过去的道德污点时（与考虑能力上的失败相比），研究参与者主要报告了回忆起这些经历的情绪负担。然而，当他们在小组中获得**修复**自身道德形象的机会时，他们便表示感到更有能力应对这种情况。相应地，在得到这样一个修复的机会后，参与者报告了更高的个人自尊和群体成员自尊水平。想到过去道德污点时增加的罪疚感（和能力上的失败相比）也再不可见（Van der Lee et al., 2016, Study 2）。因此，为他们提供的修复机会减轻了过往道德过失产生的情绪成本，并且使我们的研究参与者感到更有能力通过展示他们的道德感来应对这种情形（见图4.7）。

当要求参与者考虑自己所属**群体**的道德污点时，我们也观察到了类似

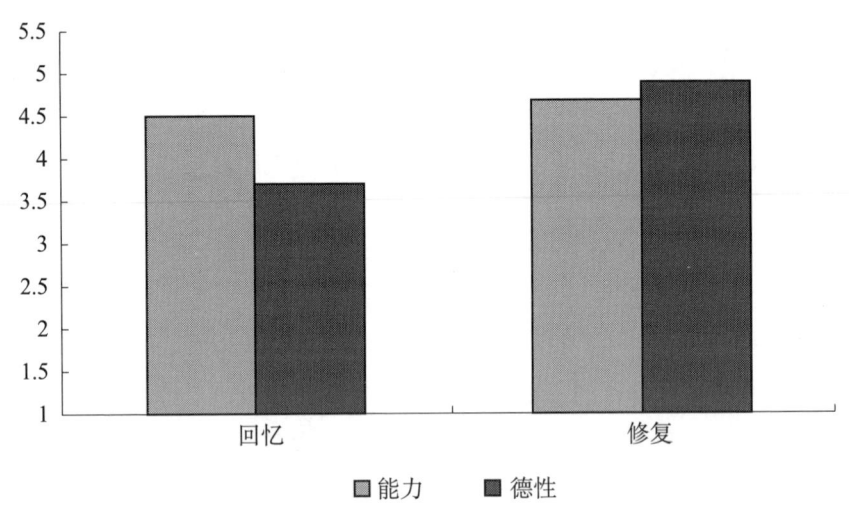

图 4.7　应对自身缺陷的能力

来源：改编自 Van der Lee, Ellemers, and Scheepers, in press, Study 2。

结果：依据我们是否为他们提供一个应对并改善他们所属群体的道德形象的切实机会，他们表现出不同的反应。在这项研究当中，我们也如上文中提到的研究一样考察了学生对自己或其他学科的学术造假案例的反应（Van der Toorn, Ellemers, and Doosje, 2015）。这里，我们增设了另一个步骤，以检视参与者会如何进一步处理这种情况。半数的参与者被告知已经成立了一个调查委员会，而且该委员会表示对学生有关如何改善这些学科的整体道德形象的意见感兴趣（存在道德机会）。另一半参与者则被引导相信调查委员会对这场辩论中的学生意见不感兴趣，因为公众在道德上对这些学科的看法已然定型（没有道德机会）。

这个研究揭示，首先，看到未来能够改善这些学科的道德形象的前景减少了参与者想到内群成员（即自己学科的学者；见图 4.8）道德缺陷行为时体验到的威胁感。此外，这一步骤还显示，提供未来的改进机会减少了参与者的防御性反应，并且使得他们更愿意考虑如何行动才可能建设性地处理已发生的事件。也就是说，参与者呈现出一种让自己避免指责并将自己学科中已经发生的学术造假行为合理化的总体倾向。与此同时，以他们所做的分析的字数而言，他们也不愿意参与到思考和分析所发生的事件这一任务中来。相比之下，研究参与者在面对另一学科的不端行为时，则不太倾向于表现出这种防御性反应。不过，当参与者被提供了改善道德的切实机会时，对另一内群成员道德污点的防御性反应就不再有所表露。他们不太可能逃避对既成事实的责问，而且在考虑到内群道德过失时会更多参与思考和分析所发生的事件。事实上，他们花费更多笔墨来分析已经发生的事情，以及今后可以采取哪些措施来改善这种情况。

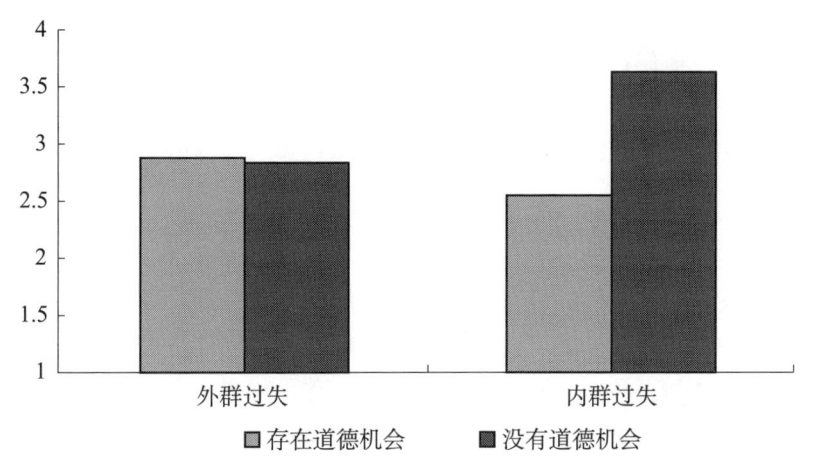

图 4.8　对于内群与外群道德过失的改进机会所感知到的威胁

来源：改编自 Van der Toorn, Ellemers, and Doosje, 2015, Study 2。

综上，这些研究共同表明，自我威胁感和防御性反应主要会在关注以往过失和看似是最终的道德定论时出现。与此同时，这些研究还显示，提供切实的道德改进机会可以解除对自我的威胁，这对个体水平和群体水平上的道德过失都同样适用。也就是说，当人们的道德自我形象有修正或提升的空间时，他们会更愿意参与并建设性地处理自己或所属群体中其他成员的道德缺陷。

❈ 应对道德污点

本章考虑了人们可能用以辩护自己道德走神的不同策略。发现此类道德辩护的研究经常被认为表明了人们并没有很强的动机表现出道德行为。当下观点稍有不同：人们为自身行为进行道德辩护的重要理由之一就隐藏在其想在无论是自己还是他人眼中都显得很有德性这一动机之中。就如第三章所展现的那样，人们有极强的动机去做符合道德的事情。他们会花费精力关注情境、监控自身的反应以及展现道德行为。然而，本章所回顾的研究显示，长期保持这种努力可能很困难，而且对个人道德形象的关切可能会造成认知负担。因此，人们如此在意做有德性的人并努力据此行事这一事实本身，可能会有非预期的负面后果。道德走神在一定程度上是不可避免的——这是由于人们会慢慢精疲力竭或注意力涣散，也因为在复杂的伦理困境中，他们行为的道德意涵并不总是显而易见，还因为人们很容易受到他们所属群体中其他成员的道德过失的影响。因此，为道德走神辩护具有巨大的诱惑力，**因为人们非常在意**道德自我，而暴露道德缺陷的社会影响太过深远且严重。

由此可见，强调他人道德缺陷的严重性，或是揭露和惩治道德过失，并不是改变人们道德行为最有效的方式。然而，这些都是源于对德性的常识性理解的惯常做法。讽刺的是，此类策略只会加剧伴随羞耻感和罪疚感而来的谴责感与自我威胁感，妨碍行为的改善。相反，当显得不道德的威胁降低时，让人们承认并纠正自己的道德走神行为，或者自己所属群体中其他成员的道德走神行为的机会就提高。本章回顾的实验研究说明了一些可以实现这一目标的方法。比如，当人们专注于在未来展现自己的道德品质，而不是被提醒想起过去的道德污点时，他们似乎更能投入建设性地改善行为的尝试之中。同样，为人们提供切实的道德改善机会，或是挑战人们道德行为的能力而不是质疑他们的道德意图，会引发弥补与改善的努力，而不会激发自我保护策略。

总体而言，对人们过往的道德污点进行惩治而不是为他们提供改进机会的危险在于，他们会慢慢适应此类指责并且轻视道德顾虑的重要性。道德理想与道德实践之间的差异——以及内在自我观和外部判断之间的不一致——必须被谨慎对待以避免如此矛盾的效应，以及防止个体或群体水平上的道德推脱阻碍行为的转变。

第三部分
人际水平

第五章
我们信任谁？

与他人相处，我们面临的一个关键问题在于他们能否被信任。我们在评估其他个体的能力或亲和性前，会先了解个体可信度的相关情况。他人的行为未必会显露这一信息，所以我们借助其他线索来决定要不要信任他们。在没有明确信息时，我们会从这些人是谁，以及我们与他们的关系中推断他们可能的动机与意图。权力地位的差异会影响我们是否会信任他人。矛盾之处在于，我们为减少对他者意愿的依赖而采取的行动，也会降低我们信任他们的可能。

信任指愿意依赖他人，而我们通常无法直接控制或完全预测这些人的行为。让自己以这种方式依赖他人的选择与行为，也使我们容易受到利用和伤害。然而，信任对于发展和维持与他人的社会关系或工作中与他人的合作而言是不可或缺的。因此，评估他人的可信度可以帮助我们选择允许哪些人进入我们核心的家庭及朋友圈，或是决定我们在工作中如何对待同事和上司。我们叩问自己是否可以向某人交付信任，以此决定我们是否愿意依赖他们的努力，让自己容易被他们选择的结果所波及。我们是否觉得可以信任某人，并不仅仅反映了他们过往的行为方式。同样的行为可能受不同动机驱使，而那些试图欺骗我们的人的标志就是费尽心思来让自己看起来值得信任。即使他们偏好的动机值得称赞，人们也不见得总能坚守自己的道德准则，就像我们在第四章中所看到的那般。而且，我们经常甚至要在尚未获知某人过去行为方式的具体信息前就需要决定是否信任他。这就是为何我们会依托其他特征，比如对方的社会角色、职业身份或是我们对他们控制或依赖的程度,以此来推断他们的可信度。这样的判断可能对也可能错。

前明星足球运动员米歇尔·普拉蒂尼和长期担任国际足球联合会(FIFA)主席的塞普·布拉特之间紧张脆弱的友谊,就是对这些心理机制的说明。普拉蒂尼在成为欧洲足球协会联盟(UEFA)主席之时得到了布拉特的指导。在很长一段时间里,他们是好友,也是值得信赖的盟友,看上去认可同一套道德准则。多年来,布拉特经常被指控腐败。普拉蒂尼也一样。《星期日泰晤士报》的记者海蒂·布莱克(Heidy Blake)和乔纳森·卡尔弗特(Jonathan Culvert)调查了使卡塔尔被选为 2022 年世界杯举办地的程序。在《肮脏游戏》(*The Ugly Game*)一书中,他们谴责普拉蒂尼收受贿赂,插手这一决定。比如他们指出,在决定于卡塔尔举办世界杯后不到几个月,普拉蒂尼的儿子就获得了卡塔尔一份薪水丰厚的工作。经过多年指控与疑点重重的金融交易,联邦调查局(FBI)的调查终于发现了具体证据,证明布拉特在第五次连任国际足联主席的前几天接受了数千万美元贿赂。2015 年 5 月,七名官员在苏黎世举办的国际足联会议上被捕。另外,在迈阿密还有其他人被逮捕。

这些事件促使普拉蒂尼站上了道德高地,他威胁要让欧足联成员退出国际足联活动。普拉蒂尼公开声称对布拉特的领导能力和可靠性缺乏信任,并且考虑到他们的友谊,敦促他放弃竞选连任的资格。尽管如此,选举还是如期举行。在以多数票连任后,布拉特收到了来自普拉蒂尼的祝贺,吸引了全球媒体的报道。四天后,布拉特下台。普拉蒂尼被认为是他的潜在接班人之一。然而,2015 年 9 月,瑞士司法部的调查显示,普拉蒂尼本人曾收到布拉特的大量资金,据推测是收受的贿赂。到 2015 年 10 月时,国际足联伦理委员会已经禁止布拉特和普拉蒂尼二人参加所有国家与国际上的足球活动。

这一系列事件提醒我们,我们是否愿意信任他人(或是不信任他人)未必取决于其他人证明自己值得托付信任的具体行为。相反,我们是否把他人视作我们可依赖的人,主要是一个主观判断的问题。我们对其他个体行为的解释方式,或者我们对他们的未来行为作何预期,也取决于他们是谁、他们拥护什么,以及我们在多大程度上试图控制他们的行为或依赖他们。重要的是，这种对他人所代表的东西的看法——它影响我们对人们可信度的推断——可能会随时间推移或情境不同而产生非常迅速且显著的变化，就如上文援引国际足联的一系列事件所展示的那样。本章将阐述信任为何如此重要，我们如何根据所感知到的他人的动机与意图进行推断，以及为什么控制他人行为可能会适得其反。

❖ 为什么信任至关重要

信任他人的意愿和能力是人际关系与社会网络的一个关键因素。如果不相信他人会做约定好的事，我们便无法与他们一起工作或生活（Churchland, 2011; Kramer, 1999; Tomasello, 2009）。因此，当与另一个人相遇时，首要的事是形成对其道德品质的印象。确定他人看起来是否诚实、可信以及可靠，要优先于估量他人是否讨人喜欢以及是否会对我们热情或友善（Goodwin, 2015; Hursthouse, 1999）。在根据他人的整体能力或先前表现来评估他们按自己帮助或伤害我们的本意**行事的能力**之前，我们还会先推测他们想要帮助或伤害我们的**意图**（De Bruin and Van Lange, 2000; Martijn et al., 1992; Wojciszke, 2005）。人们不仅**声称**他们会首先确定他人的可信度（Cuddy et al., 2008），他们实际也会这样**做**。例如，神经成像数据显示，在加工一个人的面部特征时，我们会在几毫秒内就开始评估他们的可信度（Willis and Todorov, 2006; Winston, Strange, O'Doherty, and Dolan, 2002; 另见 Abele and Bruckmüller, 2011）。我们将个体归入不同的群体，而群体区分的标准就是是否相信他们会坚守道德标准（Van Leeuwen, Park, and Penton-Voak, 2012），并且我们更愿意与我们认为更诚实可信的个体协同行动（Brambilla, Sacchi, Menegatti, and Moscatelli, 2016）。

这些第一印象影响深远。它们决定了我们如何对待他人，以及我们会与之发展出什么样的关系。例如，最近有一个在虚拟现实环境中开展的研究显示，个人之间的物理距离受到有关在场他人的道德品质信息的影响。也就是说，研究参与者更可能接近一个被形容得诚实可信的实验者同谋，而远离那些被描述为不诚实和不那么可以信任的人（Iachini, Pagliaro, and Ruggiero, 2015; 另见 Wentura, Rothermund, and Bak, 2000）。关于对他人可信度的看法如何影响我们对待他们的行为方式，一个情境假设研究提供另一个例子。在这项研究中，当认为对方不可信任时，美国公民更倾向于支持以严酷的技术手段审问一名阿富汗牧羊人，因为他过去加入过伊斯兰极端主义团体并曾参与对平民与军事目标的袭击（Carlsmith and Sood, 2009）。一旦我们不信任他人的意图，这种不信任就会破坏我们评估其友善与能力的方式（Landy, Piazza, and Goodwin, 2016）。

在更自然的情境中，可信度判断的行为意涵也得到了印证。比如在一个于意大利开展的针对学校教师的研究中（Pagliaro, Brambilla, Sacchi, D'Angelo, and Ellemers, 2013），教师被要求考量一位将要轮换到他们学校的新校长的特征。据称之前的轮岗经历已经确定了他所具备的一些特质的情况，这些特质表明了他或高或低的可信度，以及或强或弱的能力。如此介绍完之后，要求教师们说出他们对新校长的情绪反应，即他们是喜爱还是敌视。此外，他们还需表明与新校长接触以及帮助他适应新的轮岗岗位的意愿。比如说，要求他们表明对于花时间向校长介绍当地教育实践，或是带他参观这座城市的意愿。

参与该研究的教师感知到轮值校长具有不同程度的可信度和能力，这种感知反映了他们所获取的信息。尽管如此，他们对新校长的喜爱或敌视更多是由可信度信息而不是能力信息决定的。而且，他们是否愿意帮助新校长应对新的工作与社会环境，完全取决于他们认为校长是否可以被信任。对新校长能力的感知与他们帮助和支持他的决定并无关联（Pagliaro et al., 2013）。这说明，人们选择性地关注和回应那些显示他人可信度的信息。即便可以得到不同的与情境相关的个人特征，他们也依然会这样做。表明他人可信度的信息主导着人的情绪与行为参与的倾向。

因此，他人可信度方面的线索不仅支配着我们所形成的整体印象，也影响着我们对待他们的方式（Leach, Bilali, and Pagliaro, 2015）。为什么我们会认为这样的信息如此重要？这是因为评价他人时，我们总是将德性视作其认同最本质的部分。人的道德行为（例如诚实）的转变——由于衰老或治疗的缘故——会被视作从根本上改变了他们是怎样的人。体现一个人的本质的其他方面的变化，比如他们的人格特质与能力、欲望与偏好，或是其健康状态和体质能力，则不会产生如此深刻的影响（Strohminger and Nichols, 2014）。比起这些其他个人特征，道德特征被视为一种选择问题，而道德行为还被看作揭示了个体深思熟虑的**意图**（Ames and Fiske, 2015）。

一些人能力上的不足往往被视作他们也无可奈何的事从而被我们原谅，而缺乏可靠性，则被认为是他们刻意选定的接触我们的方式。我们所感知到的他人的意向进而又影响着我们评价他人行为意涵的方式。比如，当人们的行为被认为是蓄意为之而非偶然时，他们更可能因其行为所造成的伤害而受到谴责。因此，同样的举动如果被视为有意为之，就会得到更负面的评价，并被认为能凭此断定个人的真实品性。在这种情形下，相同的行为会招致更严厉的经济处罚（Ames and Fiske, 2013）。与之相对，积极的道德行为意涵也会因对其刻意性的认知而大打折扣。例如，当帮助他人是一种免于惩罚的方式时，帮助行为并不被视为表明了他们的真实意图，或是彰显了其道德品质或者可信度（Greitemeyer and Weiner, 2008）。

综上所述，对他人可信度的感知主导了我们对其整体印象的形成。这被用于推断他们的"真实品性"，并预测他们的善意或者是恶意。我们评价某人是否值得信任，以此决定是能安心与之交往还是应当避而远之。

❖ 决定信任谁

如果我们认为评估他人的可信度如此重要，那我们要如何确定情况是否属实呢？在实验研究中，比如上文提到的那些，这些信息是被特意提供的，而且信息本身非常明确。然而在现实生活中，如此确切的信息却并非每每唾手可得。但评估某人能否被信任是一种日益显著的关切，比如说在员工遴选中。这在以前主要是安保工作中的一个问题，或是和那些处理机密信息的人有关。然而，随着弹性工作、业务外包与远程办公的兴起，在各类组织与商业环境中对员工行为的直接监督变得愈发困难。因此，人们希望在缺乏直接监督的情况下，也能确定是否可以信任某人会履行职责。

所谓"诚信审查"在人员遴选中的使用率与普及度越来越高，印证了这一发展趋势（Ones and Viswesvaran, 2001）。审查工具旨在预测（未来的）员工在被录用后撒谎、偷窃、欺骗、利用机密信息或出卖宝贵商业资源的可能性（Ones, Viswesvaran, and Schmidt, 1993）。它们被用于补充事实背景调查（例如犯罪记录），并且取代了多导生理记录仪（测谎仪）测试，这种仪器测试已经被证明并不可靠，而且在美国也已不再合法（http://finduslaw.com/employee-polygraph-protection-epp-29-us-code-chapter-22）。

市面上提供了许多不同的测验与评估服务来帮助确认应聘者的诚信问题。这些测验与评估要求个人对相关态度与行为进行报告，尽管它们有所不同，但通常包含三个一般构成要素中的一个或多个（见图5.1）。这类测验力求反映：（1）参加测验的人过去是否**行为**不端；（2）人们对真实性或可信度等**价值观**有多重视；（3）在不同类型的道德困境中，他们的**决策**偏好又会是什么。例如，这些测验要求人们表明是否愿意为了达到绩效目标而对一位客户撒谎，或者他们认为是否可以下班后将办公用品带回家。

诚信测验

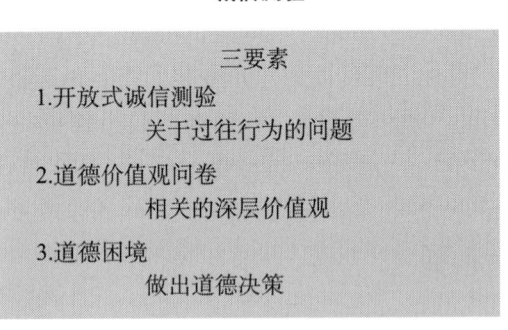

三要素
1. 开放式诚信测验
   关于过往行为的问题
2. 道德价值观问卷
   相关的深层价值观
3. 道德困境
   做出道德决策

2.道德价值观问卷		3.道德困境	
操控	诚实	利益：	个人的——一般性的
高傲	谦逊	抉择：	回避反应—明确反应
灵活	循规	规则服从：	灵活—严谨
物质	非物质	责任感：	低—高

图5.1　商业诚信测验的三个典型要素

利用这种自我报告来评估个体对商业道德的认可以及对诚信的重视已经得到了广泛研究（Moore et al., 2012）。然而，关键问题仍有待解决。比如，对过往行为的自我报告广为人知是有偏差的，即便人们试图如实相告。我们发现很容易举出他人进行不道德行为的例子，但在考虑我们自身行为时，回忆起道德（而非不道德）的行为要容易得多（Hofmann et al.，2014）。进一步来说，并不能确定有关特定伦理困境的量表在多大程度上能真实预测人们在更宽泛的工作场所行为中的可信度。最后，对于成长于不同文化中的人而言，尚不清楚这样一些测量是否还能以同样的方式被使用与解释（另见 Ones and Viswesvaran，2001）。以上这些顾虑对这一路径的核心假设提出了质疑。

第一个假设是，人的"道德品质"可以被界定为一种相对稳定的个人特征，据此能对个体的整体意图做出判断，并且"道德品质"还指引个体在不同情境下展开计划行为（如 Aquino and Reed，2002）。第二个假设是，道德品质可以通过询问个体自称的行为偏好（例如自我报告的在游戏中作弊的可能性），并要求人们明确说明自己所认可的道德价值观（诚实，可靠）得到反映。第三个假设是，这类测验中所运用的虚构的道德两难抉择困境，通常要求人们想象身处现实生活中不可能发生的场景之中（例如第一章提到的电车困境）。又或者是，他们**自己**的行为倾向会通过他们对**他人**道德抉择的评价方式被推断出来（如 Heilbrun and Georges，1990）。

"海因茨"困境是后一种路径的典型例证。该困境说的是海因茨无力支付药费来拯救妻子的性命。在与药商讨价还价无果后，海因茨走投无路，他闯入商店，为妻子偷了药。以这种方式受到评估的人被要求考虑海因茨所做的抉择并评价其决定，这被认为可以表明他们的道德品质对自己的行为有预测作用。这些测量可能能够可靠地告诉我们人们公开认可的道德目标，因此这对了解他们的自我观与道德**理想**意义重大。然而，对于这些测量是否以及怎样真正达到制定它们的目的，即评估他人会按照这些观点**行事**的可能性，还不太明朗。

多年来，评估人们可信度并预测个体道德行为表现的主流路径一直因为局限于使用这种测量方式而受到批评。的确，我们能否轻易假设总体自我观与笼统的道德理想可以帮助我们预测人们在现实生活中实际面临具体道德两难问题时的抉择，这还有待观察。正如我们在第三章中所看到的，自我陈述的总体偏好并不见得是人们呈现的日常行为的起因。事实上，在不同情况下，不同的关切或价值观会变得相关（另见 Appiah，2008）。举例来说，在任务语境下公平关切往往占据主导，但在与家庭或友人的互动中，忠诚才是指导性的道德准则（Carnes, Lickel, and Janoff-Bulman, 2015）。不同文化环境也可能强调特有价值观的重要性，从而使得"面子"可能比诚实更重要（Schwartz, 1992, 2007）。依赖个体的一般性偏好去预测行为，同样也忽视了社会角色期望的力量是可以压倒个人目标或理想的。例如，性别社会化可能使女性将他人的需求置于自己行为偏好之上。这可能导致她们屈从于外界压力而偏离自己的道德准则，特别是在她们的性别认同被凸显的情况下（Gilligan, 1982）。

纵使面临如此批评，这一评估和预测道德行为的路径在心理科学与组织实践中依然十分流行。事实上，这一领域的大多数研究与实践仍基于这样一个普遍的信念，即情境无涉的纸笔测量中的自评特质（例如他们"无条件的善良"；Thielmann and Hilbig, 2015）能告诉我们参与者的道德规范偏好，并且有助于预测他们在具体情境中的道德行为。推动对这类信息的依赖的因素在于，有研究发现从这类量表中获取的个体速写与他们自我陈述的说谎、作弊或偷窃的倾向是相关的（另见 Ones et al., 1993）。然而，正如第一章也曾指出的那样，这种相关性主要表明人们对自己的态度和行为偏好的自我报告是一致的。但他们是否会依照自我观**行动**则完全不具有自明性，即使他们想要两者保持一致。实际上，已然确定的是，人们在预测自己道德行为上是极其糟糕的，因为他们经常无法预料自己一旦陷于具有重大道德意涵的情境中会如何**感受**（Teper, Tullett, Page-Gould, and Inzlicht, 2015；另见 Ariely, 2012）。

然而，这种路径不仅仅被用于预测行为抉择，或是选出那些偏好遴选者喜欢的道德准则的人。它也是试图通过对照明确的原则来监控和**影响**他们行为的基础。比如，不同领域的专业人士都要效仿譬如希波克拉底的医者誓言那样的经典职业誓言宣誓，以此确保保密性或独立性，并提高宣誓者对他们的委托人或客户利益的重视。

此类举措中有一项是"银行从业者誓言"（Banker's Oath）。荷兰是世界上首个将它引入作为银行业正式伦理准则的国家。在 2016 年 4 月 1 日之前，受聘于荷兰银行所有层级和岗位的 90 000 名员工照法律规定都必须进行银行从业者誓言宣誓（见图 5.2）。这不单纯是一种象征性行为，它有相当明确的法律意涵。例如，倘若客户或其他企业认为银行员工并未践行这些承诺，他们可以向纪律委员会提出申诉。该委员会能采取各种处罚措施，包括强制教育、罚款或最长三年内不能在银行业工作等。如此规程对于那些负责监督，并在必要时对须遵从此规定的职员进行处罚的人而言可能是有价值的。然而，宣称遵守这样宽泛且一般性的准则——特别是当其是由外部强制执行时——是否确实能让个人克制自己不要在日常工作以及与同事的交往中做出道德存疑行为，还依然有待观察。

银行从业者誓言

> 我宣誓/承诺，无论何时，在银行业我的职责范围内：
>
> - 我将正直而谨慎地履行职责；
>   我将认真考虑公司所涉及的所有相关者的利益，即客户、股东、员工和公司所在的社会的利益；
> - 在这一考虑中，我将视客户利益为最重；
> - 我将遵守适用于我的法律、规章与行为准则；
> - 我将对委托给我的事项保密；
> - 我将不会滥用我的知识；
> - 我将以公开和可被评估的方式工作，并且我深知自己担负的社会责任；
> - 我将努力保持并促进社会对金融行业的信心。
>
> 愿主保佑我/我宣布并承诺。

图 5.2　荷兰银行从业者誓言中的相关声明

来源：Future-oriented Banking: Social charter, Banking Code, Rules of Conduct. Nederlandse Vereniging van Banken, 2014。

与聚焦基于人们诚实守信的一般倾向或目标去预测道德行为的有效性的信心相左，有研究证据表明，背景特征或情境需求会影响实际行为。事实上，譬如，英国政府的行为洞察小组和荷兰政府的犯罪预防与安全中心（Center for Criminal Prevention and Security，CCV）现在都借助这些洞见用以提高纳税率。由 CCV 委托进行的研究揭示，个体纳税人遵从税收规则的可信度不仅取决于纳税人的整体特质，还受缴税要求如何措辞的影响（Zaal and Ellemers，2013）。这一工作回应了实验研究，揭示了个体在明确考虑他们**应当**达到的自我目标后，作为合作伙伴会表现得更值得信赖，但在思考了理想的自我目标之后却不太可能这般行事（Zaal, Van Laar, Ståhl, Ellemers, and Derks, 2015；另见 Gamez-Djokic and Molden, 2016）。

与此相应，组织理论家得出结论，提升个体工作者的道德标准不见得会使他们的行为更加诚实。相反，他们认为，根据员工在工作中的情况，个体可能有正当理由行事不诚实，无论他本人的道德标准如何（Leavitt and Sluss，2015）。例如，他们可能以谎言掩盖其身患艾滋病或其他污名化身份，对组织价值观表示虚假支持，面对客户保持伪装，或者是避免向同事或主管透露"不加粉饰的实情"，这都取决于他们在特定情况下的需要。

❖ 感知到的动机影响判断

就像我们不能仅凭正式的自我陈述来预测人们在日常交往中的行为一样，更多非正式的社会情境常常遇到相反的问题，因此我们经常只能**观察**人们的行为而并不知晓其行为背后的动机或**意图**。事实上，试图以一种诚实、可靠且值得信赖的方式行事，是我们所有人都应当信奉的准则（Kramer，1999）。因此，当某人在现实生活中明确陈述其道德意向时，就有理由对其心存怀疑，做这样的声明主要是为了合理化与之相悖的行为。因此，在招聘选拔的情境之外，询问他人是否愿意以可信的方式行事会显得尴尬，甚至不妥当。"我可以相信你吗？"多半是作为反问句被使用，主要意在表达后面信息的重要性或机密性。

现实生活中，我们主要从他人的公开行为来**推断**他们的实际道德准则偏好，以及他们可能的行为守信的意向。关键在于，这些**事后解释未必准确**。首先，并非所有行为都同样能被用以诊断人们潜在的意图。比方说，当家长或老师克制自己不去帮助孩子时就是如此，这是让孩子探索如何自己做事的一种教育策略。因此，他们不愿帮助孩子并非意味着缺乏可信度，事实上，他们可能准备随时在需要时进行干预。其他情形，比如人们"冷酷而友善"的行为，在外部观察者看来也许意味着他们不可信，而事实上，这种行为的根源在于我们仰仗这些人告诉我们什么是对我们最有利的事。

其次，当我们寻求有关人们道德意图的信息时，那些可以被用来赋予外显行为以意义的非语言信号未必总是具有诊断性。例如，面部和肢体的情绪展示很清楚地表现出所谓的"初级"情绪，比如恐惧、气愤或快乐。

然而，与道德关切和真实意图典型相关的"次级"情绪则依赖于口头描述，例如对外显行为的罪疚感、羞耻感与悔恨感，因为它们并不能明显体现在可观察的举止当中（Tangney and Dearing，2002）。

然而，人们口头描述的意图也可能是事后合理化的结果，因为就算是行动者本人也不一定清楚自己为什么会这样做。事实上，人们做事可能有各种各样的原因。有些行为是相当深思熟虑的。而另一些时候，人们冲动行事而不考虑后果，不假思索地效仿他人，或者只是因循根深蒂固的习惯（Sohnenshein，2007）。因此，我们能直接观察到的他人的道德意图是有限的，而且往往模糊不清。当我们自以为评估出了他人的可信度时，其实我们只是为本可以有多种解释方式的行为赋予了我们的主观意义。我们借助于附加线索来辅助解释，尽管我们未必总是会意识到我们是如此行事的。我们是否会将行为信息与潜在意图联系起来，还取决于我们考虑的是一个特定的个体，还是对一群人做出比例估算（Critcher and Dunning，2013）。

我们对他人行为的推断可能来自相当宽泛的信息，比如说关于他们专业职位或所履行的社会角色的信息（Kramer，1999）。我们期许医务人员、警察或教师的行为符合公众的最大利益，不管这样的期许正确与否。因此，我们倾向于信赖担任特定角色的人，这些角色关乎机密信息、我们的人身安全或是子女的教育，即便我们对他们的了解并不足以真正检验他们的个人可信度。实际上，当一些事件发生表明承担这些社会角色的人同样有可能进行欺诈和滥用职权，可能抱有偏见，或是可能贪污腐败时，公众哗然会被激化，因为这违反了那些**预先**期望。

比如，从犯罪统计数据来看，进行种族侧写对警察而言可能是一种有效的信息搜寻策略。然而，这并不符合我们对警察力图公平客观的印象。同样，天主教神父虐童事件被曝光后公众之所以义愤填膺，不仅因为该事发生的规模是如此之大，也因为他们违反了教会人员的应然形象，他们本应保护和帮助托付于他们照顾的弱势个体。事实上，我们倾向于认为宗教人士更有道德，即便他们表现出的行为与他人并无二致（Galen, Smith, Knapp, and Wyngarden，2011）。另一个相关例子是 2015 年面世的《霍夫曼报告》（Hoffman Report），报告中的证据表明，美国心理学会（American Psychological Association）的高层官员助推了以酷刑审讯恐怖主义嫌疑人的做法，例如在关塔那摩监狱中就是这样（www. apa. org/independent-review/ APA-FINAL-Report-7. 2. 15. pdf）。公众的反应流露出一种挫败感，他们哀叹这与自己对心理学家的期望背道而驰。这些案例阐明了基于职业角色的信任期望在我们推断自己不了解的个体的意图时的重要性。事实上，在上述案例中，人们对相关人员倾向性的信赖可能助长了这样一个事实，即不端行为可能在被曝光前早已存在。

推断的意图甚至会压倒基于行为本身客观特征得出的结论。例如，我们就不太愿意相信人们对儿童艺术教育或课后活动所表露的支持真实反映了他们对此类活动的重视程度，因为人们的选择似乎是出于相当现实的考虑，比如出于减少青少年犯罪的愿望（Kreps and Monin, 2014）。同样，稍大一些的儿童和成年人认为，当同样的行为是冲破某种形式的内心斗争才表现出来时，它就是更道德且值得信赖的。甚至当这种慎重考虑的最终结果并不真实或毫无益处时也还是如此（Starmans and Bloom, 2016）。与此类似，当我们认为通过八卦获取的信息有助于我们远离那些不会做人的人时，八卦他人的不良行为反而可能被视为搬弄是非者值得信任的标志，虽然这种行为本身就意味着违背信任（Beersma and Van Kleef, 2012；Peters and Kashima, 2015）。因此，对他人可信度的判断并不直接源于他们的**行为**，而主要反映了别人对他们的**看法**。

对他人潜在动机的此类推断可能有相当深远的影响。它们可能会深刻影响我们如何回应他人以及社会互动如何展开。然而，我们推断出的动机可能和行为者本身的行为关系不大，甚至可能源于我们**自己的**主要忧虑。这些忧虑会使得我们对他人行为的特定方面以及其中可能暗含的他们对我们的意图极端敏感。比方说，关注自身荣誉的人被证实会把他人对自己的消极行为视作充分展现了他人的道德意图。而对于同样的行为，那些没那么担心荣誉的个体则会较少从这样的角度展开理解（Shafa, Harinck, Ellemers, and Beersma, 2013）。更宽泛地说，我们对同一行为的解释可能会因临时目标的不同而有所区别，而这些目标则源于外部引发的情境特征，或他人表达的担忧（Butterfield, Treviño, and Waver, 2000）。譬如，和被派去帮助属下改进产品质量和提升专业业绩比起来，当管理者主要关注的是查明属下失误与违规时，他们更可能会认为自己的属下没那么值得信任。但是，对他人意图的此类推断可能对我们与他们的交往产生深远的影响，即便这些推断毫无根据。

❖ 权力差异影响信任

我们在判断他人是否值得信任时的顾虑与关切，也来自我们与他人的关系。信任意味着我们对能够依赖他人具有信心。然而，个体间权力的差异会改变这种依赖的性质。信任的含义，对那些掌控权力的人而言，和对那些个人结果取决于掌权者的人而言是不同的。因此，我们很可能对同一个人的可信度做出不同判断，这取决于我们是掌控着他们的结局，还是为了自己而依附于他们。

不同研究考察了掌控他者的人的行为，并将之与那些仰赖他者的人的行为进行比较，比如将工作中身居要职的人与工作中处于下级地位的人进行比较。在社会上拥有较高的权力地位通常会激发人们对自己与他人结果的自主感与控制感（Markus and Conner, 2013）。这会使得人们较不关注别人们怎么看待自己的行为，更愿意冒险，并导致他们以较不可信的方式行事。例如已有证据表明，越有权势的人，越可能违反驾驶法律、做出不道德的决定、拿走别人的珍贵物品、在谈判中撒谎、为增加获奖概率而作弊，以及赞同工作中的不道德行为（Piff, Stancato, Côté, Mendoza-Denton, and Keltner, 2012）。与此同时，被委派去管控他人的行为也会让人疑神疑鬼。他们的怀疑可能并非完全没有道理，因为有证据指出财富的不公平分配会使人嫉妒、不诚实（Gino and Pierce, 2009）。不论对错，掌权者对自己遭受不公平对待的可能性都会变得高度敏感（Sawaoka, Hughes, and Ambady, 2015），并且怀疑能否相信他人会遵守自己规定的准则。对于在我们与他人关系中十分重要的互信的发展而言，这会产生怎样的影响？

为探讨这一问题，我们开展了一系列调查。我们检视了九套不同的数据，数据来源是生活在美国和欧洲的参与者，他们参加了不同的研究程序，这些程序使用不同的指标测量他们信任他人的意愿（Mooijman, Van Dijk, Van Dijk, and Ellemers, 2015）。例如，为了比较高权力体验和低权力体验的人的反应区别，我们有时会评估参与者对日常生活的大致控制感。有时，我们则要求他们回想一个自己经历过的特定事件，在此事件中他们要么拥有权力，要么没有。其他时候我们则指派他们管理者或工人的角色，他们必须在实验任务中进行合作。我们通过对一系列指标的评估来观察他们对这些过程的反应，包括对真实生活事件的评价（例如对罪犯的处置）、在博弈实验中的行为（分派罚金来强制引发合作行为），以及对关乎他们日常生活的政策的表决（对被指控剽窃的大学生进行公开惩罚）。整体而言，权力地位的差异影响了人们对他人的信任。掌握更多权势的人较少可能信任受制于自己的他人。这一点从他们对那些人可信度的评价上就可以看出来，并且也表现在他们支持惩治从而迫使他人顺从的倾向上。

在第二组研究中，我们发现，掌权者所传达的不信任——以及因此试图强制那些依附于他们的个体顺从于自己——到头来会适得其反（Mooijman, Van Dijk, Van Dijk, and Ellemers, 2017）。也就是说，在这项研究中，引入惩治来阻止依附于自己的人破坏规则，实际**降低**了他们遵守既定规则的可能。虽然我们有着不同的参与者样本，使用了不同的方法和测量，但结果依然相当一致。比如，当大学政策制定者对学生处以惩罚以吓阻抄袭行为，这会使学生感到不被信任，降低他们遵守学校反抄袭规则的意愿。同样，当一项实验游戏中的团队领导者采取罚款来防止团队成员提供错误的产能报告时，这会使工人感觉受到怀疑，并且增加他们误报产能来赚取更多收入的可能。在另一个研究中，在得知美国国税局（IRS）使用经济制裁来防止公民偷税漏税后，一份针对美国公民的样本显示，他们遵守国税局的税务规则的可能性降低了。重点在于，在所有情况中，从属者违规的意向与行为都可以被追溯至被掌权者不信任的感觉。其他可能的考虑因素（例如对上司好感的降低）则无法解释这些影响（Mooijman et al., 2017）。

总体而言，这一系列研究表明，那些手握权柄的人最初便倾向于对他人产生一种不信任感，而这种不信任又自然地引发一种降低彼此信任的循环。掌权者缺乏信任使其会以制裁来防止其从属者破坏规则。然而，掌权者这样做本身就向下属们传达了对他们的不信任。这样一来，这些人的反应是表现得不那么遵守规则——不遵守规则这一行为可被视为佐证了他们的不可信——即便这仅仅只是掌权者开始时的臆想。因此，身处权力高位反而会使人们更不信任那些依附于他们的个体,并且因此导致出现的行为倾向削弱而非增强了他们依赖他人的能力。

在人们对掌权者的可信度所做的推断中,可以观察到一种相反的模式。我们往往希望那些我们所依附的人会对我们施以仁爱。因此我们相对愿意信任他们,比如在谈判和金钱交易当中(Schilke, Reimann, and Cook, 2015)。然而,就像我们已经看到的,那些掌权的人未必像别人信任的那样行事。当对可信度的期待被打破时会发生什么?在这里,对客观行为的解释及其影响似乎也有所不同,取决于做出这些行为的人是谁,还有我们和他们是什么关系。

这一点可以在三个有关对被他人不公对待的感知的研究中得到展示(Barreto, Ellemers, and Fiske, 2010)。这些研究考察了我们对他人行为的推断如何受到我们自身成果对他人依赖程度的影响。这一系列研究中的第一个研究显示,研究参与者预期他们的工作主管要比和自己同级的同事更诚实、可靠并值得信赖。后续研究采用实验性任务设置,研究参与者必须与他人共同完成一项任务,并对团队主管和同事做出评估。我们篡改了参与者在计算机聊天会话中自我介绍的方式,以诱导他们产生他们的主管或一个同事辜负了他们的信任并且对他们不公的印象。相比不能决定自己产出成果的同事,当违反信任期望的行为是团队主管做出时,这会更加引起人们的注意。也就是说,当研究参与者认为偏向性陈述是由团队主管所做的时候,他们会花费更多时间来阅读。最后一个研究显示,研究参与者能够同等地回忆起自己主管和其他团队主管的偏向性陈述。然而,相比那些无法掌控他们产出的人(其他团队的主管,或者自己团队中的一位同事),当这些言论是由他们所仰仗的人,即他们自己的团队主管所做时,他们体会到的负性情绪要更多。

这些研究结果再次共同呈现了对可信度最初的期望对人际关系发展方式的影响。依赖于他人,使人们更容易受到他人意图的影响,并且进一步扩大了他们的可信度的影响。在如此情况下,违背信任能带来相当严重的影响,不仅会影响到他人的声誉,还会影响到和他们发展卓有成效的合作关系的可能。

因此,虽然对他人可信度的感知相当重要,但信赖他人并非百利而无一弊。特别是当权力差异引导着我们对他人的期待，并且左右我们对他人行为的解读方式时，信任的这种矛盾性的影响就会出现。一方面，身处权力高位会使人们不太容易信任他人。饶有讽刺意味的是，这种信任的缺乏会使人试图加强控制，而这种控制会减少他人以值得信任的方式行事的可能。另一方面，依赖他人者往往对自己所依赖对象的可信度抱有过高的期望。这使他们在信任被打破时会更加痛苦。因此，就像对信任的低期望值可能会危及富有成效的关系的发展一样，（不切实际的）高期望值也很可能趋向破灭，由此同样导致无法发展富有成效的关系。高信任期望的潜在负面影响并不只在信任被违背时才出现。相反，在人们担心自己可能没办法担起别人对他们的信任时，这种影响就已经显现出来了。一个针对伦敦公交车司机的研究就说明了这一点。研究表明，公交车司机认为自己受到上司信任时，一方面会感到自豪，努力证明自己配得上这种信任。然而另一方面，这种信任也会引起他们担忧自己在组织中的声誉受损。在这时，信任就被体验为一种工作负荷外的情感包袱。这会导致情绪耗竭的感觉，并降低业绩效益（Baer, Dhensa-Kahlon, Colquitt, Rodell, Outlaw, and Long, 2015）。

信任他人这种能力很重要，因为它使我们能与他人建立起彼此满意和富有成效的工作及个人关系。同时，我们已经看到，对他人可信度的判断并不仅仅是从客观信息出发，比如说根据他们过去的行为方式。个体间在权力地位上的差异可能会降低或拉高对他人可信度的期望。这种无端的信任期望，又会对我们怎样预判他人的行为以及我们如何先发制人起着重要影响。因此，对其他人可信度的**期望**自行其道。在我们对他人所形成的印象以及我们对他人的行为方式中，这种期望甚至要比实际的诚实、可靠和值得信赖的行为倾向更重要。

❖ 地位安全性提升信任

不平等的权力关系随处可见，尤其是在工作环境中。从上文概述的研究看来，这似乎会无可避免地引发相互怀疑的不良循环，以及对他人行为的失望。好在情况并不总是如此。进一步的研究使我们能够明确在这个过程中产生影响并且可以解决的具体面向，通过对这些具体面向的处理能提高信任期望、增加可信行为，尽管存在着权力差异。减少管控他人的执念的措施，使掌权者变得不那么会根据莫须有的预期行事，并且让他们更为关切那些依赖于自己的他人的行为。

我们所做的一个实验研究说明了这一点。为此，我们要求参与我们研究的人使用"甜蜜之家3D"（Sweet Home 3D）数字化应用程序来设计和布置一所房子（Scheepers, Röell, and Ellemers, 2015）。在此过程中，他们或者被指定为发布命令的首席设计师的角色，或是被指定为执行指令的助手角色。然而，参与者中有一半的人被告知，角色分配是可以改变的，在第一轮任务之后，首席设计师和助手的角色可以重新安排。另一半参与者则被告知，在研究期间他们是管理者或下属的角色将会保持不变。

为了评估人们对这些指令的反应，我们运用了和第四章中提到的同样的方法。也就是说，在参与实验时，研究参与者被连接上电极，从而可以对不同指标进行持续监测，诊断他们的心率和血压变化（见图5.3）。通过这种方法，我们可以以心血管反应区分出参与者呈现的到底是消极威胁模式还是积极挑战模式。在先行的一个研究中，在不存在对未来变化的担忧的情况下，那些被分配至控制位置的人的生理反应显示为积极挑战模式而不是消极威胁模式（Scheepers, De Wit, Ellemers, and Sassenberg, 2012）。

102

图5.3　实验过程中，一名连接了监测心率和血压的电极的参与者

然而，当提及对未来的担忧时，参与者的反应便不再由他们当前被指定的权力角色决定了。相反，他们对未来角色变更的预期才是决定性的（Scheepers et al., 2015）。具体来说，面对可能失去权力地位的前景，扮演管理者角色的个体的反应表现为消极威胁模式。与此相对，那些担任助手的参与者对于获得权力的可能，展现出了积极挑战的心血管反应模式。这说明，处于权力地位会引发受威胁感，以及对丧失权力的担忧。然而，扮演管理者角色的参与者在被明确告知其地位稳固无忧时，没有证据表明他们会体会到威胁感的增强。

进一步的系列实验使我们得以确认因自身地位不稳而产生的受威胁感对行为的影响。在这一系列研究中，研究参与者被分配进实验任务小组中，共同解决若干不同任务。在某些实验条件下，参与者被暗示他们可能失去在团队中的位子，不再参与这些任务。而在其他条件下，他们得到保证，无须担忧他们在团队中的地位和对团队产出的控制权。那些有理由担忧自己在团队中的地位，而且面临着失去团队产出的控制的人，会全身心投入打造自己对团队独有的附加价值。他们宣扬自己的任务解决方案，不能认识到新成员所做的贡献的价值，即便这些贡献客观上是优于他们自己的。然而，那些知道自己地位没有受到威胁的参与者会更倾向于相信其他人对任务的付出，并听从他们的建议（Rink and Ellemers, 2014）。

这也是我们在明确评估人们对失去控制地位的顾虑的系列研究中出现的模式。在这些研究中我们发现，对于失去地位的担忧是权力地位引起不信任感与不利于发展互动关系的行为的一个重要原因。例如，我们发布实验任务指令对此进行研究，被指定为管理者角色的参与者掌控着联合任务的决策权，并且能评估他们下属的绩效。在没有附加信息的情况下，他们管控他人的权力引发了对维持其地位的担忧，而担忧又导致了不信任感，这也是我们先前的研究发现（Mooijman et al., 2015）。但是，当我们向研究参与者保证他们地位不变，由此缓解了他们的担忧后，他们对他人意图的怀疑减轻了。实际上，这使他们更愿意进行金钱投资并将资源置于他人掌控之下（Mooijman, Van Dijk, Van Dijk, and Ellemers, in preparation）。

我们在一项被称为信任博弈的实验中确定了这一点（见图5.4）。在博弈当中，担任管理者的参与者获得了一笔金钱资助。他们可以将这些资金转交下属来投资。转给下属的资金将增加三倍；然后下属可以决定要将这样积累的资金返还多少给管理者。因此，管理者投资的金额表明了对下属的信任程度，因为下属将决定管理者如何分享这笔投资所创造的增值。通过这个博弈我们可以确定，比起有理由担忧自己控制权是否能继续的管理者，那些对自己地位感到放心的管理者会更为信任下属。也就是说，他们在信任博弈中投入了更多资金。不确定自己能否保持任务决策和绩效评估的控制权的主管，平均会从他们的资金中拿出 4.2 美元进行投资。而那些得到保证他们会继续保持控制权的人，不仅口头上说自己对他们的下属更加信任，也是如此行动的。平均下来，他们从 10 美元的资金中拿出了 5.8 美元进行投资。

信任博弈实验

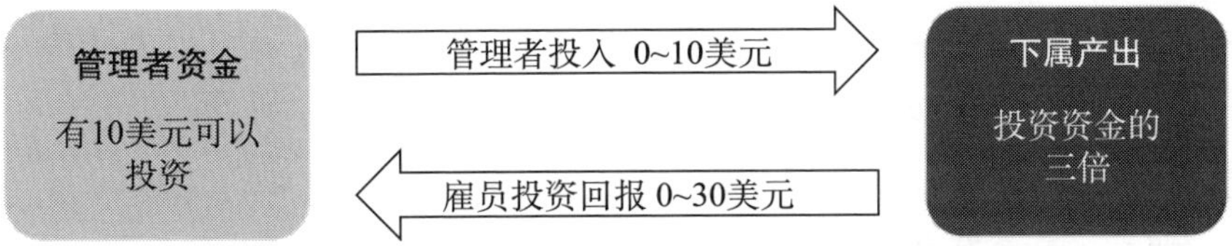

管理者资金 有10美元可以投资	管理者投入 0~10美元 → ← 雇员投资回报 0~30美元	下属产出 投资资金的三倍

图 5.4　穆吉曼等人所使用的信任博弈示意图

来源：Mooijman et al.，in preparation。

在很多情况下——比如在工作当中——使人们依从所期望的指导方针的方法是提醒他们，如果他们的行为不尽如人意，其职权可能会被剥夺。这种策略可以被解释为不愿因为信任别人而使自己易受他人善意的伤害。然而，上文概述的研究结果显示了这样做的反作用。当人们感觉自己的地位受到威胁时，他们会被驱动着去做任何能保住自己位置的事——即便这么做会导致他们会做出一些从大局来看不利于发展互动关系的行为。在上一节里，我们看到，实施惩治以阻吓人们不去破坏规则会有损于人们对规则的自愿遵从。同样，以丧失地位来威胁他人也会破坏信任并减少共同的产出成果。这阐释了信任的本质：相信他人使我们易受他们行为影响。然而，试图控制他人行为来防止这种受制于人的脆弱性却很容易破坏人际关系，并且会适得其反。信任是不能被"买"到或强制而来的，即便我们总想尝试这样做。那么，我们是否应该按兵不动，任由掌控者摆布，寄希望于他们有良善的意图？这里回顾的研究表明，我们仍然能有所作为，将局面扭转至最佳状态。让他人对自身地位放心，让他们明白自己的前途并不必然受到威胁，会让他们有较少的威胁感和对他人更多的信任。反过来，这也会增强他人证明自己值得我们信任的可能。

❖ 机遇与责任

因此，到目前为止，结论就是不管是信任他人的意愿，还是他们表现出的可信度，都不是由他们所处的或支配或从属的地位所赋予的。相反，人们的核心关切会影响他们看待周围其他人的方式，从而可能提高或削弱信任感。例如，当那些掌控着他人绩效评估与产出成果的人关注的是自己的社会接受度与接纳度时，他们表现得相当愿意信任别人并听取他人意见（Rios, Fast, and Gruenfeld, 2015）。对被自己控制的人有强烈的认同感，也使权力持有者感到对那些托付给他们进行管理的人的目标实现负有更大责任（Scholl, Sassenberg, Ellemers, Scheepers, and De Wit, submitted）。

那么，是否有可能将人们的注意力集中在特定类型的关切之上，以此来提升那些掌控他人结果的人的可信行为？我们通过一系列研究检视了这一问题，其中运用了不同流程来制造权力差异，并采用了一系列研究设定与结果变量来观察可能出现哪些影响（概述参见 Sassenberg, Ellemers, Scheepers, and Scholl, 2014；Scholl, Ellemers, Sassenberg, and Scheepers, in press）。例如，在某些情况下，人们被要求回忆他们曾经在生活中掌握权力的场景，而在另一些情况中，他们在实验程序中被分配到一个权力角色（例如作为一个管理者和下属互动）。我们以各种方式评估了他们的反应，显示其冒险倾向、他们运用的决策策略（例如为他们的组织做出战略选择时），或者他们在估算相关成本和收益时相信他人建议的意愿。在这些不同研究与程序当中，我们要么引导参与者关注与他们所处情境中的地位相关的**机遇**，要么让他们考虑身处的位置所意味着的**责任**（另见 Scholl, Sassenberg, Scheepers, Ellemers, and De Wit, 2017）。提出这些不同的关切产生了明显效果。与责任相关的权力——例如通过提醒参与者别人可能会要求他们解释自己的决策——会使人们更热衷于追求他人看重的目标。也就是说，当面临共同的失败时，他们会着眼于改进的机会，即便这些机会会带来某些风险。与此相对的是，当谨慎决策有助于维持共同的成功时，他们就开始做更谨慎的管理决策（Scheepers, Ellemers, and Sassenberg, 2013）。

在其他研究中，我们考察了那些拥有支配他人权力的管理者与专业人士，以及随机邀请的研究参与者，这些参与者被要求回想自己控制他人的情境。同样，在一些情况下，我们引导他们考虑权力带来的机遇，而在其他情况下我们突出他们的责任。总体而言，我们发现，使掌权者想起他们担负的责任，会使他们在现实生活中和实验环境下做出较不冒险的决策（De Wit, Scheepers, Ellemers, Sassenberg, and Scholl, submitted）。

我们还要求掌权者对与管理决策相关的资源与成果进行估计。这使我们能够评估人们多大程度上愿意听取他人的建议，以及这是否取决于他们担忧的问题。事实证明的确是这样。那些从后续机遇的角度考虑他们手中权力的人，在进行估计时不愿听取别人的建议，即使这些人专精于正在审议的问题。然而，在被提醒与实施控制相关的责任时，人们更倾向于根据从别人那里得到的建议来对最初的估计做出调整。因此，强调控制他人成果所伴随的责任，使掌权者对他人的建议更为开明。这一点无关于他们收到的建议到底是来自专家估算、下属意见还是合作者的提议（De Wit, Scheepers, Ellemers, Sassenberg, and Scholl, in press）。

这些结果表明，强调与权力地位相关的责任，有助于防止掌权者破坏相互信任的控制性不良举动。然而，这没有表面上看起来那么容易。例如，当强调相关责任时，人们可能不太愿意坐上掌权的位置。事实上，这正是我们在一组研究中所发现的。当招募人们担任掌权者时，很明显这种位置所提供的机遇——例如决策或成果的优先安排——是使它具有吸引力的原因。实际上，当我们的研究参与者被提醒权力必然所伴随的责任时，掌握权力对他们的吸引力大大降低了，他们会较不愿意担任这样的职位（Sassenberg, Ellemers, and Scheepers, 2012）。事实上，我们采用心血管指标作为测量指标的一个研究显示，在被指定权力位置时会出现典型的积极挑战心血管反应模式（Scheepers et al., 2012），而在权力位置所承当的责任被突出时并没有出现这一模式（Scholl et al., submitted b；见表5.1）。

表 5.1　　　　　　　　　突出与权力相关的责任的影响

增加的要求	强化的结果
权力的吸引力降低	为集体目标努力
积极挑战减少	冒险减少
	对建议更开明

担任领导角色时，行事负责似乎比仅仅进行控制的要求更高。这揭示了另一个悖论：机遇吸引着人们占据权位，同时也伴随着引发不良的领导行为的危险，这些行为会破坏信任和依从。强化人们对权力相关责任的觉知，可能有助于防止这种事发生。但这提高了对掌权者的要求，使人们较不愿意履行这一角色。因此，当那些因为权力所提供的机遇而最为热衷于行使权力的人，就是我们要阻止他们实际掌握权力的人时，相互信任可能会得到巩固。相反，积极招募、雇用并且支持那些因为担忧权位所带来的责任而不愿掌权的人，有利于相互信任和建立起更富有成效的关系。

❖ 可信无法被强制而来

我们对另一个人的道德品质的印象，以及认为其可靠或值得信赖的倾向，并不一定源自他们表现出来的具体特性或客观特征。相反，即便行为一模一样，对它的判断也可能不尽相同，比如说可能被归因于角色期望、有偏的回忆或是由情境特征所引发的解释。将可信度视作一种相对稳定的个人特质，并可以通过人们自陈的意图、人格测验和诚信审查工具被测量的路径，仍被用于预测和强化人们做出值得信赖的行为。然而它们的附加价值有限，因为日常行为并不一定是由此类深思熟虑的意图所推动的。

实际上，先在的期望会影响我们对他人可信度的判断，并且影响他们的行为。比如说，这些期望可能来自个体间的权力差异。那些掌握权力的人不太会信任他人，但他们经常采取的控制他人行为的手段却很容易适得其反。威慑性处罚或威胁剥夺人们地位的主要效果似乎会让人们依从和合作的意愿变低。相反，强调手握重权所隐含的责任，会使人们更愿关心他人的结果，并且相信别人的判断。

总之，本章所回顾的研究一方面说明了信任在人际关系中的重要地位，另一方面，它明确了我们试图预测、评估或控制他人的可信度的做法存在漏洞，可能会适得其反。制裁、监督程序和职业宣誓通常是作为对不可接受的行为事件的应对策略而被引入的。更多时候，它们往往受到"采取行动"的政治愿望的启发，或是为纪律处分创造可能的法律必要性所激发。然而，这样做的**心理**效应是，它传递的是这样的信息，即不相信被如此对待的个体有什么可靠的判断与良好的意图。诸如此类的措施可能有所裨益，只要它们成功地灌输了一种责任感，使他人以更值得信赖的方式行事，而不是削弱信任。

第六章
寻求道德引导

我们认可的道德信念,表明了我们心中所认定的"正确"与"错误"的行为方式。当他人行为符合我们认为的"正确"原则时,我们对确保自己成果的担忧就会减轻。然而,那些看起来比我们更能践行共享价值观的人,却并不一定被视作激励人心的源泉;他们同样提醒着我们自己身上的道德污点。事实上,我们经常无视、避开或讥讽那些挑战我们道德原则的人,因为他们可能会设定我们不符合的道德标准。这就是为什么我们更愿意与那些肯定我们价值观的合宜性并认可我们道德行为的人进行交往。因此,我们寻求的道德引导往往相当有限。我们远离那些代表了不同道德观点的个体,而非借此机会来批判性地评估或改善我们自己的道德行为。

2013年3月,枢机主教伯戈里奥(Bergoglio)当选为教皇。他没有采用传统的教皇姓名,而是选用了"方济各"(Pope Francis)这个名字,该名字取自以谦逊与爱众生而闻名于世的阿西西的圣方济各(St. Francis of Assisi)。在担任教皇之初,方济各就因谴责许多与他职位相关的特权而吸引了公众关注。他没有搬进使徒宫(Apostolic Palace)的教宗寓所,而是选择住在梵蒂冈访客宿舍,即圣玛尔大之家(Domus Sanctae Marthae)——一个简单的两室套房里,他在那里与其他访客一起用餐。离开住处时,他更喜欢使用公共交通工具,或是和其他红衣主教一起坐小面包车,而不是乘坐教皇专属的豪华轿车。方济各并不穿戴传统的红色和金色的教皇礼服,也不穿前教皇都穿的红鞋。即使在正式场合,他也身着简朴的白色衣服,戴银质的渔夫戒指，穿黑色的鞋子。

作为教会领袖，方济各在许多高度象征性和广为人知的活动中，也同样明确传达了他对谦卑、关爱穷人以及爱世人的誓言是多么重视。他在一个青少年拘留所中为女性和穆斯林洗脚，并亲吻他们的脚。他邀请自己的两位阿根廷朋友——一名拉比和一位穆斯林——与他一同在耶路撒冷的哭墙祈祷。此外，他还着手改革梵蒂冈财务，致力于提升财务透明度与慈善性，以应对关于过度开支的报道以及腐败和洗钱的指控［就像2015年11月调查记者詹路易吉·努齐（Gianluigi Nuzzi）在其《圣庭里的商人》一书中所披露的那般］。

天主教会认为教皇是上帝在人间的代表。教皇的重要意义隐含于他的职务性质之中，而不在于身居此位的个体到底如何履职。尽管如此，在激励人们据他所代表的理想信念行事这一方面，方济各要比他的许多前任成功得多。他被视作一个道德领袖，不仅因为他所信奉的价值观和他在生活中对这些价值观的践行，还因为他为教会所设定的那些优先事项。通过一系列举措，方济各提高了天主教会的知名度并重塑了教会声誉。在几年前，天主教会因为神父的财务腐败和性行为不端以及宗教团体的萎缩而遭受着巨大压力。然而，对于方济各选择的生活方式有很多批评，对于他所做的决策也存在激烈的抵制。这些批评与抵制主要来自梵蒂冈内部的其他教士与主事人员。为什么会出现这种情况？

一方面，他人的道德理想与行为可能构成一种激励的来源。他们可以帮助我们在模棱两可的情况下决定"正确"的行动路线，并为我们提供自我提升的引导（Hu，Rucker，and Galinsky，2016）。另一方面，我们身边的人看起来比我们更能做"正确"的事情——或者声称他们的道德价值观优于我们——会对我们道德善良正直的自我观产生威胁。在与他人交往当中，我们如何处理这些不同的忧虑？什么时候我们会假定他人与我们共享一些道德价值观，这些价值观是我们实际上并且也能够确信是我们行为的例证？当他人偏好的行为或道德价值观似乎挑战了我们所做的道德选择的正确性时，我们会如何应对？这些都是本章将要讨论的问题。

❖ 超越信任

道德行为的进化论解释强调，共同生活在群体中的个体在许多对其长期生存至关重要的结果上依赖于他人。这种对他人惩罚与奖赏的脆弱易感性是我们与动物所共有的，也说明了信任的重要。然而，人类的道德超越了这种基本的结果互依性。正如第二章所论证的，人类道德的标志在于，它相当明确地规定了一系列关于应该/不应该如何行事的规范性原则，这些原则可能只是非常间接地与对生存十分重要的结果的达成相关——如果不是完全没有关系的话（Ellemers, in press; Tomasello and Vaish, 2013）。得知他人和我们信奉一样的道德原则，会使他们显得值得信任。这不是因为我们依赖他们不会给我们带来身体的伤害或物质上的损害，而是因为这让我们觉得我们了解他们的关注重点，并且让我们能预测他们在不同类型的情况下可能做出的选择与可能的行为。出于类似的原因，信奉一套不同的道德价值体系的人看起来特别"危险"。这并非因为比起其他人，我们对他们**依赖**更高，而是因为我们较难预测他们会怎样解释模棱两可的情况，哪些结果会被他们看重，他们会认为什么样的选择是"正确的"或"错误的"，以及他们可能怎样行事。

这可能就是在 2015 年乌克兰危机时安格拉·默克尔说"普京生活在另一重现实之中"的言外之意（www.telegraph.co.uk/news/worldnews/europe/ukraine/10673235/Ukraine-crisis-Angry-Angela-Merkel-questions-whether-Putin-is-in-touch-with-reality.html）。事实上，俄罗斯总统弗拉基米尔·普京对于什么是道德上值得赞扬的行为的看法明显与其他许多人不同，至少与西方世界中的很多人不同。例如，对于国际足联主席布拉特大规模欺诈与腐败的证据、广受期待的对他采取的法律行动，或是暂停他参与 2015 年所有足球活动的决定，普京都一点也不"感冒"。相反，在 2015 年的年度新闻发布会上，普京坚决批评了关于将 2018 年足球世界杯主办权授予俄罗斯的决定涉嫌腐败的指控。他称赞布拉特推动了世界足球发展的进程，并提议授予他诺贝尔和平奖。

诸如此类的声明本身并无害处。普京不是诺贝尔和平奖委员会的负责人，而且即使把这个奖颁给我们认为不合适的人，也不太可能影响到我们的日常结果。然而，得知普京有这样的想法令人感到极为不适，原因在于这样的想法的**象征**意涵。这说明，他的是非观与我们中的很多人完全不同。这让他的行为看起来无法预测，并且提醒人们永远不知道接下来会发生什么。正是这种无法**预测**他可能看重什么、接下来会追寻什么目标或是可能放弃什么的感觉让我们有理由产生担忧，这样的担忧远超其他感受。

因此，对于其他人，我们想了解的不仅是能否信任他们不会伤害我们，更宽泛的是他们信奉的价值体系是什么。正如第三章中已经指出的，杰克·斯帕罗船长在其声称——作为一个海盗——在不诚实这一点上可以仰仗他的时候，就是这一点的写照。只要我们能提前分辨出"好人"和"坏人"，我们就能应对那些只追逐私利的人，或是甚至想要伤害我们的人。如果我们知道有人要利用或欺骗我们，我们可以留心避开他们。当被迫与这种人打交道时，我们甚至能享受预测他们伎俩的"博弈"，试图以智谋取胜。只要相互冲突的利益或背道而驰的欲望被明确地拿到台面上，为了可能的最好结果，我们或许会乐意参与一场"公平斗争"，就像我们在买房或买车时讨价还价时一样。事实上，相比对接下来要面对什么一无所知，了解另一个人是在追求自己的利益能使我们更轻松地与之交往。

我们通过一组实验对此进行了研究。实验中，学生参与者在我们设定的谈判情境下与实验同谋进行互动（Harinck and Ellemers, 2006）。参与者被指派去决定学生会修学旅行的目的地，一同的还有一位表示更偏向于其他旅行目的地的学生。他们收到一份说明他们谈判伙伴立场的书面材料。在某些情况下，这显示了对方在选择特定目的地时的个人利益。例如，对方主张学生旅行要前往这个目的地，因为这可以让他们查阅论文写作所需的特定的一本书，而这本书只有在学生旅行要参观的学校图书馆中才能找到。在其他情况下，对方没有透露自己的目的地偏好背后的个人利益所在。

与此同时，参与者对目的地的偏向性也出于个人利益的考虑。情况是，他们被要求主张去往另一个目的地，因为这样他们就可以就自己的论文主题咨询一位领域内专家，而此人供职于另一所学校。在收到谈判伙伴的信息后，参与者准备了自己的说辞，他们可以选择是否透露自己的个人利益。尽管个人利益的对立使他们想要的结果不太可能实现，但参与者普遍喜欢与那些坦承自己偏好的目的地背后存在个人利益的人交流。研究参与者认为这样的说辞更加可信，并且95%的人也以表明自己的分歧性利益来作为回报。而没有收到互动伙伴关于自身利益的说明的人中，只有67%

的人表明了自己的个人利益。

第二个研究使用了相同的指令和流程，初始立场的交流后就是互动协商，二人需要就进一步的旅行细节达成一致。除了目的地之外，还包括旅行的时长、交通方式以及住宿的选择。提供给参与者的指令表明，两个谈判伙伴不仅在目的地偏向性上有所不同，他们对谈判每一个方面的相对重视程度也存在差异。然而，每个谈判者只收到关于他们自己选择的信息，并不知道另一个谈判者的主张是否不同或哪里不同。他们只有通过交换彼此之间的信息分歧，才能最大限度地达成联合成果，使谈判达成双赢的局面。这将使他们找到一个共同的解决方案，即在他们认为最不重要的方面各自为对方的偏好做出让步（见表6.1）。

当另一个学生参与者学习的是相同专业时——引发基本的信任——那些坦诚自己的目的地偏好关乎个人利益的人，会因这种行为而受到尊重。比起没有自我袒露选择背后的个人利益，当对方坦诚他们（对立）的个人利益时，参与者会更倾向于认为他们和互动伙伴共享相同的价值观。对手在一开始便公开表明他们的个人利益，也有利于互动的发展，以及联合成果的达成。透露自己个人偏好的互动对象会使人更关注问题的解决，并且减少强迫性的谈判策略的运用。以这种方式达成的联合成果实际上更为有利。与专业相同但没有提供目的地偏好中潜在个人利益的人相比，当互动对象坦诚其个人利益后，两人一起多拿到了100分的偏好得分。

表6.1　关于一次修学旅行的四项协商内容，以及两个协商伙伴对其旅行目的地、时长、交通与住宿的偏好得分

内容	偏好 谈判者： 1 / 2	内容	偏好 谈判者： 1 / 2	内容	偏好 谈判者： 1 / 2	内容	偏好 谈判者： 1 / 2
目的地		天数		交通 工具		住宿	
马斯特里赫特	100/00	7	40/00	火车	80/80	校园	200/00
恩斯赫德	75/25	6	30/50	公共汽车	60/60	家庭	150/10
米德尔堡	50/50	5	20/100	徒步	40/40	修道院	100/20
布雷达	25/75	4	10/150	小汽车	20/20	旅社	50/30
格罗宁根	00/100	3	00/200	飞机	00/00	宾馆	00/40

来源：改编自 Harinck and Ellemers, 2006。

重点在于，只有当谈判伙伴学习相同的专业从而建立了基本的信任

后，互动对象坦诚自己对立的个人偏好所带来的这些好处才会显现。没有这种先在的信任的话（即与学习不同专业的人进行协商时），袒露自己的对立性利益只会让达成双方都满意的解决方案变得更困难。

因此，这些结果呼应着第五章中提出的观点，即仅仅是共有相同的群体成员资格就能使我们更加信任他人的善意，而这转而又会让我们对相同的行为有大相径庭的解释。此外，这一研究工作还表明，我们与他人打交道的方式并不单单受我们感知到的对方对我们的结果是否关切的意愿的驱动。在信任之外，对**共享价值观**的感知也有益于我们与他人的互动。重要的是，相信对方与我们有着相同的价值观，并不取决于他们和我们拥有同样的利益或偏好，或是对他们会站在我们的立场无私行动的预期。实际上，对共享价值观的感知也可能来自对方承认他们——就像我们一样——是根据自身利益在行事。拥有共享价值观就有可能达成双方都同意的最佳结果——尽管双方存在利益冲突。

❖ 我们不只关心结果

这一分析表明，我们与他人的互动以及我们评判他人行为的方式，并非一直受对结果的关切所驱使。实际上，有大量研究表明，我们可以相当乐意地接受我们没有得偿所愿的事实，只要导致这种状况的**程序**看起来是公平的。因此我们发现，我们并不介意承认那些违背自己利益的决定，只要我们相信在做出这个决定时考虑到了我们的偏好，或者给予我们尊重（Folger and Cropanzano，1998；Lind and Tyler，1988）。知晓另一个人和我们共享同样的价值观——比如在这种情况下通过表现出对程序公平的关心——有助于我们应对我们将实际获得的结果的不确定性（Lind and Van den Bos，2002；Van den Bos and Lind，2002）。

诸如此类的顾虑会影响我们判断他人行为的方式——不管这些顾虑会如何左右我们自己的结果。因此，我们可能更关心他人的行为如何反映了他们认可的**价值**原则，而非一门心思专注他人对待我们的方式是否**有利**。这一点在一个研究项目中得到了说明，在这一研究项目当中参与者所想要的结果的决定权握在另一个人手中。第一个研究考察了参与者在绩效奖金分配时是否愿意接受不利的待遇。结果显示，当认为对方和自己并不相同时，参与者接受这一决定的意愿取决于这在多大程度上会带来更有利的结果。然而，当决策者似乎与自己相仿时，情况又有所不同。后一种情况下，参与者相对愿意接受决策者所做的决定，无论这给自己带来了什么结果（Ståhl, Vermunt, and Ellemers, 2006）。

一组后续研究表明，感知到他人与自我相似，可能代表着对方与我们信奉同样的道德价值观，比如公平。这里我们意在证明，个人先前的声誉——作为他们的价值观的佐证——在这一过程中发挥着决定性作用。也就是说，在这些研究中，对另一个人所做分配结果的接受程度，取决于这个人到底是偏心还是公平的名声。当个人因为过往行为而被怀疑失于偏颇时，他人对此人的决定所导致的**结果**的关注就会增加。怀有偏见的决策者形象让我们的研究参与者变得注重结果。在这些条件下，他们更倾向于抗议决策，因为这一决策让他们的结果较为不利。与此同时，当他们能从中获得个人利益时，参与者也乐得接受有成见的人的决定。然而，当对方有中正无偏的名声时，得到什么结果都不影响参与者对此人所做的决定的接受。在遵循公平**程序**的情况下，研究参与者反而较少可能就收到的不利结果提出抗议。让研究参与者有机会对自己希望看到的结果发表意见就有这种效果。这使他们更愿意接受分配给他们的结果，无论分配决定是否考虑到他们的意愿（Ståhl, Vermunt, and Ellemers, 2008a）。

最后一组研究揭示了这些不同反应背后的深层机制。在此研究中，参与者被提示去从工具性角度来斟酌处境（想想你得到你想要的），或是从关系性角度（想想你受人重视）进行考量。结果显示，当**工具性**关切被突出时，分配给自我的**结果**决定了决策的接受程度。然而，在被要求仔细考虑**关系性**关切后，参与者更愿意接受对他们不利的分配决定，因为他们对**分配程序**有更多的信任（Ståhl, Vermunt, and Ellemers, 2008b；见图6.1）。

这些研究共同表明，我们评价他人的行为，不仅仅留心能否相信他们会向我们伸出援手，或是他们能否带来我们想要的结果。当然，我们遇到其他个体时的**情境**可能会使对结果的关切变得凸显，从而使我们的注意力集中于"这对我们有什么好处"。然而在其他情境中，这种对结果的关切

结果对程序

```
工具性关注 ──→ 有利的结果 ──┐
                              ├──→ 接受决定
关系性关注 ──→ 公平的程序 ──┘
```

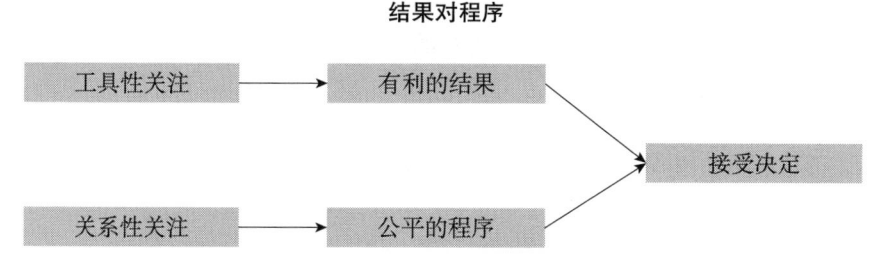

图 6.1　工具性关注或关系性关注对接受决定的影响

来源：改编自 Ståhl et al., 2008b。

就比较不那么重要了。如果是这样的话，我们对他人行为的认可或不认可就变得取决于他们看起来是否信奉我们认为关键的道德价值观，比如公平与不偏不倚。因此，我们会对那些似乎和我们赞成相同的价值观的人持有更积极的看法。事实上，我们乐于和那些与我们共享这些关键价值观的人打交道，这让我们不那么在意是否能达成想要的结果。

❖ 道德明灯使我们感受到自身的不足

我们会认可那些似乎支持我们认为关键的道德价值观的人的行为，因为这让他们看起来和我们更为相像。更宽泛地说，由于我们发现做一个有道德的人是如此重要，而德性是我们的自我观中最重要的部分，我们常常从道德行为是对**自我**的反映的角度来看待他人的道德行为。我们以他人作为自身行为参照标准的倾向性是众所周知的（Festinger, 1954）。我们与他人之间这些所谓的社会比较可以出于不同的原因。从最宽泛的意义上来说，我们将自己的决定、成就与偏好与他人进行比较，以此来确定我们的位置。这在缺乏明确标准或客观指标来衡量我们行为价值的领域尤为重要——许多形式的道德行为就是如此。当我们向慈善机构捐款时，我们是可以认为自己就是道德高尚的人，还是说这其实是任何一个公民都会做的事？当我们在街上路过一个无家可归的人却没有给些钱时，我们是有理由怀疑自己的道德标准，还是说这只是一个"常态"的反应？这些都是我们将他人行为作为主要标准来评估我们**自己**德性的不同情境类型。

除了这种相对中立的自我评估——将我们的做法与我们观察到的他人

行为进行比较之外——社会比较还能发挥其他功能（Suls and Wills, 1991; Taylor and Lobel, 1989）。最为人所知的是自我提升（self-improvement）动机与自我保护（self-protection）动机间的差别。当我们的目标是改善自己行为时，向那些似乎做得比我们更好的人看齐是有用的（"向上比较"）。也许我们会通过仔细观察他们的行为而有所收获，看到他们取得的成果还可能会激励我们去达到同样的高度。

我们在一个研究中观察到了这一点。在这项研究中，一群男学生拒绝女学生参与在线扑克游戏（Cihangir, Scheepers, Barreto, and Ellemers, 2013）。在此，一半的参与者被告知，这是因为参与研究的男生认为男性尤为擅长玩在线扑克，这给了他们一个向上比较的可能。然而，另一半参与者被告知的是，男生认为女性不适合玩在线扑克，劝阻女性在这一领域和男性进行比较。这一视角转变使我们的女性参与者表现出的言语反应和显示出的心血管反应模式都产生了显著差异。当男性可以被视作一个向上比较的目标时（"男性对此更擅长"），参与者更倾向于用符合男性刻板印象的措辞来描述自己，并且呈现出一种积极挑战的心血管反应模式。然而，当与男性的比较受到阻止时（"这不适合女性"），女性参与者对她们作为一个群体被排除在外表示了更大的愤怒。这反而增加了她们使用符合女性刻板印象的措辞来描述自己的倾向，同时显示出受到威胁的心血管状态（Cihangir et al., 2013；见图6.2）。因此，他人相较于自己的优异表现如果能被视作一种向上比较的来源，就能够起到激励和鼓舞人心的作用。

向上比较主要被用于人们认为努力和结果之间存在关联，以及自我提升切实可行的时候，比方说在学业成绩上。而在其他重要的生活领域，我们较难掌控自身的结果，例如在疾病与健康方面。在这些领域与他人比较，不大可能改变一个人的结局。尽管如此，它们仍然可以充当慰藉与情绪健康的来源，特别是在与境况更差的人相比时。因此更宽泛地说，向上比较是人们在对自己结果有一定控制感的领域进行的，而自我提升是一个重要动机。向下比较主要发生在人们应对那些不受自我控制的结果时，并且是出于自我保护的考虑。

将这一推理应用于道德领域——积极的自我观在这里是如此关键——

向上比较充满挑战

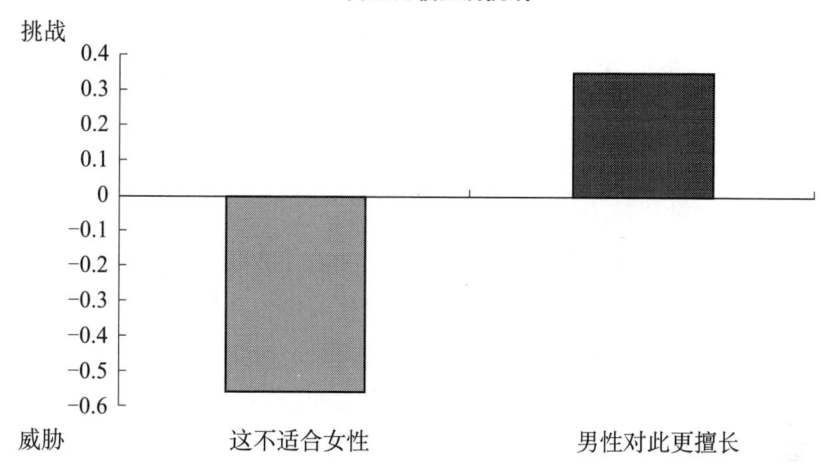

挑战 0.4
0.3
0.2
0.1
0
-0.1
-0.2
-0.3
-0.4
-0.5
-0.6
威胁　　　这不适合女性　　　　男性对此更擅长

图 6.2 女性对阻止信息（这不适合女性）的心血管威胁反应，与对容许（男性对此更擅长）向上比较的心血管挑战反应的对比

来源：改编自 Cihangir et al.，2013。

似乎自我防御反应与向下比较主导着自我提升的动机（Jordan and Monin，2008；Monin，2007）。这也解释了对"道德明灯"（moral beacons）的复杂反应。只要表现出模范道德行为的人明显高不可攀或与我们相距甚远，我们便会欣然敬仰，把他们当作一个道德激励的抽象源泉。普通公民在看待教皇方济各所做的决定时就是如此。然而，当这种道德模范性表现在和我们一样的人身上，或是出现于我们也不得不做的选择中时，我们就会感到不太舒服。事实上，这可能解释了一些主教和梵蒂冈官员——这些人与教皇及其办公室的决策更接近——对在其他地方引发如此赞美的行为的不满。方济各的行为间接拔高了教会官员被期许达到的道德标准，那些未能满足如此标准的人相形之下就显得很糟糕。这与更普遍的观察结果相呼应，即人们对那些道德上似乎比自己更优越的人持有暧昧的态度。

我们通常认为，他人的道德行为而不是他们选择如何行事说明了他们本质上是哪种人（Conway and Peetz，2012）。因此，看到他人道德更高尚的行为并不一定会激励我们去改善自身道德行为，这似乎只是表明他们在本质上有别于我们——而且是比我们好。当然，我们钦佩道德英雄（Frimer and Sinclair，2016），在想到他们的行为时可能倍感崇高（Algoe and Haidt，2009）。然而，当钦佩变为对伟大品德的敬畏时，这也会导致自我削减（Shiota and Keltner，2007）。同样，正是因为道德高尚对我们而言相当重要，我们在面对那些拥有卓越品德的人时可能会十分痛苦（Täuber and Van Zomeren，2012）。

特别是当对方与我们关系密切或相似时，这会招致与我们自身行为的不利比较。这种比较不仅使我们想起自己的道德缺陷，还暗示着如果我们能更有原则，也许我们能做得更好。这就是为什么我们不一定赞赏素食主义者、禁酒主义者、环保消费者或虔诚信徒的个人克制以及他们对道德理想的坚守。相反，他们很容易引起嘲笑或愤恨，被认为是"天真的道德改良家"（moral do-gooders）。当我们觉得别人使我们相形见绌时，我们经常回避或拒绝他们，而不是把他们作为我们学习与提升的源泉（Monin，2007）。在我们的人际交往当中，我们似乎更喜欢容易预测的海盗，而不是道貌岸然的圣人。

对做出道德优越行为的个人的负面反应动态，在经验研究中得到了充分记录。当他人明确采取道德立场，拒绝在我们表现出较少道德警惕性的情况下行动时，对他们的厌恶和排斥就会进一步加剧。例如，有这么一个系列研究，研究首先诱导参与者为他们并不认可的立场进行辩护，或者在一项种族主义任务中进行表演。接着他们看到，另一个人出于原则而拒绝接受这些任务指令。这种道德抗拒者一般都是被人反感的——而非受到钦佩。这是因为人们担心这些道德抗拒者会看不起他们，因为他们直接迎合了那些诱使他们做出不道德行为的要求（Monin，Sawyer，and Marquez，2008）。这种对遵守道德原则的行为的排斥和厌恶，没有在那些仅仅是观察到他人拒绝遵守指令但自己并未参与研究的人身上出现，也并未在那些观看道德抗拒者前已经获得提升自尊机会的研究参与者当中出现。

这些结果清晰地表明，他人讲求道德原则的行为很容易引起人们对**自我道德缺陷**的担忧。重要的是，对所谓"道德反叛者"（moral rebels）或"道德抗拒者"（moral refusers）的反感本身，并不能反映出对遵循道德原则的行为缺乏欣赏。与之相反，这种不喜欢和不赞成的原因在于，别人在**我们没能做到**的情形中占据了道德高地。当其他人表现出道德上的优越性时，人们的道德自我观就会受到挑战。

近期一个监测生理心理威胁反应发生情况的研究支持了这种解释。在这一研究中（Cramwinckel, Van Dijk, Scheepers, and Van den Bos, 2013），被要求品尝香肠的研究参与者受到了另一位以道德理由（吃肉是不道德的）拒绝接受实验指令的参与者的冲击。在这个研究中，比起以非道德理由（不喜欢肉的味道）拒绝香肠的人，道德抗拒者在对实验目的一无所知的参与者中引起了更多的生理威胁反应与负面的自我观。对那些认为德性是他们自我概念重要组成部分的人来说，当他们直面一个声称信奉更高道德标准的人时，这种自我削弱效应（self-undermining effect）尤为强烈。

上文引述的研究结果说明，寻求与他人的道德**相似性**对我们而言高于一切。正如第五章所解释的，我们避开那些道德标准比我们低的人，因为我们无法相信他们会为我们的利益或福祉而着想。然而，我们也不喜欢和那些貌似将道德标准设定得比我们高的人交往，因为这有损于我们所偏好的自己是一个有道德的好人的自我观。

❖ 道德差异引发威胁

这些发现指明了一种更为普遍的现象：人们搜寻且重视不同的观点和意见的差异，只要它们反映了和共同任务表现有关的各种经验和**信息**。然而，分歧性的不同观点和意见在社会环境下，以及当这些分歧意味着不同**道德**立场时，就没有那么受重视（Haidt, Rosenberg, and Hom, 2003）。因此，人们能看到信息多样性的好处，它有助于创造力、创新性以及绩效的提高。与此同时，人们对道德多样性的容忍度要低得多（Wainryb, Shaw, Laupa, and Smith, 2001）。当人们支持不一样的道德价值观时，他们的行为和顾虑经常显得不可预测。这让他们看起来很奇怪，不值得信任——就像默克尔对普京的评论中所表达的那样。但最重要的是，主张不同道德价值观的个体会被人反感，因为他们挑战了我们认为自己的道德价值观更加高尚的信念。

在不同态度与偏好均会呈现的社会网络中，人们愿意重新考虑并改变他们的意见，甚至在争议性的政治问题上也是如此——例如同性恋者收养孩子或医疗国有化（Bloom and Levitan，2011）。然而，当在这些同样的讨论中提到**道德价值观**时（即要求人们考虑什么是正确或公平的时候），人们对其网络中他人的劝说变得相当抵触。他们在听取别人意见之前就先排斥与他们意见不同的人。解释这种关系的心理机制在一系列研究中得到了进一步检验（Wright，Cullum，and Schwab，2008）。在这些研究中，根据分歧是否具有道德意涵，人们对与他们意见相左的人做出不同的反应。当讨论的话题被表述为道德问题时，人们会觉得自己的立场更有客观依据，而且更不容易妥协。这进而又使他们对持不同观点的人容忍度变低，与他们结交的意愿降低。例如，与他人有道德分歧的参与者较不愿意和他人分享抽奖券，并且在讨论对立的观点时与他们保持更大的物理距离（Wright et al.，2008）。总之，不同路径的研究结果表明，虽然我们可能乐得与他人的**意见交锋**，但却倾向于避开那些拥有不同**道德信念**的人。为什么会出现这种情况？

为考察这个问题，我们做了一个研究项目（概述参见 Harinck and Ellemers，2014）。这些研究的参与者被要求与另一个人讨论他们的偏好以达成一个共同决定。我们以此研究了各种问题与忧虑。例如，选择度假目的地，寻找合适的住房，决定活动的预算支出，等等。研究参与者首先被引导透露他们自己对这些问题中的一个的偏好。然后我们让他们面对一个主张不同偏好的实验者同谋。关键在于，尽管具体分歧和采取的立场完全相同，但在某些情况下，这些不同的偏好指涉潜在的物质利益（例如费用、奖金、职业机会），而在其他情况下，它们指向隐含的价值观（例如环境的重要性、公平、慈善）。

在这两种情况下，分歧**程度**被认为是同等的，如实反映了所讨论的问题，并且实际采取的立场总是一样的。然而我们发现，研究参与者对这种分歧的感受，以及他们对能够找到让双方满意的解决方案所抱的希望，存在明显且一致的差异，这种感受的差异取决于他们是否认为不同的价值观或利益受到了威胁。我们在他们的生理反应中观察到了这一点，这些反应显现出心血管威胁模式或挑战模式（Kouzakova，Harinck，Ellemers，and Scheepers，2014）。那些认为自己的互动伙伴支持不同价值观的人显现出更多消极的心血管威胁反应，而那些认为分歧源自互动伙伴的不同利益的参与者则显现出更多积极的心血管挑战反应（见图6.3）。

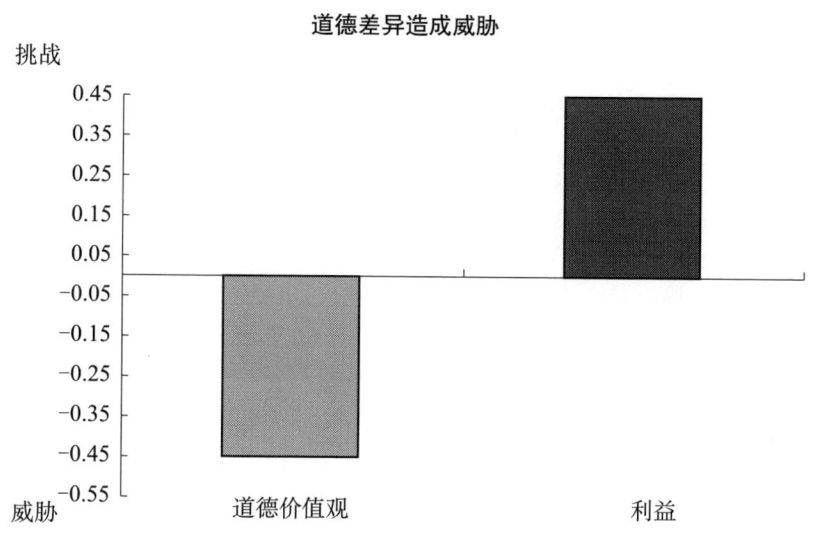

道德差异造成威胁

挑战

```
 0.45
 0.35
 0.25
 0.15
 0.05
-0.05
-0.15
-0.25
-0.35
-0.45
-0.55
```

威胁　　　　道德价值观　　　　　　　利益

图6.3 将与他人的分歧呈现为源于不同的道德价值观或不同的利益，由此产生的心血管威胁反应与挑战反应的对比

来源：改编自 Kouzakova et al., 2014。

另一组研究显示，这些反应同样出现在参与者主观感知情境的方式当中（Kouzakova, Ellemers, Harinck, and Scheepers, 2012）。在不同的问题和所采取的立场上，研究参与者认为，如果看起来是价值观而非利益上出现分歧的话，可能有助于调和两种对立立场的共识会较少。同时，他们表示，当认为分歧指向价值观差异时，他们更加专注于自己的偏好。相比之下，当同样的分歧似乎基于不同利益时，他们则不那么以自我为中心（见图6.4）。

这一点很有意义，因为我们从其他关于冲突的出现及解决的研究中得知，对立立场的人如果在各自的立场自我卷入，容易导致分歧加深；而能看到共识则有助于解决这些分歧。因此，不同研究结果表明，我们之所以感到处理价值观差异如此困难，是因为它们看起来似乎不可逾越。意识到别人持有相反的价值观——从而隐隐挑战着我们自身价值观的有效性——是威胁的一个来源（Kouzakova et al., 2014）。

总之，价值观差异不是简单地凭借提供更多信息或是通过一系列互有

不同道德对不同利益

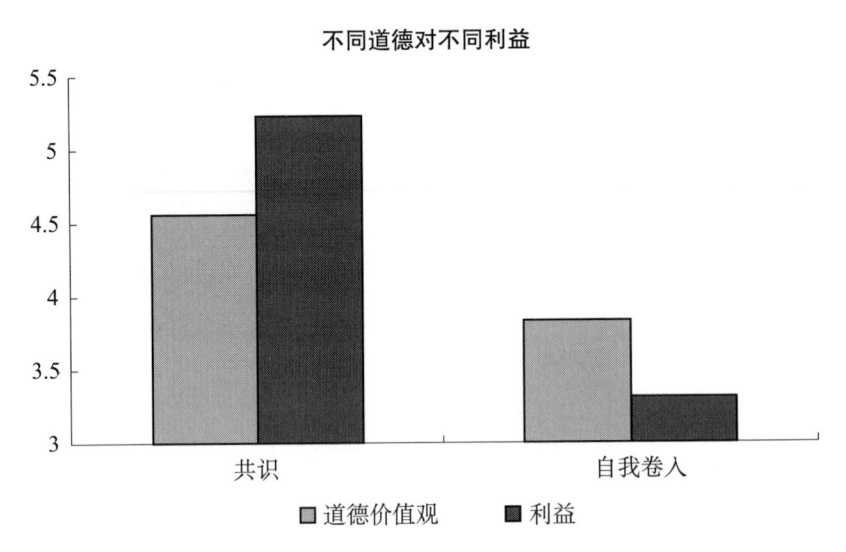

图6.4　当被要求解决与另一个人的似乎是基于不同道德价值观或不同利益的分歧时，对共识和自我卷入的感知

来源：改编自 Kouzakova et al., 2012。

进退的协商达成双方都满意的结果就能解决的分歧（Illes, Harinck, and Ellemers, 2014; Turiel, 1983）。价值观的差异被视作表明了我们是怎样的人的分别，以及我们坚持什么样的立场的差异。那些不同意我们价值观的人传达的是，他们并不认可我们的指导原则是正确和公正的。因此，他们挑战了我们认为自己是道德高尚的好人的自我观。这就是为何我们认为价值观差异是如此使人生厌（参见 Harinck and Ellemers, 2014）。

这一洞见有助于我们理解那些乍一看似乎违反直觉的观察结果。例如，虽然大多数宗教提倡对他人的怜悯和共情，但支持宗教观点也会诱发敌意与攻击性。一个考察这一悖论的研究（Goplen and Plant, 2015）显示，拥有强烈宗教世界观的人会觉得受到其他信仰体系的威胁，这解释了他们对被视为属于外宗教群体的人员的回避与攻击行为。事实上，他们价值体系间的差异程度，能预测个体会感到多大的威胁，以及他们在何种程度上会倾向于攻击那些支持另一宗教世界观的人。

人们在预期和面对分歧性价值观的方式上还存在文化差异。在我们的研究项目中（Shafa et al., 2013），我们通过比较那些将价值感和幸福感主要寄托于自身成就与自尊自重上的人（例如在北欧和北美典型的"尊严"文化中）和那些自我观更依赖于可表明他人积极评价的外部声誉的人（环地中海与南美社群中标志性的"荣誉"文化）检视了这一点。人们对自我观的这种内部或外部确认的不同重视，深远影响了与他人交往的方式——特别是当这些他人可能对我们认为的重要价值观持有异议时。

对于荣誉和外界认可的重视，使人们在防范可能的道德分歧上愈发警觉。比如，当另一个人的行为不符合一般的行为规范时（例如无视他在排队中的位置），关注荣誉的人会把它看作一种道德过失。此外，他们会容易认为，自己是有价值并且道德高尚的人的观念受到他人此类行为的损害。这与我们在那些不太在意荣誉的人身上看到的反应不同。他们主要将违反社会规范的行为解释为缺乏社会能力，而这并不影响他们自己所理解的德性（Shafa et al.，2013）。

与此同时，对荣誉以及对被他人认可的重要性的关注，似乎也使得人们更为谨慎，以避免出现可能会表露分歧性价值观和暴露自身脆弱性的情况（Harinck, Shafa, Ellemers, and Beersma, 2013）。这就是为什么侮辱及其愈演愈烈的风险最初会使专注于捍卫自身荣誉的人对他人更加包容。他们集中于预防困难，而不是直面分歧。然而，当他们避免公开分歧的努力失败，而其他人似乎无视他们认为重要的价值观时，对荣誉的关注会使人们更具攻击性（Shafa, Harinck, Ellemers, and Beersma, 2015）。

总之，与代表或支持对立价值观的人当面对峙，往往被视作对自我不言而喻的批判。因此，那些质疑我们价值观的人——这些价值观对我们认为自己是道德高尚的好人的自我观至关重要——会被视作威胁的来源。道德价值观的差异往往引起（最初的）回避与（随后的）攻击，而不会引发建设性的尝试，去化解对立观点或找到调和对立观点的创新性方法。当人们认为他人的承认和对自我观的外部确认对他们来说更重要时，这种反应就更有可能出现，比如在所谓的"荣誉文化"中（概述参见 Harinck and Ellemers, 2014）。

❖ **确保道德认可**

我们的自我观易受那些不赞成我们道德的人的伤害，这解释了为什么他人不同的价值观岌岌可危时经常会观察到防御性反应。道德领域中向上比较所产生的威胁有助于我们理解，为何别人在表现出我们没有的道德勇气时，经常收到的却是贬低而非钦佩（Monin，2007）。然而，与此同时，对自身道德价值观与作为有德之人的自我价值的正当性缺乏安全性，也会促使人们寻找机会来让他人相信自己道德价值观的优越性——明显忘却了由此引发的威胁和防御性反应。

因此，处理个体间道德价值观的差异的矛盾在于，每一方都在寻求对自身道德价值观的确证——但未必能考虑到别人不愿被如此对待。因此，我们倾向于回避或抵制那些向我们提出不同道德价值观的人，同时又试图让他人相信我们自己价值观的优越性（Jordan and Monin，2008）。这种在道德领域劝诱他人改宗的倾向——被称为"道德输出"（moral exporting）或"道德企业家精神"（moral entrepreneurship）——往往被视作展现了道德勇气，但其实它经常源于自我确证的动机（Monin et al.，2008）。

获得他人道德认可的欲望，对任何试图让人们改变道德立场的努力都有着深远的影响。即使新信息或新出现的观点清楚地表明需要重新考量道德准则，简单地提出这些信息也还是不够的。相反，这很大程度上取决于所用论据的选择，以及对这些论据的传达方式。

这在一系列研究中得到了证明，研究比较了不同类型的论据在说服自由主义者与保守主义者重新考虑他们在一系列问题上的立场的效果，譬如容许同性婚姻，提供全民医保，或是增加军事开支（Feinberg and Willer，2015）。研究参与者的天然倾向是试图用符合自身道德价值观的论据来说服他人。例如，自由主义者倾向于提出公平相关论据来推动其立场，而保守主义者更倾向于援引忠诚关切来为他们的立场辩护（另见 Haidt，2012）。虽然这可能有助于让他们确信**自己**的观点的道德正当性，但这被证明是一种无效策略，无法说服**其他**并不认同这些观点的人。相反，选择符合对方道德价值观的论据要有效得多。当所论证的立场似乎与他们原有道德价值观相一致时，人们更倾向于重新考虑他们的观点。例如，当全民医保被视作减少被病人感染风险的最佳途径而不是出于公平的考虑时，保守主义者更相信应当实行全民医保。

另一个研究在一种完全不同的语境下观察到了类似结果。该研究发现，那些信奉非暴力是重要道德价值观的人，将现实生活或视频游戏中的暴力呈现视为道德威胁（Rothmund, Bender, Nauroth, and Gollwitzer, 2015）。因此，他们对认为暴力视频游戏应当受到限制是因为它们对心理有害的科学与政治主张更加开放并且响应积极。总结这些不同的研究，当人们认为所倡导的立场与他们自身道德价值观更为一致时，似乎劝说的尝试会更有信服力。

使用不同方法、讨论不同议题的其他研究揭示了这一普遍倾向更深层的含义。这些研究发现，当保守主义者预期他人和自己共享相同的道德价值观时（比如基督教基要主义者或商人），他们通常会比认为与他人之间会有价值观差异时（例如在同性恋者或匿名戒酒会成员的案例当中；Chambers, Schlenker, and Collisson, 2013）对他人抱有更积极的看法。为了更好地理解这一效应的起源，一个后续研究向参与者提供个人档案，档案中个体的群体身份的差异与政治观点的差异被相互分开。研究揭示了价值观期望——而不是群体身份——才是决定性的。也就是说，保守的美国人对支持同样道德观点与政治信念的个体表达了更多喜爱，不管他们到底是谁。

美国的社会学研究记录发现人们倾向于搬迁至拥有相同观念与价值观的社区（街区，教堂，城市）（如 Bishop, 2008）。事实上，这被视为美国社会不同群体间政治两极分化的一个重要因素。实验研究同样证明，人们会寻找那些信奉相同价值观的人，并愿意肯定他们作为一个道德高尚的好人的自我观，而不愿欢迎那些挑战他们道德观点的他人（Stern and West, 2016）。在承认这种普遍偏向性的同时，必须认识到遵循这种阻力最小的道路的危险性所在。只要与他人达成一致，会使道德存疑的行为看起来就是可以接受的。例如，吸食毒品越来越不被认为是道德有亏行为，因为越来越多的人似乎都在吸食毒品（Scheske and Schnall, 2012）。总体而言，我们与那些赞同我们道德选择与优先事项的人互动得越多，我们越坚信自己的立场是客观正确的，并且对那些异见者越发缺乏耐心（Goodwin and Darley, 2012）。当个人偏好变为道德信念后，我们会将之视作不言自明且具有普适性的，并且期望它们被其他所有个体与群体所采纳（Skitka, Bauman, and Sargis, 2005）。

在一个全球化和多元文化的社会当中，不同个体与群体确实会有各种各样的价值观与道德优先顺序，这可能会造成困难。例如，在工作中，我们有时不得不与来自不同社会、宗教或文化背景的人接触和合作，而不同背景的特点是价值观各异。我们经常期望少数群体成员或移民能直接调整他们的行为，融入东道国的主要工作习惯。然而，改变外在行为的要求（例如在工作时间祷告）很容易被理解为对引发这种行为背后的基本价值观（即宗教信仰）的一种批评或反对形式。但是，对在荷兰工作的穆斯林女性的研究表明，那些经历过对其民族认同和宗教价值观的不认可的人，大多会拒绝那些调整他们工作行为的要求。相比之下，在承认和认可员工可能信奉多元价值观的正当性的工作场所，穆斯林员工更愿意采纳他们被要求的工作行为（Van Laar, Derks, and Ellemers, 2013）。

让职场同事接受并认可他们的道德价值观，以另一种方式对少数群体具有重要性。在改变他们的外表与行为以适应工作的同时，保留其族群或文化群体的特质性道德价值观，也有助于他们获得自己群体的支持与认可——他们需要以此来使自我感觉良好，以及在工作中表现出色（Van Laar et al., 2014）。因此，即便代表不同价值体系的个人——在职场或社会中——进行互动会挑战人们的自我观与价值感，为价值观差异留出一些空间也是重要的，每一方在这一框架中都可以做出自己的道德选择（另见 McDonald, Fielding, and Louis, 2013）。

❖ 为什么道德提升如此困难

共享相同的道德价值观，是人际信任的重要基础所在。我们更愿意向那些我们能理解并支持其是非观的人敞开心扉。同样，我们倾向于避免和那些看起来缺乏道德的人打交道——即便这其实只是表明他们的价值观与我们**不同**。从那些愿意承认我们价值观的人那里寻求确认，有助于提升我们的自我价值感与道德正当感。这种倾向也导致我们反感价值观不同的人，并且避免和他们接触。这样做的弊端在于，我们厌恶天真的道德改良家，并且发现很难与象征另一价值观体系的个人打交道。

只有当我们牢记，我们对他人的任何判断也为**我们自己**提供了一个参考框架时，我们才能理解这一点。认识到他人的道德境界可能是痛苦的，因为这暴露了我们自己的道德疑点或潜在缺陷。这就是为何我们常常喜欢坚持认为别人道德缺失，以此来提高我们的道德自信。然而，用这种方式来捍卫我们的道德信念是危险的，因为它让我们无法思考我们能从他人那里学到什么，或是我们可以如何提升自己的道德。我们以这种方式寻求道德确证而非努力提升道德的倾向所带来的一些影响，将在下一章中进行讨论。

第四部分
群体内水平

第七章
我们的立场

即便我们不会直接因为别人的行为而蒙受损失，他们的道德行为也能对我们本人的声誉产生不良影响，特别是当这些人代表与我们相同的社会群体的时候。这就是为什么共享相同群体成员资格的人会有动机去阐明规定他们群体所坚守的东西的道德原则。个人能否被列为"优秀"的群体成员，要经受它的评估。这种道德原则也是帮助人们决定怎样才是获得其他群体成员尊重的最佳方式的指导方针。界定标志群体的共享价值观，监视谁行事符合这些价值观（一旦他们违背这些原则就对其进行惩治），是群体用以规范个人行为选择的有力工具。

斯科特·阿特兰（Scott Atran）是一位知名的恐怖主义研究专家。在他的人类学研究中，他采访了在伊拉克被俘的"伊斯兰国"（ISIS）极端分子、叙利亚的"圣战"者以及生活在巴黎、伦敦、巴塞罗那和卡萨布兰卡郊区的青年，"圣战"者就是在这些地方招募新援的。2015年12月，他在一篇在线文章中分享了其研究的一些关键结论（来源：https://aeon.co/essays/why-isis-has-the-potential-to-be-a-world-altering-revolution）。在文章中他指出，那些自愿为ISIS而战的人往往是"处于人生过渡阶段的青年——移民、学生、待业和尚未觅得伴侣的人"。他们加入的主要原因似乎并不是践行宗教教义或政治信念。反而是通过为共同事业效命来赢得"朋友眼中的荣光与尊重"的前景，吸引着这些仍在找寻自己的身份与归属的年轻人。

初看上去，人们愿意牺牲自己的前途与福祉去破坏其他许多人的生活——只是用投身共同事业来赢得尊重的一种方式——可能看起来是非理性而且令人生畏的。然而，类似的动机可能激励个体从事我们予以奖励和赞赏的行为。当青年男女被征召入伍时，他们同样背井离乡，将家人抛诸身后，投身于共同事业之中。即使他们的目标是带去和平与安宁，他们最终做的也可能是摧毁遥远国度中陌生人的家园和生活。那些导致士兵个体参与被我们视作爱国且无畏的行动的心理过程，与促使转型期青年投入ISIS怀抱的心理过程基本相同——只是两者的事业不同罢了。投身共同目标与价值观，帮助并保护你"并肩作战的兄弟"，以及希望得到尊重与珍视作为回报，都是这一心理过程中的关键因素。这也是驱使个体参与到他们可能憎恶的行动中去，而且还冒着他们自己从未深思的人身危险的原因（Ellemers, Sleebos et al., 2013; Haslam, Reicher, and Platow, 2013）。

我们时常认为，我们的道德信仰与信念是不言而喻的原则，所有心智正常的个体和群体都应当对此心悦诚服（Skitka et al., 2005）。然而，怎样是道德的未必具有自明性。道德信念并不建立在普适真理或客观事实之上。相反，社会化过程与童年教育形塑了我们的是非感。但在之后的生活中，由于暴露于社会标准、文化实践与宗教理念之中，我们也会继续调整我们的道德信仰和信念（Hornsey et al., 2003）。即便我们大多数人在日常行为决策中遵循一样的普适道德准则（"不伤害"），我们也经常找寻那些告诉我们在特定情况下如何尽善尽美的更具体的行为原则。这些更具体的行为指示往往是基于群体特征的道德，它们界定了社会中某个特定群体所认为的正确、公平或公正的行为方式（Greene, 2013; Haidt, 2012）。这有助于人们决定首先要保护的人和为了达成这一目标可以伤害的人，确定谁的关切与实现结果公平分配的关系最紧密，以及他们的关怀圈有多大。这些在第二章中也曾讨论过。

本章将审视个体为什么要根据群体界定的道德价值观来调整自身行为——即便这导致他们做出一些自己可能认为不合道德的事。理解这一点的关键在于，要认识到被群体接纳与其他群体成员的尊重对我们认同感与归属感的重要性。这解释了个体何时以及为何会被驱动去按照群体认定的道德标准行事——哪怕跳出群体语境后他们并不会遵循这些原则。这也解释了为什么人们往往不那么在意他们认为与自我感与自身社会认同无关的人所规定的道德原则。本章最后研究的是，为何忠诚于群体以及彰显自己对群体的承诺可能会阻止个人批判其他群体成员的道德行为——即使批评他们对群体而言是有益的。

❖ 群体成员资格如何塑造自我观

2015年9月大众汽车尾气排放丑闻爆发时，有争议的这款软件（使柴油排放看似符合环境法规但实际并不环保）很快就被曝出是故意按这种方式编程和安装的。毫无疑问，这引发了对大众汽车公司前景的猜疑，以及这对汽车行业乃至更宏观而言的德国经济可能带来怎样的影响的揣测。与此同时，公众争议也对这可能给德国工业"精细"（Gründlichkeit）的整体口碑造成的后果表达了极大担忧。有几项分析专注于这一丑闻对德国工程技术的认知的破坏性影响，而正是这些技术使大众得以生产高质量工业产品（例见 www.washingtonpost.com/news/wonk/wp/2015/09/23/what-the-volkswagon-scandal-means-for-germanys-economy-and-the-rest-of-europe/）。一些人也指出了大众汽车丑闻对于德国公民声誉和美名所造成的**个人**后果。人们为此担心，即便他们和大众汽车公司毫无瓜葛，甚至没有从事工业工作（参见 www.ft.com/cms/s/0/9f2fba56-6213-11e5-9846-de406ccb37f2.html＃axzz4DdQvG84b）。值得注意的是，大众汽车的产品缺陷并不是缺乏汽车制造能力或工程技能的后果。相反，它们是由大众汽车公司错误的意图造成的（Malone and Fiske, 2013）。

这一案例说明，他人对某人所属群体可能持有的外部印象会影响群体成员的自我观（另见 Barreto and Ellemers, 2003）。因此，当其他群体成员行事存在道德问题时，这可能会有损于个体名声——即使他们本人压根不对所发生的事情负任何责任。然而，他们貌似因为共享的群体成员身份而受牵连。在第三章中我已经解释过，群体的特征可以反映在单个群体成员身上，特别是群体的道德声望会影响群体成员个人的福祉与自我观。尽管对于哪种道德越轨影响最大的看法存在文化差异（Kim and Cohen, 2010），但无论人们文化背景如何，群体中其他成员的道德行为对人们自我观的影响都会有所显现。

如此一来，与他人共享的群体成员资格便使我们变得脆弱，因为我们会因为他们的道德越轨而遭受个人伤害。然而，为了避免这种脆弱性而宣布放弃所有与群体的联系并不可取。社会群体——以及我们与他人共享的社会认同——满足了基本的心理需求。最近一项使用不同研究方法的调查清晰地表明了这一点（Greenaway, Cruwys, Haslam, and Jetten, 2016）。这一系列研究显示，当人们报告称与不同社会群体有更强的纽带时，他们体会到更多归属感与自尊心，而且还感到更能掌控自己的人生，表示他们的存在更有意义。他们的社会群体成员资格带来的好处进而提升了他们的幸福感，减少了沮丧情绪。

社会群体，以及它们体现的共同目标与理念，不只是为个体提供了归属感与包容感。当向那些我们不认识的人表明自己的身份，以及我们与社会上的其他人有什么不同的时候，社会群体以及它们体现的共同目标与理念，也都是不可或缺的。当人们因共享的群体成员资格而有类似经历，或者因此被他人以同等方式对待时，他们更可能对一些重要的事实抱有相似假设。这进而使得人们在事实与评价之间建立对等性，以及发展共享价值观变得更加容易（Castelfranchi and Poggi, 1990）。个体与群体间这样的关系以不同方式被加以巩固（Van Veelen, Otten, Cadinu, and Hansen, 2016）。一方面，个体可以采用独特群体特质作为他们自我观的标志性面向（自我刻板印象化，self-stereotyping）。另一方面，他们可以假定其他群体成员具有与自己相同的个人特征（自我锚定，self-anchoring）。由于这两个过程，当群体成员资格与共享身份凸显时，个人偏好与信念的重要性可能看起来就比不上与其他群体成员共享的、体现群体特征的立场。

这种修正了的自我观对个体行为选择的深远影响，在一项对全世界不同宗教团体成员的调查中得到了体现（Purzycki, Apicella, Atkinson, Cohen, McNamara, Willard, Xygalatas, Norenzayan, and Henrich, 2016）。在这些研究中，他们所敬奉的神明，作为监督与惩治宗教共同体中所有个人的行为的角色被凸显出来。对他们共同身份的警示使得基督教徒、印度教徒、佛教徒和有其他宗教信念（如祖先崇拜）的人更可能与完全陌生的人合作——例如给他们分配更多硬币。而与完全陌生的人合作则仅仅是因为他们享有相同的宗教观。

对"占领华尔街"运动的研究也发现了共享理念与道德价值观在群体认同形成中的重要性。对主题为"占领"（Occupy）的脸书页面（#OccupyWallStreet）上超过5 000条帖子的分析表明，随着时间推移，用以交流这一运动的语言发生了变化（Smith, Gavin, and Sharp, 2015）。伴随运动发展，以及支持者享有相同道德价值观变得愈发明显，帖子便更多地包含了表示对共同价值观达成共识的术语（例如赞同应当做什么）。评论也更倾向于将"占领"的支持者（作为内群成员）与不支持该运动的人（作为外群成员）区分开来，并且在措辞上越来越多地表达共同观点（"我们认为"）而不是个人观点（"我认为"）。人们在脸书帖子中自我表达方式的这些发展，揭示了个体如何能在彼此不认识的情况下发展出一种集体的自我意识：仅仅是因为他们共享重要的理念。

反过来也同样是真实的。想要使人们能从他们的社会群体成员资格所能提供的包容感、自尊心与控制感中受益，重点就在于其他群体成员要充分关心对他们而言很重要的道德价值观。我们在一系列实验中观察到了这一点（Brambilla, Sacchi, Pagliaro, and Ellemers, 2013）。在不同研究当中，意大利公民对另一个人的德性缺失表现出截然不同的反应，这取决于他们认为此人是一个内群成员（意大利同胞）还是一个外群成员（外国人）。在两种情况下，他们都对另一个人似乎不信奉他们认为十分重要的道德这件事做出了消极的反应。于是他们倾向于避免与此人接触。然而，不同的关切在影响这一过程，取决于人们认为对方缺乏德性会对他们自己产生什么影响（见图7.1）。如果不道德的人是一名外群成员，会引发对个人**安全**的担忧——促使人们生发想要避开此人的欲望。然而，当他们认为表现出不道德行为的人是内群成员时，他们首要的顾虑关乎他们的社会**声誉**。在这种情况下，他们希望避开这个不道德的内群成员是因为此人意味着对他们群体形象的威胁（Brambilla et al., 2013）。

这项研究还表明，个体可能有正当的理由来避免被纳入一个特定群体。譬如，其他群体成员的行为可能没有反映出对该个体而言重要的价值观。别的原因也可能导致个体生发出的被纳入某个特定群体的欲求与群体接纳此个体的需求不一致（Ellemers and Jetten, 2013）。当双方都对群体接纳不感兴趣时，个体依旧**独立**于群体之外；而当双方都寻求更多融合时，

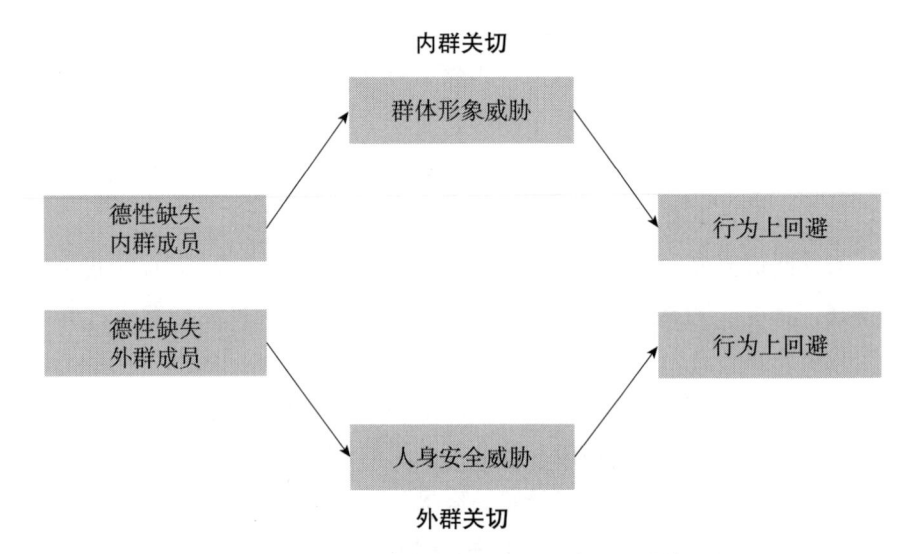

图 7.1　避免与不道德的内群和外群成员接触的原因

来源：改编自 Brambilla et al., 2013。

个体就能被群体**社会化**。然而，当谋求接纳的个体被群体**拒绝**时，个体被社群体社会化就会较不顺利。同样，当群体希望吸纳一位**受人钦佩**的人而该个体却抗拒融入群体时，这也会导致困难重重（见图 7.2）。

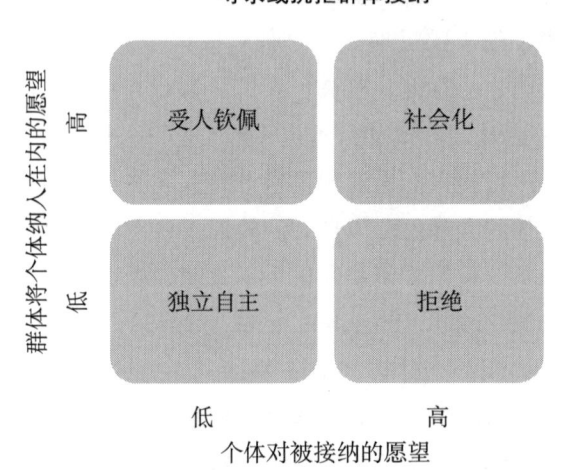

图 7.2　个体与群体接纳愿望间（不）一致的不同形式

来源：改编自 Ellemers and Jetten, 2013。

后一种情况在理论或研究中鲜少被考虑到。其中隐含的假设似乎是，社会接纳的好处总能盖过和某个群体搭上关联的弊端，即使这是一个当事人并不特别关心的群体。但是，当我们在一系列研究中对此进行更明确的评估时，情况却似乎并非如此（Greenaway, Jetten, Ellemers, and Van Bunderen, 2015）。在其中一些研究里，我们询问了一所澳大利亚大学的国际学生（多为亚洲人），他们有多希望被澳大利亚社会所接纳。在另一些研究中，我们给出的信息会引导他们做出推断，即与其他人的被接纳欲求相比，他们想要被这样接纳的欲求相对较低（或较高）。紧接着我们告诉这些国际学生，澳大利亚学子对他们的非本国出身并不关心，而只是想把他们作为澳大利亚人纳入其中。

我们发现，不同研究都有证据表明，未经同意被纳入群体会引起反感（见图7.3）。在一个研究中，与自己被想要加入的他人所接纳相比，当对国际学生的吸纳与他们本人的偏好相违背时，学生们更倾向于将其视为一种敌意行为。在另一个研究中，国际学生被要求执行一个单词补全任务（填空造字，比如 ki __），他们更有可能想到那些带有攻击性的单词（如 kill，杀死），而不是中性或亲和性的单词（如 kiss，亲吻）。同样，当研究

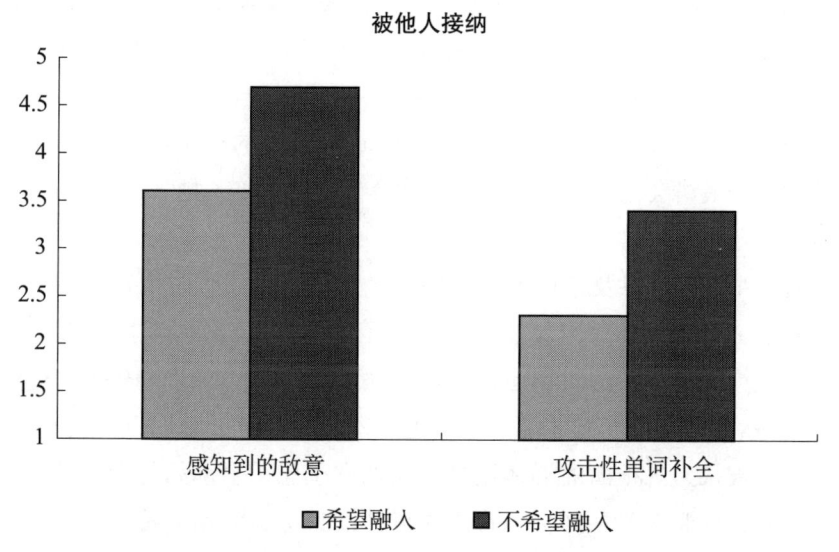

图7.3 违背个人意愿的纳入会导致敌意

来源：改编自 Greenaway et al., 2015。

对象被违背意愿而纳入群体之中时，这些敌意的迹象比他们希望融入群体时更加明显。对未经同意的被纳入表现出的敌意甚至要比被群体排斥时更大。

个体可能因他人的道德缺陷而受到损害——仅仅是因为他们与那些人共享群体成员资格。因此，人们往往对与他们并不特别在意的群体产生关联的可能性相当警惕。同时，对体现了他们重视的道德价值观的群体，人们可能会费尽心力地表现得自己和那些群体立场一致。有时，人们会以颇为极端的方式表达忠诚与模范行为，以此向他们崇拜的群体宣誓效忠，希望能被该群体接纳成为正式的成员。

❖ 赢得接受与接纳

伯恩斯坦（Leonard Bernstein）的经典音乐剧《西区故事》讲述了20世纪50年代生活在曼哈顿的两个青年帮派"鲨鱼帮"和"火箭帮"的故事。故事情节与歌词（由斯蒂芬·桑德海姆创作）的一个重要主题就是年轻人的团结，他们在生活中几乎一无所有，除了能给予彼此的相互扶持。无论他们走到哪里，火箭帮身后都跟着一个瘦骨嶙峋的女孩——安妮波迪斯（Anybodys）。故事中的其他女孩都留着长卷发，身着衬裙和漂亮的连衣裙，而安妮波迪斯则是短发，身上穿着牛仔裤、运动鞋和T恤——就像男孩似的。在开头的一幕中，她吹嘘着自己展示出的战斗技能，并且询问火箭帮是否最终会允许她加入帮派。火箭帮只是嘲笑了她一番，便把她打发走了。

青年帮派——以及希望加入其中的个体——在每个时代都层出不穷。通过采取"正确"的行为和着装、承诺相互扶持以及在不同生活阶段保持联系来赢得成员身份的机制也同样具有恒常性（如Sherif, 1936；Whyte, 1943）。然而，这些过程不仅是各种犯罪团伙的特色，它们也出现在其他各种通常被认为更正面的群体当中，比如学生兄弟会和姐妹会、共济会、扶轮社和各种职业关系网。尽管这些群体的目标、活动与特征大有不同，但它们用以测试潜在群体成员的忠诚与决心的心理机制本质上是一样的。

每个个体都可以被潜在地认为是多个群体的成员。有些群体成员资格对他人而言是即时可见的，因为它们体现在表明性别、年龄或种族的身体特征上。其他群体成员资格则不太明显，因为它们取决于专业技能、政治态度或宗教信仰。无论如何，人们都可以选用着装和语言风格来表达对特定观点的喜爱，或者做出各种行为来显示他们希望如何呈现自我（Barreto et al., 2003；Ellemers and Rink, 2005）。即便人们无法改变自己的出身或是来历，他们依然可以而且确实不遗余力地使用所有这些手段来传达自己偏好的认同，希望别人以与他们自我定位一致的方式来对待他们（Barreto and Ellemers, 2003, 2015；Ellemers and Barreto, 2015）。因为共享价值观是人们立场中如此重要的一部分，并且界定了众多群体成员资格的本质（Ellemers, in press），按照群体标志性的价值观行事就是一种非常有效的、可以传达出个人的归属感和被纳入某个特定群体的愿望的方式。

近期对大学生职业抱负的一项研究表明了渴望被接纳的力量，以及这可能不幸带来的副作用。这一系列研究（Marquardt, Gantman, Gollwitzer, and Oettingen, 2016）考察了志在成为商务人士的商科学生，希望成为成功律师的法学生，还有瞄准科学事业的科学、技术、工程和数学（STEM）领域的学生。在所有这些研究中，研究者都首先引发研究参与者怀疑自己是否有能力达到他们所追求的领域的职业标准。继而研究者让他们有机会支持或展示那些被描述为其领域内成功人士标志性的但道德上存疑的行为。在所有职业群体中，被研究者提供了理由怀疑自己是否有实力达到事业有成的合理标准的研究参与者，会用更为存疑的方式来表明自己适合从事他们极其渴求的职业。

举例来说，当商科学生认为使用道德存疑的方式解决问题就是商务专家的特点时，他们就会以这种手段来解决商业问题。为了彰显他们适合这一职业，他们主张对人力资源战略闭口不谈，游说在环境脆弱的地区建厂，选择解雇低收入员工以避免管理层收入微不足道的削减，并且为了省钱而选择让客户暴露于健康风险之中。同样，当法学生认为一些不为社会赞许的特质（例如无情）是职业律师的典型特征时，他们会声称他们具备这些特质。在收到关于他们专业资质的负面反馈后，理工科学生表示他们是自私自利且拒不合作的人，以符合他们被告知的成功科学家的形象。无论专业背景如何，明显缺乏相关职业所要求的能力都会促使这些学生表明他们愿意接受典型的职业**价值观**，以此来显示他们适宜从事自己向往的职业——即使这意味着在更广阔的社会背景下，他们要以一种看来不那么有吸引力甚至不道德的方式来呈现自己（Marquardt et al., 2016）。

　　凭借直觉，这些学生意识到了其他研究中明确论证的内容。当个体寻求被一个群体接纳时，他们能力的不足相对容易得到体谅。显然，能力不足被看作可以解决的暂时性问题，例如可以借助于提供额外指导和积累更多经验来解决。然而，当个体未能信奉重要的群体价值观时，这被视作他们顺利加入群体的更大阻碍。一系列实验证明了这一点，研究参与者——作为一个群体一同工作后——有机会决定是否愿意接纳一个想加入的新群体成员（Van der Lee, Ellemers, Scheepers, and Rutjens, in press）。为了能够做出这个决定，他们被告知这个潜在群体成员的据传的能力或德性。两者都与联合任务相关。

　　这个群体更愿意接纳一个能力不达标的新成员，而不是一个看上去德性缺失的人——他们认为这个人与群体间的鸿沟更大。进一步的测量显示，他们不愿接纳一个不赞成相同道德标准的人，因为他们认为这种人对群体的威胁要比达不到群体绩效标准的人更大（见图 7.4）。

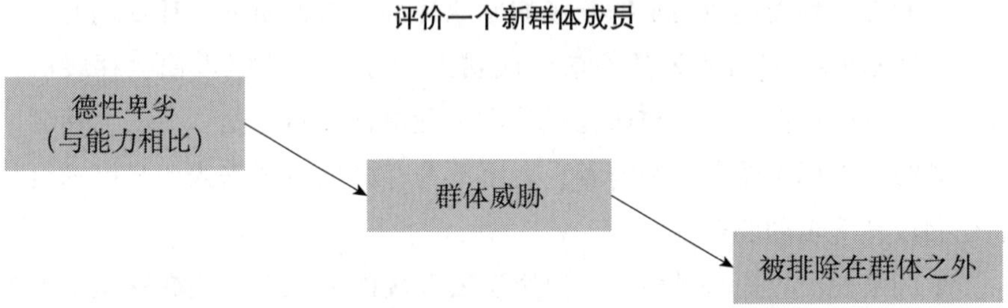

评价一个新群体成员

德性卑劣（与能力相比）→ 群体威胁 → 被排除在群体之外

图 7.4　德性缺失被视作对群体的威胁并导致被群体排斥

来源：改编自 Van der Lee et al., in press。

　　这表明，群体在决定是否接纳新成员时，主要标准在于寻求被接纳的个体是否认可该群体的标志性道德价值观。然而这一点在实证研究中尚未受到系统检视（如 Moreland, 1985; Moreland and Levine, 1982; 近期概述参见 Rink, Kane, Ellemers, and Van der Vegt, 2013）。例如，大多数探讨新来者被工作团队接纳的相关因素的研究聚焦于人口统计学因素（种族、年龄或性别的相似与差异），或知识特征（新人之于团队是否有补充性的信息与专业知识）。因此，研究个体加入新群体与工作团队的成效时，道德价值观的兼容或不兼容是一个相对被忽视的因素。

少数考察了道德价值观的兼容或不兼容的研究表明，新来者和现有群体成员之间的社会差别往往使新人不太容易受到接纳，群体也很难从他们提供的补充性知识中获益。然而，当新来者适应群体规范并且明确支持群体的重要价值观时，这让他们更容易被群体接受。但是，通过依从于规范来赢得接纳的缺陷在于，它削弱了新来者得以贡献可能提高群体绩效的独特观点的可能（Rink et al.，2013）。

其他研究也表明，为了赢得自己重视的群体的尊重与接纳，个体愿意倾注巨大努力（Sleebos et al.，2006a，2006b）。在此过程中，对联合绩效与群体成功的切实贡献被视作不如更具象征性和社会性的忠诚的誓言重要，后者意味着共享相同道德价值观与偏好的可能（Spears et al.，2005，2009）。这些优先考虑事项既出现在考虑吸纳新成员的**群体**中，也体现在考虑加入某个特定群体的**个体**身上。例如，一项有关募捐机构招募志愿者的系列研究显示，当预期自己志愿服务的意愿能得到募捐机构更多的支持和尊重时，个体会更倾向于参与志愿服务，并且感到更为该募捐机构所吸引。对于吸引新志愿者而言，组织在实现其目标方面的成效是一个较不重要的因素（Boezeman and Ellemers，2008a，2014）。另一个研究表明，志愿者被纳入志愿组织后，与从志愿工作中获得的能力感相比，他们从志愿组织的接纳中获得的关联感是其工作满意度和持续投身志愿工作的更强有力的原因（Boezeman and Ellemers，2009）。

对个人和群体而言，社会接纳与接受具有高于一切的重要性不无道理。它是为群体目标倾注努力的承诺及意愿的主要源泉，有助于实现群体珍视的结果（Ellemers, De Gilder et al.，2004）。这在一个针对参加北约维和任务的两个荷兰皇家武装部队骑兵营开展的研究中得到了证实（Ellemers, Sleebos et al.，2013）。从队友那里获得的尊重向这些职业军人表明他们是受重视的团队成员，并且使他们感到自己为团队所接纳。这也进而向他们灌输了积极的团队认同，强化了他们为团队效力的意愿。士兵们感到被尊重和接纳所带来的这些积极影响，对其他人来说同样显而易见。当士兵们表示从他们的队友那里收到更多尊重时，管辖这些部队的军官会认为这些部队具备更高的战备能力（见图 7.5）。

荷兰皇家武装部队
执行维和任务的军事小组

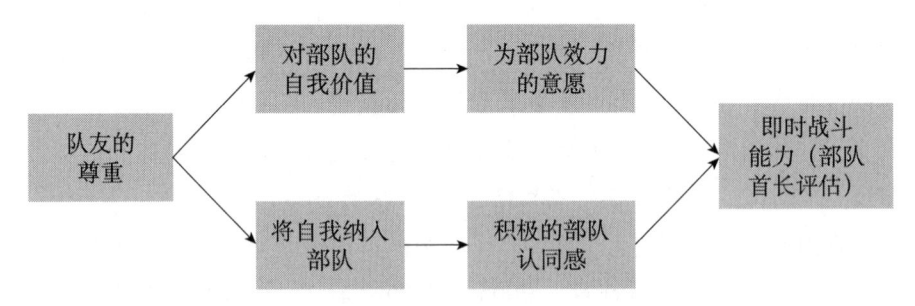

队友的尊重 → 对部队的自我价值 → 为部队效力的意愿 → 即时战斗能力（部队首长评估）
队友的尊重 → 将自我纳入部队 → 积极的部队认同感 → 即时战斗能力（部队首长评估）

图 7.5　军事维和部队中，来自队友的尊重预示着部队的即时战备能力
来源：改编自 Ellemers et al., 2013。

❖ 谁的判断至关重要？

人们并非生活在社会真空之中（Tajfel, 1974）。他们寻求他人的道德指引，尤其是在情况不明之时（Bloom and Levitan, 2011; Manstead, 2000）。因此，人们做出的道德决策未必反映了他们的个人偏好。个人的道德行为有时会受到周围人判断的影响。我们所有人有时候都会调整自己的道德选择来适应他人的期望——即便我们自己并不总是会承认这一点。事实上，研究清晰地表明，身边人的道德选择以及道德群体的规范可以压倒个体的道德偏好（Gino and Galinsky, 2012; Moore and Gino, 2013）。但不是所有群体、社会规范或他者的判断都有同等的影响力（Gino et al., 2009）。如上文所述，考虑他人道德价值观与期望的主要原因在于被他人接受与接纳的动机。如果我们想预测何时人们可能会根据他者规定的准则调适自身的道德行为，以及人们何时更能够抵御这种社会影响，这就是十分重要的一点。

这在对 93 个研究的大型元分析中得到了证实，研究涵盖了不同宗教团体（基督教徒、穆斯林、印度教徒）的 10 000 多名成员。这些研究运用不同策略来使个体想起自己的宗教及其规定的道德价值观。例如，一些研究要求他们谈论自身宗教信仰，或阅读《圣经》的部分内容。其他研究则使个体听到伊斯兰教的祷告钟，或在他们身处宗教建筑内时上前搭话。在所有案例当中，以这种方式使个体想到关键的宗教价值观，增强了他们传递共情、关怀以及与他人分享珍视的物品的意愿。然而，只有在那些将宗教看作自己认同重要组成部分的人身上才会出现这种情况。对那些自认不信教的人来说，启动与关怀、共情与分享相关的宗教价值观并不会引发亲社会行为（Shariff, Willard, Andersen, and Norenzayan, 2016）。

因此，为了能弄清这一点，我们在无论何种情况下首先要评估的都是人们希望得到**谁**的尊重，以及他们希望被**哪里**所接纳。事实上，对道德领袖的选择通常不是基于他人对领袖的人际上的喜爱或是对其道德价值观的钦佩。相反，人们关注的是那些代表了他们希望被纳入其中的群体的道德标准。遵守这些规范能为他们赢得尊重与群体接纳（另见 Haslam et al., 2013）。更宽泛的道德原则或作为其他群体特征的道德规范，则不能发挥这种认同界定的作用。这些道德准则对于满足重要心理需求而言没那么重要（Greenaway et al., 2016）。因此，它们得到的关注较少，也较少能激发起人们的顺从。

在一系列研究中，我们清楚地观察到他人道德判断的不同影响——取决于这些他者是谁以及他们与自我的关系。运用不同方法和测量手段来研究在不同大学就读的学生群体以及在实验中创设的群体，三个实验得到了类似的结果（Ellemers, Doosje, and Spears, 2004）。例如，我们描述了这样一种情形：一个学生训斥了一个小男孩，因为他在拥挤的阿姆斯特丹电车上把一位老太太从最后一个空座旁推开了。这引起了其他学生的评论，这些学生身着阿姆斯特丹的同一所大学（内群成员）或是对手学校（外群成员）的T恤。从他们那里收到的评论中，有的批评了责备男孩的学生（"管好你自己""让出你的座位"），也有的赞同这种发言干涉的行为，并与该学生一同谴责那个小男孩。

研究结果显示，他人提出的道德认可或批评有着不同效果，这取决于评论到底是由内群成员还是外群成员所表达的。也就是说，学生作为优秀群体成员的自尊仅仅有赖于他们从同校学生那里收到的评论。当其他大学的学生发表同样的认可或批评的评论时，这对他们报告的自尊心则不会产生影响。同样，也只有内群的批评会提高学生试图改善自己在他人眼中形象的意愿，而来自外群的同样的批评并没有激发类似的提升努力。最后，学生们报告称，收到来自内群的批评带来了远甚于外群批评的羞耻感。事实上，只有当被自己大学同学批评的行为却被对手学校的学生认可时，羞耻感才会加强（见图7.6）。

这项研究表明，人们极度关切自己从他人那里得到的道德批评与认可。道德批评能引起羞耻感与改善行为的努力，道德认可则能提升自尊。然而，来自他人的道德判断并不总是具有这些相同效果。我们对那些代表我们希望加入的群体的人的道德批评和认可分外敏感。当受到与自我相关的他人的批评时，来自外群成员的道德认可甚至是令人生厌的。当一个人的行为符合"错误的"群体的道德准则时，其羞耻感会更为强烈（Ellemers，Doosje et al.，2004）。

为外群道德认可所带来的羞耻感

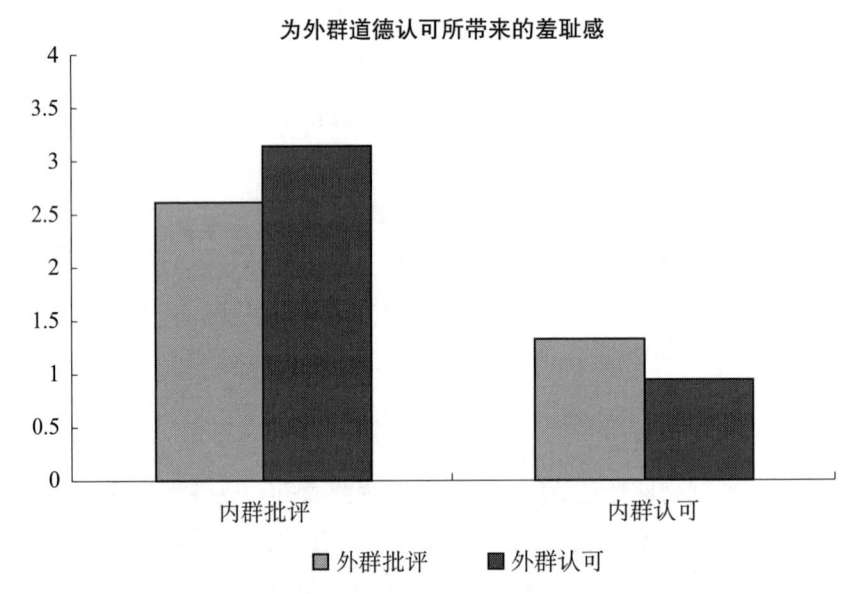

图7.6 针对个人的道德行为，源于内群成员和外群成员的批评和认可所带来的羞耻感
来源：改编自 Ellemers et al.，2004。

在意大利南部进行的研究进一步证明，群体规范的影响视其是内群还是外群的道德特征而定（Pagliaro et al.，2011；另见第三章）。这发生在意大利2008年的废弃物管理危机期间，彼时垃圾在街头数周无人清理，直到军队介入其中。化学垃圾和有毒的工业废物与家庭垃圾混作一团，被倾倒在街上或那不勒斯周边的露天垃圾填埋场内。这些垃圾当时已经泛滥成灾，对公众健康造成严重威胁。由于腐败问题，用以建造垃圾焚烧炉的公款已不见踪影。在这种情况下，我们提醒意大利公民，他们所在的意大利南部地区社会形势严峻，经济前景堪忧。我们进而概述了两种有望改善这种现状的策略，一种是个人确保更积极的结果（例如搬到意大利北部），另一种是努力改善整个群体的处境（例如游说在意大利南部进行政治变革）。研究参与者首先被问及他们对这两类策略的个人偏好。接着我们向他们展示一项据称是民意调查的结果，该结果显示了其他人对这个问题的看法。别人偏好的行动方案被推荐为最有竞争力的行动方案，或最有道德的行动方案。

第三章也提到了这项研究。那时我们注意到，首先，当研究参与者认为群体认为行动方案是道德的而非最有竞争力的时候，他们更有可能遵循群体规范而不是个人偏好。其次，我们发现他们会顺从于群体认定的道德，不管这种道德要求他们为自己努力还是为群体效命。除此之外，此研究还有第三个发现（Pagliaro et al., 2011）。这一发现之所以被揭示出来是因为我们还操纵了拥护特定行动方案的群体的认同。我们通过比较对相同道德标准的反应来实现这一点，参与者的反应取决于制定这些规范的是内群（意大利南部的其他居民）还是外群（意大利北部的居民）。

尽管意大利北部的居民代表的是一个更成功、地位更高的群体——而且他们关于如何应对这种局面的建议可能是有效的——研究参与者还是忽略了他们的建议。也就是说，他们只根据内群视为道德的方式来调整个人行为选择。个体遵循内群提出的道德原则——无论内群认为是致力于自我改善还是致力于群体提升才是更合乎道德的。人们之所以顺从是因为他们认为这是赢得群体尊重的方式，而这种来自群体的尊重对自我观是最重要的（见图7.7）。尽管研究参与者表示他们正确理解了外群的建议，但他们的行为选择并未受到外群提出的道德准则的影响。

为了进一步理解引发对内群与外群道德规范不同反应的机制，我们在更严密控制的实验室环境下进行了研究。为了这一目标，我们采用了先前

与认同相关的原则

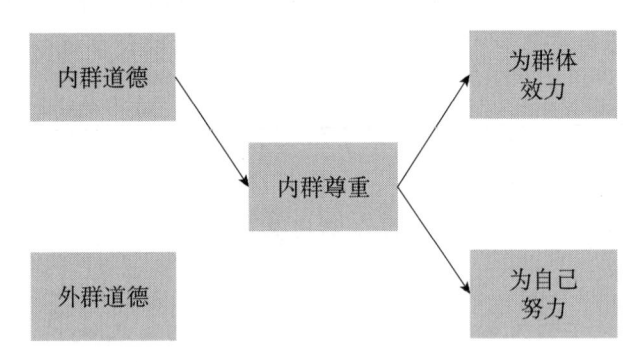

图7.7　只有内群道德能引发行为改变

来源：改编自 Pagliaro et al.，2011。

为检视德性任务表现期间大脑活动而开发出的方法（Van Nunspeet et al.，2014；见第三章）。在一个后续研究中（Van Nunspeet, Derks, Ellemers, and Nieuwenhuis, 2015），我们首先使研究参与者相信，他们可以基于人格测验被分为"P型"或"O型"个体。接着我们要求他们进行我们开发的内隐联想测验（IAT），即评估他们对戴头巾的女性图片的积极与消极联想。就像先前的研究一样，部分参与者被引导相信这是一个能力测验，其他人则认为测试的是自己的道德价值观（关于这项任务与流程的细节参见第三章）。

然而，这次参与者在每个试次中收到的反馈并不是绿色选择标记（代表正确试次）或红叉（代表错误试次）。取而代之的是电脑屏幕一角据称是核对他们答题状况的人的录像截屏，每个试次后，他们或者对研究参与者向上竖起大拇指（代表正确试次）或者向下竖起大拇指（代表错误试次）。而且，虽然他们看到的人总是同一个，但一些参与者被告知这是一个"P型人，和你一样"，或者一个"O型人，和你不同"。这种相对微妙的操纵——以一种非常象征性且最简的方式暗示参与者到底观众是内群成员还是外群成员——具有深远影响。

当我们以头皮脑电监测大脑活动时，与最初的研究一样，我们观察到"错误相关负波"——表明参与者监控自身反应并且介意犯错——在参与者认为自己正在接受道德价值观测试时更明显（Van Nunspeet et al.，

2014)。不过，这一次只有当研究参与者认为自己在被一位内群成员监视时才会出现这种效应。当他们认为自己的道德表现被外群成员监视时，他们的大脑活动并未显示出更强的想在任务中表现优异的动机（见图7.8）。

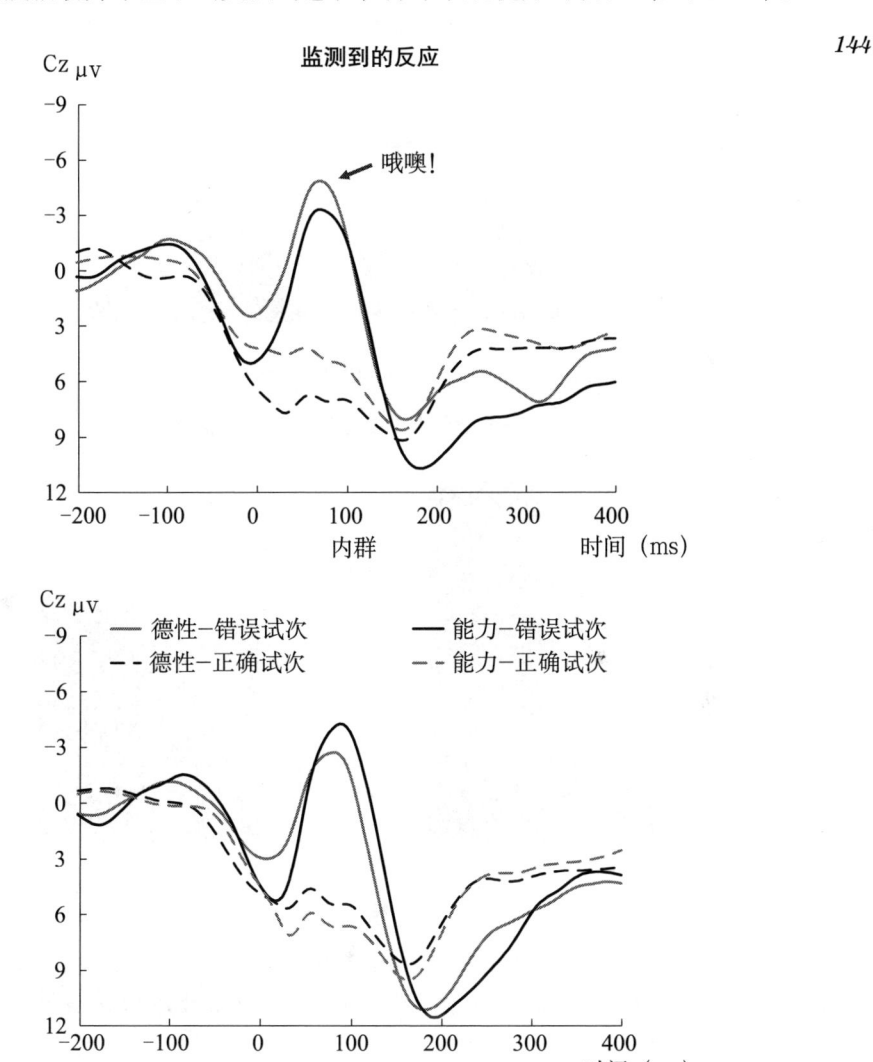

图7.8 在一项测试道德价值观的内隐联想测验中，当一名内群成员见证了实验参与者的错误回应时，参与者被监测到的反应就会增强

来源：改编自 Van Nunspeet et al., 2015。

在他们的行为表现中也观察到了类似的模式。在参与者认为自身表现是由内群成员监视的情况下，当他们认为测试的是他们的德性而不是能力时，他们的认知偏差较少（见图7.9）。然而，当参与者认为监视自身行为的是外群成员时，我们没有发现他们在德性任务指令下抑制偏差的证据（Van Nunspeet et al., 2015）。

P组/O组

受内群监视与受外群监视的对照

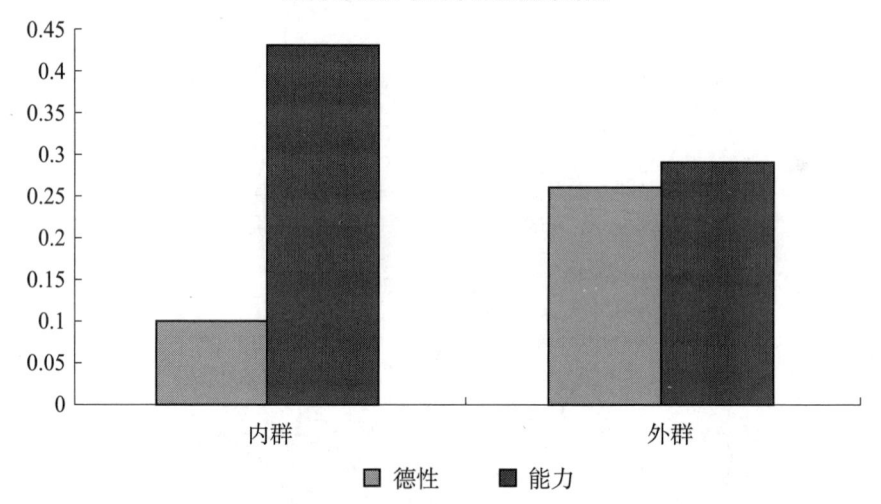

图7.9　在一项测试道德价值观的内隐联想测验中，当一名内群成员见证了实验参与者的错误回应时，参与者被监测到的反应就会得到增强

来源：改编自 Van Nunspeet et al., 2015。

这些研究共同表明，人们愿意做被别人视作合乎道德的事，并且这可能会让他们做出一些原本并不赞成的行为。同时，研究结果也清晰地表明，展示道德行为的动机关涉人们得到群体中其他成员尊重的愿望。这意味着我们不能简单地通过向人们展示哪些选择是他人认可或不认可的来引导其道德行为。相反，我们必须了解**哪些**群体对不同个体而言至关重要。人们有相当强的动机使自身行为符合内群道德规范。可是外群道德标准直接被忽略了，甚至会起到反作用，使人们做出与外群建议背道而驰的事。了解这种影响有助于我们预测人们会如何看待从他人那里收到的道德反馈。我们首先要找出谁会被人们当作一个内群或外群成员，然后才能预测他们的道德判断和行为的影响。

❖ 无罪推定

共享一个群体成员资格有利有弊。个体的声誉和结果与群体及其成员捆绑在一起。因此，守护自己声誉和结果的意愿让人们对准许新成员加入群体一事十分谨慎，并在决定谁能留下时相当严格（另见 Bown and Abrams，2003）。与此同时，将群体往好处想的动机也会使他们对现有群体成员的缺点视而不见。当群体的声誉与其他群体成员的作为成为人们社会认同与自我观的一部分时，解释内群成员行为的尝试会引发与人们说明自身道德可疑行为时的表现一样的反应（另见第四章）。这可能导致人们原谅并合理化其他内群成员的道德过失，以此来捍卫和维护自身的道德自我形象。那么，是什么让他们对其他群体成员的道德行为分外敏感，什么时候他们会对群体的道德污点视若无睹？

群体对潜在群体成员的道德行为可能会持相当批判性的态度，并经常以"缺乏道德价值观"作为排斥他们的正当理由。然而，一旦他们被群体接纳，内群成员往往会得到无罪推定（benefit of the doubt；Ellemers and Jetten，2013）。我们与我们的内群成员共享部分认同的事实意味着我们依赖他们来实现联合成果，而他们的行为会影响我们的社会声誉。一旦我们在这方面让自己易受内群成员影响，我们也会假定他们值得我们信任（另见第六章）。我们倾向于推测其他内群成员认可的价值观可能和我们相同，并假设他们怀有善意（Ellemers and Rink，2016）。因此，我们用他人与我们是同一群体的成员的身份来作为我们所没有的信息的代替（Rink and Ellemers，2006，2007a）。只要没有证据表明他们不忠或危害群体，我们就可以接受其他内群成员并不像我们预期的那样与我们相像（Rink and Ellemers，2007b，2007c）。即使其他内群成员没有达到共同的道德标准，他们也总是被网开一面，特别是那些把群体和群体道德形象视作自己认同重要组成部分的人会这样做（Ellemers and Jetten，2013；Iyer et al.，2012）。

当内群成员做出我们不赞同的行为时，我们经常假定他们这样做一定是出于某些迫切的理由。事实上，实验表明，当外群成员做出同样的行为时，他们得到的理解和宽容要少得多（Ellemers，Van Rijswijk，Bruins，and De Gilder，1998；Harinck and Ellemers，2006）。例如，一个让同性恋群体成员听与同性恋相关的玩笑话的研究就发现了这一点。当个体开玩笑说自己参加了一次同性恋骄傲活动，自己是同性恋团体中的一员时，人们很容易谅解他。但当一个异性恋者开玩笑说出同样的话时，人们的反应要更加严厉——并且认为这些笑话暴露出了其反同性恋的偏见（Krumm and Corning，2008）。

这种机制也有助于我们应对群体中他人的批评意见。一旦我们确信他们忠于群体并对群体有长期承诺，我们经常相当愿意接受改进建议（Rink and Ellemers，2009）。继而我们就会认为群体中其他成员都见多识广且富有建设性，并推断他们的评论反映了他们帮助群体提升的真诚愿望（Hornsey，2005）。然而当一个外群成员做出同样的批评时，我们反应的防御性会大大提高。因此，当我们知道某人和我们同属一个群体时，我们会假设他们的本意一定是好的，即便从他们的行为中并不一定看得出来。

保护内群及其成员形象的倾向，会导致我们在其他内群成员做出道德存疑的行为时为他们编造合理的理由。例如，我们会援引外部因素来为他们的道德过失"开脱"。同时，我们会坚称，当外群成员表现出完全相同的行为时，这表明了他们道德价值观的缺失。比如说，相信一位同事为满足苛刻的客户而制造了"善意的谎言"这一行为看起来是可以被接受的；但当另一家公司的代表被曝光做出虚假承诺时，这一行为就可能会因不诚实而引起愤慨。人们可能会相当包容其他内群成员道德存疑的行为，给他们以无罪推定来保全群体形象。然而在某一时刻，这种倾向会发生逆转，其他内群成员会比另外群体的成员受到更严厉的评判。什么时候会出现这种情况？

这当中有许多重要的因素。首先，个体在群体中的地位发挥了作用。

那些已经证明了自己对群体的忠诚与承诺的人，比那些与群体的关系更具争议的人，譬如因为他们相对而言是新人，更可能得到无罪推定（Rink and Ellemers，2009）。其次，为那些多少有些模糊不清且可以任意解读的行为开脱，或者无视那些和群体关键目标或特征无关的行为，都比较容易。然而，以这种方式解释公然无视明确群体原则的行为是比较困难的。再次，人们可能倾向于容忍那些违背普遍期望或不符合共同行为标准的人。但群体较不可能宽恕违反被视作群体的特征或是界定群体立场的核心所在的共享价值观的行为。事实上，以这种方式对抗群体道德，可能会付出巨大的社会成本。

❖ 对抗群体道德的代价

在乔里斯·卢因迪克（Joris Luyendijk，2015）对伦敦银行业的金融专业人士的刻画中，他观察到这个专业群体形成了一个相当封闭的社会系统。即使只是因为工作时间超长和国际流动性，这些从业者也相对脱离了他们所服务的各个社会群体。在这个行业变得成功，就意味着人们在工作之外很少与他人相处。他们的社会关系仅限于银行部门与其有工作接触的有限同事群体。一个关于华尔街专业实践的人类学研究（Ho，2009）进一步说明了"最优秀的和出类拔萃的人"是如何通过校友网络从少数精英大学中招募而来的。尽管存在以这种方式锻就的"家族式关系"，但华尔街金融人士的生活特征是特权与不稳定的结合。个体被解雇，工作被取消，这都是常态。因此，这些系统内的专业人士即便对他们在工作中遇到的道德行为和商业伦理持批判态度，他们也很不愿意将批评宣之于口。他们表示，如果自己质疑被视作行业工作标准的做法，这会导致社会排斥并丢掉职业身份，他们为此感到担忧。事实上，尽管补偿稳定性缺乏的薪酬十分诱人，大多数公司却基本不提供长期保障，这使得从业者清醒地意识到，他们随时可能失去自己特权性的职业地位。由于对抗群体道德的成本实在太高，大多数人宁愿闭嘴也不愿被扫地出门。

正如我们在第六章看到的，人们一般更愿意和那些验证自己道德价值观的人交往，而不是那些挑战自己的人。因此，当群体中有人开始挑战群体的道德正确性时，他们就成了群体及其所捍卫的东西的威胁。因此，那些揭露和挑战群体不当行为的人普遍不受欢迎。这是防止在工作或其他非工作社会群体生活中出现的不端行为（例如天主教会中的不当性行为）被公之于众的机制之一。即便事实证明许多人都对此心照不宣，他们经常宁愿保持缄默，也不愿危及群体声誉以及自己在群体中的地位。

他们的担心不无道理。例如，工作中的检举者鲜少因为他们揭露不当行为的付出而得到感谢，也不会因为他们出面检举的勇气而受到赞扬。相反，比起闭口不言的人，检举者的工作满意度相对较低，因为他们在组织中受到更多欺凌，而且面临着不同形式的组织报复（如 Bjørkelo, Einarsen, Nielsen, and Matthiesen, 2011; Sumanth, Mayer, and Kay, 2011）。同样，研究表明，那些反对工作伙伴的道德行为或对同事有违伦理的决策表示忧虑（例如招聘流程中的歧视、产品制作中童工的使用）的人，并不会因为他们的原则立场而受人钦佩。相反，他们被人讨厌并且受到社会惩罚，被欺负、侮辱或嘘声（Wellman, Mayer, Ong, and DeRue, 2016）。

因此，质疑群体的道德价值观，对这样做的个人而言代价相当巨大（Jetten and Hornsey, 2014）。因为这样的批评触及了群体的核心及其主张，人们很难认为此类批评用心良苦，或是把它看作有助于改善群体的建设性的意见（Hornsey, 2005）。它反而使发出这种批评并且揭露群体道德缺陷的人显得离经叛道且不忠，因为他们被视作"背叛"了群体——即便他们的批评完全正确（Chan, Louis, and Jetten, 2010）。这使他们失去了典型的会给予其他内群成员的宽大处理与保护。这些人非但没有让群体重新考量自己的行为方式，反而被斥为"害群之马"，或者被惩罚并被逐出群体（Marques and Paez, 1994; Williams, 2007）。事实上，这种避开质疑我们道德价值观的人的普遍趋势在人类发展的早期阶段就已经显现，并且只会与年龄一同增长而不会消退。比如，当儿童在一个以不平等分配资源为规范的群体中主张公平分享时，他们就会被群体排除在外（Killen and Rizzo, 2014）。这与反对多数人的意见或挑战群体规范本身并无关联：当他们挑战的群体规范仅仅是社会惯例（穿哪件衬衫）而不是代表着道德价值观（公平规则）时，儿童遇到的社会处罚和不喜较为轻微。

对抗群体道德特征的高昂社会成本，使许多群体成员不敢对群体及其成员的道德污点公开发表批评意见。这阻碍了群体学习和提升其道德行为的能力。只有那些身居高位以及正式负责他人在工作中的行为的人，才能在不招致严重社会处罚（Wellman et al.，2016）或打击团体士气的情况下进行改革或改善团体道德的尝试（Rijnbout and McKimmie，2012）。同时，他们更高的权威也使他们对当前实践中的不足之处负有更大责任。对他们而言，当前实践中的不足不仅危及群体信誉，也危及他们的个人领导声名——使得承认和直面与当前群体实践相关的道德缺陷都变得越发困难和具有自我威胁性（Haslam et al.，2013）。

❖ 做忠诚的群体成员

有鉴于上文概述的种种因素，个人要展现出自己是优秀而忠诚的群体成员，其中牵扯到诸多利害关系。由于批判其他群体成员的社会代价是如此严酷，与群体中其他成员眼中符合道德的行为保持一致对人们极具诱惑性——即便这使他们以自己并不认可的方式行事。

对群体及其所捍卫之物的这种忠诚，能够遮蔽异见，或是掩盖对可能为群体带来长期影响的行动缺乏支持这一事实。没能打破沉默会给群体成员传递这样一种信息：为了保护群体的最佳利益而伤害他人是可以接受的。考察人们对英国不同政治立场的反应的研究阐明了这一点（Shepherd，Spears，and Manstead，2013a）。英国公民被要求审视一些政治提案，其中一项提案是关于英格兰人无须平等对待威尔士人，而另一项提案则提议英国轰炸伊朗的核设施。随后，研究者对研究参与者反对这些行动的意愿进行测量。总的来说，那些预期会在自己国家实施这种行动时感到更多羞耻与愤怒的人，会更愿意发声抗议。然而，那些对英国国民身份拥有强烈认同感的公民，当他们考虑到提案中政治举措不光彩的影响时，他们宁愿保持沉默（Shepherd et al.，2013a）。就这样，忠诚与民族自豪感阻止了他们的抗议——即便所提出的行动方案从长远看来会危害他们的祖国。

个人忠诚的类似表现还可能助长职业操守上存疑的商业行为的发展与持续。在美国与中国企业中开展的系列研究观察到了这一点（Chen，Chen，and Sheldon，2016）。为了应对竞争激烈的商业环境，个体员工愿意在职业道德原则上做出让步以推动自己所在公司的发展。对组织认同感更强的人不仅更倾向于进行这种违反伦理的行为，而且还更可能将此看作显示了他们对组织原则的遵守，或是体现了他们帮助同事的心愿。因此，他们对公司忠心耿耿，全情投入，加之公司在与其他企业竞争时的困境，这些都诱使他们以欺诈手段打造公司声望，并向客户提供关于他们公司的产品和服务的虚假信息（Chen et al.，2016）。

团队成员信任彼此忠诚可靠，这对群体和工作团队有很大助益。实际上，对112个独立研究（共考察了7 763个工作团队）进行的元分析显示，相互信任的评价与感受有助于提高团队绩效，其影响力超过诸如团队过往能力等其他因素（De Jong, Dirks, and Gillespie, 2016）。此外，实验研究发现，对自己在工作团队中的地位感到放心的团队成员，更能看到其他团队成员为联合目标所做出的贡献，从而使团队表现从中受益（Rink and Ellemers, 2014）。因此，激发和维系忠诚与相互信任有良好的理由：这给予个体以包容感和安全感，也能使群体取得成功。

然而，正如上述研究所表明的，当这种忠诚与信任使个体不去批评不明智的政策，或是诱使人试图通过伤害他者来提升群体地位之时，这也会给社会及构成社会的群体招致重大损失。此外，当群体中的成员个体违背个人是非观来表现对群体的忠诚时，他们也可能备受煎熬。这在一个对371名年轻律师的研究中得以体现。他们接受的社会化过程要求他们按照商业原则来工作，而这些原则与他们自身的道德原则不符。尽管他们试图以符合预期的方式来展现自己是称职的法律专业人士，但这导致他们经历道德冲突与心理困扰。也就是说，他们被律师事务所社会化的程度越高，他们就越会感觉情绪疲惫，体验到的职业成就感也越低（Kammeyer-Mueller, Simon, and Rich, 2012）。

这些心理成本对个体而言是一个很关键的信号，意味着被纳入群体的代价对他们来说可能太大。当人们意识到这一点时，他们可能会决定离开以保全自己的幸福感与正直性，即便这个群体毫无改观。事实上，这种事屡见不鲜，很大一部分年轻的专业人员在一两年内就离开了他们的第一份工作，因为该工作没有满足他们的期望（Aldrich, 2000）。然而，正如对伦敦城中的金融专业人士的采访所表明的那般（Luyendijk, 2015），伴随他们职业生涯与个人承诺的发展，许多人感到自己与工作捆绑在了一起。要支付的高额房贷与高昂学费让他们三缄其口，而非选择退出。当然，他们经常发觉自己在走下坡路，每前进一步，都在让他们离自己的道德理想越来越远。只要是迈出的步子不大，而且相关的问题并不违背对他们而言分外重要的道德准则，那么顺其自然似乎就是最好的选择。事实就是，只有当人有坚定的道德基础去支持反规范的态度（counter-normative attitudes）时，他们才能够拒不顺从群体标准，或者公开抗议这些规范（Hornsey et al.，2003）。

实现忠诚与互信是大多数社会化努力与各类群体入会仪式的重要目标，也是工作中标准的"入职"流程的重要目标。然而，强调吸引、挑选与留住那些最愿意遵循现有做法的人，也会成为发展和变革的绊脚石（Aldrich，2000）。对于社会群体、工作团队和组织而言，只有通过更新和发展标准性的实践来适应日新月异的外部环境与不断变化的需求，才能实现长久的生存与繁荣。进步需要的是个体为群体做出贡献的方式多样且多变（Murmann，Aldrich，Levinthal，and Winter，2003）。承认并整合这些差异需要花费一定时间精力。但是，如果做法得当，这并不会削弱团结与包容感。相反，群体成员为群体所履行的多种角色能够为他们的共享身份奠定基础（Ellemers and Jetten，2013；Ellemers and Rink，2016；Rink and Ellemers，2008，2011）。

❖ 窄化我们的道德视野

我们如何思考和感受自己，以及我们被他人怎样对待，其中群体都在发挥着重要作用。群体的独特特质与特征也被视作群体中成员个体的特性所在。群体规范与共享道德原则界定着我们所需的行为方式。如此我们才能被视作一个有价值的群体成员而受人尊重。因此，群体影响着我们为什么要做一个有道德的人，我们又如何努力实现这一目标。群体同样决定了我们何时最有动力去展现我们的德性——不仅是向我们自己展现，也向他人展现。在此意义上，群体可以提升个体的道德行为水平，否则他们会忽略共享道德原则。

在获得珍贵的成果与社会声誉上相互依赖，使得人们容易受到与之共享相同群体成员资格的人的影响。这种依赖关系的坏处是，当人们认为漠视自身道德原则能帮助他们赢得接纳并融入群体时，他们就会如此行事。而害怕自己是优秀忠诚的群体成员的这一声誉受损，或者被他人以贬低其作为群体成员的良好声誉的方式来惩治相威胁，会阻止个体谴责或揭露群体的不道德行为。守护自己与群体共享的声誉的强烈愿望，可能会使人们为其他内群成员的不当行为开脱。这就是为什么不守规矩的人的行为经常被内群成员所宽恕和谅解，而不是受到挑战。

这也有好处，对内群成员同伴的善意与长期共同利益的基本信心，也使我们更容易接受他们可能对我们自身行为或群体中惯常做法的任何批评意见。只要内群成员不去挑战群体标志性的核心道德价值观的合理性，他们的意见就往往被视为建设性且考虑周全的。因此，行为改变更可能发生于群体内部，而不是由外部人士，例如监督机构提出的类似评价所激发。所以，一方面，群体成员表现出的互信与团结使他们不愿说出自己的担忧，并使他们能够不受外界批评的影响。另一方面，一旦群体内部承认了自身问题，同样的这些机制就会使变革从群体内部涌现。

第八章
道德氛围

　　我们做出的道德抉择，受到我们生活于其中的社群与工作所在组织的影响。然而，我们总会让人们为他们在这些语境下表现出的道德相关行为负个体责任。如果更宏观的引发不道德行为的群体文化或商业氛围没有得到改善，那么对个体公民或劳动者的监视和惩治对消除这种行为而言也无济于事。一个社群或一家公司的道德氛围并不仅仅取决于外显的目标或者行为准则。领导力的展现、处理错误的方式以及所采用的处罚措施都在促成一种氛围，使得身处其中的个体觉得为自身的选择承担道德责任或易或难。

讲述在欧美大都市工作的专业人士生活的电影（例如《华尔街之狼》《穿普拉达的女王》）和书籍（例如约翰·格里森姆的各种小说），描绘的画面统一却令人沮丧：超长工作时间，残酷竞争，还有失败的领导。当然，小说与电影所刻画的是真实生活和事件经润饰、浓缩、极端化，本质上是虚构化的版本。然而，其中的主要信息是真实的。这些故事有的取材于现实生活事件。另一些则不是，但显然与实际新闻报道、网络博客与采访交相呼应（如 Luyendijk, 2015），说明那些"内部人士"承认并确证这些故事的普遍真实性。"现代奴隶制"（modern slavery），是一个用以描述成千上万高学历年轻专业人士的工作状况的词语。最严重的案例是在伦敦城一家投资银行进行暑期实习的实习生。2013 年 8 月他被发现死于家中，此前他连续三天工作到早上 6 点。"人们毫无怨言，因为潜在回报是如此巨大。我们正在竞争一些非常高薪的工作。"他的室友解释道（www.independent.co.uk/news/uk/home-news/slavery-in-the-city-death-of-21-year-old-intern-moritz-erhardt-at-merrill-lynch-sparks-furore-over-8775917.html）。

从这些故事可以看出，商业世界的典型特征是大男子主义文化，工作人员们为了在大型专业公司获得高薪工作而牺牲所有，不惜一切代价。他们放弃夜晚与周末的自由时间去工作——承受着失去睡眠、健康和家庭生活的风险。并且，为了实现目标，他们罔顾客户的最大利益，并在高层激励机制的驱使下与同事展开无情的竞争。这种激励机制给予表现最佳的人高额奖金，而表现最差的团队成员则会被解雇。诸如实习生死亡等事件引发了一些关于长时间工作对员工健康以及工作与家庭关系问题的影响的讨论。一些大公司现在鼓励实习生凌晨前离开办公室，并建议工作人员每年享受两周的假期。但实际上几乎没有什么变化。

在这样的氛围中日复一日、周复一周、年复一年地工作，会带来什么商业影响？同事之间的竞争和由此引发的信任的缺失会怎样影响团队表现？超长的工作时间与几不存在的恢复时间导致的精疲力竭，如何影响着员工避免错误、准确评判风险以及在充分考虑各种信息的情况下做出决策的能力？达成业绩目标而不被解雇的压力，与考虑自身选择和优先事项有何长远影响的意愿存在什么关联？领导者到底为什么会认为，这样管理他们的员工会充分发挥他们的最大价值？

对于在上述环境下工作的金融专业人士来说，似乎无论从哪方面来说结果都是不利的。对于那些由于不良金融产品被卖掉而丢掉工作或流离失所的客户，接受采访的人并没什么同情心。例如，前高盛交易员格雷格·史密斯（Greg Smith；www.theguardian.com/business/2012/oct/22/goldman-sachs-muppets-greg-smith-clients）将客户称作"提线木偶"，意思就是"在华尔街赚钱最快的方法是把最复杂的产品试着卖给最没有经验的客户"。金融业的专业人士大多看不起合规官，认为外部监管非常令人生厌。虽然他们报告对公司几乎没有什么忠诚，还指责公司管理，但想到别的工作的补偿性回报都无法与现在的工作相提并论，他们还是忍了下来。同时，他们工作时间长、收入高，使得他们难以与家人保持亲密，或是感到被他们服务的社群所接纳（Luyendijk，2015）。

这些人并非无可救药的精神病患者。相反，他们的行为举止受到他们所处的工作环境的影响。正如前文所述，那样的工作环境显然会引发他们身上最坏的一面，而不是最好的一面。那么，员工做出的道德抉择是如何受这些实际情况的影响的呢？在本章中我将审视的是，我们生活在其中的社会，我们为之工作的组织，它们都是怎样影响了我们做出的道德抉择。就像前几章所解释的，我们所认为的道德不仅仅取决于我们内在的信念（Hornsey et al.，2003；Manstead，2000）。此外，我们还受到他人影响，他们对我们的社会化使我们得以进行传达独特群体价值观的行为与实践（Haidt，2012；Greene，2013），以便成为优秀的群体成员，赢得群体成员的尊重和接纳（Pagliaro et al.，2011）。

那么，这些社会文化与商业氛围究竟是什么？我们是只为了迎合外界影响而调整外在道德行为表现，还是在做出道德判断时，确实受到了影响？领导力如何促成了"错误的道德"（faulty morals）的出现与维持，而领导者面对运转不良的道德氛围能有何作为？这些都是本章要讨论的问题。

❖ 害群之马与染缸

正如本书所论证的那样，有大量证据表明个体容易受他们所接触到的领导风格、群体标准和工作环境的影响。可是，对于曝光社群成员如何受到伤害（例如地方或宗教团体内的性侵案件）或客户如何被欺骗（例如商业欺诈案件）的事件，标准的反应是惩罚和清除"害群之马"（bad apples）——即便这些行为显然是团体成员或群体领导者知情、纵容甚至有时怂恿他们去做的。伦敦银行同业拆借利率（LIBOR）丑闻的事实就是如此，银行同业贷款利率被虚报以增加银行交易利润。道格拉斯·基南（Douglas Keenan）在 2012 年 7 月 27 日的《金融时报》上讲述了他作为职业银行家的经历，据他所说，自他 1991 年开始做交易员时，这种做法在银行业就已经人尽皆知了（www.informath.org/media/a72/b1.pdf）。因此，在 2013 年，法兰克福劳工法院下令恢复四名因卷入 LIBOR 丑闻而被德意志银行解雇的交易员的职务。安妮卡·格雷（Annika Grey）法官明确指出，银行应为交易员的不当行为负责，因为它没有防范该情况发生的完备规则与监管措施（另见 Scholten and Ellemers, 2016）。

事实上，有充分的研究表明，更宏观的语境因素影响着个体工作者的行为选择，并且它们还助长"染缸"（corrupting barrels）氛围的出现。这使我们得以明确，工作团队中道德氛围的特殊特征、绩效激励和结果管理影响工作中关系的方式，以及管理错误的方式，是决定道德氛围的相关组织因素（Scholten and Ellemers, 2016；见图 8.1）。在为共享群体价值观和地方道德标准在决定个人道德行为中的作用提供更一般性的研究证据之后，本章将依次讨论这些潜在的腐败组织层。

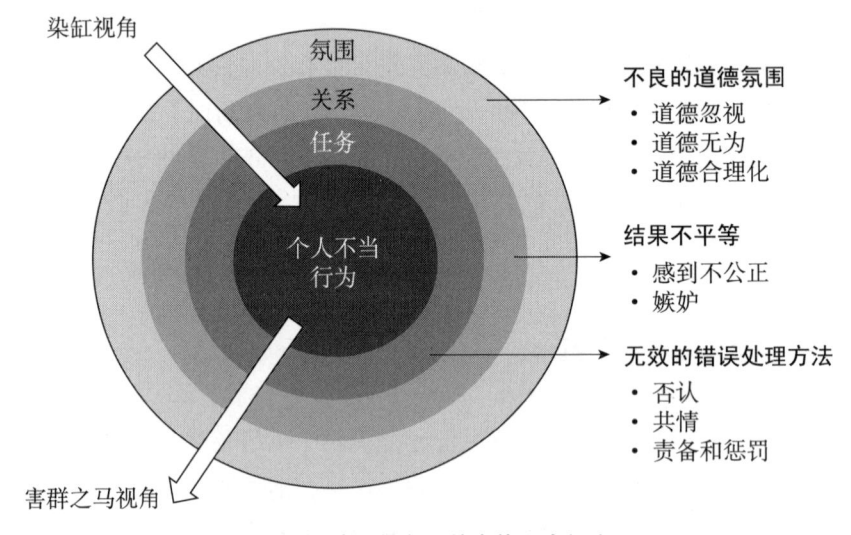

图 8.1　染缸视角下的个体不当行为

来源：改编自 Scholten and Ellemers，2016。

德意志银行发生的事情只是一个表明揪出并惩处个别犯错的人的倾向的例子，即使审查领导层或直面导致其不当行为的不合伦理的工作实践才是更合适的做法。如前所述，这也符合普遍的看法，即人们做出道德或不道德行为的倾向反映了个人的道德准则。这些准则可以通过诸如诚信测验等工具加以测量（Aquino and Reed, 2002；Ones and Viswesvaran, 2001）。然而，就像对历经 30 年搜集的 136 个不同研究样本中的 43 914 名个体所进行的元分析所总结的那样（Kish-Gephart et al., 2010），实证研究得出的结果并非如此。在诸多个人因素与道德问题都可能发挥作用的语境下，**工作环境**被发现始终是促使工作中不道德决策实际发生的因素（Kish-Gephart et al.，2010；另见 Tenbrunsel and Messick，1996；Treviño et al.，2014；Vaughan，1999）。在更严密控制的环境下收集的实验证据也表明，在周边人的影响下，人们会违反他们个人的是非观（Moore and Gino，2013）。

组织文化与工作氛围会以不同方式对员工的伦理行为产生影响。正如第七章所指出的，当突破自身道德底线有助于人们融入工作并取得进步时，员工个人会受其诱惑（另见 Leavitt and Sluss，2015）。那些对因此违背自身道德原则感到不适的人会没有那么成功，并且可能最终会离开公司，而非呼吁改变这种情况（Aldrich，2000）。在外部人员可以看到公司商业氛围的情况下，招聘新员工的努力可能首要在于引入那些被优先实现组织目标的工作环境所吸引的人（Moore，2008）。

在其他类型的专业组织与社会团体之中，类似的吸引、社会化与人员流失也会加强现有的道德文化。因此，个人做出的道德抉择很可能反映了这些社会力量。这在一个对澳大利亚精锐橄榄球队和足球队中116名男运动员的研究中得以阐明（Strelan and Boeckmann，2006）。被裁定服用提高成绩药物的运动员会面临严重后果。他们很可能会被罚款，也有可能需要归还所得奖牌，或者是被禁赛。这一样本中的运动员明确表示，他们知道如果因为使用此类非法药物被抓会面临严重的法律后果与物质损失。然而，他们当中50%的人表示，自己可能会为了事业发展而使用此类违禁药物。事实上，可预见的法律后果并不是让他们决定是否使用非法药物来迅速恢复膝伤的关键因素。重要的是，预测决定使用可提高成绩的非法药物的最佳方式是考察是否存在罪疚感，而罪疚感与预期重要的他者与队友对这种药物使用的认可或不认可密切相关。因此，不管面临怎样的法律后果与健康危害，参与研究的运动员都认为这种做法为对他们而言重要的社会群体所认可的话，他们更愿意使用提高成绩的违禁药物。

另一个考察学生运动员危险性饮酒原因的研究也得出了类似的结论。对英国一所大学的个体运动（如游泳）俱乐部和团队运动（如橄榄球）俱乐部的成员进行的访谈显示，群体和共同身份在解释这个问题上尤为重要。荒谬之处在于，这些学生表示，他们（过度）饮酒的动机——甚至到了损害个人健康的程度——是他们想与其他运动员打成一片，并且向他们所在的体育俱乐部展现自己的承诺（Zhou and Heim，2016）。

如第三章所述，将自己视作一个道德之人的愿望，意味着人们想要归属于有道德的群体（Leach et al.，2007）和组织（Van Prooijen and Ellemers，2015）。然而，一旦被群体纳入其中，人们往往会调整自身行为以适应群体目标，而非遵循他们的个人行为偏好。他们之所以这样做，要么是因为他们认为群体及其目标是重要并能界定自我的，要么是因为他们想以别人看得见的方式显示他们对团体的忠诚及自己的群体归属（Barreto and Ellemers，2000，2002）。这两种机制都使个体附和于**群体**所认可的良善和合乎道德之物，并持续认为他本人是一个良善而有道德的人。研究表明，即便这意味着违背自身偏好或旨趣，或者导致他们的行为被群体外的人视作有违道德，他们也还是会这样做（Ellemers，Pagliaro et al.，2013；Pagliaro et al.，2011）。

因此，做群体认为恰当的事，在他者看来并不必然是道德正确的；但愿这是因为特定群体的目标和价值观并非必然与更广泛的社会价值观相一致。然而，对我们大多数人来说，被特定工作团队、职业群体或影响我们日常运作的社群接受和接纳，要比遵守诸如组织或社会等更抽象遥远的实体的正式目标或官方指导原则更加重要（Ellemers，De Gilder，and Van den Heuvel，1998）。这说明了为什么与特定群体相关的道德准则可以使人们的行为偏离更广泛的社会原则或法律规定，而行动者却仍然认为自己的行为是合乎道德的（Ellemers and Van der Toorn，2015）。

❖ 伦理氛围

当我们承认不同群体可能支持不同道德价值观时，这也提出了一个问题，即特定的文化价值观和实践与道德行为的关系问题。通过比较在不同生活条件和经济结构下长大的儿童是否有类似的公平观念，可以阐明这一点的重要性。该研究显示，按个人在联合成果中的实际贡献分配成果是文化建构性的西方标准。在非洲牧民和采集狩猎社会中长大的儿童更有可能平均分配联合成果，而不考虑个体的具体贡献有多少（Schäfer，Haun，and Tomasello，2015）。

对从四轮（1981—2004）世界价值观调查中提取的数据所进行的大规模对比（World Value Survey；参照 Schwartz，1992）更为系统地审视了道德价值观喜好的跨文化与横断历史差异。来自84个国家的20多万名受访者对道德争议行为量表（Morally Debatable Behaviors Scale，MDBS）的回答显示，这种差异取决于所考察的道德领域是什么。这个研究发现，在与工作语境相关的诚实与公平的规范（例如在接受贿赂、偷税漏税方面）上有相当多的共识。当然，不同文化群体之间也存在分歧，但主要集中在与个人道德和性道德有关的行为（安乐死、堕胎、离婚、同性恋；Vauclair and Fischer，2011）的道德可接受性上。另一个研究比较了美国公民与英国公民、加拿大人以及亚裔美国人的道德价值观，它同样显示，文化间的差异主要与性道德——而不是与工作有关的道德——相关（Uhlmann，Poehlman，Tannenbaum，and Bargh，2011）。

对于职场行为，最知名和被广泛用于评估哪些关切和价值观特别突出的工具是伦理氛围问卷（Ethical Climate Questionnaire；Victor and Cullen，1988；另见 Cullen，Victor，and Bronson，1993）。问卷由多条陈述组成，每个员工都可以用这些句子来描述他们对公司常见做法和程序的看法。例如，各国参与者均表示同意的条目包括："在这个公司中人们大多为自己着想""人们期望你始终做有益于客户和公众的事"或者"这个公司里的成功人士只知道照本宣科"。最短的版本包括6个条目，最详尽的版本有36个条目（Simha and Cullen，2012）。

尽管这一测量工具所依据的理论模型区别了九种不同的氛围类型，这些类型沿两个维度可被置于一个3×3的网格之中，但使用该测量工具的研究通常区分出三组主要关注点。如果公司的主要关注点是有助于实现员工个人利益或是促进公司整体利润与效益的**结果**，它们就被指为具有"工具氛围"（instrumental climate）。当促使人们选择和决定的主要关注点是他们与公司内外其他人的关系时，这被称作"关怀氛围"（caring climate）。而当侧重点主要在坚持公司规章制度，按照个人伦理工作，或是遵循法律原则和职业**标准**时，公司则具有"规则氛围"（rules climate）（见表8.1）。

表 8.1　　　　　　　工作组织中工具、关怀和规则氛围的特征

关注结果：工具氛围	关注关系：关怀氛围	关注原则：规则氛围
自身利益	团队	个人伦理
公司利润	客户	公司规则
效益	公众	法律法规

来源：改编自 Cullen et al., 1993; Martin and Cullen, 2006。

不同版本的伦理氛围问卷（Cullen, Victor, and Bronson, 1993）至今已被用于数百项研究当中。这使得述评与元分析能够横跨各类不同的职业样本与组织部门而得出结论。研究已经考察了不同类型的公共服务人员（护士、保健人员、州政府工作人员和警察）、商业雇员（电信、销售、制造、零售店和仓库雇员）和商务人士（中层经理、执行经理、营销主管和会计师），同时也检视了在职学生、校友和全职雇员（Martin and Cullen, 2006; Simha and Cullen, 2012）。从整体上看，对所有这些劳动者与工作类型样本的研究结果是相当一致的（见图 8.2）。

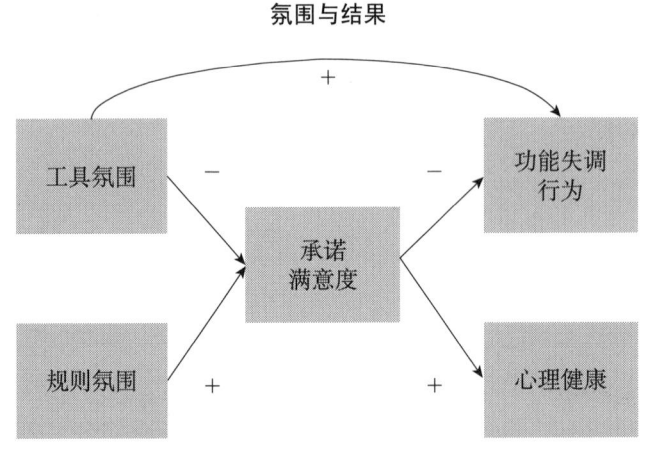

氛围与结果

图 8.2　工具氛围和规则氛围对工作态度、心理和行为结果的影响

来源：改编自 Martin and Cullen, 2006; Simha and Cullen, 2012。

当人们认为工作中的主要关注点是实现个体或组织成果时（工具氛围），他们报告的对工作的满意度与对组织的承诺通常会降低。同时，这种工具氛围伴随着一系列不道德行为发生率的上升，如撒谎、偷窃、伪造报告、虚报结果、收受礼物和好处的受贿以及身体伤害与欺凌。因此，优

先考虑个体与组织结果的实现似乎带来了不可预期的负面后果，因为它引发所有类型的有损于员工个人心理和身体健康的工作行为，同时也对组织造成危害。相比之下，当组织实践帮助人们按照规则、条例与法律程序工作时，工作者会报告更高的工作满意度与组织承诺，同时也表示更愿意不厌其烦地帮助同事或组织、更遵守安全标准并且更愿意指出违反规则的行为（Martin and Cullen，2006；Simha and Cullen，2012；见图8.2）。

聚焦于职场中人际关系的影响还不太明晰（Simha and Cullen，2012）。在某些情况下，关怀氛围与更积极的结果相关（如提升工作满意度或减少职业伤害）。而在其他情况下，在关怀氛围下观察到了不良工作行为的增加。例如，当优先考虑工作场所中的关系时，营销人员更倾向于进行可疑的销售行为，即便他们认为这种行为不合伦理（Barnett and Vaicys，2000）。当营销主管在一个以关注人际关系为特点的氛围中工作时，他们更倾向于承担高风险（Saini and Martin，2009）。同样，对在波兰不同医院工作的卫生保健专业人员进行的一个研究发现，在以关怀氛围为特征的工作环境中，组织的贪污腐败行为会被更多地曝出（Stachowicz-Stanusch and Simha，2013）。

这一点也不奇怪。关心他人以及我们与他们之间的关系，并不足以让人们的行事合乎伦理（另见 Klotz and Bolino，2013）。相反，就如之前所提出的那样，一切取决于这些他人是谁，以及他们认为什么是重要的。因此，组织具有关怀氛围的影响在不同的研究中有不一致的发现，实际上与不同社会群体和专业团体可以有不同的界定自身的价值观这一观念是一致的。因此，关心其他群体成员并与他们保持良好的关系，可以激发出人们最美好的品质。然而，这也同样可能导致他们做出超越自己群体之外就会被普遍认为是不可取甚至不合伦理的行为。

在职场语境之外也观察到了这种情况。譬如有一个关于如何减少家庭能源消耗的研究。这个研究发现，关于他人行为的信息（整个街区平均使用量）是影响家庭节能的一个重要群体标准。然而，人们对这个群体的重视并不见得会让他们改善环保行为。相反，他们使自己的家庭能源消耗与群体的标志性模式相一致。当自己的能源消耗高于群体标准时，人们会进行更多的环保行为；但是当他们的能源消耗低于群体标准时，他们节能的努力就会降低。只有当公民接收到社会对其能源消耗水平明确的认可或不认可信息时，这种影响才会被消除（Schultz, Nolan, Cialdini, Goldstein, and Griskevicius, 2007）。

所以，在特定群体中被视作正确或错误的东西，站在其他群体的立场看来未必总是"好的"或可取的（Skitka, 2002）。正如第七章所指出的，告诉个体他们应当做什么或是他们应该如何行事的群体道德价值观是一种强大的激励力量。然而，具体道德行为以及我们评估和回应它们的方式并不是一一对应的关系（Cameron, Lindquist, and Gray, 2015）。因此，群体道德价值观也可以被援引以合理化那些从更宽泛的角度来看可能不受欢迎甚至是不道德的做法，比如为了推进群体事业而采取暴力行动，或者为了保护群体安全而失去公民自由（Mullen and Skitka, 2006；Skitka and Mullen, 2003）。

概言之，将工具性结果置于首位的群体和组织可能会引起破坏性的和普遍不受欢迎的行为，因为为了达到目的，所有手段似乎都是合理的。当标准做法和奖励传达了规则与条例受到重视的信息时，这就增加了个体实际按照这些规则行动的可能性。然而，当与他人的关系被放在高于一切的位置上时，可能会产生有益的影响，也可能会产生有害的影响，具体情况取决于这些他者是谁，以及他们代表了哪些目标和预期。

❖ 强调积极面向还是消除不利因素？

人们在社会或职业群体中所共享的目标与价值观是能够使他们克服个人利益的重要动机来源。即使在没有经济激励（在组织中）或外部监督与惩罚制度（在社会中）的情况下，他们也会这样做。职业自主感与个人技能、成就感与自豪感，或是相互信任和尊重，都可以激励个体以群体利益的名义而竭尽所能（Ellemers, De Gilder et al., 2004）。然而，如上文所述，不同群体可能有不同的目标与理想，而群体特别看重的东西可能诱使个体以损害更普遍的道德原则的方式行事，而后他们会合理化自己的行为来维护积极的自我观（Borg et al., 2006）。

更多时候，行为都有多种动机，无论是在工作还是在人们的个人生活中。在有关动机的心理学研究中，通常会对两种动机状态进行区分，分别是以实现理想和积极结果为首要目标的动机状态（聚焦进取，a promotion focus），和以保护重要价值观和避免不利结果为主要目标的动机状态（聚焦预防，a prevention focus；Higgins，1997，1998；Molden，Lee，and Higgins，2008）。由于性格和成长经历，个人在处理不同任务时聚焦于进取或是预防的程度会有所不同。然而，情境特征也会使人专注于进取或预防，无论其更长期的偏好为何（Higgins，Friedman，Harlow，Idson，Ayduk，and Taylor，2001）。这两种动机状态或策略，本质上都没有比对方更胜一筹。譬如，研究已经阐明，聚焦进取会诱发可能获得积极结果的危险行为（Zou，Scholer，and Higgins，2014）；与此同时，如果人们认为聚焦预防将帮助他们避免不利的结果的话，聚焦预防策略同样也可能让人去冒巨大的风险（Scholer，Zou，Fujita，Stroessner，and Higgins，2010）。

在我们的研究中，我们考察了当人们在群体中共同工作时，进取与预防的动机状态是如何被提升的，以及这如何影响他们的表现与联合成果。在第一组研究中，我们在实验室中创设了任务团队。我们让每个团队采用一则座右铭，诱导他们或者关注积极结果的实现（例如"有志者事竟成"）或者聚焦避免不利结果（例如"一分预防胜过十分治疗"；Faddegon，Scheepers，and Ellemers，2008）。随后团队成员进行了一项记忆任务，他们首先看到一组无意义单词（tipuv，yudak），在一个分散注意力的任务后，他们得到一个更长的无意义词汇列表，他们需要分辨出列表中哪些词是之前看到过的。我们指定的座右铭所引发的团队氛围影响到了团队成员个人的任务表现，他们的情绪体验也受到左右。

当团队座右铭引发对实现积极结果的关注时，将进取目标置于预防目标之上的个体在回答时变得更为自由。也就是说，当询问他们之前是否见过某个特定的无意义单词时，他们更可能回答"见过"，即便并没有。然而，当团队座右铭强调避免不利结果的重要性时，他们的任务反应就比较保守。在这种情况下，他们更倾向于对是否辨认出列表上无意义单词的问题回答说"不"，即使有些是他们以前看过的单词。因此，该研究结果再次表明，就完成任务而言，一种路径并不必然比另一种更好。两种团队氛围下都有错误发生。只是这些错误的**性质**不同。在强调进取的氛围中，人们更可能接受一个本是错误的选项；当团队氛围注重预防时，他们更容易拒斥一个本是正确的选项（Faddegon et al.，2008，Study 1）。

第二个研究显示，对团队及其所代表的氛围的认同也会引发对成功和失败的不同情绪。这是说，在进取氛围当中，成功会引发快乐，失败则会导致沮丧。然而，在一个注重预防的团队氛围中，成功引发的主要是静默，而失败会导致焦躁（Faddegon et al.，2008，Study 2）。这以不同方式说明了这两种动机状态的运作。聚焦进取时，人们被追求实现积极结果的快乐所驱动；而聚焦预防时，他们被防范与不利结果相关的焦躁所驱动。

我们继而研究了不同类型的奖励结构和激励结构如何会在任务团队中**引发**进取聚焦或预防聚焦，并进一步探讨了这如何影响个人和团队在不同类型任务中的表现（Faddegon, Ellemers, and Scheepers，2009）。在第一个研究中，我们设置不同的奖励结构，将研究参与者分配到接受不同指令的团队中。有些团队，我们使他们的努力集中于取得积极结果上，解释说加入的这个团队的结果将由表现最好的团队成员所决定。而对另一些团队，我们则强调避免不利结果的重要性，解释称加入的这个团队的分数将由表现最差的团队成员所决定。

收到这些指令后，研究参与者进行了一项易位构词任务（在一连串字母当中寻找单词）。在这项任务中，当激励结构奖励的是团队中的高绩效时，聚焦进取的个体会进行更多创造性的思考。也就是说，他们在易位构词任务中想到了更多"特异性"（out-of-the-box）的解决方案，例如提出非荷兰语单词，或者创造新的单词。然而，当激励结构使他们优先考虑避免不合格的表现时，尽管他们的个人策略是聚焦进取，他们却没有表现出这样的创造性思维（Faddegon et al.，2009，Study 1）。

在该系列研究的第二个实验中，研究参与者被要求用叠叠乐积木来建塔，该游戏需要在叠加每一块积木时注意保持平衡。与先前研究相同，团队成绩要么是看团队中积木塔搭得最高的人，要么是看团队中搭得最低的人。这种激励机制的区别再次影响了个体及其团队的表现。当他们认为最高的塔将是团队成绩时，平均而言个体搭建的塔更高，并且对他们的成绩报告了更积极的情绪（快乐，愉悦）。然而，在这些条件下，团队成员搭建的塔的高度也更为参差不齐，而且积极情绪在建塔最高的个人身上表现得尤为突出（Faddegon et al., 2009, Study 2）。

另一组研究进一步探讨了聚焦进取与达成积极结果可能会如何影响团队的凝聚力（Zaal et al., 2015）。在此研究中，参与者首先被分成两个团队，进行易位构词任务，然后收到另一队比自己团队做得更好的反馈。随后，团队成员可以选择利用后续任务提升自己团队的成绩，或是选择展现他们在解答易位构词上的个人能力，以期被调入表现优于他们的团队。在这种情况下，那些被引导专注于达成积极结果的参与者将精力投入于晋升至另一个团队——而不是努力提高自己团队的整体表现。然而，那些被引导专注于避免不利结果的参与者展现了更多的团结精神，并且努力进行第二项任务来帮助提高团队成绩（Zaal et al., 2015）。

这些实验研究所得的结果，与一个金融服务机构员工追踪研究中的真实观察结果相互回应（Ellemers, De Gilder et al., 1998）。在该研究中，我们发现，那些优先考虑个人职业发展的人倾向于利用组织资源，将自己的精力投注于在别处获得更好的职位。然而，团队主管表示，就对联合目标投注而言，只有在那些对工作团队表现出强烈承诺的人身上才可以看到。因此，强调达成积极结果，以及使员工个人相互竞争的激励措施的组织，会减少团队与组织团结，而这恰恰是维持良好社会关系和实现高组织绩效所必需的。

但是，优先考虑预防不利结果也存在弊端。上面已经指出，这可能导致人们错过有效的契机。我们在另一个研究项目当中揭示了优先考虑预防不利结果的更多后果。我们诱导参与者将重点置于进取或者预防之上，并研究这如何影响个体在不同情况下的反应。第一组研究（Zaal, Van Laar, Ståhl, Ellemers, and Derks, 2012）再次表明，对实现积极结果的关注破坏了群体团结。事实上，在聚焦进取状态下，个体只有在他们认为有很大成功概率时才会愿意努力提高群体成绩。相比之下，引导参与者聚焦预防使个体效力于群体，因为他们认为这至关重要——不管运用这种策略获得成功结果的概率是大是小。

第二组研究显示了这种倾向的缺点（Zaal, Van Laar, Ståhl, Ellemers, and Derks, 2011）。在这组研究中，对预防的关注使个体追求其道德信念，在此就是关于职场中男女平等待遇的重要性。然而，这些道德信念不仅仅会引领个体为群体挺身而出，竭力捍卫平等待遇（例如签署请愿书）。除此之外，聚焦预防还使人们支持那些相当有敌意的、他们自己认为道德上令人反感的行为方式（例如破坏活动）。

总之，关于不同团队氛围和绩效激励的影响的实验研究（Faddegon et al., 2008, 2009; Zaal et al., 2011, 2012, 2015）表明，关注个人成就有利有弊。一方面，它可以激发高绩效、创造性思维并使个体员工产生幸福感。另一方面，它也可能诱发过度自由的选择，导致错误决策。它还可能在团队内部引起绩效与结果的差异，从而导致情感不和，助长个人野心，并且破坏团队团结。然而，注重预防不利结果的氛围与激励机制也有其优缺点。这是说，强调避免不利结果，一方面有助于更为统一的团队表现，使团队情感更为和睦。另一方面，这种绩效氛围也会使团队成员过于保守从而拒斥有效的机遇，并且使他们采用道德上令人反感的手段，不惜一切代价达到对他们而言很重要的目的（见表8.2）。

表8.2　　　　　　　　　　进取和预防氛围的正面和负面结果

注重达成积极结果：进取氛围	注重避免不利结果：预防氛围
正面	正面
高绩效	高团结
创造性思维	避免错误
负面	负面
错误决策	拒斥有效机遇
压榨他人	不择手段

❖ 平衡结果与价值

因此，这些研究结果表明，在两种动机之间取得**平衡**十分重要——实现两者的平衡也是希望能平衡两种动机所包含的好处和弊端。事实上，在许多情况下，实现积极结果与避免不利结果**都**重要，因此只偏重其中之一是不明智的（Beudeker, Ellemers, Rink, and Blonk, 2015; Beudeker,

Rink，Ellemers，and Blonk，2013）。在一个实验研究中，通过对任务执行过程中面对积极挑战和消极威胁时的心血管反应进行监测，我们考察了不得不平衡此类多重要求所带来的影响。

研究参与者进行了一个游戏，在游戏当中，管理团队必须对一系列商业投资、对外交流、人力资源政策和客户服务等相关问题做出决定（Van Prooijen，Ellemers，Van der Lee，and Scheepers，in press）。对于每个必须做出的决定，团队都面临两难抉择，一个选项是商业成功最大化这一可达成的积极结果，另一个选项则是将违反基本道德准则（如伤害/关怀，公平）的概率降至最低。在开始该任务前，团队成员进行了自我介绍，并且表示了他们对有能力和有道德的大体重视程度。无论其他队友对能力给予多大重视，当队友对道德高度重视（而非不太重视）时，所有研究参与者都表示更为团队所吸引、对团队有更大的认同且做出更多承诺。

然而，一旦他们开始执行管理任务，为了公司的生存，团队显然需要把握实现业务成果和遵守道德准则之间的**平衡**。这同样反映在研究参与者做出的个人抉择上：在十种困境中，他们只对其中五种一直倾向于选择道德的选项。因此，能力优先于道德的团队氛围与完成任务要求之间并不良好适配，但主要关注道德选择而无视能力面向的团队氛围也同样不适配。这一点在我们对研究参与者在完成团队任务时的心血管反应模式到底是威胁反应还是挑战反应的观察中得到了反映。

在对两种任务要求都同样高度重视的团队氛围中，参与者受到了积极的挑战。事实上，当团队中的其他人认为这两者都无关紧要时，他们甚至觉得受到质疑。但是，当团队明显将一种任务要求置于其他任务要求之上时，消极威胁就产生了。考虑到参与者普遍表示倾向于成为道德团队的一员，不难理解他们为什么会在一个其他人认为能力比道德更重要的团队中体会到这种消极威胁。尽管成为高度重视道德的团队的一员预计会很有吸引力，然而当参与者意识到任务所需的能力面向很容易被他人忽视时，在这样的团队工作就会引发威胁（Van Prooijen et al.，in press；见图 8.3）。

总之，当需要做出复杂决策，而人们必须处理多重任务要求时，仅仅

满足多重任务要求

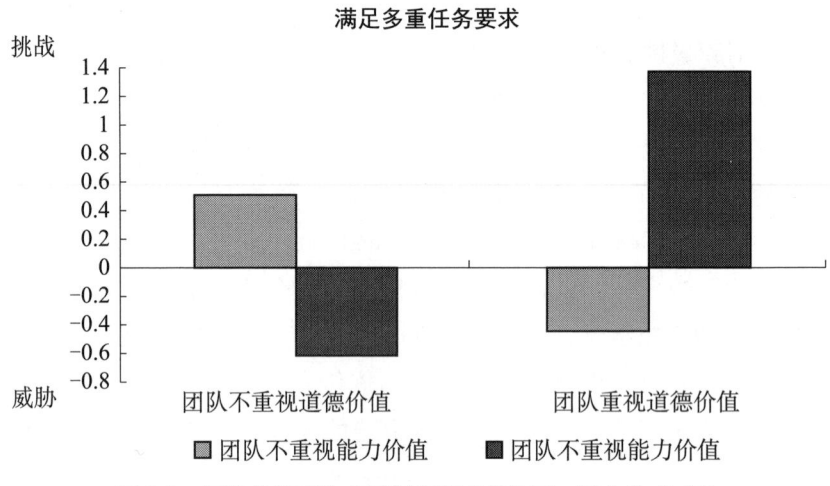

挑战／威胁（纵轴 -0.8 到 1.4）

	团队不重视道德价值	团队重视道德价值
团队不重视能力价值	0.5	-0.45
团队重视能力价值	-0.6	1.35

图8.3　团队价值观和多重任务要求间的不一致会造成威胁

来源：改编自 Van Prooijen et al., in press。

关注一种类型的目标或结果是行不通的。然而，这恰恰就是我们所经常看到的。譬如在企业中，人们往往倾向于优先考虑实现个人和组织重视的成果。正如我们所见，这种偏重所引发的进取聚焦可以带来业绩的提高，但也很容易破坏团结，并且可能导致不当决策。在以个体和组织成就为核心的工具氛围下，产生不良工作行为也就不足为奇了。

现如今，当说谎、舞弊或欺诈事件被曝光时，常规反应就是走向相反的极端。政策制定者、监督者和管理者的反应通常是增加检查、细化规章制度并且普遍强调从现在起不能再出错。由此引发的预防聚焦可以帮助防范错误，培养承诺与团结——这些确实已被发现是与规则型工作氛围相关的常见结果。然而，当坚持遵守规则和避免不利结果是**唯一**重要关切时，个人不能有效工作，组织也无法蓬勃发展。研究表明，在实现预防目标的过程中没有任何乐趣可言。避免犯下任何错误的需求也扼杀了诸多情况所需的创新、创造力以及高绩效。这就是为什么很难确保万无一失：要在进取与预防关切之间，以及工具目标与遵守规则规章之间实现平衡，还要在保持重要价值观的同时实现想要的结果，是很困难的。然而，维护这种平衡十分重要。引发、注意到并奖励这**两种**类型的贡献和努力，使人们能够应对许多工作环境中典型的多重任务要求。

❖ 道德领导力

在避免浪费纳税人金钱和工作更加高效的政治压力下，荷兰社会保障服务机构（Social Security Services，SVB）正在经历一场重大变革。我受邀为全国总办事处的管理层进行一场关于组织变革的讲座。讲座开始前，邀请方安排我参观了大楼。令我感到错愕的是，行政楼层还有一间现代艺术品收藏馆。据说，董事会每年都要添购一件新的作品。毫无疑问，高层管理人员已然表现得仿佛在管理一家商业企业，即便他们的使命依旧是将纳税人的钱公平分配给无业的公民，而实际上他们却裁减自己的员工，由此增加了失业人数。当然，还有其他类似的领导行为，而且就算是商业企业，也可能因为增加高管福利而节约下层员工开支受到批评（另见 Ho，2009）。

2015 年，毕马威会计师事务所（KPMG）将位于伦敦梅菲尔区的一栋五层联排别墅改造成了一个专属俱乐部，公司合伙人可以在这里接待和招待客户，据称这是因为客户不愿前往他们位于金丝雀码头的公司总部（www.ft.com/cms/s/0/d03822c0-3b60-11e5-bbd1-b37bc06f590c.html#axzz4EO9YLBmp）。然而，有关具体安排和条件的细节清楚地表明，这也是向公司合伙人提供的特殊奖励，由此可避免这些福利被征收税费。

荷兰组织科学作家本·蒂格拉尔（Ben Tiggelaar）在发现为德意志银行法兰克福总部的高层管理人员做饭的是一位米其林星级厨师后，公开表达了他的愤慨之情。他认为这是领导失败的一个指标，他写道，高层的极端特权与报酬引诱人们追名逐利，分散了人们对做负责任的决策的专注。他援引研究表明，生活方式和工作条件的巨大差异有损于公司其他员工的积极性，并且使管理者难以预测公众对其商业决策的反应（www.nrc.nl/nieuws/2016/02/06/poen-prestige-en-privileges-1585618-a1000755）。

然而，在许多组织中，管理者似乎对这种行为对其领导能力的可信度、员工积极性，或者公司的道德形象带来的影响视而不见。

针对组织研究的综述和元分析一致表明，有关目标设定、绩效管理和收益分配的组织体系传达着什么被视作重要成果与优先事项，并且界定了组织的工作氛围（Treviño, Den Nieuwenboer, and Kish-Gephart, 2014）。使员工为了奖金、晋升与永久任期而彼此竞争的绩效与奖励体系，会产生待遇不公的感知，也会引发对管理者和同事的嫉妒（Ambrose and Cropanzano, 2003; Duffy, Shaw, and Schaubroeck, 2008; Schaubroeck and Lam, 2004; Vecchio, 2000）。结果分配不公与管理层的不公正对待就可能会有这些后果（Tai, Narayanan, and McAllister, 2012），甚至那些本人没有牵涉其中的员工也同样是如此反应（Zoghbi-Manrique-de-Lara and Suárez-Acosta, 2014）。

感知到不公与嫉妒会引发组织中的不当行为和报复（Cohen-Charash and Mueller, 2007; Cohen-Charash and Spector, 2001; Folger and Cropanzano, 1998）。已经被发现的负面结果涵括了相对无害的积极性下降的迹象，如工作更拖沓、延长休息时间、工作时间处理私人事务或是拒绝加班。然而，心怀不满的员工也可能散布同事的谣言、八卦老板或对他人说公司的坏话，由此损害公司名誉。研究甚至发现了因对待员工不公正而给组织招致严重物质损失的行为，受到不公对待的人蓄意损坏设备、浪费公司物资或将其带回家中、无故请病假、不服从指示、不提供所需信息或是以其他方式刻意妨碍他们的同事（如 Duffy et al., 2008; Skarlicki and Folger, 1997）。

对于工具性工作氛围为什么会与不合伦理的工作行为相关，这是可以用于解释的机制之一。然而，管理者经常不会考虑，那些他们认为是激励和奖励员工的标准组织程序与做法会有什么样的道德意涵及不良副作用。道德无知或者道德推脱，也可能是员工和管理者因为力图促进自身职业发展或是提高组织成果而进行伦理上存疑的行为的原因所在（Moore, 2008）。这种情况甚至会发生在那些有强烈道德价值观的个体身上，或是出现于注重商业伦理的组织当中（Martin, Kish-Gephart, and Detert, 2014）。当人们在工作中顾及道德价值观时，这能够减少自利的非伦理行为。然而，当只有商业盈利或法律后果被重视时，管理者很容易忽视或合理化行为的伦理意涵。

事实上，有观点认为，许多我们认为是不道德的职场行为并不是源自有意行不合伦理之事。相反，**缺乏道德意识**似乎才是罪魁祸首（Moore and

Gino，2013）。因此，这种行为被定性为**非道德行为**（ammoral），而不是**不道德行为**（immoral；Tenbrunsel and Smith-Crowe，2008）。然而，伦理型领导力并不仅仅是由领导者表现出的可信与公平的程度来界定的。它还取决于领导者是否愿意考量和商讨他们所做工作与决策的伦理意涵。不能以如此方式展现领袖的伦理关注，就会动摇员工的承诺，并减少组织的公民行为（Zoghbi-Manrique-de-Lara and Suárez-Acosta，2014）。

然而，关于领导行为是否恰当的疑问，其回应往往会引起人们的不满或愤慨。例如，荷兰银行的高管引用签订的法律协议来解释为什么他们获得了巨额福利，而其他员工的薪酬却减少了。这种拒从道德层面看待自身行为的做法会危及领导层信誉，并且有损于公司的道德声誉（Luyendijk，2015；Tenbrunsel and Smith-Crowe，2008）。因此，道德领导力并不是指正当化所做决定或蒙混过关，就因为这些决定是合法的（Sohnenshein，2007）。道德领导力的定义在于**预先**考量自己决策的道德意涵的意向，并且采取相应行动（Butterfield et al.，2000）。当人们看到领导者内心支持那些解释他们决策的道德价值观时（而不是依靠成本效益的权衡），领导者的政策就会得到更多支持（Van Zant and Moore，2015）。

那么，怎样才能激发成为一个有道德责任感的领导者的意愿呢？让人意识到声誉和与他人关系的重要性可能会有所帮助。譬如在一系列研究中，当参与者关心的是实现和保持良好声誉而非旨在控制时，他们就更愿意从更为开阔的视角对情况进行分析（Blader，Shirako，and Chen，2016）。掌握权力的人想到**典型**领导者时会倾向于进行欺骗。然而，让他们考虑**理想**领导者则会引发更有伦理责任感的行为（Hu，Rucker，and Galinsky，2016）。

有研究认为，指出伦理行为具有商业优势也会有所帮助，因为具有道德责任感的领导者通常更有效率，并且可以提升组织业绩（Kiel，2015）。然而，这种从商业利益关切的角度切入去激发更多道德领导行为的方式可能会步入歧途。诱使人们仅仅出于增加利润的欲望而表现出道德行为（例如赞助社会活动）是没有意义的。除非那些掌权者准备好去考虑与他们的地位相关的责任，并且愿意真正面对自己行为的道德后果，否则这些承诺仍是虚有其表。事实上，假意提及道德关切经常是出于政治目的，例如维

170

护权力地位，或混淆对其选择的批评。

一项在43个不同国家开展的大规模员工满意度调查揭示了这种诚信缺失的影响，超7 000名供职于一家金融服务组织的中层专业管理人员接受了这项调查（Ellemers，Boezeman et al.，submitted，Study 1）。我们观察到的结果模式对于在世界不同地区工作的受访者而言并无区别，而且无论他们是在销售、运营还是信息技术部门，都会出现这种情况。从整体看来，在修正了感知到的组织能力的影响后，这些中层管理者的工作态度与所感知到的组织道德存在稳定关联。受访者对组织在领导力上的诚信度评价越高，他们就越愿意提升组织并遵守其规则（见图8.4）。

这些结果说明，人们会关注他们所感知到的意图，以引导可见的领导行为。唯有那些言出必行、有迹象表明其思维具有原则性并且为人正直之人，才能对他们的员工产生激励（Bradley et al.，2008）。真心诚意的领导者可以提升组织的声望，亦能提高客户的忠诚度（Malone and Fiske，2013）。下属愿以言行一致的领导者为榜样，但却不愿遵从管理层并未践行的行动准则（Cheng，Chou，Wu，Huang，and Farh，2004；Smith and Masser，2012；另见 Haslam et al.，2013）。因此，通过他们采用的绩效和激励制度、对待下属与客户的方式以及对道德问题的真切关注，领导者能帮助界定组织道德到底为何，并且激励组织中的他人按伦理行事。然而，领导者并不尊重下属，只是为了维护自身地位而宣称伦理的重要性，或是为了提高商业利润而进行"道德"行为，可能会引发讥讽的回应，招致不良行为并增加不合伦理的决策。

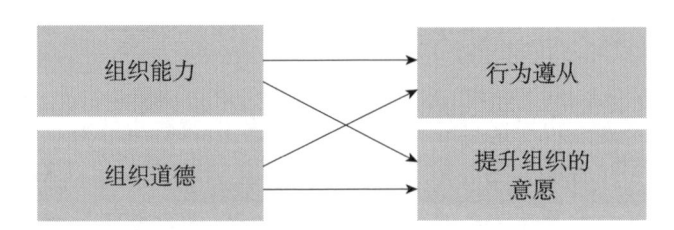

图8.4 除了组织能力，感知到的组织道德也能预测金融服务专业人士的行为意向

注：$N = 7\,579$。

来源：改编自 Ellemers et al.，submitted，Study 2。

❖ 过失及惩治

想要对自己下属和同事表示公平与尊重，一个重要方法在于如何处理错误与问题。在任何工作场合，不管工作者有多么积极、熟练和谨慎，错误都会不可避免地出现。意外状况、缺乏合作以及误解都有可能是原因所在。重点不是会不会犯错——犯错只是早晚的问题。关键区别在于人们如何**处理**这些错误，以及他们怎样减轻错误的后果。这对道德领导力而言是一个重大考验。

处理错误的标准程序是详细说明需要遵循的协议、加强监督或因新情况制定附加规则。然而这并不总是可行的解决方案。程序和指南并不能预见到所有的情况。此外，环境和客户的要求会而且也确实在发生变化，员工因此必须处理前所未有的情况。最后，伴随组织发展或新技术的出现，有必要去尝试新的可能性，同时从过往的错误中吸取教训。无意中犯下的错误不会成问题，只要迅速辨明错误的不良**后果**并进行纠正或弥补。然而，实际并不总是如此。在对组织的研究中，可以区分出不同模式（Homsma，Van Dyck，De Gilder，Koopman，and Elfring，2007）。对员工过失和错误决策做出的典型反应的意义在于，它们表明了盛行的道德领导风格（Moore and Gino，2013；另见 Scholten and Ellemers，2016；见图 8.5）。

处理错误

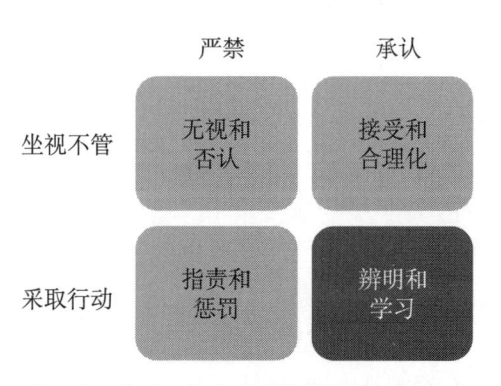

	严禁	承认
坐视不管	无视和否认	接受和合理化
采取行动	指责和惩罚	辨明和学习

图 8.5　处理工作中出现的错误的不同方式

来源：改编自 Homsma et al.，2007。

1. **无视和否认**：如果工作氛围的主要特点是聚焦于工具性，这意味着实现有利的个人和组织结果的欲求是主要关切所在。对同事、客户或公众的影响则往往被忽视。因此，其他利益相关者因错误而受损的可能性被简单地否认了（参照道德忽视；Moore and Gino，2013）。那些曝光错误的人被指责为麻烦制造者，或被看成不忠的团队成员。当问题太过显眼而无法否认它们的存在时，主流观点仍然可能认为太过关注问题会使每个人的境况都变得更糟糕。令行禁止的领导风格，增加了质疑这些做法的员工被训斥或甚至受欺侮的可能，因为在这种风格下，处理麻烦的主要策略是否认并无视存在的问题。

2. **接受和合理化**：另一种选择是承认问题，但并不采取行动解决问题。占据主导地位的看法反而认为这是出于工作需要，或者接受人们就是这样的看法（参照道德合理化；Moore and Gino，2013）。这种反应会在聚焦关怀的组织氛围中出现，它来自对能力不足的团队成员不合时宜的忠诚，也是对不良的领导风格的认可。主要策略不是去开展批判性的讨论，而是为当前的做法进行合理化。即使人们经常认识到所做决定本质上存在伦理问题，这也往往被看作是无可避免的事。例如，其他员工、支持人员或客户的利益和福祉可能会作为高绩效的附带损害而成为领导者乐意牺牲的对象。在此情况下，领导层更倾向于不去解决问题，以顾及或是袒护公司中的"明星员工"。因此，主要策略在于直接接受和纵容不良行为，而非直面问题，尝试解决。

3. **指责和惩罚**：当重点首要落在遵守规则上时，主要目标是表明某些行为是绝不容忍的。当错误发生时，员工会受到孤立与惩罚。错误决策或非伦理行为背后的那些失败的领导风格、同事的要求或扭曲的激励措施会被无视（"害群之马"视角；Scholten and Ellemers，2016）。因此，员工个体被视作罪魁祸首，而处理错误和问题的方式则是引入诚信测验、威胁进行处罚和增加监管，因为对员工的预设就是他们存在不良意图。

4. **辨明和学习**：在某些情况下，员工和主管会**预期**到发生错误的可能。他们知道错误可能而且一定会发生——并且明白即便真心诚意、意图良善，错误仍会发生。尽管这可能看来有违直觉，但研究表明，如此承认问题的话，组织可以从中受益。当错误发生时，辨明错误能让人对助长错误发生的环境或无意中导致不良行为的程序进行更深入的分析。当组织采取系统的行动来辨明问题并从过往问题中吸取经验教训而不是防止错误暴露时，随着时间的推移，组织实际上会表现得越来越好。这一点已经被极具说服力地予以证明，例如，在航空企业和医疗机构中就已有明证（Van Dyck, Baer, Frese, and Sonnentag, 2005；Van Dyck, Van Hooft, De Gilder, and Liesveld, 2010）。

上文指明的不同反应类型中，前三种都会阻碍个人和组织从自己犯下的错误中吸取教训。在这样的组织环境中工作会减少商业实践伦理受到质疑的可能，或是人们觉得可以自由考量和讨论所做决定的道德意涵。从这个意义上说，问题和错误到底是由无知和程序缺陷造成的，还是源于不正当的激励措施、组织的关怀氛围或失败的领导风格，这些都不是重点。关键在于它们是否会以及何时会被暴露出来，以及如何进行应对。每个工作组织都面临着参与一些可能被认为错误或不合伦理行为的风险——即便仅是因为外部环境、客户要求与现有技术处于不断变动之中。这就要求进行持续的对话，公开讨论工作行为与商业决策的道德意涵，并且毫无疑问要对其进行批判性评估。

❖ 培育道德氛围

当工作中出现问题时，最好的办法就是查明问题根源、从中汲取经验教训并以实际行动创造更好的工作条件。然而在更多时候，人们更喜欢回避批评意见，直接接受恶劣的行径，甚至假设工作场所中的人们怀有不良意图。这导致错误与其他问题被忽视、否认或归咎于个别员工。因此，犯错有三种方式，而唯有一条道路能重回正轨（见图8.5）。当人们被诱使去掩盖自己和他人所犯的错误，或者他们接受的教导是无视自己所做决定的道德意涵时，对重要规则和指导方针的遵从就无从实现。然而，许多企业更愿意建立细致的监控与处罚系统，而非使员工免于应付程序的缺陷、失效的设备、过度的时间压力或相互矛盾的命令。奖励那些发现和纠正问题的人并不意味着软弱、失败或垮台。相反，它标志着营造注重学习与改进的氛围需要富有胆识的领导层。

如此充满勇气的领导层往往并不存在，这导致组织长时间无所作为，严防死守出现错误或干脆接受犯下的过错。当错误终于暴露出来，主管人员、政策制定者或公众要求采取行动时，标准的对策是指责和惩罚，因为最优先考虑的是遏制财务损失和法律损害。这也是组织声誉管理专家经常推荐的做法。然而就如上文所指出的，通过惩罚或开除员工个人来转嫁责任或是试图将相关信息归为机密来控制声誉和财务损失的做法，很可能会适得其反（Scholten and Ellemers, 2016）。然而，对于医疗事故、性行为不端或诈骗案件，法律顾问的建议通常会优先考虑这种控制损失的对策。这并未体现出心理学的相关洞见。事实上，坊间故事与商业案例研究一致表明，组织层面的错误或不当行为的受害者更希望错误得到承认并且收到道歉，只有当这些都没有实现时才会诉诸诉讼（另见 Malone and Fiske, 2013）。

174 总之，合规检查和处罚通常被视作规则氛围中不可或缺的部分。然而，这样的监督系统并非仅仅表明了哪些行为是可接受的，而哪些又是不可接受的。前面已经指出，研究显示，以强调处罚来威慑不良行为实际上渲染了恐怖氛围与信任的缺失，这并未促进人们遵守规则，反而削弱了人们对规则的依从（Mooijman et al., 2015, 2017）。施加经济处罚——罚款——甚至会减少人们做出负责任的道德行为。事实上，研究表明，以这种方式规定违反特定规则的经济代价，会使个人或组织将遵守规则视作一项商业决策，而不是伦理决策（Tenbrunsel and Messick, 1999）。一些金融业高管似乎就是持这种想法，因为他们并未意识到因不当行为而被罚款的道德意涵。相反，他们单纯将它看作一种商业费用，类似必须支付的违章停车罚单。在公司内部也一样，经济处罚可能只会促成一种关注工具性结果而非道德准则的组织氛围。在这种氛围下，处罚甚至会招致和促成道德无视，从而导致不道德决策和组织层面的不当行为（Tenbrunsel, Smith-Crowe, and Umphress, 2003；Morris and Vines, 2014）。

前几章解释了为何个体之间与群体内部的道德价值观相似性是如此重要，以及哪些机制会加强并保护这种价值观相似性。本章表明，共享价值观还可以**规定**不同的事情。共享的道德价值观可以用来带出人性中最好的一面，因为它们有助于人们为了更大的善而克服自私的倾向与超越个人利益。共享的道德法则也为群体提供了一种独特认同。它们因而可以被用于识别谁属于哪个群体，这纯粹是为了作为一个独立的群体而保持紧密——即便这对社会并没有什么明显的益处。不幸的是——在失败的道德领导风格下——道德化现有的做法与宣扬共享价值观有时会被政治目的所利用。共享价值观可能被特意提起，只是为了确保掌权者的地位，或者是为群体领导者或其他群体成员的道德走神进行辩护。当监督和处罚系统阻止个人、领导者和组织承认行为存在道德缺陷并妨碍对此采取行动时，它们就是缺乏效力的。只有一种奖励人们查明问题并从错误当中吸取教训的氛围才会引发道德行为。

第五部分
群际水平

第九章
获得道德区分

　　每个群体都认为自己在道德上高人一等，如果其他群体不赞同，他们会感到惊讶万分。然而，认可共享道德价值观，并不意味着所有群体成员都会以道德上负责任的方式行事。当个体所属的群体受到他人道德贬低时，他所体会到的集体罪疚感并不能轻易通过隐瞒或谴责自己的群体身份而得以解脱。营造群体道德形象的努力如果和群体核心特征不相一致，就会弄巧成拙。与其互相争夺道德优越性，同意不同群体对特定行为的道德意涵有不同理解可能更有成效。承认不同群体的复杂性与多面性的同时，关注这些群体所共同拥有的更为抽象的身份与道德原则，使每个群体可能构建一种积极的认同，而无须在道德上贬低其他群体成员。

　　在2016年4月的一则新闻采访中，奥巴马总统被刁钻地问到他在任期中"最严重的错误"。他谈及美国在2011年推翻利比亚卡扎菲政权时所充当的角色，并说他最糟糕的错误在于"没能为日后考虑周全"（www.bbc.com/news/world-us-canada-36013703）。但这并不是美国政府第一次被牵扯进这种情况。布什政府曾认为，推翻萨达姆政权会为伊拉克带去民主与和平。然而，十年后，伊拉克联邦政府前副总理巴尔哈姆·萨利赫强调，伊拉克需要的并不仅仅是政权更迭。他解释道："民主是一套制度，一套程序；它也关乎经济基础设施，发展中产阶级。没有公民社会，没有新闻自由，没有强有力的体制……民主就无从实现。"（www.theatlantic.com/international/archive/2013/06/10-years-after-the-fall-of-saddam-how-do-iraqislook-back-on-the-war/277362/）

政治学家多米尼克·蒂尔尼（Dominic Tierney, 2010）在《我们如何战斗》一书中认为，美国对外军事行动一向如此。这种行动的目标旨在摧毁"邪恶政权"，将民主送往世界上不同的国家。然而，美国政治与军事领导人较不愿在实际达成这一目标所需的维和或国家建设任务上进行投资。蒂尔尼在《大西洋月刊》的文章中提到这一分析，他写道："在阿富汗、伊拉克和利比亚，华盛顿推翻了政权，而后却未能规划组建新政府或是创建有效的地方武装力量。其最终结果就是……三个伊斯兰国家陷入不同的混乱状态之中。"（www.theatlantic.com/international/archive/2016/04/obamas-worst-mistake-libya/478461/）

先前的章节讨论了组织将工具性结果与商业成功置于优先地位，而不考虑这样做的道德意涵时所遭遇的隐患。上述例子表明，一味推崇道德价值观——比如民主——而没有保障实现这些价值观所需的工具性结果，同样可能问题重重。然而这并不鲜见，因为每个群体都认为自己的道德价值观具备天然的优越性，并且其他群体的成员也会立刻认可这一点，立即拥抱他们的价值观。

本章将探讨人们通过想象自己群体所特有的价值观与生俱来地优于其他群体而偏好自己群体的倾向。虽然这可能有益于人们获得积极的尊严感与社会认同感，但这一偏好倾向也是酿成不同群体与共同体间不和谐与冲突的因素。内群的道德优越感会阻止群体成员承认并应对这种群际冲突的负面结果。因此，确定谁拥有"最好"的道德价值观，可能不过是白费功夫。相反，当拥有不同价值观的不同群体的成员设法就首要的道德准则达成一致，并且以自己的行动加以守护时，他们就有可能实现和平共处。

❖ 争取道德优越感

正如社会认同论（Tajfel, 1974, 1978; Tajfel and Turner, 1979）所提出的，人们有动机对他们所认同的群体持有正面的印象。在不同情况下，可以有不同的策略被用于实现这一目的（另见 Van Knippenberg and Ellemers, 1990; Ellemers, 1993; Ellemers and Haslam, 2011）。例如，通过坚持认为自己的群体具备一系列积极特征，群体成员可以宣称自己群体要比其他群体更加优越。此外，那些清晰界定了自己群体的特征会被视作比其他群体的特征更重要、更弥足珍贵。群体及其成员也可以同时做到这两点，例如，一个工作团队在宣称它提供了公司中最好的客户服务的同时，也主张良好的客户服务是衡量团队绩效最重要的标准。

然而，群体及其成员通过这种方式能够建立的积极社会认同也是有限制的（Ellemers, Van Rijswijk, Roefs, and Simons, 1997）。例如，当有客观证据（例如客户评价）表明情况并非如此时，团队关于自己提供最佳服务的说法就会站不住脚。此外，不管团队认为提供良好客户服务作为关键成就是多么重要，如果高层管理人员要求他们重点关注高销售额而非高质量服务水平，他们都可能不得不停止对这方面表现的优先考量。

这种"现实制约"可能迫使个体承认，在取得重要成果或打造积极社会形象上，他们所认同的群体实际表现欠佳（Mlicki and Ellemers, 1996）。即使个体继续把自己看作群体的一分子，并且仍然相信群体有改善的潜力，但当他们的群体与其他群体相比居于劣势时，他们的社会自我形象也会不可避免地受到波及（Doosje, Spears, and Ellemers, 2002; Ellemers, Spears, and Doosje, 2002; Ellemers, Van Dyck, Hinkle, and Jacobs, 2000）。

如果情况确实如此，个体往往就会寻求其他方式来积极乐观地看待其群体，即便这相对于在社会中取得宝贵成果而言是次要的。例如，非裔美国大学生可能会争取在运动表现上出类拔萃，而不是学业成绩优异。放弃职业生涯的女性可以宣称至少她们的育儿技能要胜过男性。而其他群体成员也许会欣然承认这些说法，特别是当他们整体较高的社会地位并未受到质疑的时候（Conway, Pizzamiglio, and Mount, 1996; Eagly and Steffen, 1984）。因此，计算机科学专业的学生可能很愿意承认他们不擅长体育。就像律师事务所的男性合伙人乐得相互坦白，他们对自己孩子的活动安排一无所知。只要他们的群体在社会中最为重要的事务上地位卓著，他们就心甘情愿地承认其他群体的独特但不太重要的技能（Mummendey and Schreiber, 1983, 1984a, 1984b）。

因此，当群体允许各自开辟自己独特的成就领域时，它们可以相互合作，为对方带来积极的认同感（Tajfel and Turner, 1979；另见 Van Knippenberg and Ellemers，1990）。例如，在英国不同护士群体（Skevington，1981）和荷兰不同护士群体之间展开的研究（Van Knippenberg and Van Oers，1984）以及对各类技工学生群体的研究（Van Knippenberg，1978）都对此有所证明。在所有这些研究中，相关的两个群体的成员都欣然同意地位较高的群体（受过大学教育的护士或技术人员）具备更多理论和科学技能。但相关双方也都表示，地位较低的群体（受过职业培训的护士或技术人员）更擅长人际交往与实践技能。这种互相承认对方能力与技能优越性的交换——尽管是不同的能力与技能领域——有助于每个群体确保自身的积极认同。不同实验结果进一步表明，当每个群体都有机会发展自身独特技能，并且专门承担特定角色时，不同群体的成员也会相处更加融洽，保持彼此更友好的关系（Brown and Wade，1987；Deschamps and Brown，1983）。

从全球范围来看，在人们对社会不同群体所持有的印象中，感知到的群体成就和**能力**独立于感知到的群体**意图**和价值观（Cuddy, Fiske, Kwan, Glick, Demoulin, Leyens, Bond, Croizet, Ellemers et al.，2009）。这可能被视为意味着，对于社会中成就低的群体，他们可以通过宣称自身群体具有优越的意图与道德价值观来弥补对他们社会认同的威胁（Blanz, Mummendey, and Otten，1995）。实际上，道德价值观的界定确实更为主观，因而与成就或结果相比，它们没有明确地建立在具体指标之上。因此，宣称自己有较高尚的价值观遇到的现实束缚应该会少一些：这种说法更难被否证，而他人规定的价值观优先次序也更易被无视。

我们在一个研究中观察到了这一点，在该研究中参与者被分成两个实验组，然后进行了群体创造力测验。当被告知另一组在测验中表现优于他们所在小组后，小组成员承认他们的小组能力（创造性）不如另一组。与此同时，落败的小组声称，自己所在小组在道德价值观（即"诚实"）上要比另一组更胜一筹。个体对群体的认同感越强，他们就越可能这样说（Ellemers and Van Rijswijk，1997）。

然而——与我们看到的当各群体允许彼此在各自成就领域发挥优势时会相互合作不同——声称更高尚的群体价值观未必会被另一个群体承认。上述研究中也没有出现这种情况（Ellemers and Van Rijswijk，1997）。该研究中，在创造力测验上表现出色的小组显然认为他们能力更强——并且出于社会现实的约束，这一点得到了另一小组的承认。然而，尽管在与实验语境最相关的领域中确立了他们的优势地位，但更成功的小组并不愿意对另一组宣称的道德优越性做出让步。相反，他们强调两组成员在诚实度上不分高下（见图 9.1；Ellemers and Van Rijswijk，1997）。

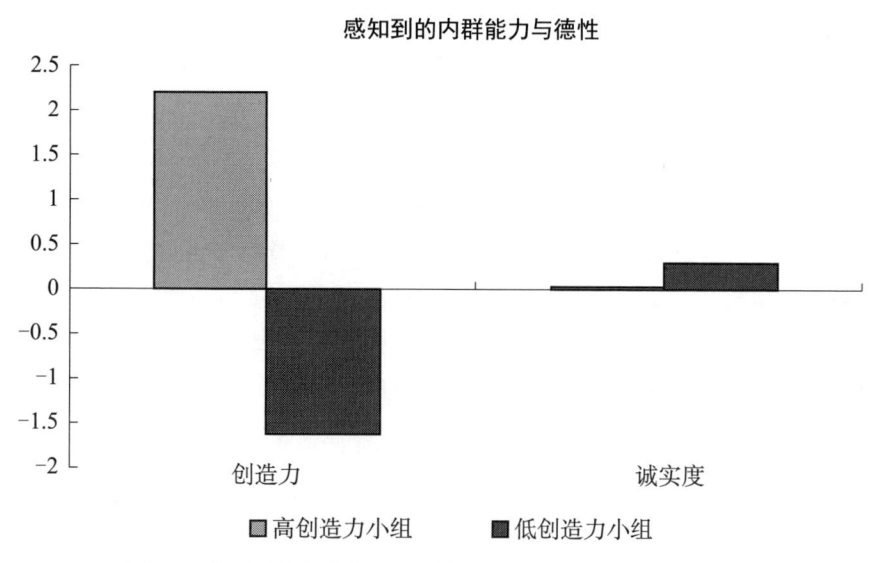

感知到的内群能力与德性

图 9.1　收到群体创造力测验反馈后所感知到的创造力与诚实度

来源：改编自 Ellemers and Van Rijswijk，1997。

在一个针对不同学生群体成员的研究中，这种不愿对另一群体的道德优越性做出让步的情况得到了进一步的证明（Ellemers et al.，1997）。不属于任一群体成员的学生认为一个群体的价值观更具自由主义色彩（有环保意识，宽容，有社会意识），而另一个群体则被看作支持更保守的价值观（职业导向，权威思想，等级意识）。非成员的学生给予自由派群体更高的地位等级和更多的美誉，并且认为自由派价值观比保守派价值观更重要。自由派学生群体的成员赞同这些外部观察。然而，保守派学生群体的成员并不同意，因为他们相当不愿意承认自己群体拥有的重要价值观可能要更少（Ellemers et al.，1997）。

当通过实验操纵感知到的不同群体的成就时，我们也观察到了类似结果（Leach et al.，2007，Study 3）。在此研究中，学生被引导相信，与附近大学的校友相比，他们大学的校友在未来雇主眼中的地位更高或更低。进而他们被要求用不同特质描述这两所大学的学生，这些特质意味着能力（例如技能娴熟）、亲和性（例如友善）以及德性（例如诚实）。学生根据所提供的信息调适对**外群**的描述。当外群更成功时，他们关注与能力有关的特质，而当外群似乎成绩不那么好的时候，他们强调的是外群的亲和性。然而，在对**内群**的描述中，学生总是强调显示该群体德性的特质。事实上，不管群体在劳动力市场上是被感知为成功还是不成功的，他们都会这样做（Leach et al., 2007, Study 3）。

因此，群体成员似乎很愿意承认其他群体在特定领域的**成就**上更具优势。这使群体能够以一种积极的方式彼此区别开来（Mummendey and Otten, 1998）。然而，当道德**价值观**面临威胁时，群体成员就不再愿意这样做了：当一个群体拥有卓越的价值观时，这本身似乎就贬低了另一群体特有的价值观。因此，有几个研究评估了群体成员在建立自己群体的地位与积极认同时，是否愿意以道德价值观来"交换"其他的群体特质（例如性情或成就）。这些研究一致表明，群体成员只会为了标志着友善和亲和性的行为倾向或特定的群体成就和能力，而放弃被视为"次要的"特征上的群体优越性。但是，在道德领域，确立内群优越性始终是头等关切所在。

其他研究进一步证明了这一观点，即人们希望自己的群体尤其是在**道德**层面上优于其他群体。这在评估群体刻板特质与个体对其群体所持的意象之间的关联的内隐测量（内隐联想，词汇判断）中清晰可见（Leach, Carraro, Garcia, and Kang, in press）。它还在另外一系列研究中得以更明确地呈现，这些研究审视了荷兰学生如何比较德国与荷兰的国家成就（Täuber and Van Zomeren, 2013）或者德国学生如何将德国和法国进行比较（Täuber and Van Zomeren, 2012）。所有研究中都提供了所谓经合组织（OECD）的报告结果，例如对减缓气候变化、移民社会融合或是消除老年贫困的应对措施。当这些结果被描述为是在说明国家的道德衰退而非表示能力不足时，对另一群体的敌意社会被引发（Täuber and Van Zomeren, 2013）。研究参与者报告了更多的愤怒，并且拒绝参与和优越的外群的专业交流活动（Täuber and Van Zomeren, 2012）。同时，他们强调自己民族群体在道德领域的其他成功之处（例如男女同工同酬、公平的养老金制度），却忽略了提及显示国家卓越能力的成就（例如体育比赛或军事维和任务）的机会。

这些发现补充了之前有关社会认同和群际关系的研究。个体可以在不贬低外群成员或对他们表现出外群敌意的情况下，努力建立积极的内群优越性。如上文所述，社会认同传统下的研究已经证实了这一点（Brewer，1999；Mummendey and Otten，1998）。然而，这些较新的研究表明，这种"社会合作"，最有可能在群体以特异性的能力与成就树立其独特的身份认同时被观察到。当群体认同是以独特的**价值观**来界定的时候，要想在不招致外群厌恶的情况下宣扬对内群的热爱就变得困难得多。因为价值观指向的是对什么被视为是"正确"或者是"错误"的判断，认为自己的群体拥护"正确"的价值观意味着其他价值观——其他群体特有的价值观——不仅是不同的，而且在道德上是**错误**的。因此，通过强调独特的价值观来建立积极的内群认同会引发群际比较，并且引证自身的价值观会危及其他群体保持积极认同的能力。由于这些原因，提及基于价值观的群体认同很容易引发群际极化与外群敌意（另见 Mummendey，Klink，and Brown，2001；Mummendey，Simon，Dietze，Grünert，Haeger，Kessler，Lettgen，and Schäferhoff，1992）。

事实上，实证研究表明，道德价值观不仅关乎感知到的内群优越性，也与外群贬损有关。即便内群标志性的价值观强调关怀他人和帮扶弱者，情况也依旧如此。这在一项有关"宗教性种族歧视"的元分析中有所显示。55 个研究的结果——一共考察了美国的 22 075 人——明确显示了宗教虔信与种族歧视间的关系。那些拥有强烈宗教认同的人更倾向于贬低外种族群体，而宗教不可知论者则在种族上持宽容态度（Hall，Matz，and Wood，2010）。这表明，当一个人所属的群体提倡拥护人道主义价值观时，这就给个人提供了一种对自己群体感觉良好的方式。虽然它也有可能激励人们帮助其他共享这些道德价值观的内群成员，但当涉及外种族群体时，它并未引发更多帮助或关怀的行为——即便这是这些共享价值观所规定的题中应有之义。当呼吁和平解决冲突的民主价值观被援引来合法化武力使用的时候，类似的悖论也会出现。事实上，研究发现，感知到西方民主价值观具有道德优越性可以预测公众对军事干涉的支持，以及对平民伤亡和在非民主国家窃取机密信息的接受（Staerkle，Falomir-Pichastor，Pereira，Berent，and Butera，2015）。

因此，不同研究设计与测量方法表明，人们十分关注他们群体的道德地位。因此，他们不会轻易承认其他群体的道德优越性——即便他们可能会因为承认这点而能获得其他群体的帮助，从而从中获益。相反，他们有强烈的动机来获得并坚持这样的信念，即内群特有的道德价值观是优于其他群体的。正如有关"宗教性种族歧视"与西方民主价值观的研究所揭示的那样，能够为拥有共享道德价值观感到自豪要比践行这些价值观更重要。当一个人所属的群体被描述为存在道德缺陷时，这比该群体在任务表现或经济成就不佳时所产生的情感和动机影响要大得多。因此，虽然当群体能力受到质疑时，人们会迅速转向群体的其他积极特征，但他们不会轻易放弃宣称内群在道德领域的优越性。

这与考古学家布莱恩·海登（Brian Hayden，1998）根据不同文化和社会的历史、人种与考古证据所提出的更宏大的视野遥相呼应。他认为，在人类历史上，群体间的竞争不能仅以生存价值来解释。事实上，当食物匮乏时，为了生存，人们倾向于互相帮助和分享。群体间的冲突经常出现在食物或其他物资丰裕，并且生存不再是一个问题的时候。根据他的分析，人类历史上的许多战争并不是为了团体的生存或是获取必要的资源，而是为了赢得尊崇和社会地位。类似结论也被提议用于解释对移民的负面态度（Hainmueller and Hopkins，2014）。在对约 100 个调查与田野实验的综述当中，海因米勒和霍普金斯（Hainmueller and Hopkins，2014）研究了移民所意味着的劳动力市场竞争或财政负担，这可能是反对将移民作为一个群体纳入社会的原因。然而，他们没有发现任何证据表明对移民的负面态度主要和此类经济后果有关。相反，在美国、加拿大和西欧的二十多个国家中，最能预测对待各种移民群体态度的是更为**象征性**的忧虑。也就是说，那些最反对接纳移民的人，他们表示担心他们的民族文化和作为东道国所特有的共享道德价值观将会受到影响。这种现实冲突与更具象征性的对群体共享身份及其立场的顾虑之间的区别，也是社会认同论发展的根基（Tajfel，1974，1978）。因此，完全不同的研究传统提供了一致的证据，即依赖于物质关切是群际冲突的主要原因的说法可能过于简单化了。忽略此类冲突的象征性本质——或是未能注意到内群在道德领域被感知到的优越性的重要意义——可能会妨碍冲突的顺利化解。

这里描述的一些心理机制，类似于第六章阐述过的寻求社会对个人道德价值观的确证。然而，当不同群体的道德价值观之间发生冲突时，其结果并不相同，而且往往更加严重。如果愿意，个人经常可以避开支持不同价值观的人，并将自己的交往对象限定在那些证实自己是非观的人（另见Bishop, 2008）。事实上，社交媒体的一些算法就是为实现这一目的而设计的。虽然这并非批判性的自我评估或自我提升的良方，但它至少可以掩盖或避免个体间无法解决的道德价值观分歧。然而，当群体和群体价值观面临威胁时，情况就不一样了。只要这些群体必须在社会中共同生活，而且不得不共同决定管理社会机构的政策和规定，逃避就不是办法。最困难的联合决定通常不涉及结果分配和物质目标的实现。相反，最激烈的辩论出现在不同群体价值观处在危急关头的时候，有时甚至会因此发生暴力冲突。

❖ 应对道德贬损

在某些情况下，群体及其成员因界定自身存在的本质特征被他人在道德上进行贬低而经受折磨。例如，多元性倾向社群（LGBT）的成员可能会体会到这样的道德非难。摆脱与此种群体相关的道德污点的方法之一，可能仅仅就是不要暴露自己的这部分认同。实际上，这种做法经常被推荐——譬如在工作场所。美国军方在1994年到2011年间所实施的"不问不说"（don't ask, don't tell）政策中正式采纳了这一建议。其目的在于通过禁止（此前的处罚是开除）男性或女性同性恋者在服役时公开自己的性取向，防止军队中对同性恋者的歧视。同样，即使他们生活在同性恋者享有平等权利的国度，穆斯林同性恋者也常常感到不得不隐藏其性取向，因为这在他们的宗教团体中会受到严重的道德谴责。

那么，当个体被要求谴责界定自身身份的群体成员资格，以此避免对其群体的道德谴责影响他们的个人成果时，会出现什么情况？为了研究这一问题，我们在若干研究中使用了不同样本、测量和程序。总体而言，结果相当一致（概述参见 Barreto and Ellemers, 2015）。尽管人们普遍预期隐藏自己被污名化的认同会提升自己的社会接受度与良好表现的能力，但我们发现事实并非如此（Barreto，Ellemers，and Banal，2006）。其他研究同样表明，意识到自己的群体受到负面评价，会增加对暴露自己群体成员身份的担忧（Quinn and Chaudoir，2009）。与此同时，努力保守个人的身份秘密需要大量的认知努力。虽然人们需要谨防自身言行泄露其群体成员资格，但正是这种方式的自我监控行为增强了秘密认同的认知显著性（Smart and Wegner，1999）。这种自我否定有着巨大的心理成本（Schmitt and Branscombe，2002）。

我们的研究表明，那些自我界定的认同不被他者承认的人经受着不同方面的痛苦。他们会有羞耻感、罪疚感与焦虑感，自我报告的自信心和自尊心较低——即便其他人是把他们看作会让人生出积极预期，或是会产生更好的成果的群体的成员（Barreto，Ellemers，Scholten，and Smith，2010；Ellemers and Barreto，2006a）。例如，在并未在工作中表露自己性取向的男女同性恋员工调查样本中，85%的人表示因此而体会到罪疚感与羞耻感（Ellemers and Barreto，2006b）。组织数据显示，在工作中隐藏自身性取向的人报告的工作满意度较低，对组织忠诚度较低，并且工作效率也较低（Powers and Ellis，1995）。当我们在更受控的实验室环境下研究这些问题时，我们得以清楚地确定，此类消极的情绪与动机结果是由隐藏污名化身份的行为**产生**的。也就是说，当研究参与者被诱导隐藏其群体成员资格时，他们报告的罪疚感和羞耻感比他们袒露自己是污名化群体的成员时要更多。对自己的认同的不坦诚也会降低自信，而且不会带来业绩收益。相反，对自己群体成员资格的隐瞒，有损于人们作为真实而坦诚的人的道德自我形象（Barreto，Ellemers，and Banal，2006；见图9.2）。

在一个截然不同的领域当中，一项对442名堕胎妇女的两年追踪研究也同样发现了类似的隐藏污名化认同所产生的认知和情感影响（Major and Gramzow，1999）。在该样本中，那些因为觉得堕胎会污名化自己而决定向他人隐瞒此事的女性遭受着思想侵扰，随着时间的推移，这还导致了心理上的痛苦。相比之下，情感袒露减少了侵入性思维带来的痛苦（Major and Gramzow，1999）。

后续研究不仅考察了人们对隐藏自身污名化认同有什么主观感受，还评估了**其他人**对这些人是如何评价的。这提供了额外的证据，表明隐藏身

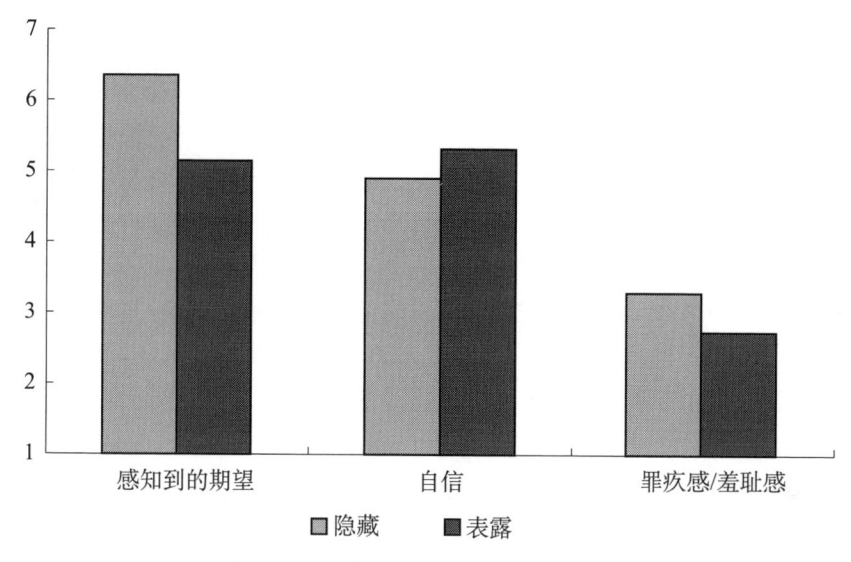

图 9.2　隐藏与表露污名化认同的影响

来源：改编自 Barreto, Ellemers, and Banal, 2006, Study 2。

份有助于社会接受和接纳的预期是不成立的。在这些研究中，隐瞒真实认同的人也报告称自己更害怕被人发现，觉得自己较不真实，社会接受度也较低。此外，评估他们社会互动的外部观察者发现，那些隐瞒（相对于表露）自己污名化群体成员资格的人，在社会互动中确实更为寡言少语。此外，当他们隐瞒而不是表露他们的污名化群体成员资格时，他们的行为及与他人的互动质量被评价为较不积极（Newheiser and Barreto, 2014）。

因此，使曝光的风险显著化，并专注于隐藏自己真实的认同所具有的重要性，似乎会削弱个人在社会环境中表现良好的能力——而非有所助益。事实上，当社会互动被录像并进行内容编码时，结果显示他人对社会互动质量的评价较不积极，因为那些试图隐瞒自己群体认同的人似乎较少参与互动，并且给人留下的印象也不那么积极（Newheiser et al., 2015）。

这些研究共同清晰表明了隶属于受道德贬损群体的个人的困境。尽管他们可能决定隐瞒自己的群体成员资格，寄希望于这能产生社会效益，但在实证研究中并未观察到预期的隐匿认同的好处。谴责自己拥有的受道德贬损的群体成员资格会产生严重的认知与情绪成本，但没有证据表明这能带来动机和社会收益。相反，它破坏了社会参与，使人们无法找到并和那些与之共享同样污名，并可能会给予他们支持和肯定的人建立起联系（Frable，Pratt，and Hoey，1998）。

总的来说，认为人们可以通过不赞同自己所属群体的行为而避免沾染污点的建议看来是错误的。其他证据也表明了这一点。例如，当群体内的个体间进行比较，以及群体间互相比较时（Branscombe，Spears，Ellemers，and Doosje，2002），积极的个体形象并不能弥补消极的群体形象。相反，形象负面群体中德高望重的成员更愿意致力于改善整个群体的形象。此外，一系列研究显示，当某人的群体认同被低估时，它并不能帮助把个体从群体中分离开来（Derks，Van Laar，and Ellemers，2006）或是提高个体的自尊感（Derks，Van Laar，and Ellemers，2007a）。只有当群体作为一个整体的积极价值受到肯定时，人们的心血管压力、动机和任务表现才会得到保障（Derks，Scheepers，Van Laar，and Ellemers，2011；Derks，Van Laar，and Ellemers，2007b）。

2016年6月，49人在奥兰多一家名为"脉动"（Pulse）的同性恋夜店中被杀。认识行凶者的人认为，凶手可能深陷于穆斯林同性恋的困境。当然，现在枪手已经丧命，我们将永远无法确知他的性取向或真实动机。然而，如果他确实是同性恋者，基本可以假定的是，对这一身份认同的道德谴责，以及他为掩藏自己身为同性恋团体一员所做的任何努力，必然都加深了他的痛苦与绝望。

综上所述，作为一个被认为有道德缺陷的群体的一员是有害的。即便是那些根本不可能被认为应对群体不当行为担负责任的人，或是不会被即刻辨认为道德缺陷群体中的一员的人，也会因此受害。当考虑到个人所属群体是否受困于道德缺陷时，处理它所引发的负性情绪绝非易事。它需要认知努力和特意的关注（Sharvit，Brambilla，Babush，and Colucci，2015）。尽管在这种情况下，否认或隐瞒自己的群体认同似乎是个体逃避道德谴责的最佳方略，但研究证明这样作用不大，甚至还会加重群体成员资格的负面意涵。因此，个体流动策略这一经常被当作克服群体地位低下的方式，对于那些群体成员资格被视为道德污名及其认同根本组成部分的人来说，该策略可能并不可行。所以，考虑在这种情况下可能采用的替代策略是有益的。事实上，研究已经证实，由个体所属群体的道德缺陷所引发的多重复杂的罪疚感与羞耻感，要么会诱使人们出于自我防卫而努力脱离群体，要么促使人们努力融入该群体并维护其道德形象（Gausel et al., 2012；另见第四章）。因此，接下来的这一节将讨论群体如何发展和改善自己的道德形象。

❖ 树立道德形象

商业公司的主要任务在于赢利。当商业公司援引其他类型的关切来解释商业决策时，人们就会怀疑这是否传达了公司的真实动机。举例来说，当荷兰皇家航空公司（KLM）在 2011 年开始使用废弃食用油作为航空燃料，并声称此举出于对环境的关切时，情况就是如此。这一决策被广泛宣传，记者受邀前往巴黎去见证首次使用商业生物燃料的飞机的起飞（www.bbc.com/news/business-13877623）。然而，当这些记者着手计算如果其他航班也用此种燃料的话所需的燃料量时，打造知名度的宣传却带来了反作用。即便荷兰人喜欢吃油炸食品——这其中有著名的"可乐饼"——全国的食用油消耗量也永远无法满足 KLM 的航空燃料需求。因此，这一举措被斥为"空洞的形象建设"的例证（www.nrc.nl/nieuws/2011/06/22/klm-gaat-vliegen-op-mix-van-frituurvet-en-kerosine-a1455887）。

这个例子表明，对于群体（在该案例中是商业组织）而言，树立一种合乎道德的形象并不是那么容易。KLM 声明意识到其活动对环境的影响，公司表示愿意着手解决问题，并且按照这些意图行事。然而，这显然不足以说服公众——或是在此案例中的科学记者——相信其道德价值观是值得赞扬。这是为何？想要理解这一点，我们必须考虑到，人们并不只是回应他们所接收的具体信息或客观事实（另见第五章）。相反，他们的看法受他们所属的群体以及他们对其他群体的期望所影响（Ellemers, 2016；Xiao, Coppin, and Van Bavel, 2016；另见 Does et al., submitted；Van Bavel et al., 2016）。

作为更大型的研究项目的一部分，我们研究了感知到的组织目标和价值观对公众认识和接受这些组织提出的环境政策的影响（Terwel, Harinck,

Ellemers, and Daamen, 2011)。这项研究清楚地表明，组织传播不应仅仅被视为在传达重要的组织价值观，或是其所支持的政策的风险和利益（De Vries, Terwel, and Ellemers, 2014）。相反，人们利用组织的公开信息来形成对这些组织总体能力和道德的印象（另见 Malone and Fiske, 2013）。他们通过判断公开传播——例如公司网站上的信息——是否与感知到的组织目标和认同相符来实现这一点。在一系列研究中，我们发现，如果组织在传播中传达他们的知识与专长——例如强调其政策决定的具体优势或劣势——人们会相应地调整他们对这些政策的态度。与此同时，他们往往把这看作操控性行为，甚至会认为这是非法的——譬如当他们认为组织应当更加公正的时候（De Vries, Terwel, and Ellemers, 2016）。

我们对不同类型的组织传播的影响进行了比较，以更为细致地审视这一过程。我们首先给范围广泛的荷兰公民样本提供一份现有组织的名单，并询问他们对这些组织的看法。然后我们将这些组织分为两组，来比较人们对工业组织的看法和对非政府组织的看法。比较显示，在人们眼中两类组织能力相当。然而，他们认为非政府组织更有道德，因为与工业组织相比，他们信任非政府组织的可能性显著更高（见图 9.3；Terwel, Harinck, Ellemers, and Daamen, 2009a, Study 1）。

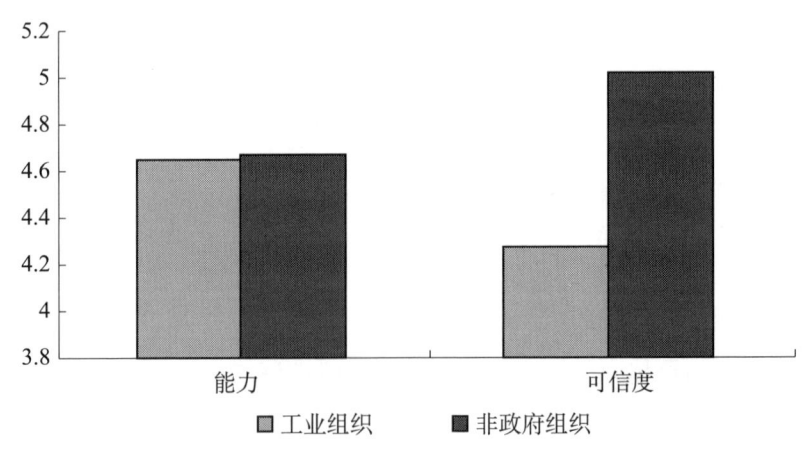

图 9.3　感知到的工业组织和非政府组织的能力和可信度

来源：改编自 Terwel et al., 2009a。

随后，我们询问了人们认为这些不同组织都有什么类型的**价值观**和动机。结果显示，这些评分可归入两类。一类包括组织服务型的价值观和动机（例如经济收益和组织形象），另一类则代表了公共服务型的价值观和动机（例如公共卫生、环境关切）。当我们将这两类评分区分开来时，结果显示出不同的两种概况（见图9.4）。组织服务型价值观和动机被认为是工业组织更典型的特征，而公众服务型价值观和动机则被看作非政府组织的特征（Terwel et al., 2009a）。

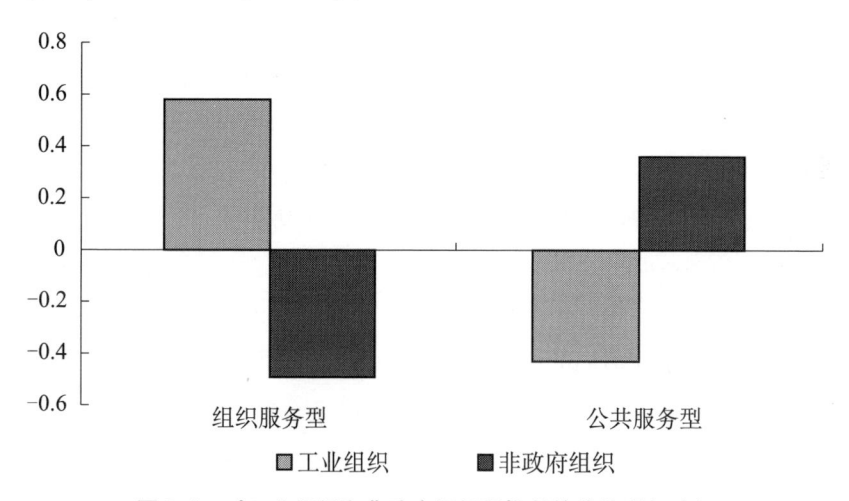

图9.4 对工业组织和非政府组织所推断的价值观与动机

来源：改编自 Terwel et al., 2009a。

两个进一步的研究确定，这些感知到的价值观与动机会影响不同组织的传播行为。这两个研究得出了一致的结果。当发出的信息与人们所感知到的组织价值观和动机不一致时，这会降低人们对传播行为的诚实度的感知，并且减少对组织的信任（Terwel et al., 2009a, Study 2, Study 3）。重要的是，这意味着人们并不只是单纯对信息本身所具有的道德意涵做出反应。也就是说，当工业组织表示对环境的关切时，这并未改善组织的道德形象。相反，这被认为是缺乏真诚的表现，会减少人们对其的信任。事实上，当一个工业组织"坦白"其行动是由组织型价值观和优先考虑经济收益和形象改善的目标所驱动时，这个组织诚实和值得信赖的形象会得到更好的维护。

我们随后进行了新的研究，来进一步检视这一解释（De Vries, Terwel, Ellemers, and Daamen, 2015）。我们比较了对一家能源工业公司不同类型的传播行为的反应，该公司决定投资减少碳排放的技术。公司解释采用这一决策的原因或是环保价值（减缓全球变暖效应）或是商业价值（从排放交易中获利和独一无二的专业技术）。三个使用不同样本、程序和测量方法的研究得出了相当一致的结果。当能源工业公司以环境价值来论证其决策时，人们更倾向于怀疑其战略行为。也就是说，他们认为该政策是为了宣传、吸引客户并且大体上是为了树立组织形象——而不是真正出于对环境的关切。因此，他们认为该组织的行为属于"漂绿"。尽管事实是组织对减少碳排放的技术进行投资，但人们认为该组织并不诚实，是假意装作这是出于对环境的担忧。他们反倒相信这个组织背后的打算是打造一个环境友好型公司的美誉。然而，当该公司直接以标准的商业价值解释其环境政策的动机时，这些怀疑都不曾出现。因此，行事与被感知到的组织目标和组织认同一致让组织看起来更有道德且真诚——即使这意味着是利润而非环境关切在他们的投资决策中起着决定性作用。

因此，一方面提供的信息的内容和该信息会被如何加工之间是不同的，另一方面提供的信息的内容与强调特定目标和价值观时所传递的组织形象也是不同的。事实上，组织形象可以影响其政策受支持的程度，而与人们感知到的政策风险和收益无关（Terwel, Harinck, Ellemers, and Daamen, 2009b）。我们在两个研究中观察到了这一点，其中我们操纵了对组织的能力感知（环保专业技术与信息准确性；Study 1），或是对组织的道德感知（诚实和正直；Study 2）。接下来我们比较了这些组织特征如何影响人们对组织所提出的环境政策的风险和收益的感知，以及组织传播对人们对其政策接受度的影响。组织能力显然与人们接收到的信息所产生的影响有关。当一个有能力的组织倡导一项特定的政策时，人们会觉得这项政策有较大收益和较小风险，这会使他们接受组织所提出的政策。当组织能力低下时，人们不相信它提供的信息，也不会支持它倡导的政策。这种情况有据可循，似乎与理性决策模型相符。

然而，当我们操纵对组织的道德感知时，结果却截然不同。当人们认为组织道德水平高时，他们接受该组织提出的政策的意愿略高，因为他们相信它的判断——不管他们感知到的政策风险和收益为何。然而，当人们认为组织道德水平低下时，他们就会拒绝它所倡导的政策。他们对组织动机的不信任反而会让他们偏向于组织试图劝阻的政策。组织的可信度并不影响人们对组织提议的政策的收益和风险的感知，对政策的接受度也不取决于这些感知。这两个研究的结果清楚地说明了感知到的群体道德的影响。它们显示，感知到的群体道德不仅改变了组织传播对公众态度的影响，而且也会改变决策过程的性质。对组织能力的考虑会让人们去评估那些影响他们立场的信息，而对组织道德的关切则会有损于这种理性和有根据的决策。如果组织被认为缺乏道德，人们就会拒绝它提出的政策，分毫不考虑其好处。

  如果对一个组织的道德感知会以这种方式影响人们对其政策和决策的接受的话，那么，探寻这种道德形象是如何形成的就十分重要了。显然，仅仅声称支持那些讲求道德责任的价值观是不够的。我们的研究显示，当这些价值观与群体形象不符时，仅声称支持那些讲求道德责任的价值观将被视为缺乏真诚，从而适得其反。想要说服他人相信组织的道德立场和高尚目的，一个可能更有效的方法是实施公平的决策程序，让不同利益相关者参与进来。事实上，这正是我们在进一步的研究中所发现的（Terwel, Harinck, Ellemers, and Daamen, 2010）。关于对政策决策型组织的道德感知，三个研究得出了一致证据。组织采用公平的决策程序，让不同利益相关者为自己发声，会提高人们对组织的信任，并有利于人们接受组织所做的决定。重要的是，这并不取决于在这一过程中利益相关者所呈现的认同，也不取决于人们的决策偏好是否趋同。组织愿意致力于公平的程序——建设一个不同当事方都能发表意见的公平程序——才是提高人们对组织的信任的决定性因素。

  这一研究项目的所有结果共同表明，对于代表特定社会团体、政治利益集团或组织的群体而言，树立道德形象可能会有多么困难。这并不取决于它们是如何表述自己的道德价值观的（在本例中是说关爱环境），或者甚至也不依赖于它们在实际推进道德目标方面做了什么（致力于环保政策）。公众会以道德价值观**如何**被践行，推断组织支持这些道德价值观声明背后的真实意图。公众对一个群体的道德印象也有赖于这个群体的认同、其立场以及它如何代表并考虑不同利益相关者的利益。在此过程中，被视为**真诚**似乎比拥护"道德"价值观，或是以可能惠及他人的方式行动更重要。事实上，当群体看来是在陈述其真实意图时，公众似乎更愿意接受并遵循它的利益。不仅对于商业组织而言是如此，陈述群体真实意图也影响不同类型的群体成员之间的相互信任与态度，以及人们对诸如国家或地方政府等公共决策机构提出的政策的接受。

❖ 接受异议的存在

本章第一部分的一个关键结论在于，以倡导自己群体优越的道德价值观作为获得积极独特性的方式的倾向，会招致外群贬损，引发群际敌意。然而，上一节所回顾的研究表明，原则上，群体能够很好地处理它们存在价值观分歧的事实。只要价值承诺是真诚的，解决互不相容的偏好的程序是公平的，群体之间可能就并非一定要同意各自的价值观。只有当不同的利益相关者得到倾听，并且他们的意见受到尊重而不是被无视、贬低或否定时，这才有可能实现。现有证据一致表明，以无视、贬低或否定其他群体的价值观的方式为群体价值观而争斗毫无益处。相反，通过确保最低限度的权利、协商理想结果和规范可接受与不可接受的行为，来决定双方可接受的联合决策方式，可能会更有成效。这正是理想条件下民主政体应当提供的。然而，这并不是我们通常看到的情况（另见 Müller, 2016）。

在美国的政治体系中，保守派与自由派的态度都以道德价值观为指导，双方都坚信自己的政治观点具有道德优越性。只是支配他们判断是非的主要关注点有所不同，自由派主要关注公平和关怀，而保守派则更看重忠诚与权威（Greene, 2013; Haidt, 2012）。例如，在对自由派和保守派聊天室的在线帖子以及州情咨文和国情咨文进行的语言分析中就可以看出这一点（Fetterman, Boyd, and Robinson, 2015）。自由派所使用的语言更多提及与公平和照料相关的亲和动机，而保守派的语言使用则更可能包含涉及权力的词词——与权威与忠诚相关的词。因此，虽然两个政治派别可能都由衷认为他们的主要目的是避免伤害——并且在这一抽象层面上赞同类似的道德准则（Greene, 2013）——但他们**解读**这些道德原则的方式并不相同，而且是我群特异性的。因此，当政策或决策与个人所属政治团体的典型道德价值观更接近时，它们似乎在道德上就是更为正确的（Schein and Gray, 2015）。道德原则背后的差异就这样被夸大了，而政治领导人经常为此推波助澜，因为他们的目标是打倒对手而非达成某种形式的一致。

即便支持同样的道德准则，人们对具体的价值观的优先排序也可能有所不同，这取决于人们自身所处的社会位置，以及由此产生的对特定社会问题的觉知或觉知不足。在美国和新西兰开展的一组研究就说明了这一点（Dawtry, Sutton, and Sibley, 2015）。富裕且因此生活在平均财富相对较高的地区的人，倾向于对国家财富估计过高。这使他们认为目前的经济状况更令人满意且公平公正，导致他们反对旨在对财富进行再分配的政策。无论在什么国家背景下进行调查，以及不管被调查者的政治取向如何，研究都得到了一致的结果。在相似的研究脉络下，一项对40个研究、共包含6 100名参与者的元分析发现，通常男性和女性看重的是价值观的不同面向（Friesdorf, Conway, and Gawronski, 2015）。该研究发现，平均而言，男性更倾向于通过考量物质结果和影响来评估他们行为的道德意涵。然而，女性往往更关注自己的行为是否符合特定的道德准则。

文化差异也可能导致不同群体优先考量不同问题，即便这些群体都在努力行正确之事，并且无不相信自己是在行道德之事。例如，国际公司往往为世界各地的职员规定一模一样的价值观与**职业**行为准则。然而，员工在不同文化背景下长大，在特定国家环境中工作，每个人都有自己与众不同的特点（例如在权力距离、男子气概或对面子的重视程度上）。这可能使得他们分别将准则的不同面向放在头等位置，即便他们都力图在同样的普适原则下工作（Cohen, Pant, and Sharp, 1992）。事实上，已有研究发现，人们对"不道德"一词的联想各有不同，取决于他们生活在东亚还是西方世界（Buchtel, Guan, Peng, Su, Sang, Chen, and Bond, 2015）。中国人认为不道德的行为主要指不文明的行为，而西方人则把不道德行为与对他人的伤害关联起来。

这也会影响到不同文化背景下人们对核心价值观会如何定义，以及当这些价值观被侵犯时他们会如何反应（Cheung, Maio, Rees, Kamble, and Mane, 2016）。对那些生活在更个人主义的西方文化中的人来说，核心价值观往往被界定为**理想**（ideals），指的是实现预期结果以获得幸福的重要性。然而，在集体主义文化中，重要的价值观被认定为"**应然**"（oughts）。这表明，人们的动机主要是避免因想到未能达到重要价值观的标准而引发的焦躁不安。这两者是存在本质区别的动机系统，它们引发的是不同的关切和优先事项（参照聚焦进取与聚焦预防，见 Higgins，1997，1998；另见第八章）。这很容易引发这些不同文化群体的成员间有关重要优先事项的冲突，即使他们有相同的指导性道德准则。

然而，也有证据表明，当人们清楚这些差异来自相似的道德准则时，他们能够超越不同群体成员资格中所隐含的价值分歧。考察基督教徒如何看待不同宗教群体成员的研究发现了这一点（Hall, Cohen, Meyer, Varley, and Brewer, 2015）。四个研究的结果一致显示，人们能够理解并尊重其他宗教群体成员用于传达其重要宗教价值观的行为方式——只要这种方式看起来**发自本心**。例如，基督教徒更加信任那些向宗教慈善机构捐款或者遵守宗教饮食限制的基督教徒与穆斯林。对于那些没有以这种方式表明其宗教认同的重要地位的基督教徒或穆斯林，他们则较少可能信任他们。因此，人们对他人作何反应，取决于这些人的行为在多大程度上与其宗教群体价值观相一致——而不在于他们是否共享相同的宗教派别。

总而言之，不同群体的成员经常对重要的道德准则达成一致。然而，他们的政治取向、社会位置或文化背景可能导致他们将这些准则转化为不同的价值优先次序。声称自己的群体价值观具有优越性，关注社会中群体间价值观的此类差异——或者甚至试图消除它们——经常收效甚微。然而，这也是现实中经常发生的事。不同种族和宗教群体的成员——或不同政党的成员——在试图"赢得"辩论时，往往会抨击或嘲讽对其他群体而言重要的价值观。然而，我们所知的一切有关这样的价值冲突所具有的影响表明，这只会增加威胁感，加剧群际敌意与冲突（另见 Müller，2016）。当群体重要价值观受到威胁时，每个群体都想要占据道德高地，都不愿承认其他群体提出的观点的有效性。当不同群体因为需要对它们一起工作生活的体制与机构做出联合决策而彼此紧密相连，使得某种形式的合作不可或缺之时，唯一的出路可能就是将注意力从道德价值观的差异上**转开**，寻找界定普遍利益或认同的方法。

❖ 界定内群

应对群体间道德价值观差异的尝试，一般是提倡道德宽容，并且强调道德相似性。人们因此被鼓励去接受另一个群体的道德价值观，并被提醒自己群体的价值观和其他群体的价值观之间存在交集。然而研究表明，这可能并非最有效的策略。正如本书所论证的那样，个体和群体在维护自己群体的价值观是**独特**的、比其他群体更好的信念上有诸多利害相关。因此，他们对其他群体表示宽容可能只是为了证明自己群体在道德上更为出色——因为他们公平地对待其他群体。关心内群声誉胜过关心其他群体待遇的危险在于，一旦内群的道德地位得以确立，对其他群体的包容就不会再维续。

这一点在一个对德国西部人的研究中得到阐明。研究参与者在表示愿意公平对待犯轻罪的外群成员之后，却倾向于支持对他们所犯的轻微罪行（例如德国东部人或东南亚移民的蓄意破坏行为）进行严厉的惩罚（Braun and Gollwitzer，2012）。在相似的研究脉络下，有研究表明，为自己的祖国感到自豪并颂扬其价值观的澳大利亚人更可能排斥少数族群，比如中东穆斯林（Berndsen and Gausel，2015）。实验证据更普遍地显示，一旦人们确立了他们中立无偏的信誉，他们就更可能表现出带有偏见的态度（Monin and Miller，2001）。例如，研究参与者在表示自己不同意公然性别歧视的言论后，却越发倾向于支持男性候选人从事刻板印象中的男性工作。事实上，无论是坚信其他群体应当采用相同的规范（无视肤色的意识形态），还是认为他们必须保持独立（多元文化意识形态），都可能由对他们的积极态度所推动，也都可能由对他们的消极态度所推动（Hahn，Banchefsky，Park，and Judd，2015；另见 Wohl and Branscombe，2004）。

因此，解决群际价值冲突可能需要另一种路径，它不注重对价值的重新评估，而是要求人们重新考虑群体的边界。大量研究表明，对社会群体的主观认同感和情感承诺并不仅仅取决于群体成员个体间的客观相似性，也不仅仅取决于群体特质的吸引力（Ellemers，Kortekaas et al.，1999；Ellemers，Spears et al.，1999）。相反，人们能够而且确实在相当灵活地组织关于自己和他人的信息。他们对将个人看作特定群体成员有多大用处的看法，取决于当时的情况和在那种情况下对他们来说最重要的目标。当不同群体被拿来比较时，或是当他们群体的独特认同受到质疑时，人们便开始根据群体既定立场来组织信息（Young, Van Knippenberg, Ellemers, and De Vries, 1997）。这也增进了内群认同，使他们强调独特的群体价值观（Van Rijswijk, Haslam, and Ellemers, 2006）。然而，一旦他们群体的独特认同得到保障，他们就完全能够并且愿意承认特定个体的独特个性，或者关注与不同群体共享的特质（Scheepers, Spears, Doosje, and Manstead, 2006）。

在诸多情况下，个体可以被看作经常具备交叉或统摄性认同的多元的不同群体中的成员（Ellemers and Rink, 2005）。因此，人们往往很可能需要做出选择，是强调他们和别人共同的群体成员资格，还是关注使他们与众不同的认同。这两类关切都至关重要，而且必须相互平衡（Brewer, 1991）。人们能够认识到并且承认使大家联合在一起以及相互区分的特质是重要的。为了使个体积极地看待他们自己以及群体，也为了让群体间能和睦相处，能够根据情况需要在多重认同与群体成员资格之间进行转换是很重要的。然而，政治或宗教领袖经常强调某一特定的群体成员资格，并拥护它独特的目标与道德价值观，视之为本质上卓越不凡的存在。当其他群体被排除在这些联盟之外时，这只能激发敌意与纷争。通过建立所谓的**复杂**认同可以避免这一问题，即人们明确承认，群体成员有多种形式和形态的事实并不会让他们失去被接纳的资格（另见 Brewer and Pierce, 2005）。

当新的群体认同被建构、共同价值观必须被发掘时，这样做的好处就显而易见。例如，组织合并在一起时的情况就是如此。这些合并经常会失败，因为人们坚守他们原来的组织认同，拒绝被纳入一个更大的实体当中。然而，如果注意承认和接受合并前的不同身份，这便可以促进人们对合并的接受，并且有助于让人们愿意接受合并后的身份（Van Leeuwen, Van Knippenberg, and Ellemers, 2003）。因此，人们能够很好地平衡在不同的包容或抽象水平上的多重自我界定。譬如在波兰加入欧盟的过程中，我们便观察到了这一点。在此期间，他们持有强烈的国家认同感，强调自己不同于欧洲其他国家的特点。同时，他们对欧洲表达了强烈的认同，并表示自己看到了波兰与其他欧洲国家的诸多相似之处（Mlicki and Ellemers，1996）。

无独有偶，我们也一直在研究，在科索沃这一2008年宣布独立后成立的新国家中，不同水平的认同如何发展以及共存（Maloku，Derks，Van Laar，and Ellemers，2016）。在这里，占人口90%的阿尔巴尼亚人和5%的塞尔维亚人的反应相当不同。目前，居于上位的科索沃认同与阿尔巴尼亚人的民族认同合为一体，而塞尔维亚人则对此并无认同。然而，我们也发现，当阿尔巴尼亚人采用囊括不同群体的更复杂的民族认同时，他们对塞尔维亚人的看法会更加积极。对塞尔维亚人而言，认同统摄性的科索沃国民身份有助于他们对阿尔巴尼亚人持有积极的态度。因此，在此也能看到，对这一种族冲突的解决，似乎也与作为少数群体的塞族人认识到他们与阿族人之间的联系和共同点的能力有关，而作为多数群体的阿族人则需要认识到构成一个国家的各群体之间所存在的差异。

这表明，肯定各群体独特的认同，同时为它们提供一个连接彼此的统摄性认同，可能会让人转移对群体间的价值观差异的关注。我们在一个实验设计中展示了这是可行的，实验聚焦特定学生群体（阿姆斯特丹大学经济学专业学生；Van Rijswijk and Ellemers，2002）的特有价值观。一个预实验显示，一般被视作**经济学**学生典型特征的价值观与事业成功的重要性（雄心勃勃，事业导向，地位导向）相关，而**阿姆斯特丹大学**学生的特有价值观则更多与原创性和与众不同的重要性（创造性，冒险性，从容性）有关。当我们在主要研究中要求研究参与者回答阿姆斯特丹大学经济学专业的价值观时，根据语境到底是凸显他们的专业还是学校，回答有所不同。在比较不同专业的学生的语境下，阿姆斯特丹大学的经济学学生主要被视作注重事业有成。然而，当不同大学的学生被拿来比较时，他们作为阿姆斯特丹大学学生的身份是最为突出的。

因此，在这项研究当中，完全相同的目标群体（阿姆斯特丹大学的经济学学生）被认为对职业成功的重视程度相对较低，而独创性则被认为更是他们的特征所在（见图9.5）。在其中的研究二中（Van Rijswijk and Ellemers，2002，Study 2），研究参与者对照一份价值观列表指出群体独特的价值观，结果也与研究一趋于一致。当强调他们的专业时，52%的人表示

"职业抱负"是目标群体的特征,而在强调他们作为阿姆斯特丹大学学生的语境下,只有12%的参与者给出了同样回答。这表明,可以鼓励群体强调或弱化其认同的不同面向,这将突出使他们或与众不同或与其他群体相联系的价值观。

群体价值观的语境依赖性

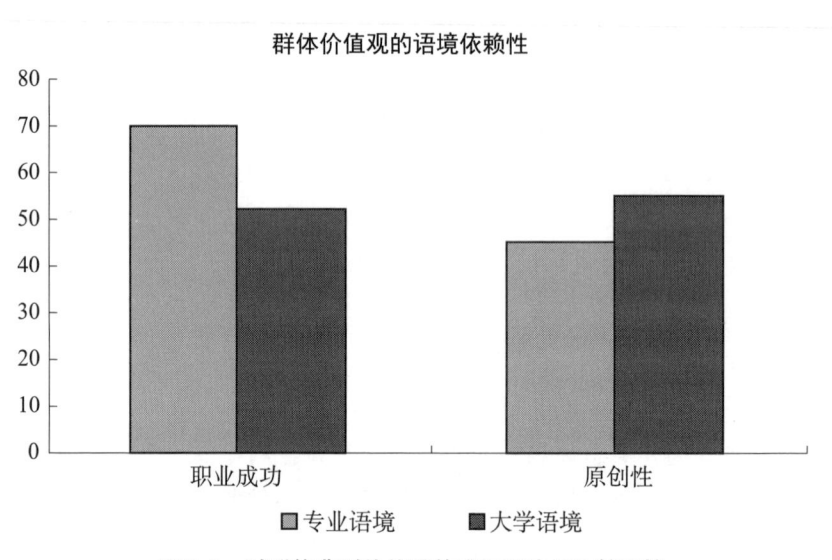

价值观	专业语境	大学语境
职业成功	70	52
原创性	45	55

图 9.5　对群体典型价值观的感知取决于比较语境

来源:改编自 Van Rijswijk and Ellemers, 2002, Study 1。

其他研究确证了这种重新界定的认同对于解决现实生活问题的实际价值。例如,研究发现,在全球层面上认同他者并考量气候变化的道德意涵,影响与世界各地不同人群的团结。这进而又可预测人们参与应对气候变化的示威活动、签署反对土地侵占的请愿书以及向非政府组织捐赠资金的意愿(Barth, Jugert, Wutzler, and Fritsche, 2015)。同样,一项针对意大利选民的追踪调查显示,他们是否愿意支持国家投资以缓解气候变化的可再生能源,并不取决于政策到底是意大利政治机构还是欧洲政治机构提出的。相反,当受访者主要认同欧洲,或对意大利和欧洲有同等的认同时,他们对该政策的支持就会增加(Bertolotti and Catellani, 2015)。因此,这些研究表明,人们对涵括不同社会群体的更大实体的认同意愿和能力的变化,有助于他们关注与其他群体共享的价值观,并克服群体利益的分歧。

❖ 同样的目标，不同的手段

由于道德价值观表明了不同群体眼中的对与错，不同群体的典型价值观之间就存在着必然的妥协性平衡。当一个群体拥有优越的价值观时，这只能说明其他群体的价值观是低劣的。这就是为何宣称内群道德优越性总是受到其他群体的挑战，因为群体不能承受自己典型的群体价值观被看作是道德上不那么正确的后果。事实上，当人们遇到其他群体成员，并说他们"毫无价值观"时，情况便是如此，而实际上其他群体的价值观只是和他们自己的**有所不同**。同时，正因为道德价值观是主观界定的，所以试图"证明"哪些价值观是最好的也就只能是妄想。当实际上相同的潜在道德准则被对立群体变为自己的价值观时，这甚至可能更加毫无意义，就像我们在第一章看到的那样。

仅仅宣扬"正确"的道德价值观，但所宣扬的道德价值观又不符合群体核心目标与认同的话，并无益于群体道德形象的改善。而当群体承认自己的利益与核心价值观时，他们反而会被视为更加诚实与真挚。在民主政治体系当中，只要不同群体尊重彼此的价值观，并且有一个公平的系统能够让不同利益相关者在做联合决策时各抒己见，这种方法就可能相对有效。因此，应对群体间道德价值观差异的方法也许不是争论或否认彼此重要价值观的正确性，而是接受某种形式的价值观多元主义，同时寻求由共享道德准则所支配的统摄性认同。保持不同群体的独特认同——并接受让他们独一无二的价值观——同时将它们纳入一个将联合决定可接受行为的公平流程规范化的共同体系，可能是我们建设性地处理群体间道德差异的最佳选择。

第十章
谁值得被以德相待？

即便和其他群体的成员无冤无仇，我们也可能不公平地对待他们。我们不愿看到这一点，因为我们只想考虑个人成就。然而，我们预见的是，仅仅是人们的群体成员资格不同，就注定了他们必然有着不同的抱负、偏好和个人品质。这使他们看起来不值得被平等对待——在他们自己看来别人也是如此。只有当我们愿意承认自己会因个人的身份和来历而区别对待他们时，我们才能实现为所有人提供平等机会的道德理想。

"黑人的命也是命"（Black lives matter）始自2013年，是美国一场反对针对非裔美国人的种族定性、警察暴力滥用和严酷惩罚的运动。2014年，非裔美国青年在弗格森市和纽约市因警察暴力身亡后，该运动组织了反对警察暴力的示威活动。2015年和2016年间，被警察杀害或死于拘留期间的黑人的确数量畸高。尽管在2015年人口普查数据中（www.census.gov/quickfacts/table/PST045215/00），非裔美国人只占总人口的13%，但2015年被警察开枪击毙的人中却有26%的黑人（www.washingtonpost.com/graphics/national/police-shootings-2016/）。

2014年12月，两名纽约警察在巡逻车中被杀后，一场反运动随之而起。写有"警察的命也是命"（Blue lives matter）字样的广告牌遍布美国各地，倡导人们支持警察和他们的家人。两场运动的冲突在2016年夏天升级。在达拉斯举行的"黑人的命也是命"和平示威中，五名警察遭到狙击手射杀，该狙击手声称，他要让对黑人公民施暴的白人警察血债血偿。几周后，又有三名警察在巴吞鲁日遭到伏击并被杀害。

那么，在害怕因"身为黑人驾驶汽车"而被警察抓捕的美国长大是什么滋味？而作为一名试图实现和平与秩序，但每天都为被枪杀而惶惶不安的警察，又作何感受？我们应当帮助谁？我们应当恐惧谁？仅仅是因为身份和出生地，人生机遇与结果就天差地别，这其中有怎样的道德意涵？仅仅是因为我们不认识的人代表了一个在行事上令人道德反感的群体，就要恐惧、怨恨甚至杀害他们，这是对的吗？

哪怕这些难题没有最终答案，思考在我们想到这些问题时发挥作用的心理机制是什么；或是当这些议题使我们感到十分不适时，我们会如何**避免**思考它们也十分重要。本章将审视人们的群体成员资格——还有他们看待社会中其他群体的方式——如何影响他们对社会不平等的道德判断以及如何解决这个问题。同样，做合乎道德之事的欲望似乎可以阻止人们承认存在不公平的待遇。这并不只是发生在**他人**居于弱势的时候，**我们自己**身处不利地位的时候也不例外。因此，我们在应对自己不能总是达到自身道德标准的认识时所遭遇的困难，会破坏我们去公平对待所有人的努力。

❖ 力图公平

我们许多人都相信，自己对不同群体的成员一视同仁。我们不觉得自己会区别对待他们，因为我们和他们"无冤无仇"。我们认为不同群体的成员享有平等权利是不言而喻的，并且假定如果遭遇不公他们就会而且也确实会抱怨。因此，只要我们是出于好意，而且他们也没有抱怨，我们就认为所有人都得到了平等对待。不幸的是，事情未必有这么简单。事实上，平等权利法案的后果之一是，即使那些确实对外国人、黑人、同性恋者或女性有偏见的人也会意识到，他们说那样的话可能会惹上麻烦。但是，如果政治正确的言论被用于说服自己或他人，我们不希望这些人出现在我们的社区、公司或是交际圈中的原因和他们的群体成员资格毫无关联的话，那么解决不公平待遇的可能或是提出投诉就十分困难。

这正是研究中显示的情况。即便怀有最良善的意图，我们也能并且确实会在不知不觉中歧视他人，仅仅因为他们代表特定的群体（Cikara and Van

Bavel, 2014; Krosch, Berntsen, Amodio, Jost, and Van Bavel, 2013)。恐惧、敌意以及不同群体的成员间接触不足都会导致缺乏信任和合作 (Brown, 2011; Brown and Hewstone, 2005; Hewstone and Brown, 1986; Mackie, Smith, and Ray, 2008)。然而，即便没有如此明显的偏见，对于那些和自己不同的人，人们也可能不愿与之互动、觉得很难喜欢他们或是不太容易想到要出手相助——这些都与他们的群体成员资格无关。但是，这可能会系统性地剥夺这些人激发自身潜能所需要的包容、支持和鼓励。

根据对美国 246 名白人工人阶级和中产阶级进行的深度访谈，这一点得到了十分有力的证明。他们讲述的人生经历清晰地表明，他们是如何得益于其社会阶层和家庭资产，从而实现了当前的社会地位的。一些人提到，由于财产继承，他们能够负担得起大学学费，另一些人则在家庭成员的帮助下拿到了自己的第一份工作。但他们并不承认这是某种特权。他们意识不到许多人需要在没有此类帮助的情况下找到立足之地，相反，他们坚信只要每个人表现出同样的技能与决心，也一样能有所成就（DiTomaso, 2013）。

为什么我们没有认识到仍然存在基于群体的不平等？为什么我们没有发觉，仅仅因为种族、性别或原籍国而剥夺一些人获得我们会给予其他人的帮助、信任和支持，是他们弱势地位的重要根源？有几种心理机制可以对此做出解释。

第一，由于它是如此**无处不在**，人们很难认识到这种类型的歧视。事实上，上述研究中受访样本所表达的观点非常一致，尽管他们代表了从"工人阶级种族主义者"到"富裕的白人自由派人士"的全部政治与种族态度图谱（DiTomaso, 2013）。此外，占据优势地位的特权群体的成员，他们在对优越群体的成员所具有的典型特质与能力的偏好上往往是一致的。例如，无论是试图给别人留下积极印象的白人还是非白人，都强调他们和白人的接触，并且淡化他们和非白人的关联（La Macchia, Louis, Hornsey, Thai, and Barlow, 2016）。事实上，黑人和白人警察都会进行种族定性，并且在逮捕黑人嫌疑人时都会表现出不当的暴力。同样，男性和女性都更愿意让男人而不是女人担任领导职务（Eagly and Karau, 2002）。然而，如果弱势群体的成员也支持那些贬低他们自身群体的观点和做法的话，那么认识到这其实是一种基于群体的歧视形式也就更加困难（Eagly and Karau，2002）。

第二，就像我将在本章中所阐述的，西方社会倾向于倡导所谓的**个体流动思想**。这意味着有一种共同的信念，即人生在世，前进的主要方式就是个体展示自己的成就。为个体提升所付出的努力，以及个体在这方面的成功，使得社会中不同群体拥有不同结果的事实显得更为合法（Ellemers，1993，2001；Van Knippenberg and Ellemers，1990）。例如，社会中的弱势群体成员往往认为刻板印象对群体中其他成员是适用的。然而，他们自己却对群体的刻板印象避而远之，即便那些强烈认同自己群体的个体也较少做符合刻板印象的这些事（Doosje，Ellemers，and Spears，1995；Doosje，Spears，Ellemers，and Koomen，1999；Ellemers，Spears，and Doosje，1999，2002；Spears，Doosje，and Ellemers，1997）。因此，普遍共享的信仰与信念偏好是存在的，即社会中的差异性结果源于不同的偏好和个体成就的差异——而不是基于群体的差异性特权。

第三，我们很难认识到群体受到了不公平对待的另一个原因在于我们对可能揭示这种不公的**信息**的接收和**处理**方式。关于差异性结果的证据通常在具体的个案中出现。当特定个体在申请一份工作、一所房子、一项补助金或其他令人垂涎的结果时，尽管他的条件很好，但却遭到拒绝，这本身并不能说明什么。更多时候，合格的候选人要比工作、房子或可得的补助金更多。而且总是可以举出一个良好的理由来说明其他人为何可能更适合。只有当从不同个体那里汇总这些信息，按照他们的群体成员资格组织材料，并且以这种方式进行更加系统的比较时，我们才能发现社会中的某些群体是否受到了区别于其他群体的对待。尽管对平等机会相关措施的效果监测需要收集这样的信息并使其可得，但这并不是天经地义的事。因此，对于大多数遭拒绝的人来说，很难简单地确定他们是否受到了不公对待。

然而，仅是承认他人可能遭遇到不公平对待，就已经有助于保护他们免受这种待遇对其自信心的影响，并且可以为他们证明自身价值而赋能。比如在一系列关于内隐性别歧视的研究中，我们就观察到了这一点。研究中，只是知道**男性**看到并且表示她们受到了不公平的待遇，便可以帮助女性应对她们所经受的不公（Cihangir，Barreto，and Ellemers，2014）。

在这项研究中，女性学生参与了一个模拟工作面试的流程。面试官是一名男性，会询问一些带有性别歧视意味的问题，比如和女学生们的外貌相关。面试结束后，参与者进入虚拟聊天室，据称他们可以在这里与其他求职者交流经验。这可以使她们接触到其他竞选人的判断，这些人或者是男性或者是女性。一些参与者收到的评论认为，和他们一同的求职者都肯定这一流程是公平无偏的，而另一些人则看到批评这一流程的评论，表示面试官对女性不利。两个程序和测量方法稍有差异的研究揭示了趋同的效应。

当**男性**承认存在性别歧视时，相比于男性表示流程是公平的情况，女性求职者的自信会有所提升。认识到男性的不公对待，使得女性在随后的评估测试中更不容易以性别刻板印象的方式表现自己。在智力型任务中，她们的得分也更高（见图 10.1；Cihangir et al.，2014）。

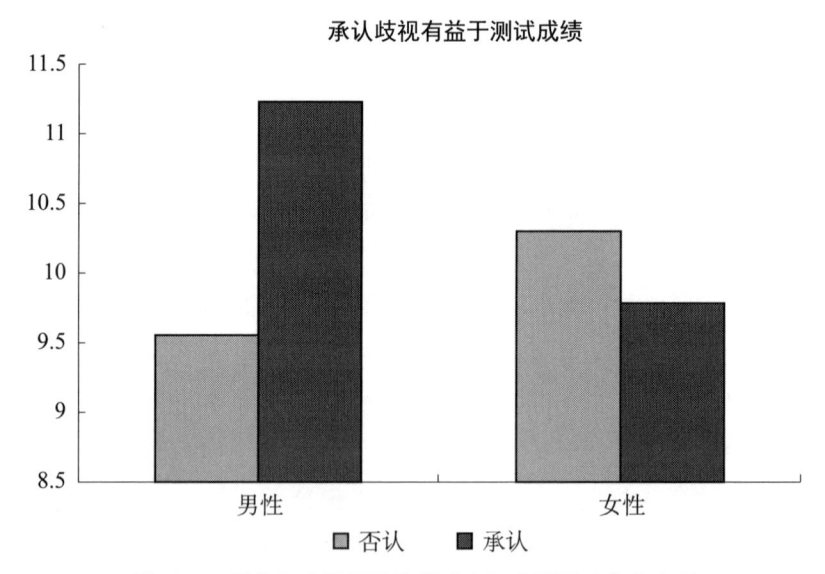

承认歧视有益于测试成绩

图 10.1　男性与女性承认歧视后在智力型测试中的表现

来源：改编自 Cihangir et al.，2014，Study 2。

重要的是，当其他**女性**认识到存在性别歧视时，这就没那么有效了。尽管她们的意见被视作同样可靠、值得信任和真心实意，但当其他女性指出流程不公时，这似乎只能让女性求职者感到沮丧。让其他女性发表存在性别歧视的意见，只会让我们的参与者在评估阶段表现得次理想。事实上，当**男性**承认存在歧视时，我们68%的女性应聘人提出投诉，抗议这一流程不公，而当其他**女性**表示受到不公对待时，投诉的女性只占30%。因此，是那些不会因此牵扯个人利益的"客观的局外人"对性别歧视的承认，为这些女性提供了解读这一局面的信息指南。这让女性参与者意识到自己可能必须要克服性别偏见的期待，并帮助她们呈现出最佳表现。

人们经常认为，个体往往不愿承认自身缺点，因此对于令人失望的结果，他们很容易把责任推卸到超出他们控制的因素上面。这可能使我们疑心，社会中弱势群体的成员太过迅速地声称受到歧视——即便这种怀疑没有正当理由——只是为了解释和掩盖他们本人的过失。然而，研究结果显示并非如此。例如，约会被拒的超重女性——根据她们提供的身高、体重和专业的信息——将之归咎于自己的体重，并不认为这反映了他人的偏见（Crocker, Cornwell, and Major, 1993）。其他研究更为明确地审视了人们的动机和能力，以发现基于群体的劣势的证据，这些证据会使他们得出歧视可能产生了一定影响的结论。这方面的不同研究发现，人们相当不愿承认基于群体的劣势的证据，即便显而易见的是，他们群体的成员比起其他群体的成员来系统性地受到了较差的对待（参见 Barreto and Ellemers, 2015；概述参见 Stroebe, Barreto, and Ellemers, 2010a）。有几个因素造成了这种状况，我们在一项研究方案中对此一一进行了讨论。

在第一组研究中（Stroebe, Barreto, and Ellemers, 2010b），我们模拟了一个就业遴选流程，并对女性学生参与者进行了一个测试，该测试据称可以预测他们是否适合不同公司的各种工作。尽管她们被告知自己的分数很高，应该有很大的机会被选中，但她们却没有得到梦寐以求的公司培训生职位。随后我们提供了有关其他候选人的结果的信息，以名字显示男女。研究参与者在他们的电脑屏幕上收到一个表格，她们可以通过点击包含信息的单元格来查看其他候选人的分数和甄选决定。整体而言，男性的分数更低，但是比女性更容易被接纳。因此，参与者了解的信息越多，她们就越觉得选拔者抱有偏见。然而，这完全不是自我保护的表现。相反，尽管获得了高分，但被拒绝的经历提醒她们，其他人并不十分看重女性（Study 1）。此外，随着越来越多的歧视证据的出现，参与者报告感受到的威胁与绝望就越大，对自己性别群体的看法也越差（Study 2）。这些结果说明，不合理的被拒经历会导致弱势群体成员——在这个案例中是女性——接受他们的群体天生低人一等的想法。这使他们对自己归属于这个群体的事实倍感威胁与绝望，而不是对他们和他们的群体所遭遇的不公待遇产生愤怒或怨恨。

当一些群体成员确实取得了成功并且克服了不利条件时，这些所谓的标志使基于群体的劣势更难以被承认（另见 Wright，2001）。我们在另一组研究中观察到了这一点（Stroebe, Ellemers, Barreto, and Mummendey, 2009）。这些研究采用和上述研究类似的流程，不同之处仅在于此次有一些女性被选中参加培训，而她们这一性别群体的其他人则没有被选中。两个研究借助于略有不同的方法和测量方式，产生了一致的效应。被选中的人将成功归功于她们的个人素质。相反，被拒绝的女性则淡化这种失败经历中的个人责任，并通过指向群体待遇不公、声称流程不当来维护她们的幸福感。这看似与社会中普遍的关于弱势群体如何应对拒绝的看法相一致。然而，只有在存在确凿而客观的性别歧视**证据**时，我们才观察到这一模式。当没有这样的证据时，基于群体的劣势与流程不当的说法就更不大可能出现了。

关键在于，那些没有亲身遭受其群体不公待遇的女性——因为她们被选中参与培训——并不认为程序是不公平的，即便有切实证据表明存在基于群体的歧视（见图 10.2；Stroebe et al., 2009）。这项研究表明，当基于群体的劣势出现时，承认它的存在何等重要。这可以保护那些因群体成员资格而受到拒绝的个人的幸福感。同时，我们发现人们并不乐于提出这样的主张，除非有基于群体的歧视的确切证据，否则他们不会这样做。此外，没有被拒绝过的个人，保留着个人业绩是决定性因素的错觉，甚至于无视他们群体的成员往往被不公平对待的切实证据（另见 Wright，2001）。

在本研究项目的最后一组研究中，我们明确了出现这种情况的原因。研究显示，未能认识到基于群体的劣势有助于人们坚守这样的观念：公平对待是规则，而歧视是**例外**（Stroebe, Dovidio, Barreto, Ellemers, and John, 2011）。这一次，我们引导部分研究参与者相信他们受到歧视的经历是罕见的、例外的，而其他人则被引导认为这是他们经常被对待的方式。这让他们的反应方式大有不同。那些认为不公的拒斥经历会经常发生的人遭受到了负性情绪侵袭，并且报告称自尊低落。然而，认为这属于一种罕

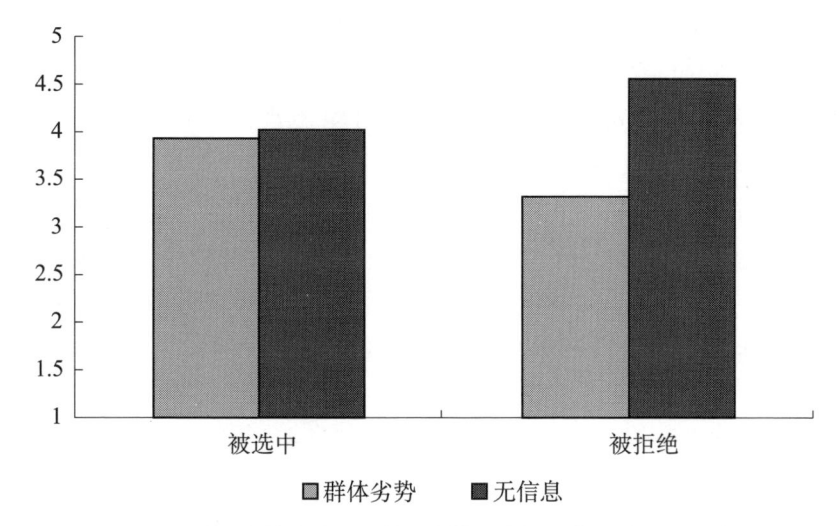

图 10.2　感知到的遴选流程的正当性，有赖于自身的结果和基于群体的劣势的信息的可得性

来源：改编自 Stroebe et al.，2009。

见经历的研究参与者得以免受被歧视的消极影响（Study 1）。当我们以另外的方式向他们保证他们受到歧视的经历是罕见的、例外的，即告诉他们这个世界总体而言是公正的时，即便这与他们受歧视的经历毫不相干，情况也同样如此（Study 2；Stroebe et al.，2011）。因此，矛盾之处在于，随着歧视经历更加普遍并反复出现，承认和挑战歧视的可能性降低了，因为那只会使歧视对象感到失望和沮丧。

不仅是那些受到不公对待的人，目睹这种情况的外部观察者的幸福感与表现动机也受到消极影响（Smith，Jaurique，and Ryan，2016）。因此，相关各方更愿意认为世界是公正的，基于群体的歧视很少发生（Kaiser，Dyrenforth，and Hagiwara，2006）。这一点很重要，因为它会影响人们如何回应歧视的申诉者。当有人表示受到不公平对待时，它揭穿了我们对正义必会得到伸张的信念可能全无道理。比起承认这才是事实，我们更倾向于对申诉者进行贬低，认为其极度敏感或过分刁难——即便有客观证据表明申诉者是对的。当我们介绍一家著名律师事务所的案例时就出现了这种情况，该事务所有两名候选人（一男一女）竞争合伙人的位置。女性候选人的业绩明显优于其男性对手。然而，这名男子却得到了她梦寐以求而且显然当之无愧的晋升。我们要求研究参与者评估这种情况，比较当女性进行投诉或决定保持沉默时他们会如何反应，以及他们的反应是否取决于我们引导他们认为歧视究竟是一个结构性问题还是偶然性问题（Garcia, Schmitt, Branscombe, and Ellemers, 2010）。

当被引导相信这是一个罕见事件时，研究参与者认为，这位女性**不控诉**自己所经受的不公对待是恰当的。当她保持沉默时，他们对她的评价要比她提出抗议时更加积极。只有当我们使他们相信，性别歧视仍是一个结构性难题时，女性候选人的投诉才会得到赞赏（见图 10.3；Garcia et al., 2010）。

抗议歧视

歧视是偶然性的

歧视是结构性的

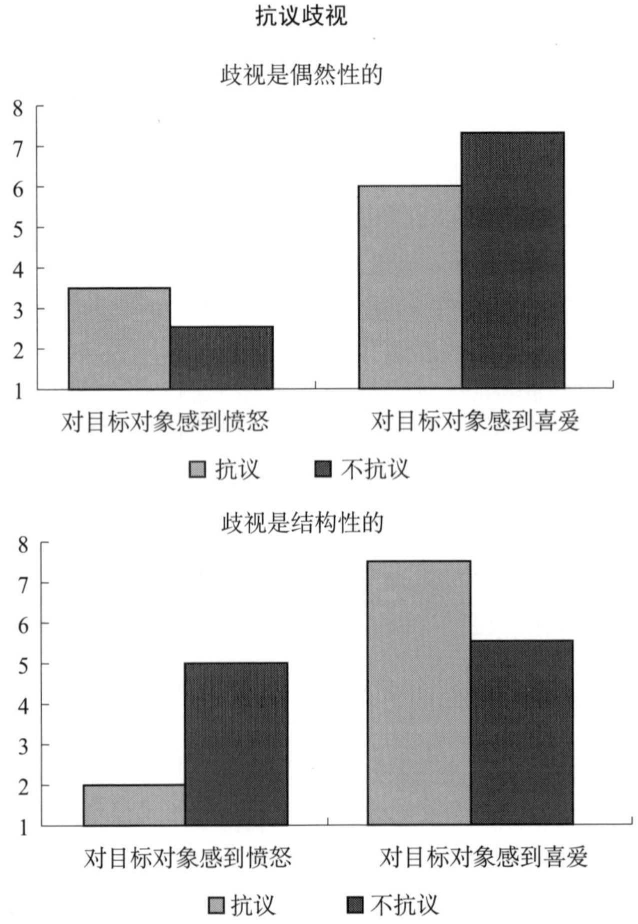

图 10.3 是否抗议歧视取决于这被视为偶然性事件还是结构性事件

来源：改编自 Garcia et al., 2010。

所有这些研究都表明，当歧视发生之时，人们愿意或不愿感知到歧视，并不能仅仅由人们的个人经历或是他们保持积极自我观的动机来解释。相反，那些遭受不公对待的人以及从中受益的人似乎都非常坚定地相信，他们生活在一个公平和公正的世界。人们所得的是他们应得的这一普遍观念至关重要——即便是对那些利益不受影响的外部观察者而言也是如此。原因何在？这样的想法有助于那些因为群体成员资格而身处不利地位的人保持希望，那就是他们终将成功——只要他们足够努力。屈服于这样一种想法，即无论你做什么，由于你无法控制的外部原因，你都不可能成功，必然会使每个人沮丧而无动于衷。同样，对那些获益于当前的程序和做法的人而言，相信自己的理想结果要归功于自己的努力和成就也是有利的。承认——即便是对自己承认——自身的成功可能部分得益于更轻松的生命起点或是他人助力，让人心有不安。这也意味着，没有如此帮助的时候，成功也许就不能实现——这是人们试图避免的一个令人沮丧的念头。

维持这种公正的世界的信念，对于外部观察人士而言也利益攸关。感知到差异化的结果是公平的，可以防止我们在发现不公平的结果时感到罪疚或绝望。坚信基于群体的歧视是罕见且异乎寻常的，也使我们免于采取行动来改进不公平的程序或更系统性地补偿不公平的结果的义务。因此，优势群体和弱势群体的成员以及外部观察者都有一个共同的利益所在，那就是维持当前程序和规定一般是公平和公正的信念。这使得人们有望继续认为，每个人都能达到与其成就相当的地位——无须考虑他们的群体成员资格——并且歧视的情况是少见而例外的（另见 Ellemers and Van Laar, 2010）。因此我们秉持这一信念：即使不同人群遭遇迥异的命运和结果使人遗憾，但至少这在道德上是正确的。

❖ 决定应得性

2015 年，迁往欧洲的移民和难民急剧增加。根据欧洲统计局的数据，超过 120 万人首次在欧洲申请庇护，该数字比上一年翻了一番（http://ec.europa.eu/eurostat/statistics-explained/index.php/Asylum_statistics）。仅在 2015 年 4 月，就有超过 1 000 人在地中海溺水身亡。这些人大多是从利比亚前往意大利的厄立特里亚、尼日利亚和索马里难民。在 2015 年夏天，大批叙利亚、阿富汗和伊拉克内战的难民开始经土耳其和希腊进入欧洲。其中还有来自南亚（巴基斯坦）、非洲和西巴尔干地区的移民。他们大多为单身男性，希望在申请庇护前抵达北欧国家，比如德国或瑞典。为数众多的单身年轻男性的到来（主要是穆斯林），引起了民众的恐惧和担忧。欧洲各国不愿协作寻求解决方案，尝试关闭其边境，并且一再不执行为共同负担入境难民而制定的决策。

在此期间，难民们在海上溺亡、徒步穿行欧洲、露宿于公园和城市广场并且在街头乞讨，这开始演变成一场人道主义危机。2015 年 8 月，德国总理安格拉·默克尔向德国民众发出呼吁。对于至少应该给予那些已经进入这个国家的人住宿和食物这一点，她态度务实，发表了一句著名的言论："我们能办到。"（*Wir schaffen das*）默克尔的政治对手抱怨称，其他难民会把这句话理解为公开邀请他们前往德国。2015 年 9 月，一个脸朝下陈尸于土耳其度假胜地海滩上的叙利亚小男孩的照片震惊了全世界。他在前往欧洲的途中溺水身亡。人们突然意识到，难民并不全都是谋求更好出路的年轻男性，还有许多带着孩子的家庭，他们祈求逃离家乡战火来找寻生路。这增强了欧洲人民——以及他们的政治领导人——欢迎叙利亚战争难民的意愿，许多志愿举措也开始帮助他们。

2016 年 1 月初，舆论再次调转。在跨年夜庆祝活动中，科隆发生骚乱，几群移民男子将许多德国女性与同伴隔离开并对她们进行了性侵。随后，显而易见，德国其他城市以及瑞典也出现了类似现象。这让人们再次意识到，移民的进入意味着国家内部有诸多文化和宗教价值观差异极大的大规模群体，他们虽然来到这里，但并不一定要调整其生活方式。

即便我们支持公平与关怀的道德准则，这本身也并不能表明我们的道德世界具有包容性（Schwartz, 2007）。只要我们把公正看作一个遥远而抽象的准则，我们就会赞成平等对待每个人，但在更具体的层面上考虑这个问题的时候，我们往往就变得更有偏见（Mentovich, Yudkin, Tyler, and Trope, 2016）。那么，我们给予关怀的社群范围有多广，我们在多大范围内实行我们的公平规则？哪些人值得被平等对待，那些赞同不同价值观的人——甚至是违背我们价值观的人——还能指望我们对他们的困境抱有同情吗?

实验表明,在这样的道德困境当中,如果有助于我们保全内群成员,那么我们就会觉得牺牲外群成员在道德上更容易接受,而不是不去作为。这在我们的大脑活动中也清晰可见(Cikara, Farnsworth, Harris, and Fiske, 2010)。事实上,要求人们站在外群体的角度上未必就能引起更多共情。相反,当外群价值观和内群价值观有显著差异时,这可能只会加剧负面态度。例如,一个针对政治保守派的研究就阐明了这一点,这些保守主义者被要求想象一对同性恋伴侣的情况(Mooijman and Stern, 2016)。这非但没有让他们把这些人视为同胞,反而只会引发他们的厌恶,使他们对同性恋的反对态度变本加厉。

一般来说,积极看待我们所属群体的欲求,使我们对自己群体中出现的缺点更宽容,而对其他群体更不宽容,就像前面指出的那样。例如,一系列研究揭示,澳大利亚学生对相同的特性的评价,取决于他们被引导相信这是本国人的特征,还是其他国家的人(尼日利亚人、爱沙尼亚人或南非人)的特征。当国民缺陷(例如心胸狭窄)只有被说成是民族内群的特征时,它才会被视为"人之常情"。当内群缺陷的负面意涵被研究参与者更明确地感知到时(例如能预测冲突卷入,或是在社会关系处理中困难重重),他们甚至更有可能以这种方式合理化内群的不足之处。然而,当这些特征是外群特质时,就不会得到同样的宽宥(Koval, Laham, Haslam, Bastian, and Whelan, 2012)。

因此,正如第五章所指出的,人们倾向于认为宗教或政治群体的内群成员要比外群成员(犹太人对基督教徒,保守派对自由派)更具可信度,并给予他们更多的先在信任(a priori trust,例如在经济游戏中分享金钱)。当人们觉得自己的群体在社会中受到不公对待时,这种普遍的倾向就会加剧(Rotella, Richeson, Chiao, and Bean, 2013)。即使对内群的此种信任毫无理由,情况也是如此。事实上,对所在的群体表现出不尊重会增加偷窃、撒谎或欺骗的情况(Belmi, Barragan, Neale, and Cohen, 2015)。与此同时,坚信群体行事正确,会降低对其他群体表现出偏见的警惕性(DeSteno, 2015)。因此,并没有任何客观或令人信服的理由来对内群成员的行为做更高的评价,或是更相信他们有良好的意图。然而,为内群赋予高尚的人性，有助于保护内群形象，使其免于不良行为的玷污——这种行为被解释为"人之常情"。在某种程度上，内群成员往往被视为比外群成员人性化程度更高、更值得信赖和更值得以道德相待（另见 Hackel, Looser, and Van Bavel, 2014）。即便他们的行为和外群成员完全相同甚至于更糟糕，也不妨碍对内群成员的偏爱。

相反，对于那些被视为人性化程度较低或较不文明的群体成员来说，不道德行为的表现（违背承诺，私占他人遗失的钱包，考试作弊）较难被忽视。这些群体被视作对自己行为的控制能力较差（Bastian, Laham, Wilson, Haslam, and Koval, 2011）。对他们的非人化（dehumanization）因而使得他们看起来对自身行为的道德责任较轻，但也使得他们看来没那么值得保护（Haslam and Loughnan, 2014）。因此，人们认为针对外群成员就不当行为进行教育的用处没那么大，当他们违反道德标准时，直接惩罚他们会更合适。

区分社会中各特定群体在多大程度上被视为人类，也有助于我们应对不平等结果带来的道德威胁（另见 Bain, Vaes, and Leyens, 2014；Leyens, Demoulin, Vaes, Gant, and Paladino, 2007）。当认为其他群体人性化程度较低时，他们就会被排除在我们的道德责任范围之外（Haslam and Loughnan, 2014；Schwartz, 2007）。这让他们显得没有其他人那样配得到公平对待和平等结果。在一个有关考虑社会中不同群体时的大脑活动的研究中，这一点得到了相当有力的阐明（Harris and Fiske, 2006）。通常情况下，内侧前额皮层（mPFC）——与处理社会信息有关的区域——会在我们观看人们照片的时候被激活。然而，将心思用在污名化他人上要付出情绪成本（Cameron, Harris, and Paye, 2016），而行事公平则会带来认知负担（Van Berkel, Crandall, Eidelman, and Blanchar, 2015），所以我们经不起一直这样做。因此，脑部扫描显示，比起观看其他群体成员的照片，当看到无家可归者的照片时，内侧前额皮层被激活的可能性明显降低（Harris and Fiske, 2006）。这表明，他们确实较少倾向于把这些无家可归者视为人类。

一般来说，人们在选择是否将某些群体视为人类时显得相当有策略。例如，有研究发现，人们更倾向于将那些受到内群不公正对待的外群非人化（Castano and Giner-Sorolla, 2006）。在这项研究中，研究参与者被要求考虑内群中的其他成员对外群成员的大规模杀戮。无论被研究的是哪些群体（人类对外星人，美国白人对美国原住民，以及英国人对澳大利亚原住民），对所犯下的不义之举的集体责任感都使参与者认为受害者群体人性化程度较低。这些同样的机制也有助于合理化针对其他群体的成员的侵犯与暴力。例如，2001年"9·11"事件后，对敌人的非人化导致美国民众支持对海外恐怖嫌疑人发动致命进攻、动用毁灭性军事力量进行报复性打击，以及对伊拉克实施空袭（McAlister et al., 2006）。类似地，巴勒斯坦人对以色列人使用武力，这一行为使得他们看起来是次等的人类，而这一点反过来又增加了以色列对巴勒斯坦人使用暴力的道德认可（Vandello, Mickniewicz, and Goldschmied, 2011）。与此类似，把达尔富尔危机说成是种族灭绝的结果——可削弱对危机中各方的人性的感知——减少了美国公民对这一种族冲突进行军事干预的支持（Leidner, 2015）。

这种非人化外群成员，以之作为一种为不平等结果和暴力侵犯外群成员而辩护的方式的倾向，也有助于找到减少这种对他人困难处境的道德冷漠的方法。比如说，报告自己与移民有过面对面接触的意大利人，相比没有这种经历的人，会觉得这些移民更有道德，这促使他们采取行动抗议对移民的歧视（Brambilla, Hewstone, and Colucci, 2013）。受过高等教育的人能够认同其他群体中高学历的成员，这让他们觉得那些人是有价值的，理应得到公平对待（Kuppens, Easterbrook, Spears, and Manstead, 2015）。强调社会中不同群体在更广泛层面上的共同身份（我们都是移民的后代）被发现可以减少现代种族主义。事实上，这被证明比其他策略能更为有效地引发多数群体成员（美国白种人）对少数族裔融合的支持，例如以捐赠金钱和志愿工作的形式进行支持（Kunst, Thomsen, Sam, and Berry, 2015）。同样，提供以色列的阿拉伯人和犹太人具有共同遗传起源的信息，可以有效减少他们之间的敌意，并且有助于人们支持推动和平的举措（Kimel, Huesmann, Kunst, and Halperin, 2016）。最后，指出移民对东道国的未来不可或缺，似乎可以让人重新考虑移民的认同。这一点在葡萄牙得到了阐明，关于移民对社会做出贡献的信息使人们将不同的移民群体（非洲人、巴西人、乌克兰人）视作更融入共有的国家认同，并对他们有更加积极的态度（Guerra, Gaertner, Antonio, and Deegan, 2015）。

这些从一系列不同的国家和社会群体语境下获得的发现说明，我们普遍倾向于认为内群成员天生比外群成员更有人性。这对我们如何解读他们的道德行为会产生深远影响。重点在于，当外群成员被视作人性化程度较低而且较不开化时，他们似乎也就较不值得我们的团结和共情。次等的人类被排除在我们的道德领域之外，不一样的价值体系使得他们的反应不可预测，因此他们看起来似乎较不倾向于听从理智。使他们遭受攻击行为、严厉惩治或其他形式的不公对待进而可能被更大程度地合理化。相反的情况也可能发生：当我们面对因我们群体而遭受磨难的外群成员，如果我们判定他们低人一等并因此认为他们不那么配得上被以德相待时，我们对他们艰苦处境的道德负担似乎也就较少。反而言之，重新划定群体边界，将他们纳入其中，则有助于把他们视作值得我们相助与共情的同胞。

❖ 对特权感到不适

一个假期的周末，我和丈夫前往维也纳旅游，毫不意外地在教堂门口看到了脏兮兮的孩童，他们光着脚丫，衣衫褴褛，在街头拦下我并拿出讨钱的纸板牌子，半分羞耻也无。第二天，当我走在市中心时，我却大吃一惊。一家奢侈品商店门口的拐角处站着一个男人。他看起来相当整洁，身着相当体面的衣服和鞋子。他低头望着自己的手，手里举着一个塑料杯。样子万分局促，试图在角落里隐身，这个人正在乞讨。相比那些脏兮兮的小孩，这个场景更不能让我释怀。为何会这样？因为它让我意识到自己的处境和他的无非一线之隔。可以推断，不久前他还过着正常的生活，有一份工作。现在他在街头乞讨，或许还无家可归。而我却正享受着周末假期，随意地刷着自己的信用卡。是他提醒我，世事无常，特权也可能会不复存在。看到他让我如此不安，因为这让我想到：这种事可能也会落到我的头上。

面对那些在生活中没那么幸运或较少受到眷顾的人时，我们往往会感到不适。承认你的成功可能部分来自基于群体的特权，而其他群体却未能有此幸运，甚至让人感觉更加糟糕。上一节中我已经提出，我们倾向于对社会中其他群体所遭受的不公平的劣势进行合理化，提出他们缺乏作为人类同胞应得的公平对待。现在，我将讨论，考虑不公结果的不适是如何让人们对自己因群体成员资格而获得的特权视而不见的（DiTomaso, 2013）。

特权群体的成员认为自己道德更高尚——即便这毫无理由（Shepherd, Spears, and Manstead, 2013b）。他们坚信自己作为一个群体不偏不倚，这使得他们对外群成员受到的不公对待没有那么警惕。例如，这在个体考虑工作空缺到底是给西班牙裔美国人还是非裔美国人时得到了证明（Kouchaki, 2011）。实验研究表明，基于群体的不公劣势的受害者通常会怨恨并且试图妨害那些因为特权地位（在该研究中是被分配到更简单的任务；Ouwerkerk and Ellemers, 2002）而表现得比他们更好的群体。一定程度上出于避免他人这种敌意反应的原因，人们经常相当不愿意承认那些证明他们可能因其群体成员资格而享有不当特权的证据（Handley, Brown, Moss-Racusin, and Smith, 2015；Moss-Racusin, Molenda, and Cramer, 2015）。事实上，不同群体的成员强调他们也遭遇了歧视性待遇，以此来回应关于他们群体享有特权的指控以及由此引发的罪疚感（Sullivan, Landau, Branscombe, and Rothschild, 2012）。由于类似的原因，当强调白人得天独厚的地位时，他们会倡导所谓的"无视肤色"政策，但却避免将种族不平等视为一个棘手的群体层面的问题（Chow and Knowles, 2016）。

这些研究表明，社会各群体的分化性结果可能是威胁的来源——不仅对那些处于弱势的人而言如此，那些特权群体的人也不例外（Ellemers et al., 2002）。尽管他们得益于自己的群体成员资格而享受有利的结果，但他们普遍意识到这种状态的不稳定性，并且有极强的动机对它进行保护（Ellemers, Doosje, Van Knippenberg, and Wilke, 1992）。例如，我们在对阿姆斯特丹东部本地企业家进行的调查中观察到了这一点（Ellemers and Bos, 1998）。尽管他们的人数远超移民企业家（仅拥有13%的企业），他们却感到自己寡不敌众，并且高估了移民企业家的数量，认为他们占企业家总数的40%。本地企业家群体的弱势感也引发了他们对移民同行的负面评价。本地企业家将他们描绘为无知、懒惰而靠不住，并且指责他们不公平竞争，例如不遵守许可和展示的规定，以此来诋毁他们的德性（Ellemers and Bos, 1998）。

实验研究证实，旨在为所有人提供平等机会的政策容易引起特权群体成员的抵制。这并不一定是因为他们认为其他群体不好，或是他们不重视公平或平等。但是，丧失地位的可能性支配着他们的情绪反应并占据其思想，压倒了所有人获得平等待遇的意义。例如，在一个实验中我们观察到了这一点，我们对一个拟提供平等就业机会的计划的支持度进行了评估（Ellemers, Scheepers, and Popa, 2010）。在这个研究中，我们引用了最近的一项调查。该调查据说揭示了雇主在挑选公司实习生时会系统性地偏好某些学生群体。半数学生被引导认为雇主更喜欢大学学位学生，因为其理论知识广博。另一半学生则被告知雇主更喜欢专业学位学生，因为他们受过详尽的实践训练。随后，我们要求大学生思考一项措施，该措施旨在促进雇主考虑申请者具体的个体资格。实习候选人将接受特定的资质测试，而不是以他们所攻读的学位类型来衡量他们是否合适。这将使遴选程序更能择优，更加公平，能为所有实习候选人提供平等机会，不论他们攻读的是什么学位。

由于我们系统地平衡了参与者所得到的信息，他们要么认为自己的大学学位会导致劣势（因此他们的群体可能从平等机会中获益），要么认为自己的大学学位会产生优势（意味着另一个群体的成员更可能受惠于平等机会）。这种简单的视角变化显然影响了参与者对拟议措施的情绪反应，以及他们对这些措施的支持意愿。事实上，不管他们自己的道德准则为何或者对就业机会公平性的普遍态度又是如何，情况都是这样。

那些经引导推断自身群体很有可能从平等机会中获益的人体会到了积极的情感，表明他们注重实现积极结果的可能性。也就是说，他们报告称，由于提出的措施，他们充满热情、兴趣盎然并且深受鼓舞，意味着他们聚焦于"进取"（另见第八章）。然而，有理由推测拟议措施很可能会使另一群体成员受惠的学生则报告称，想到提供更加平等的机会，他们感到苦恼、紧张而焦虑不安。这些情绪以聚焦于"预防"为特点，表现为对负面结果的规避（见图 10.4；Ellemers et al., 2010）。

参与者体会到的情绪进一步影响了他们对拟议的平等措施的明确态度。那些被引导认为另一群体很可能获益的学生认为平等措施有失公允，因此较不愿支持它（见图 10.5）。然而关键在于，进一步分析显示，参与者的**情绪**反应——而非他们的公平性判断——可预测他们对该措施的支持

对改变的看法及情绪

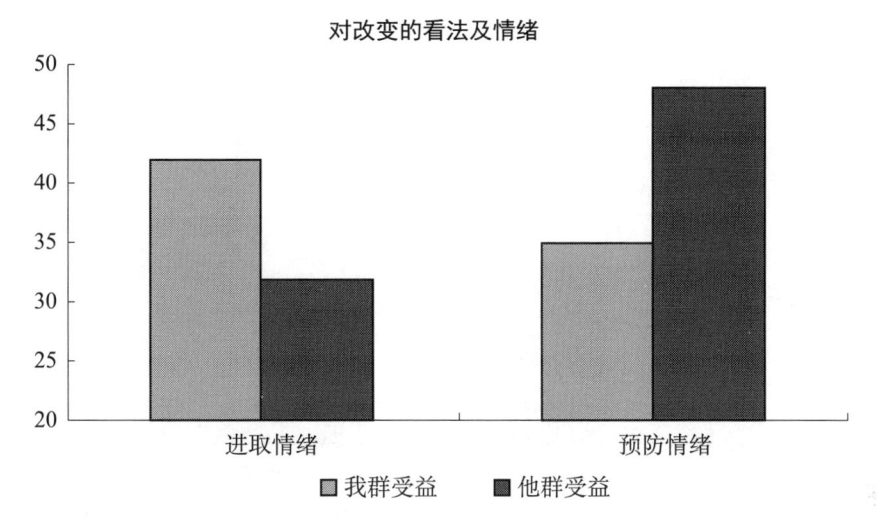

（柱状图：进取情绪——我群受益约42，他群受益约32；预防情绪——我群受益约35，他群受益约48）

图10.4　由改变的前景所引发的情绪，取决于哪个群体能从平等机会中获益
来源：改编自 Ellemers et al., 2010。

意愿。也就是说，无论他们认为该措施有多公平或多不公平，对它的支持都取决于那些认为自身群体可能受益的参与者体验到的进取情绪。对于认为另一群体会从增进的平等中获益的人而言，对该措施的支持可被体验到的预防情绪预测（Ellemers et al., 2010）。因此，负面结果的可能性及其引发的焦虑，在决定人们对平等机会措施的态度时压倒了个体的道德准则或公平性判断。

我们在不同研究中进一步审视了这一现象，包括通过实验创设群体以及群体间地位差异的研究，也包括对自己在社会不同群体中的成员资格分别进行反应的个体研究。我们使用的实验装置使我们能够监测人们心率和血压的变化，这一测量旨在表明他们在考虑其群体相对地位，以及这在未来可能怎样变化时会受到怎样的影响。在这一系列研究的第一个研究当中，我们将研究参与者分为"细节"（detailed）思考者与"整体"（holistic）思考者两组，根据他们在一项实验任务中的集体表现对两组进行比较（Scheepers and Ellemers, 2005）。部分参与者得到的分数表明他们这一组的表现不如另一组，另一些参与者则被告知他们所在的小组表现更好。在他们回答了一些有关他们对这一问题解决型任务的体验如何的问题后，我们宣布了第二轮任务，所有参与者在这一轮中都意外地得到了一个展示自

对平等机会措施的支持

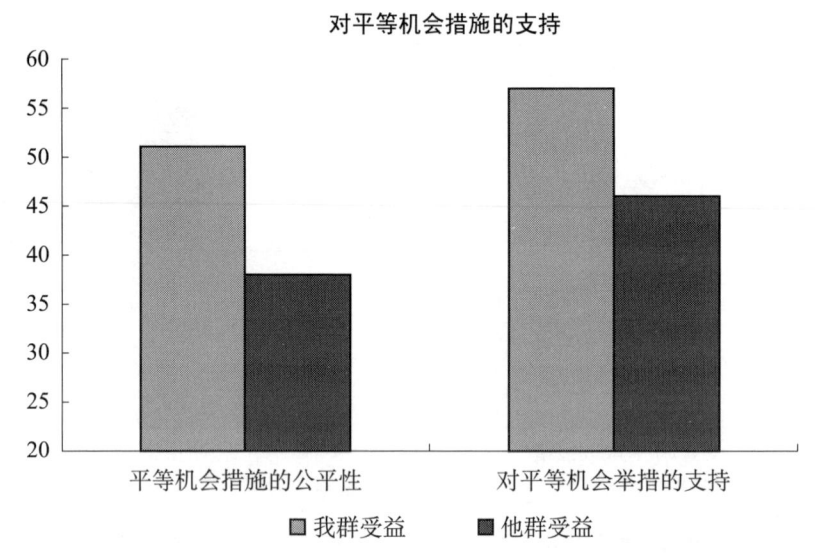

图 10.5 对平等机会措施而言，感知到的公平性和对它们的支持，取决于哪个群体从增进的平等中受益

来源：改编自 Ellemers et al.，2010。

己最佳表现的全新机会。

面对这一新流程，根据小组在上一轮的表现，研究参与者表现出系统性的血压变化。具体来说，我们观察到那些被告知自己小组表现欠佳的人的血压（收缩压和平均动脉压）与基线相比有所上升。而那些认为自己小组任务完成良好的个体的血压和基线没有差异。当引入第二个小组任务时，这一模式完全逆转。此时，那些认为自己小组的最初表现不佳的人的血压恢复到基线水平，因为他们得到了另一个证明自己群体价值的机会。然而，认为自己小组在首个任务中表现出色的个体的血压水平此时却上升了。对于他们而言，面对第二个任务意味着他们需要再次证明自己，而且可能无法维持其优势性成绩（Scheepers and Ellemers，2005）。

因此，除了当前的群体结果之外，**存在变化的未来前景**也会严重影响人们对形势的感受以及对群体结果的紧张程度。就主观体验而言，特权群体成员因丧失地位的前景而可能遭受的痛苦，可能就像弱势群体的成员因当前劣势而承受的一样多。事实上，我们在不同研究中发现，比起群体当前已经真正**实现**有利的结果，未来结果有望保持稳定或可能发生变化的**前**

景被证明是心血管威胁反应更关键的决定因素（另见 Scheepers, 2009）。

举例来说，在一个和上述研究相似的流程下（Scheepers and Ellemers, 2005），我们进一步在多轮小组任务中对高绩效群体的成员进行了考察。这一次，我们要么告诉他们，他们小组最初的表现可以高度预测小组在一系列任务中的成绩，要么跟他们说小组初始表现无法让他们预测小组在后续任务中的表现。参与者对自己小组最初获得的优势性成绩的反应，取决于他们对未来的预期。也就是说，我们观察到，在高绩效小组中，当小组成员认为自己小组可能无法维持其优势性成绩时，血压与基线相比显著升高（Scheepers, Ellemers, and Sintemaartensdijk, 2009, Study 1）。

在第二个研究中，当要求男性和女性来互相讨论性别不平等和存在变化的性别社会角色时，我们也观察到了类似的效应。如果考虑男性和女性在此情况下的审慎反应，则没有发现他们之间有任何区别。也就是说，男性和女性对性别歧视观点表现出类似的认可，并且有同等的可能支持促进性别平等的平权行动（affirmative action）。然而，在参与讨论存在变化的性别角色这一任务时，相较女性，男性的血压比基线（脉搏压和收缩压）升高得更多。这表明男性对这一情境的体验有更高的威胁感；并且男性想到未来可能丧失地位时所体验到的威胁感，要比女性想到当下的不利处境时所体验到的威胁感更加突出（Scheepers et al., 2009, Study 2）。

这项研究提醒了我们面对基于群体的特权所带来的情绪成本，以及放弃这种特权的前景会带来的不适。因此，任何改变社会群体间现有关系的尝试都要承认这一点。如果能帮助特权群体的成员克服这种情绪障碍，那么这样的尝试最有可能获得成功。实现这一目标的方法之一是强调更大程度的群际平等所具有的道德收益。在研究中我们观察到，明确**传达**这一点确实已经产生了有益的效果。这在一系列以荷兰本地公民为对象的研究中得到了证实，他们受邀支持为少数族裔在工作中提供平等就业机会的举措（Does, Derks, and Ellemers, 2011; Does, Derks, Ellemers, and Scheepers, 2012）。

在这项研究中，我们向荷兰本土的研究参与者呈现了中央统计局的数据。这些数据据说显示的是，相比荷兰主体族裔的大多数毕业生，过去十年间，取得硕士学位的少数族裔成员的工资一直较低，其晋升机会也更少。该图还附有一篇报纸文章，其中引用了一段专家发言，强调这些差距是不公平的。随后，我们要求荷兰本土的研究参与者考虑，当前的用工程序可以如何调整以改变就业机会的不公。重要的是，在某些情况下，我们强调提供平等的就业机会是一项道德**义务**，所有荷兰公民都应该出一份力。而在其他情况下，我们指出平等就业机会是众多荷兰公民力求实现的道德**理想**。

这一简单的措辞上的改变产生了深远的影响。例如，当参与者在考虑如何可能实现更大程度的平等时，我们在对其心率和血压变化的评估中就看到了这一影响。那些认为自己在努力达成道德义务的人，其心血管反应模式处于一种消极威胁的状态。然而，被引导认为自己正在努力实现道德理想的人在参与任务时，其心血管反应模式呈现出积极挑战的状态（见图10.6；Does et al.，2012）。

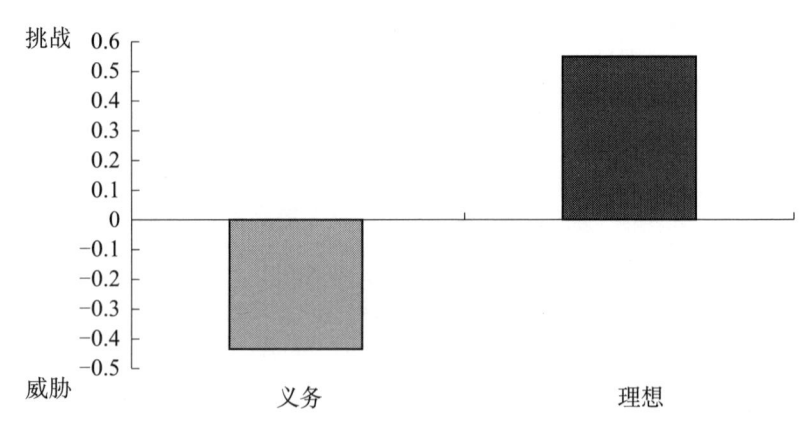

图10.6 将丧失特权表述为一种道德理想增强了心血管挑战模式（和威胁模式相对）
来源：改编自 Does et al.，2012。

此外，指导语措辞的轻微调整也影响了参与者对职场多样性的外显态度。也就是说，强调提供平等机会的道德义务，不仅使职场实践的任何变化看起来更具威胁性，而且还降低了对这种变化的**支持**意愿。无论他们的个人道德信念或是对公平待遇的普遍重视程度如何，在了解到实现平等是他们希望可以实现的道德**理想**而非他们需要履行的义务之后，他们均报告了对职场多样性更加支持的态度（见图10.7；Does et al.，2011）。也就是说，在那些被指示将公平就业机会视为道德**理想**的参与者中，我们观察到了对多样性更积极的态度和对平权行动政策的更多支持。

而将平等就业机会作为一项道德义务提出来确实只会提醒人们,如果努力实现变革,自己会失去什么:迈向更平等的机会就意味着他们特权地位的丧失,而在实现变革之路上的任何后退都意味着未能履行道德义务。这引发了对平权运动的抵制,并在多数群体的成员中激起一种威胁状态。而把平等机会呈现为一种道德理想则传达了一种不同的信息:即便更大的平等可能意味着失去自己的特权地位,但朝这一方向迈出的任何一步改变都代表了道德上的增益。这就产生了一种心血管挑战反应,使人们更愿意支持变革的举措。

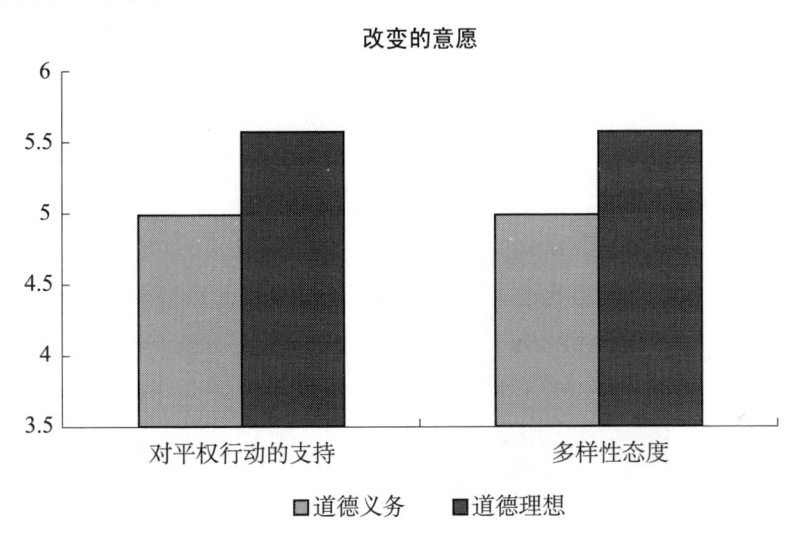

改变的意愿

图 10.7　将平等待遇表述为道德理想增加了对改变的支持

来源:改编自 Does et al., 2011。

通过这种方式减轻威胁感的益处,也体现在研究对象切实**参与**实现更多的职场平等的目标的方式上。本研究项目中的一个研究就体现了这一点,我们邀请参与者提出为了纠正职场机会不平等可以采取的具体行动,并报告他们实际会采取的具体行为(Does et al., 2011)。当我们审视这些报告内容时,我们发现,根据我们所诱导的对改变的具体关注点,研究对象产生的想法有明显不同(见图 10.8)。

那些被引导认为平等待遇是一种需要达成的道德义务的人,似乎一心想着所有他们应当**避免**的事情。显然,我们的指令所引发的生理威胁使这些人彻底无措,无法行动:对做错事的恐惧只会让他们反复思考自己**不应**

该做的事！相反，将平等待遇视作道德理想的指令为实际改变提供了更大的空间，因为这使得个体在思考采取行动的不同方式以及他们可能为实现平等而**做**些什么时更富创造性（Does et al.，2011）。

这一研究项目的结果清楚地表明，用相对简单的手段就可以达到不同的效果。为了公平而不得不放弃特权地位的道德压力，可以通过采用更谨慎的措辞来考虑改变的要求而得到缓解。当更大的平等被说成是一种道德**义务**时，人们就会产生威胁感、抗拒改变并且想不出实现这一目标的方法。然而，将更大平等作为一种道德**理想**来强调其道德收益能够产生一种心血管挑战反应，增加对变革的支持，并使人们更为创造性地提出实现这一目标的具体举措。这表明，必须放弃自己特权地位的道德压力，可以通过以更谨慎的措辞来传达改变要求所意味着的道德收益来减轻。

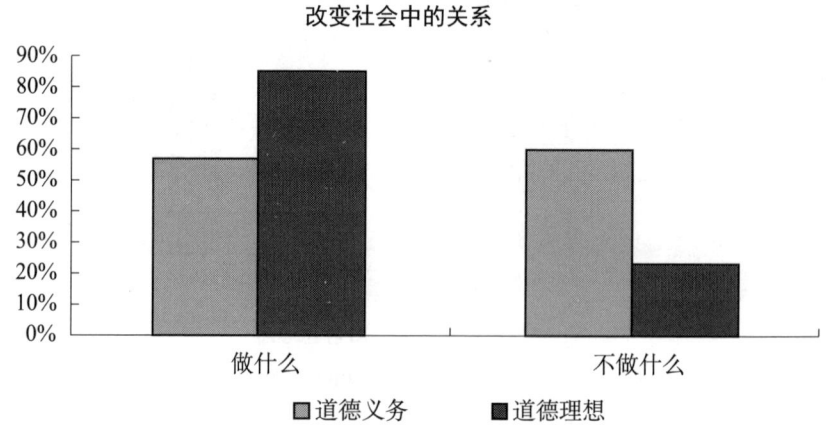

图 10.8 平等机会被描述为一种道德义务或是道德理想时，为实现平等就业机会而产生的想法

来源：改编自 Does et al.，2011。

本节回顾的研究明确揭示了社会中特权群体的成员所体会到的不适。尽管他们很幸运，但承认自己当下享受的特权和在未来真正放弃特权对他们来说都很痛苦——如果他们感到不得不去想自己正在经历这些事，他们也一样会感觉痛苦——因此，就一方面而言，他们可能热烈地支持公平与平等的道德理想，或者甚至对持续的偏见或基于群体的劣势的证据表现得义愤填膺。另一方面，请他们考虑对当前组织实践、社会法规或宝贵成果的分配做出实际改变，也传达了他们可能不得不放弃当前特权的信息。这很容易引起一种完全合乎情理的不安全感和焦虑感。重点在于，这不一定会减弱他们对改变的承诺——但意味着需要对改变的尝试进行良好的运作。通过强调道德义务来忽视或勉强这些感受，或者质疑那些对改变的前景感到不安的人的公平理想是否真诚，只会加剧负性情绪并引发防御性反应。这不是向前发展的道路。承认因特权而生的不适，并且通过关注可能实现的道德收益和道德理想来缓解放弃特权的压力，可以帮助克服这些情绪障碍，有利于实现真正的变革。

❖ 好心办坏事

2016 年 7 月，塞雷娜·威廉姆斯在温布尔登拿下了她的第 22 个大满贯冠军。34 岁的她在体育上的成就（包括四枚奥运金牌）毫无疑问使她成为最令人瞩目的明星网球运动员。在温布尔登半决赛中，她凭借创纪录的表现，仅用 49 分钟就以 6-2 和 6-0 的比分击败对手。然而，新闻头条却并不是这位全世界收入最高的女性运动员的绝佳表现。相反，人们评论的是她身上所穿的耐克官方网球裙的紧身上衣。纯白色（不能是米白色或奶油色）是温布尔登规定的球员着装要求。观众们声称，她的乳头轮廓清晰可见，分散了他们对比赛的注意力。有人抱怨道："为什么她不能买一件像样的运动内衣？"但是，正如有人指出的那样，她的男同僚安迪·穆雷的乳头透过衬衫同样十分明显。事实上，他甚至在网球场上当着温布尔登的观众们的面换了衬衣。没有一个人对此进行抱怨。当塞雷娜·威廉姆斯被要求对此发表意见时，她回应称，多年来她已经习惯了这类批评。被看作"太男性化"还是"太女性化"和她的比赛及表现都毫无关系。然而，这显然是使她在这项由白人男性主导的运动中脱颖而出的原因所在，传统规则和着装并不是为女性或黑人而设，遑论黑人女性。

关注女性长相和身体而不是她们的性格特质或能力的趋势——甚至在长相无关紧要的情况下——相当普遍。这通常被称作对女性的"物化"（objectification）。研究表明，男性和女性都会这样做。我们都倾向于主要以身材来确定女性的个体价值。评价男性的时候我们就不会这样做

（Fredrickson and Roberts, 1997）。这种物化女性的模式有许多负面结果。它危及女性的自信及表现，甚至是在那些与她们的长相毫无关联的任务当中也是如此（Quinn, Kallen, Twenge, and Fredrickson, 2006）。它还决定了人们对女性的整体印象，以及他人对待她们的方式。举例来说，研究清晰地表明，当关注女性外表的时候，评价者会认为她们能力欠佳，并且不足以被称作完整的人。这种情况的出现与她们的职业角色或实际吸引力都毫无关系（例如当对莎拉·佩林和安吉丽娜·朱莉进行评价时；Heflick and Goldenberg, 2009）。

一系列研究显示，无论种族、熟悉程度、吸引力或职业如何，在评价目标女性时和评价目标男性时存在相当一致的差异。也就是说，如果被要求关注女性的外表而非她们的表现，评价者对这些女性能力的感知就会变得较差。此外，侧重于女性的外表，也会使她们看起来较少值得信赖且较不真诚——被视作人性化程度较低。不论男性还是女性，评价目标女性时都会这样。然而，把重点放在外表而非表现上，并没有改变他们对目标男性的能力和德性的评价（Heflick, Goldenberg, Cooper, and Puvia, 2011）。

这些发现的意义在于它们更深层次的意涵。如果我们都倾向于主要依据外表来评价女性，而这**本身**又使她们看起来能力欠佳，我们就会认为她们较不配得到好的结果。进一步来说，如果物化倾向使女性普遍看起来不如男性有道德和人性化程度高，我们也会认为她们较不值得被公平对待。需要再次强调的是，出现这些后果是由于，在评价女性时，人们普遍倾向于关注长相和外表。这样做的负面影响就内含于**物化过程**及其隐含的非人化过程之中，而不是对女性是否具有吸引力的判断之中。这也意味着，对女性外表看似无害甚至正面的评价也会产生恶劣的影响。在一个外貌并不该被重视的职业情境中赞美女同事的外貌而不是她的表现，尽管可能是出于好意，但实际上却是有害的。在此意义上，网上关于塞雷娜·威廉姆斯在温布尔登冠军晚宴上身着光彩夺目的红色低胸晚礼服惊艳亮相，以此为自己正名的评论，也是喧宾夺主，因为这些评论再次强调了她的外表，而不是她的网球表现。

这指向了一种更为普遍的现象。基于群体的积极期望可能看似毫无恶意，但实际可能会产生危害。首先，正如第七章所指出的，之所以发生这种情况，是因为无合理依据的分类降低了人们在看待自身以及自己所希望的行事方式上的自我控制感。这本身就会引发负性情绪、打击自信并且妨碍人们对自己个人成就的正确评价（Barreto et al., 2010; Ellemers and Barreto, 2006a）。比如说，被注意到他人对自己的性别刻板期待后，女性更会倾向于监测在场他人的面部表情，寻找认可或不认可的迹象。重要的是，对社会认可的顾虑使他们分心，偏离了本应完成的任务，表现不如对照条件。在对照条件下，参与者没有受到基于群体的期望的压力（Ståhl, Van Laar, Ellemers, and Derks, 2012）。

其次，正如本章开篇所述，肯定的语气（亚洲人数学更好，女性比男性更有爱心），掩盖了此类期许之下的偏见的本质。因为比起更加赤裸裸的种族主义或性别歧视的评论来，这种正面的期望似乎没有那么粗暴或具有明确的歧视性，不会轻易被识别为一种偏见的形态。然而，这种期望本质上是传达了基于群体的刻板印象，它既有积极色彩，也有负面意涵。举例来说，一系列研究显示，那些听说身为女性自然被认为是会照顾人的美国女性，认为自己也可能被视为是牢骚满腹、大惊小怪而懦弱不堪的。同样，被告知他人认为亚裔擅长数学的亚裔美国人，怀疑这意味着他人也会认为他们心胸狭窄、英语糟糕且性格孤僻（Siy and Cherian, 2016）。因此，基于群体的积极期望同样可以强化这样一种观念，即人们因其群体成员资格而彼此之间在本质上截然不同。这导致了社会中不同群体的不平等待遇，并在道德上合理化差异性的结果。

在所谓"善意的性别歧视"观（'benevolent sexist' views）的语境下，这一现象的作用机制已经得到了最全面的研究。这些观点意味着女性被视为天生比男性更有爱心、更加纯洁且细腻敏感，因此应该受到供养她们的男性的保护（Glick and Fiske, 1996）。这与较恶意的性别歧视形式不同，后者以负面语言描绘女性，表示女性不当地牟取权力与控制、极易受到冒犯并且在公平竞争失败时声称受到歧视。这两类观点都传达了一种信念，即性别差异是合理的，并且与对性别不平等的整体认可相关。因而这两类观点都受到女性的暗中抵制。这就是说，在接触到敌意或善意的性别歧视观后，她们会更迅速地将女性的名字与能力相关词语联系起来（Ramos, Barreto, Ellemers, Moya, Ferreira, and Calanchini, 2016）。

这些观点在不同的文化语境下都被普遍观察到，例如在 19 个不同国家收集的超过 15 000 人的样本中就对此有所记录（Glick，Fiske，Mladinic，Saiz，Abrams，Masser et al.，2000）。然而，善意的性别歧视通过强调使女性有别于男性的积极品质，以一种更宜人的方式表达这一点，而带有敌意的性别歧视则更明确地传达了对女性的负面看法。出于这一原因，善意的性别歧视较不易被察觉为是一种偏见，而且较有可能得到女性认可（Glick et al.，2000）。相应地，表达这类观点的个体要比那些吐露充满敌意的性别歧视的人较受欢迎（Barreto and Ellemers，2005a）。

在一组研究中，我们明确询问敌意的和善意的性别歧视观传达了什么内容，男性和女性都赞成这两种观点无不表明男性比女性更有能力，也**应当**更有能力。此外，在人们眼中，善意的性别歧视观表示女性不仅通常比男性更注重社群性、更温暖，而且这也是她们**应该**有的样子（Ramos，Barreto，Ellemers，Moya，and Ferreira，in press）。一个有关平衡工作与生活的研究展示了这种规范性的期望如何限制了人们自由地做出重要的生活抉择。该研究发现，界定一位"好妈妈"或"好员工"典型行为的道德价值观在这种决策中起主导影响。这些研究都推翻了旨在阐明职场中男女平等待遇之益处的理性论据与明确商业案例（Williams，Berdahl，and Vandello，2016）。

对善意的性别歧视观的认可伴随着形形色色的负面结果，比如对家庭暴力的纵容（Glick，Sakalli-Ugurlu，Ferreira，and Souza，2002）、指责强奸受害者的倾向（Abrams，Viki，Masser，and Bohner，2003）以及女性在掌控自己怀孕和生育上的不自由（Huang，Davies，Sibley，and Osborne，2016）。相信善意的性别歧视观的夫妇也表现出不对称的伴侣支持模式，其中男性得到满足其亲密关系需求的帮助，而女性获得成功的能力则受到损害（Hammond and Overall，2015）。这些观察结果无不表明，对女性的此类积极期望并不是中立无害的；相反，它们阻碍了女性主张自身独立性的机会，否认了她们生理完整和心理安全的人权。与此同时，由于善意的性别歧视观看起来积极无害，女性更容易受诱惑去接受它们，并且同化自己的行为以符合他人对自己的期望，而不是对此提出异议。

我们在一系列实验中确定了这一点（Barreto，Ellemers，Piebinga，and Moya，2010）。我们让女性或者接触善意的性别歧视观或者接触敌意的性别歧视观，然后我们邀请她们对与自己的成就取向和能力（有竞争力，有雄心）有关的特质或与自己维持良好人际关系和关怀他人的倾向（热情，体贴）有关的特质做出评价。我们观察到，在不同样本与测量下，与接触带有敌意的性别歧视观相比，女性面对善意的性别歧视观时会认为自己能力较差而更有爱心（见图10.9）。此外，当我们将女性放在这样一个任务语境下，即她们预计必须要和一个持善意的性别歧视观的男性合作时，这本身就会使她们认为自己的男性同事更适合担任团队领导者（Barreto et al.，2010）。

综上所述，这些研究结果揭示了仅仅根据群体成员资格会如此难以发现个体间存在的不平等待遇的另一个原因。如果基于群体的刻板观念引发了积极的期望，倘若人们对这些期望的规范有效性有着广泛共识，认为这些规范规定的是道德合理的行为，并且如果这种期望的对象调整自身选择以实现这些期望的话，那么认为他们得到的不平等结果是符合自然秩序的观点就有极大的诱惑力。只是因为群体成员资格而受到他人对无关的（衣着）、不恰当的（体型）或子虚乌有的品质（推断出的纯洁）的赞扬，可能看起来出于好意。然而这是有害的，因为这看来合理化了不公平待遇的存在，并且固化了社会中不同群体并不平等的结果。

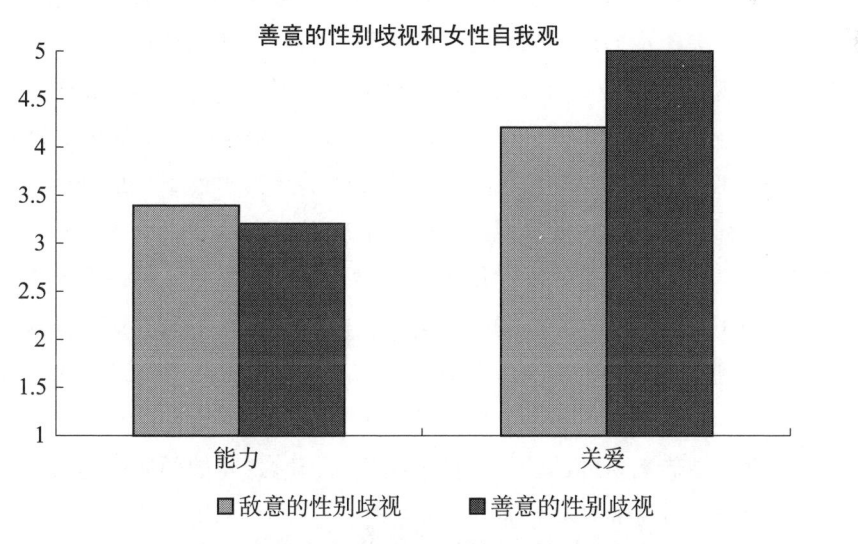

图 10.9 接触善意的性别歧视影响女性的自我观

来源：改编自 Barreto et al.，2010。

❖ 变换的标准

有关善意的性别歧视观如何可能阻碍女性担任领导职位的研究，只是少数群体的成员可能面临的自相矛盾的期望的一个缩影。她们为了成功而必须展示出来的表现、抱负和自信——例如在工作当中——与我们认为她们因其群体成员资格而应当如何行事的看法并不一致。当女性表现出指令性的领导行为时，她们看起来"尖酸刻薄""颐指气使"或是"生硬粗暴"。少数族裔成员在宣称其技能或成就时显得"傲慢自大"或"趾高气扬"。然而同样的行为放到白人男性身上，似乎就是相当可以接受的，甚至人们也期望他们如此行事。因此，我们自欺欺人地认为我们基于个人的成就来对他人进行评判，然而我们却对不同群体的成员提出不同要求，根据与业绩无关的特征来评估他们，或是在对他们的能力和抱负做出刻板印象假设时无视他们的个体选择与他们对不同事情重要性的排序。

应用这种"变换的标准"（shifting standards）的倾向是一个公认的现象，在各种各样的群体中都有印证（如 Biernat and Manis, 1994; Kobrynowicz and Biernat, 1997）。对大多数群体成员通常行为方式的刻板印象期望，变成了关于他们**应该**如何行事的规范。因此，即使存在刻板标准，依然尝试展现个人成就和价值的个体不得不走上钢索，因为他们试图调和他人对自己应当如何行事的分化性期望（另见 Williams and Dempsey, 2014）。例如，在工作中担任管理角色的女性往往会引起其男性下属的威胁感。最近的一组研究显示，这使得她们的男性下属以他们的女主管为代价索取额外的资源。当女性主管以女性化的方式履行其领导角色，做一个高效的项目经理而不是显示她的野心和宣扬自身权威时，男性下属的威胁感和竞争行为会得到缓解（Netchaeva, Kouchaki, and Sheppard, 2015）。出于类似的原因，当少数族裔成员一方面使其行为符合多数人设定的标准，同时又对界定其少数族裔认同的价值观做出明确承诺时，他们的职业抱负才最有可能得到支持（Van Laar et al., 2014）。

对刻板观念和规范准则的奉行限制了个体的生活选择，抑制了个人成就的展示，构成了一种自我挫败的循环（Ellemers, 2001; Ellemers and

Van Laar，2010)。坚持所有人都享有平等的机会并否认歧视的作用，只会增加个人最终采用并且确认基于群体的期望的可能，而不会让人们挑战它们的有效性——他们甚至没有意识到自己正在这样做（Barreto and Ellemers，2005b；Barreto，Ellemers，Cihangir，and Stroebe，2008；Ellemers and Barreto，2009）。事实上，那些声称为所有人提供平等机会的组织往往确实使人们对内隐偏见和无意间的歧视缺乏警惕，到头来会增加而不是减少事业成功上的差异（Castilla and Benard，2010；Kaiser，Major，Jurcevic，Dover，Brady，and Shapiro，2013）。

寄希望于通过增加更多样的表现标准，以不同的方式使不同的候选人群体符合资格，似乎是实现更大平等的另一条道路。然而，研究证据表明，这一策略也经常事与愿违。例如，我们在组织和实验室环境中开展的五个成系列的研究中观察到了这一点（Moscatelli，Rubini，Menegatti，and Ellemers，submitted）。为此，我们分析了专业招聘人员针对申请空缺职位的男性与女性候选人写的评估报告。我们还要求研究参与者指出他们认为哪些标准对于遴选合适的工作候选人是重要的。最后我们进行了实验，要求评价人员评估具有完全相同的资历和职业背景的特定男性候选人和女性候选人。我们继而要求他们决定会聘用谁来填补空缺的职位，或者与谁续约留任。

这些研究结果揭示的状况让人颇为沮丧。专业招聘人员和实验参与者只用了一条标准来评估男性候选人适合与否。唯一重要的是他们与任务表现相关的能动性特质（agentic traits）是否符合条件。他们在其他领域的任何不足都被认为是无关紧要的。然而，评估女性候选人时，所有信息可得的领域都被考虑到了。也就是说，女性候选人不仅仅要展现出其能动性特质，表明自己胜任这份工作。对她们的评估还基于其人际互动风格、热情程度，以及表明她们是否诚实可靠的道德行为。如果女性候选人在这些评判的任一方面显得不足，她们就不会被录用。实验数据证实，从整体上看，人们对女性的要求标准要比对男性的高。女性不仅要满足更多种不同的标准，她们还要拿出更多证据来说服评价者相信她们符合每个标准。例如，尽管事实上有完全相同的背景和资历，女性候选人却被认为在能力和德性上都比男性候选人更逊一筹（Moscatelli et al.，submitted）。因此，似乎引入一套更广泛的标准并不能帮助人们在评价不同群体的成员时做出公平的判断。相反，由于标准在不时变换，处于不利地位的群体可能不得不"付出双倍努力才能显得有别人一半好"（Biernat and Fuegen，2001，p. 210）。

那些不屈服于规范压力、没有采取符合基于群体的期望的行为并且背离现有刻板印象的人，会经受其他方式的折磨。他们往往因为与众不同而为人所不喜，遭到贬低。他们在开辟自己的成功之路上独自做出抉择这一事实让他们看起来奇怪且是个例外，而并不会使他们被视作充满吸引力或有益的榜样（Barreto and Ellemers，2015；Ellemers，2014；Ellemers, Rink, Derks, and Ryan，2012）。我们发现对于那些远离群体刻板印象，宣扬自己本人的雄心与成就的女性和少数族裔的成员而言，情况都是如此（Derks, Van Laar, and Ellemers，2016；Derks et al.，2015）。与此同时，当群体中只有极少数成员获得成功时，那些长期处于不利地位的群体的成员会感知到这个体系是不公平的。如此一来，他们估计自己成功的可能性会很低。因此，不同研究结果显示，孤立个体的象征性成功并不能帮助这个群体在社会上向上流动（另见 Wright，2001）。这种成功只会引起负性情绪，损害其他群体成员的表现（Barreto, Ellemers, and Palacios，2004）。

反过来，我们多年来在不同国家和历史语境下对一系列专业群体（学者、警察、企业高管）进行的各项研究的结果一致表明，不得不克服负面的群体刻板印象而在组织中获得晋升的个体，为此付出了巨大的个人牺牲。举例来说，许多在其组织中身居高位的女性表示，她们只有通过放弃拥有伴侣和/或孩子的可能性才能坐到这个位置（Ellemers et al.，2004；Faniko, Ellemers, and Derks，2017，in preparation）。成功人士自己的职业经历和为成功而奋斗的过程，某种程度上使他们很难认同那些做出更传统的人生选择的人，他们因而不愿帮助这些人（Kaiser and Spalding，2015）或是支持可能使这些人受益的平权行动政策（Derks et al.，2011；Faniko et al.，2017）。虽然这样竞争的态度对于弱势群体的成员而言似乎是例外甚至不忠的——我们常常预期弱势群体的成员之间会互帮互扶——但他们的行为和在竞争性绩效背景下追求成功的人没有什么不同。例如，在一个对身处类似职务级别的女性和男性的行为的比较研究中，我们就观察到了这一点（Faniko, Ellemers, and Derks, 2016）。

因此，不同研究的结果清晰地表明，我们能够仅凭人们自身的成就来评判他人这一集体信念，引发了一系列自我挫败的过程和意外的副作用，使得社会中的群际不平等得以维护。同时，坚持认为个人的成就与功绩是决定性的，使得有关不平等结果的讨论从道德领域转移开去。如果体系是公平的，结果是正义的，那么所得更少的人也一定是价值更低的。因此，实现真正的公平并为所有人提供平等机会的唯一途径，首先是要认识到当前做法的道德意涵，以及它们如何导致了社会不平等的存续。

❖ 仅考虑成就？

我们通常认为，平等对待所有人，需要瞄准人们有关公平的道德信念。本章讨论的研究显示，这一想法是天真的。我们努力争取公平的结果还不够。想要促成变革，我们也不能仅凭记录那些基于群体的期望而非个体成就就决定人们结果的案例。事实上，以这种方式揭露无端的偏见与不平等甚至可能带来反效果，因为它让那些处于系统性弱势的个体感到沮丧，或者引起特权群体的成员对不应得的特权产生焦虑和不安。事实上，本章所回顾的研究一致表明，人们有关公平和平等的道德信念或者他们对不平等结果的了解，并不必然指向他们对提供平等机会的支持。相反，他们的反应还取决于自己群体当前的地位，以及引入一个真正优先考虑个人成就而不是群体声誉的制度可能对群体地位带来的影响。这不一定是一个特意的过程，但可能是由个人无法控制的身体和情绪不适的感觉所引发的。这并不意味着所有预示着某些人会失去特权的平等措施都注定会失败。认识到这个过程在发挥作用、了解它的来源并在沟通平等措施时预见到它的发生，所有这些都会有所帮助。我将在第十二章更具体地阐述如何实现这一点。

刻板观念往往被视作无害的启发式认知，建立在"真理的内核"之上。然而，依靠群体特征来评价个体的潜力与应得有着重要的道德意涵。各不相同的结果可能一定程度上看起来是合理的，因为它们似乎反映了不同群体的成员之间的实际差异。因此即便抱有最大的善意，我们也可能不知不觉中加强并维持重要资源的不公分配。举例来说，当善意的性别歧视所隐含的积极期望使女性停滞不前，然而却假装这是她们自己的选择时，情况便是如此。事实上，我们看到，无论是积极的还是消极的期望都会加强并维持重要资源的不公分配，对其他群体的刻板印象化、物化和非人化都会使不公和不道德的行为合法化，并阻碍援助和公平的共享。

对这些信息感到不适会促使我们远离道德领域，援引所谓个人成就的区别来为现有的差异辩护。只有当我们认识到阻碍变革的自我防御机制，并且认真对待我们对道德的欲求可以解释我们不愿承认需要变革这一事实时，我们才能更卓有成效地解决这些问题。

第六部分
结　论

第十一章
这会如何帮助我们？

对自我和他人行为的道德判断代表着强有力的关切。它们是我们个体和群体认同的关键来源之一，引导着我们在不同情境下的行为。这就是对当前做法表示在道德上不认可来促使他人改变行为看来极具诱惑性的原因。然而，正是因为人们有如此强烈的道德动机，面对站在道德立场上对其行为做出的批评，他们往往会进行自我辩护。只有当我们了解这如何运作时，我们才能朝着提高自我与他人的道德水平前进。研究结果可以帮助我们找到克服防御性反应的方法，使人们走向道德提升之路。

前几章回顾了实证研究所得出的证据，解释了道德关切怎样影响了我们对自己的看法以及我们和他人的关系。这一研究明确考虑到了群体与社会语境，探讨了我们的思想、情感和行动如何被我们所属的家庭、社群、团队和组织的成员资格所影响。群体成员资格在每一层分析水平上都会发挥作用。这在本书的不同部分都有所体现，贯穿于对个体内、人际、群体内到群际水平过程的审视当中。我们已经看到道德关切怎样影响我们如何看待自己和践行我们的自我观，我们如何与他人打交道和看待他人，为什么我们会调试自己的道德行为使其符合重要的群体规范，以及道德考量是怎么对社会中不同群体间的关系产生影响的。

在所有这些情况中，一些关键机制得以凸显，这些机制有助于我们对道德行为的理解。它们阐明了个体自我和群体自我之间的相互作用，特别是自我保护机制和群体保护机制的运作。这项工作使我们能够超越那些将道德行为视作主要反映了普遍信奉的伦理原则的路径，这些被普遍信奉的伦理原则可以从人们在假设道德困境下做出的个人选择中得以预测。本书所探讨的研究，有助于识别可能使个人置于被认为以不道德方式行事的风险中的外部条件，并且对其道德信念做出相应的调整。它还能促进明确那些实现道德提升和行为改变所需要满足的重要前提条件。

本章将总结从现有道德行为的学术研究中能够获取的一些重要经验，关注那些揭示关于道德行为的常见路径及实践的局限性的研究发现。考虑这些证据可能有助于找到有效的方法，在尝试改变人们道德行为时，在相当实用性的层面上将道德心理学的洞见纳入思考之中。

❖ 要点串联

想要从实证研究所积累的洞见中获益，我们首先需要将书中所述各要点串联起来。这并不总是轻而易举或不言自明的事。正如第一章所指出的，学术界对道德这一话题的兴趣急剧上升。然而，道德行为的前因、形式及意涵已经在不同的学科视角下得到了研究，各种见解散落于不同的文献当中。此外，单个研究鲜少在一种更大的统摄性理论框架之下进行（Ellemers, 2013）。相反，许多研究者偏好建立微小理论，并且宣称创建了独特的构念，增加不断扩展的标签丛（见表1.1）。另外，不要"超越数据"的告诫使研究者不愿指明其研究证据如何能够转化为实践，或是怎样关涉到社会中更宏观的议题。这就是我想创作这本书的原因。

即便认识到可得数据的局限性以及所使用的一些方法的人为性，有实证数据总是比没有实证数据能让人做出更明智的决策。一些学术刊物明确邀请研究者探讨实验研究的政策意涵，详述科学知识如何可能有助于构建更有效的行为干预，这也是我们在自己的研究中所践行的（Derks et al., 2007b; Stroebe et al., 2010a; Van Nunspeet, Ellemers, and Derks, 2015）。实验方法并没有限制研究结果所具有的现实意涵，它们同样允许研究者能够尝试去看看，如果他们创造了一种目前不存在的情况会发生什么。仅仅通过**想象**与另一群体的成员进行积极互动，便能改善不同群体的成员之间的关系的研究结果，就是一个很好的例证（Crisp and Turner, 2009; Miles and Crisp, 2014）。

一些政策制定者已经认识到以这种方式利用基础心理学研究洞见的附加价值。最近的例子是英国的行为洞察团队，以及荷兰中央银行的行为监督部门（Raaijmakers, 2015; Scholten and Ellemers, 2016）。但是通常情况下，政策制定者以及其他学科的学者排斥基于心理学研究的结论。他们觉得还需要更多证据，实验结果并不具有代表性，或者说它们不具备相关性。为什么？因为这种类型的科学并不研究"在那儿"（out there）的东西。有关"人们"一般会做什么、想什么或有什么感受的结论也同样适用于**我们自己**。当研究揭示了和直觉相悖、令人沮丧或是感到尴尬的关于我们自己的令人不快的真相时，人们就更不愿拿心理学研究的结论当回事了（另见 Caprar, Do, Rynes, and Bartunek, 2016）。不幸的是，当研究关涉人们的道德行为时，发生这种情况的风险也会增加。

本书讨论的一些发现是**反直觉**的。作为学者，我们应当乐于看到这样的结果，它们清晰表明了科学研究在揭示不以此种方法就发现不了的洞见上的附加价值。比如说，这些结果使我们能确定基于常识分析的政策是否有效，或者是否应当揭露它们其实是被误导了。依据有关道德行为如何运作的不当观点所制定的政策充其量也是无效的，比如，检查人们的道德意图并不能为他们的道德行为提供保证。而在最糟糕的情况下，常识路径会起反作用，比如人们会抵制或补偿指导其道德行为的尝试（如 Kaiser et al., 2013; Meindl, Johnson, and Graham, 2016; Moscatelli et al., submitted）。对研究结果置之不理——仅仅因为它们和常人的道德行为观点有出入——显然不是前进之道。

一些研究结果**令人沮丧**，因为它们提醒我们做正确的事有多么艰难，或者改变现有的做法有多么耗时——即便我们竭尽全力。当研究暴露出包括我们自己在内的人类的弱点，或是记录了我们许多人所采用做法的不良影响时，这种情况就会发生。例如，那些揭露内隐性别歧视或种族歧视的恶劣性质与普遍性的研究，被批评其研究方法有问题，而这只不过是为了避免应对研究结论（如 Handley et al., 2015; Moss-Racusin et al., 2015）。摒弃使人沮丧的研究结果——坚称它们只是记录了极端或罕见的情况——为我们不去深入思考不公与不道德行为的现实及其持续的本质提供了一个很好的理由。即便在这种状况下，欢迎揭露此类模式的研究也是更好的选择。这帮助我们认识到，道德不足与缺陷值得进一步探讨，而不能对之视而不见。

另外，有些发现只会让我们**难堪**。揭示无意识的反应或行为偏好的认知神经和生理学方法会让我们感到自己被一览无遗。它们泄露了我们甚至不愿对自己，遑论对别人承认的倾向，比如不愿和污名化群体的成员交往。这一研究发展意义重大，因为它减少了我们在解释道德行为时对个体偏好的自我观和声明的意图的依赖，这些信息只能说明道德行为在一个层面上的含义。与此同时，这一研究发展也增加了在了解这类研究结果时让我们畏惧的因素，因为我们对自己无力监督和控制的自私或排外的本能感到罪疚和羞耻（如 Bijleveld, Scheepers, and Ellemers, 2012）。这里也一样，接受我们只是人的证据以及我们的行为并不完全受到有意识的控制，是直面我们不希望自己有的倾向并纠正其影响的唯一方法。

出于上述种种原因，应对不道德行为的惯常政策和策略——例如在职场上的政策和策略——未能系统将心理学关于道德行为的洞见纳入考虑之中。这就是为什么它们经常不起作用，甚至会适得其反。尤其值得注意的是，许多企业——还有政策制定者和监管者——坚持采用个体水平的路径来打击腐败和不道德的决策。当他们试图威慑或清除那些不诚实或自私的员工，或是让员工保证自己以后不会这样做的时候，他们采取的是害群之马的视角。正如第八章所阐释的，这妨碍了对更广泛的激励、处罚和领导体系的批判性评估，这些体系可能在不经意间引发或纵容员工个体的不道德行为（另见 Scholten and Ellemers, 2016）。这一路径也忽视了另一种可能性，即被视为表明个体道德品质的共情、利他主义和关怀倾向，同样可以诱使个体太过忠诚于群体利益或在保护主义体系下互相扶持，而从更广阔的角度看来，这也是不公平甚至不道德的。在下文中，我将讨论关于道德行为的三种常见信念，并简要总结心理学研究的证据，说明为何这些信念是被误导的。

❖ 评估个人特质作用有限

本书所回顾的研究有力地表明，通过识别个体的整体特质来保护道德行为并不是最好的方法。这有三个原因：

1. **人是会变的**。认为对人们特质或性格进行一次评估就能预测他们长期的道德行为，这是一种错觉。人都会变。这在小范围内已经是显而易见的现象。在一天结束之际，当人们疲惫的时候，他们就没有那么关注道德原则（另见第四章）。另外，当他们变得更有经验或是从他人那里得到更多反馈时，他们可能会学会留意自己行为的道德意涵。随着时间推移，人们也许会习惯不属于自己的道德标准，或者他们经历的事可能会改变他们对什么是道德上可接受或者不可接受的看法。例如，一个对超过 30 000 名 12 岁至 65 岁的人进行的大型截面研究（Gouveia，Vione，Milfont，and Fischer，2015）表明，不同的人生阶段，再加上性别的影响，会凸显不同的道德价值观。事实上，关涉特定人生领域（事业成功，家庭关系）的价值观会随着生命周期而发展，导致人们对于将事业成功置于关怀之上，或是将同情心置于诚实之上的衡量发生变化。

2. **道德自我观能阻止道德行为**。对个人特质的评估关注的是人们的自我观和道德意图。一般而言，意图和行为之间并非一对一的关系（Manstead，2000）。在道德行为上，这种对应性甚至更差。验证自身道德观的欲望导致人们寻求与共享相同信念的人交往，并且避免和那些想法不同的人接触。对道德意图的明确偏好通常使人们易受自我保护倾向的影响，使他们无法批判性地看待自身道德行为。自相矛盾的影响在于，那些最相信自身德性的人可能最不倾向于采取道德行动。第四章中回顾的道德许可、道德耗竭和道德一致性效应都佐证了这一现象（Blanken et al.，2015；Conway and Peetz，2012）。该现象的有害影响，譬如对于道德领导力的展现的影响在对领导者与下属的互动的检视中得到了阐明（Lin，Ma，and Johnson，2016）。一旦主管已经展示了道德领导力并且以此确认了他们的道德自我观，他们就更有可能粗暴地对待下属，违反道德标准。

3. **情境引导人们的抉择**。现有的工具，例如第五章所回顾的无语境诚信测验或整体人格量表的形式，并未考虑到外部因素，如失败的领导风格、群体忠诚或是其他决定人们日常行为的情境限制。这是为什么诚实或是乐于助人的一般性倾向，并不会轻易转化为具体的对事项重要性的排序的一个重要原因。道德考量可能只是看起来与所做的决定无关，比方说工作决策（Moore and Gino，2013）。即使优先事项明确，决策的道德意涵明显，能力欠缺或是不利的环境仍能妨碍人们按照自身道德行事。只有在确定了可能使个体偏离他们所知道的道德标准的**其他**目标和条件之后，才有可能对是否能预期个体达到重要的道德标准进行更充分的考察。预期人们可能追求的成就以及这可能凸显的优先事项与困境，有助于明确他们需要满足哪些条件才能做合乎道德之事。

❖ 善恶不是简单抉择

本书所回顾的研究应当已经阐明，善恶之间并不存在简单的区分。不同的利益、当事人与利益相关者都能被纳入考虑当中，做对一些人而言是正确的，而在其他人看来可能就是错误的事。大多时候，人们不是在善与恶之间做出抉择，而是试图在不同的恶中选择最小的恶（Sheldon and Fishbach，2015）。人们这样做时，并不总能预期自己当前的行为对遥远他者，比如对那些生活在世界其他地方的人或是子孙后代会产生什么影响。然而，我们需要知道这些可能的影响，这样才能够调整我们的道德行为（Effron and Miller，2012）。只有在事后，行为的后果才看似一目了然，某些行为即使是善意的，它们对他人或我们生活的世界所产生的影响也是不道德的。正如本书自始至终所论证的那样，我们经常会忽视这一点，因为我们更愿将道德原则看作是绝对的、显而易见的规定，人们能以此充分监督自己行为的后果，在对与错之间做出慎重的选择。

生活并没有那么简单。2008年金融和银行危机后的政策变化就说明了这一点。金融服务机构被告诫要更好地照顾"客户的利益"。这些指导方针并未说明到底是哪类客户，也没有说明如何给客户最好的服务。然而，公司客户的利益未必和私人客户的利益一致。而且，即便只关注私人客户，满足他们的要求并且迎合他们当前的需要（例如通过批准贷款请求）也不一定最符合他们的长期利益（具有偿付能力和避免债务）。这些例子指向道德判断的困难之处，在更复杂的情况下，各方不同的需求、关注点以及利害关系都牵涉其中。这并不意味着做符合道德的事全无可能，只是说它并不总是**简单的**。

这会怎样运作，在一个对超过 15 000 名医药销售代表的研究中得到了说明（Myer, Thoroughgood, and Mohammed, 2016）。在这里，正确行事的渴望导致了一种高服务氛围，销售代表不遗余力地迎合他们的客户。然而在某些情况下，这导致员工为了迎合客户而扭曲规则，造成他们在急于提供优质服务时行事没有那么合乎伦理。好在同一研究还揭示了如何避免这种情况。如果**在**强调客户服务重要性**之外**也明确划定道德边界，销售代表也能在不越过伦理底线的情况下很好地为客户服务。事实上，这种在提供伦理原则的同时明确规定想要达到的服务水平的双重强调被证明是一种可行的商业模式，因为这也提高了销售盈利水平。金融服务领域也有类似的案例，瑞典商业银行成功地将高水平的客户服务与商业伦理实践相结合。这一使瑞典商业银行区别于其他客户银行的策略，保护了其持续的盈利，即便在金融危机中也是如此（另见 Kiel, 2015）。

因此，与其谴责人们做了看来道德不正确的抉择，更为恰当的是认识到多元关切的影响，这些不同的关切可能会将人们引至不同的方向。这也有助于防止在批判性评估人们的道德行为时通常会出现的防御性反应（Täuber, Van Zomeren, and Kutlaca, 2015）。感到在道德上低人一等、受到社会谴责只会阻碍行为的改善（另见 Giner-Sorolla, 2012）。譬如人们会开始隐瞒他们违反道德的行为，或是掩盖这种行为的影响，而不是试图做出改变（Gausel, Vignoles, and Leach, 2016）。然而，当道德上使人反感的行为被批判为一种不恰当的**行为**形式而不必然会损伤个人的道德**品质**时，人们会更具建设性地处理自己的行为，例如为他们的所作所为道歉，或是帮助他人摆脱因自身行为而产生的不利影响（Gausel et al., 2016）。即便承认犯了错误，人们也需要某种形式的自我同情，才能将对先前行为的悔意转化为对行为改善的尝试（Zhang and Chen, 2016）。

因为人们没能做我们认为道德正确的事而一味谴责和排斥他们，是不大可能让他们改变自己的行为方式的。倘若我们想让人们改善其道德行为，那么远离对先前行为的善恶判断，对道德走神表示同情，并且理解道德困境的复杂性，会更有成效。然而，我们通常看不到这种场面，因为人们往往通过强调自身道德准则和行为的道德优越性来回应他人的缺点。

❖ 群体并非所有问题的根源

对商业伦理的研究尤其说明了群体和社会规范能对个体行为产生的腐蚀作用。有鉴于这些发现，我们容易忘记群体也是道德引导和行为控制的重要来源，群体能够提升个体的道德行为。在这一语境下，对群体和社会接纳的关切的首要重要性在于，群体作为行为规范的来源之一在发挥作用，群体会通过施加社会处罚来规制那些偏离规范的个体行为。因此，人们的道德行为受到对其认同而言至关重要的群体的引导，也反映了这些群体的对错观（Mullen and Monin, 2016）。从更广泛的角度而言，这在道德上是否可取，仍旧是一个悬而未决的问题。

因此，群体不应被简单看作道德行为领域所有问题的根源。事实上，群体及其对个体抉择的影响也可以成为应对和处理此类问题的关键因素。这一点在第七章回顾的研究中已有清晰阐述，表明人们愿意克服他们的个人偏好，仅仅是为了做群体认为道德上良善的事。然而，我们并未充分发挥群体和共享的道德标准可能具有的有益影响，而是倾向于通过让人们为自己的选择负责来使其改善道德行为，对可能和他们行为相关的群体规范视而不见，也忽略了可能将人们引向不同关注点的其他认同。

群体认同与群体规范可以促使人们做合乎道德之事，即便存在会引发内群偏爱和支持社会不平等的分化性的群体利益的情况下也是如此。譬如，一项对 31 个共有 5 000 多名参与者的研究的元分析就揭示了这一点（Aberson and Ettlin, 2004）。这些研究发现，当有关平等待遇的共享规范模糊不清时，最有可能出现针对非裔美国人的偏见。但是，当对平等主义规范有明确共识时，种族偏见的发生概率就较小。同样，当人们被提醒想到大家作为人类的共同认同时，偏爱内群和贬损外群移民成员的倾向也有所减少（Albarello and Rubini, 2012）。研究还表明，共享群体规范之所以重要并不仅仅是因为有更多人同意相同观点这一事实。群体规范是个体行为的重要原则，因为它们对人们的自我意识和**认同**至关重要。

❖ 我们能做什么?

本书探讨的研究也揭示了不利的信息,即评估个体的道德特质并不简单,而且即便是能够有效确证个体的道德特质,这一努力也未必能预测个体实际的道德行为。人的整体道德意向与在日常生活中做出的道德选择之间并非一一对应的关系。好消息是,人们可能被推动着以被视作道德的方式行事,即使他们没有打算这样做。当有可能明确哪些行为在特定社会语境下可取以及不可取时,只要存在适当的条件,而且管理上也支持道德上可取的行为并帮助避免道德走神,以合乎道德的方式行事就可以实现。

心理学研究能有助于确定如何以这种方式引发道德行为,但并不能帮我们决定什么**是**道德上可取的行为。心理学的洞见确实促使我们明白,只有当我们让人认识到其道德行为的潜在弊端,并且在试图就什么是良好的道德达成一致时考虑其他的道德立场的时候,我们才有可能对这一问题进行公开评估(另见 Bradley et al., 2008)。本书所回顾的研究清楚地表明这会有多么困难,因为对一个人道德价值观的批判性评估很容易引发自我防御和反效果的反应。

为了建设性地展开探讨以界定共享的道德目标,重要的是认识到人们奉行的不同原则可能被视作都具有同等的道德性这一事实(Haidt, 2012)。道德差异之所以出现不仅仅是因为人们利益有别,或是他们对自己所追求的一众目标与结果设定了不同的优先顺序。除此以外,他们还可能偏好对一般道德原则及其含义的特异性**解读**。以善与恶来描述这些差异,并不能公正地反映出这样一个事实,即相反的行为建议可能源自同一道德准则(另见第二章)。更进一步来说,将这类分歧形塑成道德优越性的高下之争无益于解决分歧。相反,研究明确表明,这只会传达出不尊重并且使事态升级,因为人们试图验证和强化自身道德立场而非谋求解决办法。

倘若目的在于实现行为的改变,那么要决定的战略问题就是何时关注道德,以及何时避免讨论道德。现有证据表明,在**制定**行为原则的阶段,对道德关切的关注以及对道德准则的考量是最有成效的。在人们忠诚于某个特定原则,并且可能因此而被批评为道德低下之前,让他们考虑其他的可能性会更容易。此外，由于行为改变如此困难而且往往代价巨大，人们预先同意有待实现的道德目标是值得投资的就十分重要（Eagly，2016；另见第三章）。

一旦达成了这样的共识，**避开**道德判断来确保人们行事符合行为原则的难度可能就会有所降低。在明确正式的规章制度和实施处罚时，远离道德领域应该更有成效。当自我控制所需的努力得到承认，放弃其他选择的困难被予以考虑，并且对走神与错误的发生有所预见时，道德提升就能得到最强有力的助益（另见第四章）。改善人们道德行为的最佳时机，是将他们在贯彻自身道德意图时所遭遇的困难当作学习的契机，而不是当作致使他们的道德不受认可的原因。

当考虑到社会中不同群体间的关系时，知道何时在道德层面上进行讨论，而何时要避免道德判断也很重要。现有研究表明，当目标旨在为群体提供积极的认同感与自我价值感时，关注特有的能力和成就可能最有效果。这使得社会中的多个群体被视作是有价值的，因为他们都以自己的方式为社会做出了贡献。通过强调群体优越的道德价值观来实现群体异质性是效果较差的一种策略，因为这很容易引起群际比较，而这种比较必然会导致其他群体的抵制甚至敌视（另见第九章）。

然而，社会中不同的群体有不同的**结果**的最大危险在于，由这些结果来推断个体具有不同的价值和应得性。此时，将讨论从个体能力与成就上**转移开去**有助于促成改变的尝试，因为个体能力与成就很可能受制于群体的待遇以及刻板观念（另见第十章）。相反，思考区别对待他人的道德意涵——只是因为他人隶属不同的群体——应当有益于克服毫无正当理由的不平等。

总而言之，本书所回顾的研究表明，解决对于道德行为及其社会意涵的担忧，并没有轻松或简单的办法。与此同时，这些研究提高了我们对阻碍道德提升的因素的理解，并且指出实现这一目标可以采取的有效策略。因此，在这一意义上，道德研究的结论不仅仅是反直觉的、令人沮丧或尴尬的，还能够以非常具体的方式助力改变道德行为的尝试。最后一章会更为详尽地讨论我们可以如何将这些知识融会贯通于实践当中。

第十二章
做出改变

发觉理解并转变自己与他人的道德行为是何等困难的那一刻，我们容易变得心灰意冷。实验研究揭示了一些表明可以采取哪些措施来改变现状的明确而切实的建议。也许看起来让人难以置信，在我们处理或交流道德相关问题上，相对微小的差异可以产生如此巨大的影响。将这样的改变付诸行动需要持之以恒，并且可能还要修改"标准做法"。不过，借鉴这些经验教训可以帮助人们着力于最可能行之有效的政策。也许更重要的在于，这也有助于避免那些必然会适得其反的策略。

本书所回顾的研究显示，人们普遍秉持的有关道德的信念可能受到了误导。因此，依据这些普遍信念制定的政策注定会失败。例如，如果忽视了群体规范对个体行为的影响，通过测试个体的道德品质来尝试规范个体的道德行为就不大可能奏效。解释道德原则和执行道德理想能够帮助提升人们的道德意图，但工作环境与绩效激励可能会妨碍人们将这些意图落到实处。利用处罚和经济激励来引导人们的行为，很容易招致人们对道德的忽视。本书所讨论的研究结果清楚地表明了为什么会出现这种情况。

通过实验比较人们对不同的任务指令、群体规范或旁观者的反应，可以明确地知道什么该做、什么不该做。通过自我肯定（或自我否定！）的循环，最初的细微差异（例如在口头指示或反馈中的措辞）可以对人们的感受或思考方式产生深远影响。这会影响他们的行为方式。那些已经体会过引导他人改变其行为方式是何等困难的人，经常很难想象转变可以如此"容易"。然而，系统地贯彻这种细小的变化需要极大的谨慎与毅力。比方说，这可能意味着组织中所有书面和口头交流的语言都要受到监控和被修改，所有业绩评价和激励制度都要被重新考虑和调整，或者组织内各级管理人员都要接受不同的培训并给定时间让他们实施要求的变革。这绝非易事！

在本书中，我发现了一些常见的隐患。比如即便是那些抱有良好意愿的人，也并不总是按照他们的道德理想行事。即便持续监控自身行为或始终关注其长期影响并不是不可能的事，它实际上也还是难于登天。同样，想要积极评价自己道德行为的强烈愿望会诱使我们隐藏或合理化自己的道德过失。然而，人们需要先承认存在问题，然后才能解决问题。能够在功能失调的模式发生时便识别它们，可以有助于在它们恶化前进行纠正。

实验研究指出了似乎最为合适地进行有效干预的可能性。可以使用这些干预措施让人们认识到自己存在问题，而不是为这些问题而责备他们。譬如说帮助人们考虑如何实现他们的理想而不只是提醒他们自己的义务，或是让他们寻找未来改进的可能而不是去纠缠过去的问题。本章将概述一些具体可行的方法。

❖ 纠结于问题还是寻求方案

一般而言，首先需要承认问题，然后问题才能得到妥善解决（Malone and Fiske, 2013）。当眼前没有可行的解决方案，或是解决当前问题似乎超出了我们的控制范围时，这会使我们变得麻木不仁或是抑郁沮丧。如果是这样，我们就会试图转移视线或是否认问题的存在。然而，第十章回顾的研究表明，仅仅是口头表述并且正视有待处理的问题的行动，就可以带来摆脱僵局的办法。哪怕**我们**不知道可以做些什么，发现和承认需要解决的问题也能提供摆脱困境的出路。这一点在对内隐性别歧视的研究中有所发现：仅仅是知道**男性**看到并表示她们受到了不公平的对待，就有助于**女性**应对她们面临的偏见，使她们优化自身任务表现，并且感到有足够的信心提起投诉（Cihangir et al., 2014；另见图10.1）。其他研究也表明，承认存在性别歧视的男性的言论被认为比女性的言论更合理、更严肃，因此能更有效地推动变革（如 Drury and Kaiser，2014）。从该角度视之，一个令人备受鼓舞的进展是，追踪研究显示男性越来越愿意承认女性遭受不平等待遇，譬如在职场之中受到了不平等的对待（Sipe，Larson，McKay，and Moss，2016）。

因此，对于已经发生的不公正，即使不采取具体行动来处理或弥补，仅仅是**承认**存在不公平的待遇本身也能成为变革的催化剂。这同样表明，由"客观的观察者"，即自己并未遭受此种对待，而且解决这一问题对他们没有明显的好处的人，来指明那些不公平的程序是尤其有说服力的。这与常见的观念相悖，那些观念认为监测或评估当前现实是否符合道德原则用处不大，除非有办法来处理这个问题。相反它表明，不断地指出什么是对的以及什么是错的，并且确认改变是需要的这一观念，能促使**他人**行动起来。

承认问题的存在是重要的，特别是那些并未切身遭受磨难的人对此的承认。然而要做到这一点并不总是轻而易举，因为它迫使人们接受世界不是一个公正的地方，或是让他们意识到自身的受益可能部分来自对他人的不公待遇。那么，我们如何才能克服这些心理障碍，让人们承认改变是需要的？试图以强调当前程序中存在的道德瑕疵——或是指责人们纵容这些瑕疵——来设法获得这种承认，只会引发道德上的自我谴责，就像我们在检视该问题的研究中所看到的那样。由此引发的压力感和消极想法可能会十分强烈，以至于会导致人们否认现存的问题或是为当前的做法进行合理化。这显然于事无补。然而，此类出于自我防御而产生的反应，很容易被认为是人们无法承认自己的失败而宁愿对此视而不见的证据。

进一步强化罪疚感来传达情况的严重性，只能会加剧这种功能失调的循环。因此，关键在于唤起人们的道德关切，让人们充分参与去认识改变的必要性，**而不是**引发产生防御性反应的道德威胁。这一点说起来容易，做起来难。譬如有研究发现，当主题被调整为强调人们的环保行为的道德意涵时，关乎气候问题的传播行为提高了人们进行改变的动机，但也引发了阻碍改变的自我防御反应（Täuber et al.，2015）。

那么，如何能避免人们只顾想着为过往的道德污点辩护呢？达成这一目标的一个有力工具是系统性地着重于**未来**而非过去（Hershfield, Cohen, and Thompson, 2012）。事实上，正如第四章论述的研究所揭示的那样，沉湎于往日的道德污点确实只能徒增罪疚感与羞耻感，并且降低所感知到的应对道德境况的能力（Pagliaro et al., 2016；Van der Lee et al., 2016）。采用**未来聚焦**（future focus）可以缓解此类威胁。我们开展的研究表明，即便想到以往的道德污点，依然有可能使人们抛却过往而向前看。当人们有明确的机会能清白地从头开始，而且可以在一个新的情境下展示自身的德性时，这将增加他们感知到的应对能力，并减轻有碍于自我提升的罪疚感（Van der Lee et al., 2016, Study 2）。

明确地思考未来，同样有助于人们为可能遭遇的道德困境**做好准备**。在这一意义上，阐明不得不面对艰难决定的可能性，而不仅仅是强调道德目标的重要性，忽略可能发挥作用的其他力量或是顾虑，似乎更为有益。人们越是能提前确定他们的道德行为会经受考验，他们就越能预期并抵制潜在的诱惑。这使得人们更有可能践行其道德价值观，比如对他人更加真诚（Sheldon and Fishbach, 2015）。因此，能否让人们改变自身道德行为只是一念之差。错误的方法有多种，正确的道路却很少，而我们的直觉或常识并不总能很好地帮助我们识别哪种方法对、哪种方法错。

❋ 不在于说了什么而在于怎么说

游走在矢口否认以前的问题与对未来解决方案深感无望之间，导致我们需要十分注意所传达的有关道德目标的具体内容及传播道德目标的方式。我们高度注意所有具有道德内涵的词语（Gantman and Van Bavel, 2014）。提醒人们什么是道德，通常会提升他们采取行动以匡正社会不公的意愿（Zaal et al., 2011）。当政治演讲或组织声明中缺失此类道德参照时，我们会断定发言者的意图不够真实，并且认为他们对自身目标不够坚定（Kreps and Monin, 2014）。因此，这些演讲和宣言的效果不太可能会好。然而，明确采取道德立场也有危险，因为这也能以意想不到的方式让结果与期望相悖（另见 Zaal and Ellemers, 2013）。实际上，正如我们在第九章中所看到的，事关道德关切的传播行为如果被认为不真诚，只会引发抵制和反对（如 Terwel et al.，2009a）。

当挑战在于让人们改变自己的道德行为时，对道德目标的口头表达方式的微小差异会产生深远的影响。第十章所回顾的研究项目就观察到了这一点，我们的项目审视了关于提供平等就业机会的不同传播类型（Does et al.，2011，2012）。只是将平等就业机会说成一种道德**理想**而不是道德**义务**，就产生了深远的影响。心率和血压的变化表明，强调理想而不是义务会使心血管处于积极挑战而不是消极威胁的状态，提高人们支持改变职场实践的意愿，并且促使人们就如何实现这一目标提出更多切实的想法。因此，实验研究清楚地表明，用相对简单的手段可以达到不同的效果。必须做公平之事的道德压力，可以通过确保在要求考虑改变时明确说明以这种方式可以实现的道德收益而得到缓解。

其他案例也同样说明了特定传播方式可能产生的不同影响。譬如有研究表明，和主动说谎相比，人们更容易受到不报告真相的诱惑（例如为了金钱利益；Pittarello，Rubaltelli，and Motro，2016）。这表明，让人们预期到他们会被明确要求为自己的道德行为负责，可能有助于他们坚持自己的道德准则。同样，通过让人们更注意自己的行为，并且在考虑自己应当做什么时采用第三人视角，也可以支持人们展现自身最好的一面（Golubickis，Tan，Falben，and Marae，2016）。后一项发现可以很直接地加以落实，事实上，这是普华永道职业行为准则所提供的伦理指南的一个特征，第四章中对此进行了讨论。

❖ 希望催生改变的余地

让人们转变他们的方式所需要的远不止解释什么是对的，而什么又是错的。事实上，我们从改善人们健康行为的尝试中得知，他们还需要感受到自己确实**能够**实现自身的良好意图。否则，他们只会因想到未来的前景而变得痛苦不堪。也就是说，人们必须感受到自己完全有能力迎接能展示出他们最佳表现的重要挑战。同样，应当注意确保让人觉得积极的目标是切实可行的前景，指向向上比较。只有这样，这些目标才能引导并激励个人行为（另见 Cihangir et al., 2013）。

举例来说，这可以通过提醒人们他们的个人能力或是他们与他人共享的重要品质来实现（Cihangir, Barreto, and Ellemers, 2010；Derks et al., 2011；Derks, Van Laar, and Ellemers, 2009）。一再重申他们的问题和困境只会压抑他们的感受、引发消极的想法并且使他感到无力应对。将他们的注意力和心力集中在可以收获和可以实现的事情上，会给人们带来更多积极的情绪和想法，让他们有自信能够处理即将面对的挑战（Van Steenbergen, Ellemers, Haslam, and Urlings, 2008）。

在我们对人们追求道德目标时所展现出的行为的研究中也观察到了这一点，比如第十章提到的我们有关促进职场多元化的研究（Does et al., 2011）。在这一研究中，我们观察到，强调平等待遇是一项需要满足的道德义务，只会让人们想到所有应该**避免**的事。然而，那些被引导认为平等待遇是有可能实现的道德理想的人，能够更好地思考他们可以**做**些什么来增进平等（Does et al., 2011）。

我们通常认为，让人们改变的最好的办法是用相关论据或信息说服他们，解释当前所有的错误错在何处。这里回顾的研究表明，这可能是被误导的做法，因为这样会增加人们陷入痛苦与沮丧的风险。不同研究结果揭示了为人们带来改变的希望并使他们相信自己能够进行改变有多么重要。倘若我们忽视了给予人们支持和信心，让他们相信自己确实能够做道义上正确的事，那么世上所有的批评和处罚都将无法帮助人们改善他们的行为。

❖ 只做可行之事

如果将群体视作道德之锚，我们就可以从中汲取诸多有关道德行为的重要洞见。我们已经看到，群体规范和问责对道德行为可能有利有弊，这取决于群体所规定或容许的道德规范。同样显而易见的是，任何改变人们道德行为的努力都应该避免引发人们的威胁感，因为威胁感只会导致人们合理化或否认自己的道德存疑行为。处理群体层面的不平等和对个人的不公平待遇时，让人们参与进来寻找解决方案要比寻求辩护有更大的作用空间。

与此同时，本书所回顾的研究明确显示，同样的道德目标能够以不同方式实现，而实现方式上的微小差异可以产生巨大的影响。那么，怎样才能让道德目标的实现不走歧路呢？致力于**循证**干预措施可以取得重大成就。重要的不是单纯只做那些看似合理的、感觉正确的或者在他处似乎见效的事情，而是考虑每种类型的道德挑战本身。哪些个体和群体被牵涉其中？他们特有的目标和价值观是什么？他们面临怎样的困境，以及怎样能帮助他们化解难题？书中回顾的不同研究和实验阐明了什么方式可能奏效，什么方式不能奏效。这些研究与实验表明，即使个体需要克服那些似乎根深蒂固的倾向，我们如何接近他们、指导他们或与他们沟通方面上相对细小的变化也会对他们产生助益（另见 Van Bavel and Cunningham, 2012）。利用这些洞见，能够帮助我们只做最有可能引发改变的事。

为了实现这一目标，需要满足三个条件：

1. **针对性行动**：借鉴过往研究中的理论洞见与结果，我们可以锁定与当前情境关联最紧密的特定心理过程（Walton, 2014）。这种心理过程并不总是人们脑海中能想到的最明显的特性。例如，在道德行为方面，参考现有原则或加大处罚的价值就是有限的。相反，通过明确能导致人们牢记或忽视其行为道德意涵的微妙线索和隐性激励，人们有望得到更多收获（Ayal, Gino, Barkan, and Ariely, 2016）。

2. **自我强化**：当细微的改变使人们自信且肯定地感到自己有能力进行提升时，这些改变就能产生极大的影响。改变是需要的论点除非被认为是有建设性的，否则不会使人信服（Esposo, Hornsey, and Spoor, 2013）。就道德行为而言，这只能通过避免谴责人们以往的过失行为这一干预措施来加以实现，因为这种谴责只会引发罪疚感和羞耻感（Moss-Racusin et al., 2014）。当人们获得为自身道德行为而自豪的机会时，这本身就可以成为一种激励。

3. **遵循证据**：任何干预措施都应该首先进行小范围试验，监测其有效性，并且在必要时进行调整，**然后再**投入大量人力与资金来进一步推广（Williams，2014）。这意味着开始解决现有的问题和采取可见的行动的愿望经常需要加以克制，直到我们对什么可行而什么不可行有了更多了解。实际上，人们经常耐心有限。然而，即便对必须实现的目标有共识，如何才能达成目标也并不总是十分明确。例如，对于道德行为来说，可能需要进行一些试错实验，找出如何最好地将人们认为重要的群体行为规范和原则与更广泛的道德责任行为指南对应起来。

至此，这些证据已经展现了一些关键的提示。在人们能够去考虑进行改变之前必须要承认当前问题的存在，但是纠结于过去的道德污点只会让人们痛苦不堪并且自我防御。展望未来，明确道德理想，则将有助于他们采取行动，实现自我提升。

❖ 做出改变

本书回顾的许多研究和实验可能看似失真，与应当解决的社会现实问题相去甚远。不过，到目前为止，有诸多优秀的例子已经表明，即便是此类基础研究和实验研究也产生了可用于实践的洞见。关于公平和德性的心理学研究已经帮助警察和司法官员做出了改变，他们受到的训练包括公平和尊重地对待公民和犯罪嫌疑人（www.proceduralfairness.org/Policing.aspx）。美国（http://worklifelaw.org/bias-interrupters/）和欧洲（www.athenasangels.nl）采取了措施，通过基于有关内隐偏见的实证证据，介绍对抗偏见的方法，帮助管理者和决策者实行公平雇佣。已有学者致力于收集相关证据，将它们与现实生活经验联系起来，并且利用这些证据在一个相当具体和实际的层面上解释人们可以做些什么来处理可能被认为不道德的行为（Williams and Dempsey，2014）。

要想使人们认识并改善自身行为，需要接受他们过往的道德过失、同情他们的缺点并引导帮助他们做出改变。但这不是我们通常看到的模式。管理者和决策者发现，比较容易的是用处罚来威胁人们，以及用职业发展或经济改善的前景来激励他们。正如我们在本书中所见，这种做法会降低信任和顺从性。而当缺乏必要的能力或资源时，处罚和经济激励并不能帮助人们做要求他们做的事。这并不是说我们应当满足于意图良善的声明。然而，那些期望他人做出改变的人，提出的要求必须切合实际，而且不应忽视那些阻碍人们按照自身意图行事的约束条件。规范人们应当朝哪个方向努力、促进所期望的行为以及宽容其无心之失，这些都是比简单地对他们的道德行为进行说教要更为有效的策略。

这类建议很容易被视为"太软弱""无效"或"不现实"而被弃置一旁。然而，从本书对道德判断与道德行为的社会功能分析来看，这种建议有它的道理。这并不是说"什么都归于"道德领域，也不是说人们不应为他们的道德错误负责。但是，明白科学不能确定什么是道德上的对与错是重要的。这是一个共享价值观和主观判断的问题，还取决于这些共享价值观和主观判断的年代背景与社会语境。书中回顾的科学研究确实有助于我们理解这些价值观与判断从何而来，为什么它们经常能抵御批评，以及它们的影响有多么深远。明确关注基于群体认同的作用，并在此语境下考量群体内和群际过程，清晰地阐明了进行关于什么是道德上可接受与不可接受的讨论时哪些方式富有成效，哪些又收效甚微。

因此，本书提供的分析并未建议应当宽容并接纳道德缺陷是生活中不可避免的事，而是展示了共享道德标准在规范个人行为上的力量。这也阐明了被视为不可接受的惩治行为的危险，因为惩治只会让事情变得更糟。事实上，我们做出我们不能接受他人的**行为**方式，而又不排斥他们**认同**的核心面向的判断是极端谨慎的。然而，这是我们能让人们参与批判性地考虑什么是可接受的行为，什么又是不可接受的行为，并且找到一条解决分歧的道路的唯一希望所在。

仅仅是拒斥、谴责或惩治被我们视作不合道德的事——就像我们经常做的那样——只会让那些被这样批判的人感到被误解、被拒绝以及被排斥。这切断了我们争取他们加入的唯一出路：他们希望被接纳和被珍视的愿望。那些因他人而觉得自己永远都不会有完全的归属的人，或是自己不管做什么都得不到尊重的人，已经没什么可失去的了。他们是我们最应该担心的人：把他们排除在我们的道德圈之外，必然会导致我们被他们排除在自己的道德圈之外。当他们再也不在意我们的评判，更不用说我们的需求、命运或结果之时，他们也就挣脱了所有的制约。让人们置于这种境地是我们能做出的最糟糕的事。认识到群体发挥道德之锚的作用，能使我们免于犯下这种错误。

参考文献

Abele, A. E., and Bruckmüller, S. (2011). The bigger one of the 'Big Two'? Preferential processing of communal information. *Journal of Experimental Social Psychology, 47*, 935–948.

Abend, G. (2012). What the science of morality doesn't say about morality. *Philosophy of the Social Sciences, 43*, 157–200.

Aberson, C. L., and Ettlin, T. E. (2004). The aversive racism paradigm and responses favoring African Americans: Meta-analytic evidence of two types of favoritism. *Social Justice Research, 17*, 25–46.

Abrams, D., Viki, G. T., Masser, B., and Bohner, G. (2003). Perceptions of stranger and acquaintance rape: The role of benevolent and hostile sexism in victim blame and rape proclivity. *Journal of Personality and Social Psychology, 84*, 111–125.

Albarello, F., and Rubini, M. (2012). Reducing dehumanisation outcomes towards Blacks: The role of multiple categorisation and of human identity. *European Journal of Social Psychology, 42*, 875–882.

Aldrich, H. (1999). *Organizations evolving*. London: Sage.

Algoe, S. B., and Haidt, J. (2009). Witnessing excellence in action: The 'other-praising' emotions of elevation, gratitude and admiration. *The Journal of Positive Psychology, 4*, 105–127.

Allpress, J. A., Brown, R., Giner-Sorolla, R., Deonna, J. A., and Teroni, F. (2014). Two faces of group-based shame: Moral shame and image shame differentially predict positive and negative orientations to ingroup wrongdoing. *Personality and Social Psychology Bulletin, 40*, 1270–1284.

Ambrose, M. L., and Cropanzano, R. (2003). A longitudinal analysis of organizational fairness: An examination of reactions to tenure and promotion decisions. *Journal of Applied Psychology, 88*, 266–275.

Ames, D., and Fiske, S. T. (2013). Intentional harms are worse, even when they're not. *Psychological Science, 24*, 1755–1762.

Ames, D., and Fiske, S. T. (2015). A potential path to integration of blame judgments. *Psychological Inquiry: An International Journal for the Advancement of Psychological Theory, 25*, 193–196.

Amodio, D. M., Harmon-Jones, E., Devine, P. G., Curtin, J. J., Hartley, S. L., and Covert, A. E. (2004). Neural signals for the detection of unintentional race bias. *Psychological Science, 15*, 88–93.

Anderson, S. (2015). *Off the deep end: The Wall Street bonus pool and low wage workers*. Washington: The Institute for Policy Studies.
Appiah, K. A. (2008). *Experiments in ethics*. Cambridge, MA: Harvard University Press.
Aquino, K., and Reed, A. I. (2002). The self-importance of moral identity. *Journal of Personality and Social Psychology, 83*, 1423–1440.
Ariely, D. (2012). *The (honest) truth about dishonesty: How we lie to everyone – especially ourselves*. New York: HarperCollins.
Ashton, C., and Lee, K. (2007). Empirical, theoretical and practical advantages of the HEXACO moral of personality structure. *Personality and Social Psychology Review, 11*, 150–166.
Ashton, C., and Lee, K. (2008). The HEXACO model of personality structure and the importance of the H factor. *Social and Personality Psychology Compass, 2*, 1952–1962.
Ashton, C., and Lee, K. (2009). The HEXACO-60. A short measure of the major dimensions of personality. *Journal of Personality Assessment, 91*, 340–345.
Augoustinos, M., and LeCouteur, A. (2004). On whether to apologize to indigenous Australians. In: N. R. Branscombe and B. J. Doosje (Eds.), *Collective guilt: International perspectives* (pp. 236–261). Cambridge: Cambridge University Press.
Ayal, S., Gino, F., Barkan, R., and Ariely, D. (2016). Three principles to REVISE people's unethical behavior. *Perspectives on Psychological Science, 10*, 738–741.
Baer, M. D., Dhensa-Kahlon, R. K., Colquitt, J. A., Rodell, J. B., Outlaw, R., and Long, D. M. (2015). Uneasy lies the head that bears the trust: The effects of feeling trusted on emotional exhaustion. *Academy of Management Journal, 58*, 1637–1657.
Bain, P. G., Vaes, J., and Leyens, J. P. (Eds.) (2014). *Humanness and dehumanization*. New York: Psychology Press.
Balcetis, E. (2009). Claiming a moral minority, saccades help create a biased majority: Tracking eye movements to base rates in social predictions. *Journal of Experimental Social Psychology, 45*, 970–973.
Bandura, A. (1999). Moral disengagement in the perpetration of inhumanities. *Personality and Social Psychology Review, 3*, 193–209.
Bandura, A., Barbaranelli, C., Caprara, V., and Pastorelli, C. (1996). Mechanisms of moral disengagement in the exercise of moral agency. *Journal of Personality and Social Psychology, 71*, 364–374.
Barkan, R., Ayal, S., Gino, F., and Ariely, D. (2012). The pot calling the kettle black: Distancing response to ethical dissonance. *Journal of Experimental Psychology: General, 141*, 757–773.
Barnett, T., and Vaicys, C. (2000). The moderating effects of individuals' perceptions of ethical work climate on ethical judgments and behavioral intentions. *Journal of Business Ethics, 27*, 351–362.
Baron, R. S., Burgess, M. L., and Kao, C. F. (1991). Detecting and labeling prejudice: Do female perpetrators go undetected. *Personality and Social Psychology Bulletin, 17*, 115–123.
Barraquier, A. (2011). Ethical behaviour in practice: Decision outcomes and strategic implications. *British Journal of Management, 22*, 28–46. doi:10.1111/j.1467-8551.2010.00726.x
Barreto, M., and Ellemers, N. (2000). You can't always do what you want: Social identity and self-presentational determinants of the choice to work for a low status group. *Personality and Social Psychology Bulletin, 26*, 891–906.
Barreto, M., and Ellemers, N. (2002). The impact of anonymity and group identification on pro-group behavior in computer mediated groups. *Small Group Research, 33*, 590–610.
Barreto, M., and Ellemers, N. (2003). The effects of being categorised: The interplay between internal and external social identities. *European Review of Social Psychology, 14*, 139–170.

Barreto, M., and Ellemers, N. (2005a). The burden of 'benevolent' sexism: How it contributes to the maintenance of gender inequalities. *European Journal of Social Psychology*, *35*, 633–642.

Barreto, M., and Ellemers, N. (2005b). The perils of political correctness: Responses of men and women to old-fashioned and modern sexism. *Social Psychology Quarterly*, *68*, 75–88.

Barreto, M., and Ellemers, N. (2015). Detecting and experiencing prejudice: New answers to old questions. *Advances in Experimental Social Psychology*, *52*, 139–219.

Barreto, M., Ellemers, N., and Banal, S. (2006). Working under cover: Performance-related self-confidence among members of contextually devalued groups who try to pass. *European Journal of Social Psychology*, *36*, 337–352.

Barreto, M., Ellemers, N., Cihangir, S., Stroebe, K. (2008). The self-fulfilling effects of contemporary sexism: How it affects women's well-being and behavior. In: M. Barreto, M. Ryan, and M. Schmitt (Eds.), *The glass ceiling in the 21st century: Understanding barriers to gender inequality* (pp. 99–123). Washington, DC: American Psychological Association.

Barreto, M., Ellemers, N., and Fiske, S. T. (2010). 'What did you say, and who do you think you are?' How power differences affect emotional reactions to prejudice. *Journal of Social Issues*, *66*, 477–492.

Barreto, M., Ellemers, N., and Palacios, M. (2004). The backlash of token mobility: The impact of past group experiences on individual ambition and effort. *Personality and Social Psychology Bulletin*, *30*, 1433–1445.

Barreto, M., Ellemers, N., Piebinga, L., and Moya, M. (2010). How nice of us and how dumb of me: The effect of exposure to benevolent sexism on women's task and relational self-descriptions. *Sex Roles*, *62*, 532–544.

Barreto, M., Ellemers, N., Scholten, W., and Smith, H. (2010). To be or not to be: The impact of implicit versus explicit inappropriate social categorizations on the self. *British Journal of Social Psychology*, *49*, 43–67.

Barreto, M., Spears, R., Ellemers, N., and Shahinper, K. (2003). Who wants to know? The effect of audience on identity expression among minority group members. *British Journal of Social Psychology*, *42*, 299–318.

Barth, M., Jugert, P., Wutzler, M., and Fritsche, I. (2015). Absolute moral standards and global identity as independent predictors of collective action against global injustice. *European Journal of Social Psychology*, *45*, 918–930.

Bastian, B., Laham, S. M., Wilson, S., Haslam, N., and Koval, P. (2011). Blaming, praising, and protecting our humanity: The implications of everyday dehumanization for judgments of moral status. *British Journal of Social Psychology*, *50*, 469–483.

Bauman, C. W., McGraw, P. A., Bartels, D. M., and Warren, C. (2014). Revisiting external validity: Concerns about trolley problems and other sacrificial dilemmas in moral psychology. *Social and Personality Psychology Compass*, *8/9*, 536–554.

Baumert, A., Halmburger, A., and Schmitt, M. (2013). Interventions against norm violations: Dispositional determinants of self-reported and real moral courage. *Personality and Social Psychology Bulletin*, *39*, 1053–1068.

Bazerman, M. H., and Tenbrunsel, A. E. (2011). *Blind spots: Why we fail to do what's right and what to do about it.* Princeton: Princeton University Press.

Beauchamp, T. L. (2001). *Philosophical ethics: An introduction to moral philosophy* (3rd edition). Boston, MA: McGraw-Hill.

Beersma, B., and Van Kleef, G. A. (2012). Why people gossip: An empirical analysis of social motives, antecedents, and consequences. *Journal of Applied Social Psychology*, *42*, 2640–2670.

Belmi, P., Barragan, R. C., Neale, M. A., and Cohen, G. L. (2015). Threats to social identity can trigger social deviance. *Personality and Social Psychology Bulletin*, *41*, 467–484.

Berndsen, M., and Gausel, N. (2015). When majority members exclude ethnic minorities: The impact of shame on the desire to object to immoral acts. *European Journal of Social Psychology, 45*, 728–741.

Bertolotti, M., and Catellani, P. (2015). Agreement with climate change policies: Framing the future and national versus supranational identity. *European Journal of Social Psychology, 45*, 847–857.

Beudeker, D., Ellemers, N., Rink, F., and Blonk, R. (2015). Zelfregulatie oriëntaties en werkprestaties. *De Psycholoog, April*, 52–61.

Beudeker, D., Rink, F., Ellemers, N., and Blonk, R. (2013). Initiatiefrijk en functie-inhoudelijk presteren. De regulatiestrategieën van leiders in relatie tot het functioneren van medewerkers. *Gedrag en Organisatie, 26*, 277–292.

Biernat, M., and Fuegen, K. (2001). Shifting standards and the evaluation of competence: Complexity in gender-based judgment and decision making. *Journal of Social Issues, 57*, 707–724.

Biernat, M., and Manis, M. (1994). Shifting standards and stereotype-based judgments. *Journal of Personality and Social Psychology, 66*, 5–20.

Bijleveld, E., Scheepers, D., and Ellemers, N. (2012). The cortisol response to anticipated intergroup interactions predicts self-reported prejudice. *PLoS ONE, 7*, e33681. doi:10.1371/journal.pone.0033681

Bishop, B. (2008). *The big sort*. New York: Houghton Mifflin.

Bjørkelo, B., Einarsen, S., Nielsen, M. B., and Matthiesen, S. B. (2011). Silence is golden? Characteristics and experiences of self-reported whistle-blowers. *European Journal of Work and Organizational Psychology, 20*, 206–238.

Blader, S. L., Shirako, A., and Chen, Y. R. (2016). Looking out from the top: Differential effects of status and power on perspective taking. *Personality and Social Psychology Bulletin, 42*, 723–737.

Blair, I. V. (2002). The malleability of automatic stereotypes and prejudice. *Personality and Social Psychology Review, 6*, 242–261.

Blanken, I., Van de Ven, N., and Zeelenberg, M. (2015). A meta-analytic review of moral licensing. *Personality and Social Psychology Bulletin, 41*, 540–558.

Blanz, H., Mummendey, A., and Otten, S. (1995). Positive-negative asymmetry in social discrimination: The impact of stimulus valence and size and status differentials on inter-group evaluations. *British Journal of Social Psychology, 34*, 409–419.

Blascovich, J., and Mendes, W. B. (2000). Challenge and threat appraisals: The role of affective cues. In: J. Forgas (Ed.), *Feeling and thinking: The role of affect in social cognition* (pp. 59–82). Paris: Cambridge University Press.

Blascovich, J., and Mendes, W. B. (2010). Social psychophysiology and embodiment. In: S. T. Fiske, D. T. Gilbert, and G. Lindzey (Eds.), *The handbook of social psychology* (5th edition, pp. 194–227). New York, NY: John Wiley & Sons Inc.

Blascovich, J., and Tomaka, J. (1996). The biopsychosocial model of arousal regulation. In: M. P. Zanna (Ed.), *Advances in experimental social psychology* (Vol. 28, pp. 1–51). San Diego, CA: Academic Press.

Block, J., and Wagner, M. (2014). Ownership versus management effects on Corporate Social Responsibility concerns in large family and founder firms. *Journal of Family Business Strategy, 5*, 339–346.

Bloom, P. B. N., and Levitan, L. C. (2011). We're closer than I thought: Social network heterogeneity, morality, and political persuasion. *Political Psychology, 32*, 643–665.

Boehm, C. (2014). The moral consequences of social selection. *Behaviour, 151*, 167–183.

Boezeman, E., and Ellemers, N. (2008a). Volunteer recruitment: The role of organizational support and anticipated respect in non-volunteers' attraction to charitable volunteer organizations. *Journal of Applied Psychology, 93*, 1013–1026.

Boezeman, E., and Ellemers, N. (2008b). Pride and respect in volunteers' organizational commitment. *European Journal of Social Psychology, 38*, 159–172.

Boezeman, E., and Ellemers, N. (2009). Intrinsic need satisfaction and the job attitudes of volunteers versus employees working in a charitable volunteer organization. *Journal of Organizational and Occupational Psychology, 82*, 897–914.

Boezeman, E., and Ellemers, N. (2014). Volunteer recruitment. In: K. Y. T. Yu and D. M. Cable (Eds.), *The Oxford handbook of recruitment* (pp. 73–87). Oxford:Oxford University Press.

Borg, J. S., Hynes, C., Van Horn, J., Grafton, S., and Sinnott-Armstrong, W. (2006). Consequences, action, and intention as factors in moral judgments: An fMRI investigation. *Journal of Cognitive Neuroscience, 18*, 803–817.

Bown, N. J., and Abrams, D. (2003). Despicability in the workplace: Effects of behavioral deviance and unlikeability on the evaluation of in-group and out-group members. *Journal of Applied Social Psychology, 33*, 2413–2426.

Bradley, J. C., Brief, A. P., and Smith-Crowe, K. (2008). The 'good' corporation. In: D. B. Smith (Ed.), *The people make the place: Dynamic linkages between individuals and organizations* (pp. 175–224). New York: Lawrence Erlbaum.

Brambilla, M., Hewstone, M., and Colucci, F. P. (2013). Enhancing moral virtues: Increased perceived outgroup morality as a mediator of intergroup contact effects. *Group Processes and Intergroup Relations, 16*, 648–657.

Brambilla, M., and Leach, C. W. (2014). On the importance of being moral: The distinctive role of morality in social judgment. *Social Cognition, 32*, 397–408.

Brambilla, M., Rusconi, P. P., Sacchi, S., and Cherubini, P. (2011). Looking for honesty: The primary role of morality (vs. sociability and competence) in information gathering. *European Journal of Social Psychology, 41*, 135–143.

Brambilla, M., Sacchi, S., Menegatti, M., and Moscatelli, S. (2016). Honesty and dishonesty don't move together: Trait content information influences behavioral synchrony. *Journal of Nonverbal Behavior, 40*, 171–186.

Brambilla, M., Sacchi, S., Pagliaro, S., and Ellemers, N. (2013). Morality and intergroup relations: Threats to safety and group image predict the desire to interact with outgroup and ingroup members. *Journal of Experimental Social Psychology, 49*, 811–821.

Brambilla, M., Sacchi, S., Rusconi, P. P., Cherubini, P., and Yzerbyt, V. Y. (2012). You want to give a good impression? Be honest! Moral traits dominate group impression formation. *British Journal of Social Psychology, 51*, 149–166.

Brandt, M. J., and Reyna, C. (2011). The chain of being: A hierarchy of morality. *Perspectives on Psychological Science, 6*, 428–446.

Branscombe, N. R., and Doosje, B. J. (Eds.) (2004). *Collective guilt: International perspectives*. Cambridge: Cambridge University Press.

Branscombe, N. R., Spears, R., Ellemers, N., and Doosje, B. (2002). Effects of intragroup and intergroup evaluations on group behavior. *Personality and Social Psychology Bulletin, 28*, 744–753.

Braun, J., and Gollwitzer, M. (2012). Leniency for out-group offenders. *European Journal of Social Psychology, 42*, 883–892.

Breakwell, G. M. (1978). Some effects of marginal social identity. In: H. Tajfel (Ed.), *Differentiation between social groups* (pp. 301–336). London: Academic Press.

Brewer, M. B. (1991). The social self: On being the same and different at the same time. *Personality and Social Psychology Bulletin, 17*, 475–482.

Brewer, M. B. (1999). The psychology of prejudice: Ingroup love and outgroup hate? *Journal of Social Issues, 55*, 429–444.

Brewer, M. B., and Pierce, C. P. (2005). Social identity complexity and outgroup tolerance. *Personality and Social Psychology Bulletin, 31*, 428–437.

Broadie, S., and Rowe, C. (2011). *Aristotle: Nicomachean Ethics. Translation, introduction, and commentary.* Oxford: Oxford University Press.

Brown, R. (2011). *Prejudice: It's social psychology* (2nd. edition). Oxford: Wiley.

Brown, R., and Hewstone, M. (2005). An integrative theory of intergroup contact. *Advances in Experimental Social Psychology, 37,* 255–343.

Brown, R., and Wade, G. (1987). Superordinate goals and intergroup behaviour: The effect of role ambiguity and status on intergroup attitudes and task performance. *European Journal of Social Psychology, 17,* 131–142.

Buchtel, E. E., Guan, Y., Peng, Q., Su, Y., Sang, B., Chen, S. X., and Bond, M. H. (2015). Immorality East and West: Are immoral behaviors especially harmful or especially uncivilized? *Personality and Social Psychology Bulletin, 41,* 1382–1394.

Butterfield, K. D., Treviño, L. K., and Weaver, G. R. (2000). Moral awareness in business organizations: Influences of issue-related and social context factors. *Human Relations, 53,* 981–1018.

Call, J., and Tomasello, M. (2008). Does the chimpanzee have a theory of mind? 30 years later. *Trends in Cognitive Science, 12,* 187–192.

Cameron, C. D., Harris, L. T., and Paye, B. K. (2016). The emotional cost of humanity: Anticipated exhaustion motivates dehumanization of stigmatized targets. *Social Psychological and Personality Science, 7,* 105–112.

Cameron, C. D., Lindquist, K. A., and Gray, K. (2015). A constructionist review of morality and emotions: No evidence for specific links between moral content and discrete emotions. *Personality and Social Psychology Review, 19,* 371–394.

Caprar, D. V., Do, B., Rynes, S. L., and Bartunek, J. M. (2016). It's personal: An exploration of students' (non) acceptance of management research. *Academy of Management Learning and Education, 15,* 207–231.

Carlsmith, K., and Sood, A. (2009). The fine line between interrogation and retribution. *Journal of Experimental Social Psychology, 45,* 191–196.

Carnes, N. C., Lickel, B., and Janoff-Bulman, R. (2015). Shared perceptions: Morality is embedded in social contexts. *Personality and Social Psychology Bulletin, 41,* 351–362.

Carr, P. B., and Walton, G. M. (2014). Cues of working together fuel intrinsic motivation. *Journal of Experimental Social Psychology, 53,* 169–184.

Carroll, A. B., and Shabana, K. M. (2010). The business case for Corporate Social Responsibility: A review of concepts, research and practice. *International Journal of Management Reviews, 12,* 85–105.

Castano, E., and Giner-Sorolla, R. (2006). Not quite human: Infrahumanization in response to collective responsibility for intergroup killing. *Journal of Personality and Social Psychology, 90,* 804–818.

Castelfranchi, C., and Poggi, I. (1990). Blushing as discourse: Was Darwin wrong? In: E. R. Crozier (Ed.), *Shyness and embarrassment: Perspective from social psychology* (pp. 230–254). London: Cambridge University Press.

Castilla, E. J., and Benard, S. (2010). The paradox of meritocracy in organizations. *Administrative Science Quarterly, 55,* 543–576.

Chambers, J. R., Schlenker, B. R., and Collisson, B. (2013). Ideology and prejudice: The role of value conflicts. *Psychological Science, 24,* 140–149.

Chan, M. K. H., Louis, W. R., and Jetten, J. (2010). When groups are wrong and deviants are right. *European Journal of Social Psychology, 40,* 1103–1109.

Chen, M., Chen, C. C., and Sheldon, O. J. (2016). Relaxing moral reasoning to win: How organizational identification relates to unethical pro-organizational behavior. *Journal of Applied Psychology, 101,* 1082–1096.

Cheng, B. S., Chou, L. F., Wu, T. Y., Huang, M. P., & Farh, J. L. (2004). Paternalistic leadership and subordinate responses: Establishing a leadership model in Chinese organizations. *Asian Journal of Social Psychology, 7,* 89–117.

Cheung, W.-Y., Maio, G. R., Rees, K. J., Kamble, S., and Mane, S. (2016). Cultural differences in values as self-guides. *Personality and Social Psychology Bulletin, 42*, 769–781.

Chow, R. M., and Knowles, E. D. (2016). Taking race off the table: Agenda setting and support for color-blind public policy. *Personality and Social Psychology Bulletin, 42*, 25–39.

Churchland, P. S. (2011). *Braintrust: What neuroscience tells us about morality.* Oxford/Princeton: Princeton University Press.

Cihangir, S., Barreto, M., and Ellemers, N. (2010). The dark side of ambiguous discrimination: How state self-esteem moderates emotional and behavioural responses to ambiguous and unambiguous discrimination. *British Journal of Social Psychology, 49*, 155–174.

Cihangir, S., Barreto, M., and Ellemers, N. (2014). Men as allies against sexism: The positive effects of a suggestion of sexism by male (vs. female) sources. *Sage Open.* doi:10.1177/2158244014539168

Cihangir, S., Scheepers, D., Barreto, M., and Ellemers, N. (2013). Responding to gender-based rejection: Objecting against negative and disproving positive intergroup differentiation. *Social Psychological and Personality Science, 4*, 151–158.

Cikara, M., Farnsworth, R. A., Harris, L. T., and Fiske, S. T. (2010). On the wrong side of the trolley track: Neural correlates of relative social valuation. *Scan, 5*, 404–413.

Cikara, M., and Van Bavel, J. J. (2014). The neuroscience of intergroup relations: An integrative review. *Perspectives on Psychological Science, 9*, 245–274.

Clegg, S., Kornberger, M., and Rhodes, C. (2007). Business ethics as practice. *British Journal of Management, 18*, 107–122.

Cohen, J. R., Pant, L. W., and Sharp, D. J. (1992). Cultural and socioeconomic constraints on international codes of ethics: Lessons from accounting. *Journal of Business Ethics, 11*, 687–700.

Cohen, T. R., and Morse, L. (2014). Moral character: What it is and what it does. *Research in Organizational Behavior, 34*, 43–61.

Cohen-Charash, Y., and Mueller, J. S. (2007). Does perceived unfairness exacerbate or mitigate interpersonal counterproductive work behaviors related to envy? *Journal of Applied Psychology, 92*, 666–680.

Cohen-Charash, Y., and Spector, P. E. (2001). The role of justice in organizations: A meta-analysis. *Organizational Behavior and Human Decision Processes, 86*, 278–321.

Conway, M., Pizzamiglio, M. T., Mount, M. (1996). Status, communality, and agency: Implications for stereotypes of gender and other groups. *Journal of Personality and Social Psychology, 71*, 25–38.

Conway, P., and Peetz, J. (2012). When does feeling moral actually make you a better person? Conceptual abstraction moderates whether past moral deeds motivate consistency or compensatory behavior. *Personality and Social Psychology Bulletin, 38*, 907–919.

Cramwinckel, F., Van Dijk, E., Scheepers, D., and Van den Bos, K. (2013). The threat of moral refusers for one's self-concept and the protective function of physical cleansing. *Journal of Experimental Social Psychology, 49*(6), 1049–1058.

Crisp, R. J., and Turner, R. N. (2009). Can imagined interaction produce positive perceptions? Reducing prejudice through simulated social contact. *American Psychologist, 64*, 231–230.

Critcher, C. R., and Dunning, D. (2013). Predicting persons' vs. a person's goodness: Behavioral forecasts diverge for individuals versus populations. *Journal of Personality and Social Psychology, 104*, 28–44.

Crocker, C., Cornwell, B., and Major, B. (1993). The stigma of overweight: Affective consequences of attributional ambiguity. *Journal of Personality and Social Psychology, 64*, 60–70.

Cuddy, A. J. C., Fiske, S. T., and Glick, P. (2008). Warmth and competence as universal dimensions of social perception: The Stereotype Content Model and the BIAS Map. In: M. P. Zanna (Ed.), *Advances in experimental social psychology* (pp. 61–149). San Diego: Academic Press.

Cuddy, A. J. C., Fiske, S. T., Kwan, V. S. Y., Glick, P., Demoulin, S., Leyens, J. Ph., Bond, M. H., Croizet, J. C., Ellemers, N., Sleebos, E., Htun, T. T., Kim, H. J., Maio, G., Perry, J., Petkova, K., Todorov, V., Rodriguez-Bailón, R., Morales, E., Moya, J., Palacios, M., Smith, V., Perez, R., Vala, J., and Ziegler, R. (2009). Stereotype content model holds across cultures: Towards universal similarities and some differences. *British Journal of Social Psychology*, 48, 1–33.

Cullen, J. B., Victor, B., and Bronson, J. W. (1993). The ethical climate questionnaire: An assessment of its development and validity. *Psychological Reports*, 73, 667–674.

Cushman, F. (2015). From moral concern to moral constraint. *Current Opinion in Behavioral Sciences*, 3, 58–62.

Cushman, F., Durwin, A., and Lively, C. (2012). Revenge without responsibility? Judgments about collective punishment in baseball. *Journal of Experimental Social Psychology*, 48, 1106–1110.

Dawtry, R. J., Sutton, R. M., and Sibley, C. G. (2015). Wealthier, and why it matters: From social sampling to attitudes to redistribution. *Psychological Science*, 26, 1389–1400. doi:10.1177/0956797615586560

De Bruin, E. N. M., and Van Lange, P. A. M. (2000). What people look for in others: Influences on the perceiver and the perceived on information selection. *Personality and Social Psychology Bulletin*, 26, 206–219.

De Jong, B. A., Dirks, K. T., and Gillespie, N. (2016). Trust and team performance: A meta-analysis of main effects, moderators, and covariates. *Journal of Applied Psychology*, 101, 1134–50. http://dx.doi.org/10.1037/apl0000110

Derks, B., Scheepers, D., Van Laar, C., and Ellemers, N. (2011). The threat vs. challenge of car parking for women: How self- and group affirmation affect cardiovascular responses. *Journal of Experimental Social Psychology*, 47, 178–183.

Derks, B., Van Laar, C., and Ellemers, N. (2006). Striving for success in outgroup settings: Effects of contextually emphasizing ingroup dimensions on stigmatized group members' social identity and performance styles. *Personality and Social Psychology Bulletin*, 32, 576–588.

Derks, B., Van Laar, C., and Ellemers, N. (2007a). Social creativity strikes back: Improving low status group members' motivation and performance by valuing ingroup dimensions. *European Journal of Social Psychology*, 37, 470–493.

Derks, B., Van Laar, C., and Ellemers, N. (2007b). The beneficial effects of social identity protection on the performance motivation of members of devalued groups. *Social Issues and Policy Review*, 1, 217–256.

Derks, B., Van Laar, C., and Ellemers, N. (2009). Working for the self or working for the group: How self- vs. group-affirmation affect collective behavior in low status groups. *Journal of Personality and Social Psychology*, 96, 183–202.

Derks, B., Van Laar, C., and Ellemers, N. (2016). The Queen Bee Phenomenon: Why women leaders distance themselves from junior women. *The Leadership Quarterly*, 27, 456–469.

Derks, B., Van Laar, C., Ellemers, N., and De Groot, K. (2011). Gender bias primes elicit Queen Bee responses among senior police women. *Psychological Science*, 22, 1243–1249.

Derks, B., Van Laar, C., Ellemers, N., and Raghoe, G. (2015). Extending the Queen Bee effect: How Hindustani workers cope with disadvantage by distancing the self from the group. *Journal of Social Issues*, 71, 476–496.

Deschamps, J.-C., and Brown, R. (1983). Superordinate goals and intergroup conflict. *British Journal of Social Psychology, 22*, 189–195.

DeSteno, D. (2015). Compassion and altruism: How our minds determine who is worthy of help. *Current Opinion in Behavioral Sciences, 3*, 80–83.

De Vries, G., Terwel, B., and Ellemers, N. (2014). Spare the details, share the relevance: The dilution effect in communications about carbon dioxide capture and storage. *Journal of Environmental Psychology, 38*, 116–123.

De Vries, G., Terwel, B., and Ellemers, N. (2016). Perceptions of manipulation and judgments of illegitimacy: Pitfalls in the use of emphasis framing when communicating about CO2 capture and storage. *Environmental Communication, 10*, 206–226.

De Vries, G., Terwel, B., Ellemers, N., and Daamen, D. (2015). Sustainability or profitability? How communicated motives for environmental policy affect public perceptions of corporate greenwashing. *Corporate Social Responsibility and Environmental Management, 22*, 142–154.

De Waal, F. (1996). *Good natured: The origins of right and wrong in humans and other animals.* Cambridge, MA: Harvard University Press.

De Waal, F. (2009). *The age of empathy: Nature's lessons for a kinder society.* New York: Harmony Books.

De Waal, F., Churchland, P. S., Pievani, T., and Parmigiani, S. (Eds.) (2014). *Evolved morality: The biology and philosophy of human conscience.* Leiden: Brill Publishers.

De Wit, F., Scheepers, D., Ellemers, N., Sassenberg, K., and Scholl, A. (in press). Whether power holders construe their power as responsibility or opportunity influences their tendency to take advice from others. *Journal of Organizational Behavior.* doi:10.1002/job.2171

De Wit, F., Scheepers, D., Ellemers, N., Sassenberg, K., and Scholl, A. (submitted). Conceptualizing power as responsibility curbs risky decision making.

DiTomaso, N. (2013). *The American non-dilemma: Racial inequality without racism.* New York: Russell Sage.

Djikic, M., Peterson, J., and Zelazo, P. (2005). Attentional biases and memory distortions in self-enhancers. *Personality And Individual Differences, 38*, 559–568.

Does, S., Derks, B., and Ellemers, N. (2011). Thou shall not discriminate: How emphasizing moral ideals rather than obligations increases whites' support for social equality. *Journal of Experimental Social Psychology, 47*, 562–571.

Does, S., Derks, B., Ellemers, N., and Scheepers, D. (2012). At the heart of egalitarianism: How equality framing shapes cardiovascular challenge vs. threat in whites. *Social Psychology and Personality Science, 3*, 747–753.

Does, S., Ellemers, N., Dovidio, J. F., Van der Lee, R., Norman, J. B., Mentovich, A., and Goff, P. A. (submitted). *Implications of Research Staff Demographics for Psychological Science.*

Doosje, B., Ellemers, N., and Spears, R. (1995). Perceived intragroup variability as a function of group status and identification. *Journal of Experimental Social Psychology, 31*, 410–436.

Doosje, B., Spears, R., and Ellemers, N. (2002). Social identity as both cause and effect: The development of group identification in response to anticipated and actual changes in the intergroup status hierarchy. *British Journal of Social Psychology, 41*, 57–76.

Doosje, B., Spears, R., Ellemers, N., and Koomen, W. (1999). Group variability in intergroup relations: The distinctive role of social identity. *European Review of Social Psychology, 10*, 41–74.

Drury, B. J., and Kaiser, C. R. (2014). Allies against sexism: The role of men in confronting sexism. *Journal of Social Issues, 70*, 637–652.

Duffy, M. K., Scott, K. L., Shaw, J. D., Tepper, B. J., and Aquino, K. (2012). A social context model of envy and social undermining. *Academy of Management Journal, 55*, 643–666.

Duffy, M.K., Shaw, J.D., & Schaubroeck, J.M. (2008). Envy in organizational life. In: R. Smith (Ed.), *Envy: Theory and research* (pp. 167–189). Oxford, UK: Oxford Press.

Eagly, A.H. (2016). When passionate advocates meet research on diversity, does the honest broker stand a chance? *Journal of Social Issues, 72*, 199–222.

Eagly, A.H., and Karau, S.J. (2002). Role congruity theory of prejudice towards female leaders. *Psychological Review, 109*, 573–598.

Eagly, A.H., and Steffen, V.J. (1984). Gender stereotypes stem from the distribution of women and men into social roles. *Journal of Personality and Social Psychology, 46*, 735–754.

Effron, D.A., and Miller, D.T. (2012). How the moralization of issues grants social legitimacy to act on one's attitudes. *Personality and Social Psychology Bulletin, 38*, 690–701.

Eisenberg, N., Guthrie, I.K., Cumberland, A., Murphy, B.C., and Shepard, S.A. (2002). Prosocial development in early adulthood: A longitudinal study. *Journal of Personality and Social Psychology, 82*, 993–1006.

Ellemers, N. (1993). The influence of socio-structural variables on identity enhancement strategies. *European Review of Social Psychology, 4*, 27–57.

Ellemers, N. (2001). Individual upward mobility and the perceived legitimacy of intergroup relations. In: J.T. Jost and B. Major (Eds.), *The psychology of legitimacy*. Cambridge: Cambridge University Press.

Ellemers, N. (2012). The group self. *Science, 336*, 848–852.

Ellemers, N. (2013). Connecting the dots: Mobilizing theory to reveal the big picture in social psychology (and why we should do this). *European Journal of Social Psychology, 43*, 1–8.

Ellemers, N. (2014). Women at work: How organizational features impact career development. *Policy Insights from Behavioral and Brain Sciences, 1*, 46–54.

Ellemers, N. (2016). Back to the future: How today's neurocognitive techniques substantiate predictions made 50 years ago. *Psychological Inquiry, 27*, 290–293.

Ellemers, N. (in press). Morality and social identity. In: M. Van Zomeren and J. Dovidio (Eds.), *The Handbook of the Human Essence*. Oxford: Oxford University Press.

Ellemers, N., and Barreto, M. (2006a). Categorization in everyday life: The effects of positive and negative categorization on emotions and self-views. *European Journal of Social Psychology, 36*, 931–942.

Ellemers, N., and Barreto, M. (2006b). Social identity and self-presentation at work: How attempts to hide a stigmatized identity affect emotional well-being, social inclusion and performance. *Netherlands Journal of Psychology, 62*, 51–57.

Ellemers, N., and Barreto, M. (2009). Collective action in modern times: How modern expressions of prejudice prevent collective action. *Journal of Social Issues, 65*, 749–768.

Ellemers, N., and Barreto, M. (2015). Modern discrimination: How perpetrators and targets interactively perpetuate social disadvantage. *Current Opinion in Behavioral Sciences, 3*, 142–146.

Ellemers, N., Boezeman, E.J., and Zondervan, I. (submitted). Organizational morality versus organizational competence: Effects on job attitudes and job performance of financial service professionals.

Ellemers, N., and Bos, A. (1998). Individual and group level responses to threat experienced by Dutch shopkeepers in East-Amsterdam. *Journal of Applied Social Psychology, 28*, 1987–2005.

Ellemers, N., De Gilder, D., and Haslam, S.A. (2004). Motivating individuals and groups at work: A social identity perspective on leadership and group performance. *Academy of Management Review, 29*, 459–478.

Ellemers, N., De Gilder, D., and Van den Heuvel, H. (1998). Career-oriented versus team-oriented commitment and behavior at work. *Journal of Applied Psychology, 83*, 717–730.

Ellemers, N., Doosje, B., and Spears, R. (2004). Sources of respect: The effects of being liked by ingroups and outgroups. *European Journal of Social Psychology, 34*, 155–172.

Ellemers, N., Doosje, E. J., Van Knippenberg, A., and Wilke, H. (1992). Status protection in high status minorities. *European Journal of Social Psychology, 22*, 123–140.

Ellemers, N., and Haslam, S. A. (2011). Social identity theory. In: P. van Lange, A. Kruglanski, and T. Higgins (Eds.), *Handbook of theories of social psychology* (pp. 379–398). London: Sage.

Ellemers, N., and Jetten, J. (2013). The many ways to be marginal in a group. *Personality and Social Psychology Review, 17*, 3–21.

Ellemers, N., Kingma, L., Van de Burgt, J., and Barreto, M. (2011). Corporate Social Responsibility as a source of organizational morality, employee commitment and satisfaction. *Journal of Organizational Moral Psychology, 1*, 97–124.

Ellemers, N., Kortekaas, P., and Ouwerkerk, J. (1999). Self-categorization, commitment to the group and social self-esteem as related but distinct aspects of social identity. *European Journal of Social Psychology, 29*, 371–389.

Ellemers, N., Pagliaro, S., and Barreto, M. (2013). Morality and behavioural regulation in groups: A social identity approach. *European Review of Social Psychology, 24*, 160–193.

Ellemers, N., Pagliaro, S., Barreto, M., and Leach, C. W. (2008). Is it better to be moral than smart? The effects of morality and competence norms on the decision to work at group status improvement. *Journal of Personality and Social Psychology, 95*, 1397–1410.

Ellemers, N., and Rink, F. (2005). Identity in work groups: The beneficial and detrimental consequences of multiple identities and group norms for collaboration and group performance. *Advances in Group Processes, 22*, 1–41.

Ellemers, N., and Rink, F. (2016). Diversity in work groups. *Current Opinion in Psychology, 11*, 49–53.

Ellemers, N., Rink, F., Derks, B., and Ryan, M. (2012). Women in high places: When and why promoting women into top positions can harm them individually or as a group (and how to prevent this). *Research In Organizational Behavior, 32*, 163–187.

Ellemers, N., Scheepers, D., and Popa, A. (2010). Something to gain or something to lose? Affirmative action and regulatory focus emotions. *Group Processes and Intergroup Relations, 13*, 201–213.

Ellemers, N., Sleebos, E., Stam, D., and De Gilder, D. (2013). Feeling included and valued: How perceived respect affects positive team identity and willingness to invest in the team. *British Journal of Management, 24*, 21–37.

Ellemers, N., Spears, R., and Doosje, B. (Eds.) (1999). *Social identity: Context, commitment, content*. Oxford: Basil Blackwell.

Ellemers, N., Spears, R., and Doosje, B. (2002). Self and social identity. *Annual Review of Psychology, 53*, 161–186.

Ellemers, N., and Van den Bos, K. (2012). Morality in groups: On the social-regulatory functions of right and wrong. *Social and Personality Psychology Compass, 6*, 878–889.

Ellemers, N., Van den Heuvel, H., De Gilder, D., Maass, A., & Bonvini, A. (2004). The underrepresentation of women in science: Differential commitment or the Queen-bee syndrome? *British Journal of Social Psychology, 43*, 315–338.

Ellemers, N., and Van der Toorn, J. (2015). Groups as moral anchors. *Current Opinion in Behavioral Sciences, 6*, 189–194.

Ellemers, N., Van der Toorn, J., and Paunov, Y. (in preparation). *Morality and social behavior: A quantitative review of empirical studies published 2000–2014*.

Ellemers, N., Van Dillen, L., Mooijman, M., and Van der Lee, R. (submitted). Moral failures: Self-protective strategies in recalling one's own moral transgressions.

Ellemers, N., Van Dyck, C., Hinkle, S., and Jacobs, A. (2000). Intergroup differentiation in social context: Identity needs versus audience constraints. *Social Psychology Quarterly*, 63, 60–74.

Ellemers, N., and Van Laar, C. (2010). Individual mobility: The opportunities and challenges members of devalued groups encounter when trying to avoid group-based discrimination. In: J. F. Dovidio, M. Hewstone, P. Glick, and V. Esses (Eds.), *Handbook of prejudice, stereotyping, and discrimination* (pp. 561–576). London: Sage.

Ellemers, N., and Van Nunspeet, F. (2013). Moral accountability and prejudice control: Evidence from cardiovascular and EEG responses. In: B. Derks, D. Scheepers, and N. Ellemers (Eds.), *The neuropsychology of prejudice and intergroup relation* (pp. 209–226). New York: Psychology Press.

Ellemers, N., and Van Rijswijk, W. (1997). Identity needs versus social opportunities: The use of group-level and individual-level identity management strategies. *Social Psychology Quarterly*, 60, 52–65.

Ellemers, N., Van Rijswijk, W., Bruins, J., and De Gilder, D. (1998). Group commitment as a moderator of attributional and behavioural responses to power use. *European Journal of Social Psychology*, 28, 555–573.

Ellemers, N., Van Rijswijk, W., Roefs, M., and Simons, C. (1997). Bias in intergroup perceptions: Balancing group identity with social reality. *Personality and Social Psychology Bulletin*, 23, 186–198.

Esposo, S. R., Hornsey, M. J., and Spoor, J. R. (2013). Shooting the messenger: Outsiders critical of your group are rejected regardless of argument quality. *British Journal of Social Psychology*, 52, 386–395.

Faddegon, K., Ellemers, N., and Scheepers, D. (2009). Eager to be the best, or vigilant no to be the worst: The emergence of regulatory focus in disjunctive and conjunctive group tasks. *Group Processes and Intergroup Relations*, 12, 653–671.

Faddegon, K., Scheepers, D., and Ellemers, N. (2008). If we have the will, there will be a way: Regulatory focus as a group identity. *European Journal of Social Psychology*, 38, 880–895.

Faniko, K., Ellemers, N., and Derks, B. (in preparation). It's not the same: Career experiences of male and female academics.

Faniko, K., Ellemers, N., and Derks, B. (2016). Queen Bees and Alpha Males: Are successful women more competitive than successful men? *European Journal of Social Psychology*.

Faniko, K., Ellemers, N., and Derks, B. (2017). Nothing changes, really: Why women who break through the glass ceiling end up reinforcing it. *Personality and Social Psychology Bulletin*.

Feinberg, M., and Willer, R. (2015). From gulf to bridge: When do moral arguments facilitate political influence? *Personality and Social Psychology Bulletin*, 41, 1665–1681.

Festinger, L. (1954). A theory of social comparison processes. *Human Relations*, 7, 117–140.

Fetterman, A. K., Boyd, R. L., and Robinson, M. D. (2015). Power versus affiliation in political ideology: Robust linguistic evidence for distinct motivation-related signatures. *Personality and Social Psychology Bulletin*, 41, 1195–1206.

Fiedler, K., Messner, C., and Bluemke, M. (2006). Unresolved problems with the 'I' the 'A', and the 'T': A logical and psychometric critique of the Implicit Association Test (IAT). *European Review of Social Psychology*, 17, 74–147.

Fiske, S. T. (2015). Intergroup biases: A focus on stereotype content. *Current Opinion in Behavioral Sciences*, 3, 45–50.

Folger, R., and Cropanzano, R. (1998). *Organizational justice and human resource management*. Thousand Oaks, CA: Sage.

Frable, D. E. S., Pratt, L., and Hoey, S. (1998). Concealable stigmas and positive self-perceptions: Feeling better around similar others. *Journal of Personality and Social Psychology*, 74, 909–922.

Fredrickson, B., and Roberts, T. A. (1997). Objectification theory: Toward understanding women's lived experiences and mental health risks. *Psychology of Women Quarterly*, 21, 173–206.

Friesdorf, R., Conway, P., and Gawronski, B. (2015). Gender differences in responses to moral dilemmas: A process dissociation analysis. *Personality and Social Psychology Bulletin*, 41, 696–713.

Frimer, J. A., and Sinclair, L. (2016). Moral heroes look up and to the right. *Personality and Social Psychology Bulletin*, 42, 400–410.

Frimer, J. A., Walker, L., Dunlop, W., Lee, B., and Riches, A. (2011). The integration of agency and communion in moral personality: Evidence of enlightened self-interest. *Journal of Personality and Social Psychology*, 101(1), 149–163.

Fry, D. P. (2006). Reciprocity: The foundation stone of morality. In: M. Killen and J. G. Smetana (Eds.), *Handbook of moral development* (pp. 399–422). Mahwah, NJ: Lawrence Erlbaum.

Galen, L., Smith, C., Knapp, N., and Wyngarden, N. (2011). Perceptions of religious and nonreligious targets: Exploring the effects of perceivers' religious fundamentalism. *Journal of Applied Social Psychology*, 41, 2123–2143.

Gamez-Djokic, M., and Molden, D. (2016). Beyond affective influences on deontological moral judgment: The role of motivations for prevention in the moral condemnation of harm. *Personality and Social Psychology Bulletin*, 42, 1522–1537.

Gantman, A. P., Van Bavel, J. J. (2014). The moral pop-out effect: Enhanced perceptual awareness of morally relevant stimuli. *Cognition*, 132, 22–29.

Garcia, D., Schmitt, M. T., Branscombe, N. R., and Ellemers, N. (2010). Women's reactions to ingroup members who protest discriminatory treatment: The importance of beliefs about inequality and response appropriateness. *European Journal of Social Psychology*, 40, 733–745.

Gausel, N. (2012). Facing in-group immorality: Differentiating expressed shame from expressed guilt. *Review of European Studies*, 4, 1–7.

Gausel, N., and Brown, R. (2012). Shame and guilt – Do they really differ in their focus of evaluation? Wanting to change the self and behaviour in response to ingroup immorality. *The Journal of Social Psychology*, 152, 547–567.

Gausel, N., and Leach, C. W. (2011). Concern for self-image and social image in the management of moral failure: Rethinking shame. *European Journal of Social Psychology*, 41, 468–478.

Gausel, N., Leach, C. W., Vignoles, V. L., and Brown, R. (2012). Defend or repair? Explaining responses to ingroup moral failure by disentangling feelings of shame, rejection, and inferiority. *Journal of Personality and Social Psychology*, 102, 941–960.

Gausel, N., Vignoles, V. L., and Leach, C. W. (2016). Resolving the paradox of shame: Differentiating among specific appraisal-feeling combinations explains pro-social and self-defensive motivation. *Motivation and Emotion*, 40, 118–139.

Gert, B. (1988). *A new justification of the moral rules*. Oxford: Oxford University Press.

Gert, B. (2012). The definition of morality. In: E. N. Zalta (Ed.), *The Stanford Encyclopedia of Philosophy* (Fall 2012 Edition). http://plato.stanford.edu/archives/fall2012/entries/morality-definition/.

Gilligan, C. (1982). *In a different voice*. Cambridge, MA: Harvard University Press.

Giner-Sorolla, R. (2012). *Judging passions: Moral emotion in persons and groups*. Hove: Psychology Press.

Gino, F. (2015). Understanding ordinary unethical behavior: Why people who value morality act immorally. *Current Opinion in Behavioral Sciences, 3*, 107–111.

Gino, F., Ayal, S., and Ariely, D. (2009). Contagion and differentiation in unethical behavior: The effect of one bad apple on the barrel. *Psychological Science, 20*, 393–398.

Gino, F., Ayal, S., and Ariely, D. (2013). Self-serving altruism? The lure of unethical actions that benefit others. *Journal of Economic Behavior and Organization, 93*, 285–292.

Gino, F., and Galinsky, A. D. (2012). Vicarious dishonesty: When psychological closeness creates distance from one's moral compass. *Organizational Behavior and Human Decision Processes, 119*, 15–26.

Gino, F., and Pierce, L. (2009). Dishonesty in the name of equity. *Psychological Science, 20*, 1153–1160.

Gino, F., Schweitzer, M., Mead, N., and Ariely, D. (2011). Unable to resist temptation: How self-control depletion promotes unethical behavior. *Organizational Behavior and Human Decision Processes, 115*, 191–203.

Glick, P., & Fiske, S. T. (1996). The ambivalent sexism inventory: Differentiating hostile and benevolent sexism. *Journal of Personality and Social Psychology, 70*, 491–512.

Glick, P., Fiske, S. T., Mladinic, A., Saiz, J., Abrams, D., Masser, B., et al. (2000). Beyond prejudice as simple antipathy: Hostile and benevolent sexism across cultures. *Journal of Personality and Social Psychology, 79*, 763–775.

Glick, P., Sakalli-Ugurlu, N., Ferreira, M. C., Souza, M. A. (2002). Ambivalent sexism and attitudes toward wife abuse in Turkey and Brazil. *Psychology of Women Quarterly, 26*, 292–297.

Golubickis, M., Tan, L. B. G., Falben, J. K., and Marae, C. N. (2016). The observing self: Diminishing egocentrism through brief mindfulness meditation. *European Journal of Social Psychology, 46*, 521–527.

Goodwin, G. P. (2015). Moral character in person perception. *Current Directions in Psychological Science, 24*, 38–44.

Goodwin, G. P., and Darley, J. (2012). Why are some moral beliefs perceived to be more objective than others? *Journal of Experimental Social Psychology, 48*, 250–256.

Goodwin, G. P., Piazza, J., and Rozin, P. (2014). Moral character predominates in person perception and evaluation. *Journal of Personality and Social Psychology, 106*, 148–168.

Goplen, J., and Plant, E. A. (2015). A religious worldview: Protecting one's meaning system through religious prejudice. *Personality and Social Psychology Bulletin, 41*, 1474–1487.

Gouveia, V. V., Vione, K. C., Milfont, T. L., and Fischer, R. (2015). Patterns of value change during the life span: Some evidence from a functional approach to values. *Personality and Social Psychology Bulletin, 41*, 1276–1290.

Graham, J. (2013). Mapping the moral maps: From alternate taxonomies to competing predictions. *Personality and Social Psychology Review, 17*, 237–241.

Graham, J. (2014). Morality beyond the lab. *Science, 345*, 1242.

Graham, J., and Haidt, J. (2010). Beyond beliefs: Religions bind individuals into moral communities. *Personality and Social Psychology Review, 14*, 140–150.

Graham, J., Nosek, B. A., Haidt, J., Iyer, R., Koleva, S., and Ditto, P. H. (2011). Mapping the moral domain. *Journal of Personality and Social Psychology, 101*, 366–385.

Greenaway, K. H., Cruwys, T., Haslam, S. A., and Jetten, J. (2016). Social identities promote well-being because they satisfy global psychological needs. *European Journal of Social Psychology, 46*, 294–307.

Greenaway, K. H., Jetten, J., Ellemers, N., and Van Bunderen, L. (2015). The dark side of inclusion: Undesired acceptance increases aggression. *Group Processes and Intergroup Relations, 18*, 173–189.

Greene, J. D. (2013). *Moral tribes: Emotion, reason, and the gap between us and them.* New York: Penguin Group.

Greenwald, A. G., McGhee, D. E., Schwartz, J. L. K. (1998). Measuring individual differences in implicit cognition: The implicit association test. *Journal of Personality and Social Psychology, 74*, 1464–1480.

Greenwood, J. D. (2011). On the social dimensions of moral psychology. *Journal for the Theory of Social Behaviour, 41*, 333–364.

Greitemeyer, T., and Weiner, B. (2008). Asymmetrical effects of reward and punishment on attributions of morality. *The Journal of Social Psychology, 148*, 407–420.

Guerra, R., Gaertner, S. L., Antonio, R., and Deegan, M. (2015). Do we need them? When immigrant communities are perceived as indispensable to national identity or functioning of the host society. *European Journal of Social Psychology, 45*, 868–879.

Guglielmo, S., and Malle, B. (2010). Can unintended side effects be intentional? Resolving a controversy over intentionality and morality. *Personality and Social Psychology Bulletin, 36*, 1635–1647.

Hackel, L. M., Looser, C. E., and Van Bavel, J. J. (2014). Group membership alters the threshold for mind perception: The role of social identity, collective identification, and intergroup threat. *Journal of Experimental Social Psychology, 52*, 15–23.

Hahn, A., Banchefsky, S., Park, B., and Judd, C. M. (2015). Measuring intergroup ideologies: Positive and negative aspects of emphasizing versus looking beyond group differences. *Personality and Social Psychology Bulletin, 41*, 1646–1664.

Hahn, T., Figge, F., Pinkse, J., and Preuss, L. (2010). Trade-offs in corporate sustainability: You can't have your cake and eat it. *Business Strategy and the Environment, 19*, 217–229. doi:10.1002/bse.674

Haidt, J. D. (2001). The emotional dog and its rational tail: A social intuitionist approach to moral judgment. *Psychological Review, 108*, 814–834.

Haidt, J. D. (2012). *The righteous mind: Why good people are divided by politics and religion*. New York: Random House.

Haidt, J. D., and Graham, J. (2007). When morality opposes justice: Conservatives have moral intuitions that liberals may not recognize. *Social Justice Research, 20*, 98–116.

Haidt, J. D., and Kesebir, S. (2010). Morality. In: S. Fiske, D. Gilbert, and G. Lindzey (Eds.), *Handbook of social psychology* (5th edition, pp. 797–832). Hoboken, NJ: Wiley.

Haidt, J. D., Rosenberg, E., and Hom, H. (2003). Differentiating diversity: Moral diversity is not like other kinds. *Journal of Applied Social Psychology, 33*, 1–36.

Hainmueller, J., and Hopkins, D. J. (2014). Public attitudes toward immigration. *Annual Review of Political Science, 17*, 225–249.

Hall, D. L., Cohen, A. B., Meyer, K. K., Varley, A. H., and Brewer, G. A. (2015). Costly signaling increases trust, even across religious affiliations. *Psychological Science, 26*, 1368–1376. doi:10.1177/0956797615576473

Hall, D. L., Matz, D., and Wood, W. (2010). Why don't we practice what we preach: A meta-analytic review of religious racism. *Personality and Social Psychology Review, 14*, 126–137.

Hammond, M. D., and Overall, N. C. (2015). Benevolent sexism and support of romantic partner's goals: Undermining women's competence while fulfilling men's intimacy needs. *Personality and Social Psychology Bulletin, 41*, 1180–1194.

Handley, I. M., Brown, E. R., Moss-Racusin, C. A., and Smith, J. A. (2015). Quality of evidence revealing subtle gender biases in science is in the eye of the beholder. *Proceedings of the National Academy of Sciences, 112*, 13201–13206.

Harinck, F., and Ellemers, N. (2014). How values change a conflict. In: C. K. W. de Dreu (Ed.), *Conflicts within and between groups: Functions, dynamics, and interventions* (pp. 19–36). Current Issues in Social Psychology. London: Psychology Press.

Harinck, S., and Ellemers, N. (2006). Playing hide and seek: The effects of information exchange in intra- and intergroup negotiations. *European Journal of Social Psychology, 36*, 791–814.

Harinck, S., Shafa, S., Ellemers, N., and Beersma, B. (2013). The good news about honor culture: The preference for cooperative conflict management in the absence of insult. *Negotiation and Conflict Management Research, 6*, 67–78.

Harris, L. T., and Fiske, S. T. (2006). Dehumanizing the lowest of the low: Neuroimaging responses to extreme outgroups. *Psychological Science, 17*, 847–853.

Hartland-Swann, J. (1960). *Analysis of morals*. London, UK: George Allen & Unwin Ltd.

Haslam, A., Ellemers, N., Reicher, S., Reynolds, K., and Schmitt, M. (2010). The social identity perspective today: The impact of its defining ideas. In: T. Postmes and N. R. Branscombe (Eds.), *Rediscovering social identity: Core sources* (pp. 341–356). New York: Psychology Press.

Haslam, N., and Loughnan, S. (2014). Dehumanization and infrahumanization. *Annual Review of Psychology, 65*, 399–423.

Haslam, S. A., and Ellemers, N. (2011). Identity processes in organizations. In: S. J. Schwartz, K. Luyckx, and V. L. Vignoles (Eds.), *Handbook of identity theory and research, Volume 1, Structures and processes* (pp. 715–744). New York: Springer.

Haslam, S. A., Reicher, S. D., and Platow, M. J. (2013). *The new psychology of leadership: Identity, influence, and power*. New York: Psychology Press.

Hastings, P. D., Zahn-Waxler, C., and McShane, K. (2006). We are, by nature, moral creatures: Biological bases of concern for others. In: M. Killen and J. G. Smetana (Eds.), *Handbook of moral development* (pp. 483–516). Mahwah, NJ: Lawrence Erlbaum.

Hayden, B. (1998). Practical and prestige technologies: The evolution of material systems. *Journal of Archaeological Method and Theory, 5*, 1–55.

Heflick, N. A., and Goldenberg, J. L. (2009). Objectifying Sarah Palin: Evidence that objectification causes women to be perceived as less competent and less fully human. *Journal of Experimental Social Psychology, 45*, 598–601.

Heflick, N. A., Goldenberg, J., Cooper, D., and Puvia, E. (2011). From women to objects: Appearance focus, target gender, and perceptions of warmth, morality and competence. *Journal of Experimental Social Psychology, 47*, 572–581.

Heilbrun, A. B. Jr., and Georges, M. (1990). The measurement of principled morality by the Kohlberg Moral Dilemma Questionnaire. *Journal of Personality Assessment, 55*, 183–194.

Heiphetz, L., and Young, L. (2014). A social cognitive developmental perspective on moral judgment. *Behaviour, 151*, 315–335.

Hershfield, H. E., Cohen, T., and Thompson, L. (2012). Short horizons and shady situations: When lack of continuity to our future selves leads to unethical behavior. *Organizational Behavior and Human Decision Processes, 117*, 298–310.

Hewstone, M. E., and Brown, R. (Eds.) (1986). *Contact and conflict in intergroup encounters*. Cambridge: Cambridge University Press.

Higgins, E. T. (1997). Beyond pleasure and pain. *American Psychologist, 52*, 1280–1300.

Higgins, E. T. (1998). Regulatory focus as a motivational principle. In: M. E. Zanna (Ed.), *Advances in experimental social psychology* (pp. 1–46). New York: Academic Press.

Higgins, E. T., Friedman, R. S., Harlow, R. E., Idson, L. C., Ayduk, O. N., and Taylor, A. (2001). Achievement orientations from subjective histories of success: Promotion pride versus prevention pride. *European Journal of Social Psychology, 31*, 3–23.

Ho, K. (2009). *Liquidated: An ethnography of Wall Street*. Durham: Duke University Press.

Hofmann, W., Wisneski, D. C., Brandt, M. J., and Skitka, L. J. (2014). Morality in everyday life. *Science, 345*, 1340–1343.

Homsma, G. J., Van Dyck, C., De Gilder, D., Koopman, P. L., and Elfring, T. (2007). Learning from error: The influence of error incident characteristics. *Journal of Business Research, 62*, 115–122.

Hornsey, M. (2005). When being right is not enough: Predicting defensiveness in the face of group criticism. *European Review of Social Psychology, 16*, 301–334.

Hornsey, M., Majkut, L., Terry, D., and McKimmie, B. (2003). On being loud and proud: Non-conformity and counter-conformity to group norms. *British Journal of Social Psychology, 42*, 319–335.

Hough, L. M., Oswald, F. L., and Ock, J. (2015). Beyond the big five: New directions for personality research and practice in organizations. *Annual Review of Organizational Psychology and Organizational Behavior, 2*, 183–209.

Hu, M., Rucker, D. D., and Galinsky, A. D. (2016). From the immoral to the incorruptible: How prescriptive expectations turn the powerful into paragons of virtue. *Personality and Social Psychology Bulletin, 42*, 826–837.

Huang, Y., Davies, P. G., Sibley, C. G., and Osborne, D. (2016). Benevolent sexism, attitudes toward motherhood, and reproductive rights: A multi-study longitudinal examination of abortion attitudes. *Personality and Social Psychology Bulletin, 42*, 970–984.

Hursthouse, R. (1999). *On virtue ethics*. Oxford: Oxford University Press.

Iachini, T., Pagliaro, S., and Ruggiero, G. (2015). Near or far? It depends on my impression: Moral information and spatial behaviour in virtual interactions. *Acta Psychologica, 161*, 131–136.

Illes, R., Harinck, S., and Ellemers, N. (2014). Mediating value conflicts. *Conflict Resolution Quarterly, 31*, 331–354.

Inzlicht, M., and Schmeichel, B. J. (2012). What is ego depletion? Toward a mechanistic revision of the resource model of self-control. *Perspectives on Psychological Science, 7*, 450–463.

Iyer, A., Jetten, J., and Haslam, S. A. (2012). Sugaring o'er the devil: Moral superiority and group identification help individuals downplay the implications of ingroup rule-breaking. *European Journal of Social Psychology, 42*, 141–149.

Iyer, A., Leach, C. W., and Pedersen, A. (2004). Racial wrongs and restitutions. In: N. R. Branscombe and B. J. Doosje (Eds.), *Collective guilt: International perspectives* (pp. 262–283). Cambridge: Cambridge University Press.

Janoff-Bulman, R., and Carnes, N. C. (2013a). Surveying the moral landscape: Moral motives and group-based moralities. *Personality and Social Psychology Review, 17*, 219–236.

Janoff-Bulman, R., and Carnes, N. C. (2013b). Moral context matters: A reply to Graham. *Personality and Social Psychology Review, 17*, 242–247.

Jetten, J., and Hornsey, M. J. (2014). Deviance and dissent in groups. *Annual Review of Psychology, 65*, 461–485.

Jordan, A. H., and Monin, B. (2008). From sucker to saint: Moralization in response to self-threat. *Psychological Science, 19*, 809–815.

Jordan, J., Mullen, E., and Murnighan, J. (2011). Striving for the moral self: The effects of recalling past moral actions on future moral behavior. *Personality and Social Psychology Bulletin, 37*, 701–713.

Kaiser, C. R., Dyrenforth, P. S., and Hagiwara, N. (2006). Why are attributions to discrimination interpersonally costly? A test of system- and group-justifying motivations. *Personality and Social Psychology Bulletin, 32*, 1523–1536.

Kaiser, C. R., Major, B., Jurcevic, I., Dover, T. L., Brady, L. M., Shapiro, J. R. (2013). Presumed fair: Ironic effects of organizational diversity structures. *Journal of Personality and Social Psychology, 104*, 504–519.

Kaiser, C. R., and Spalding, K. E. (2015). Do women who succeed in male-dominated domains help other women? The moderating role of gender identification. *European Journal of Social Psychology, 45*, 599–608.

Kammeyer-Mueller, J. D., Simon, L. S., and Rich, B. L. (2012). The psychic cost of doing wrong: Ethical conflict, divestiture socialization, and emotional exhaustion. *Journal of Management, 38*, 784–808.

Keltner, D., and Anderson, C. (2000). Saving face for Darwin: The functions and uses of embarrassment. *Current Directions in Psychological Science, 9*, 187–192.

Kiel, F. (2015). *Return on character: The real reason leaders and their companies win*. Harvard: Harvard Business Review.

Killen, M., Margie, N.G., and Sinno, S. (2006). Morality in the context of intergroup relationships. In: M. Killen and J.G. Smetana (Eds.), *Handbook of moral development* (pp. 155–183). Mahwah, NJ: Lawrence Erlbaum.

Killen, M., and Rizzo, M.T. (2014). Morality, intentionality and intergroup attitudes. *Behaviour, 151*, 337–359.

Kim, Y., and Cohen, D. (2010). Information, perspective, and judgments about the self in face and dignity cultures. *Personality and Social Psychology Bulletin, 36*, 537–550.

Kimel, S.Y., Huesmann, R., Kunst, J.R., and Halperin, E. (2016). Living in a genetic world: How learning about interethnic genetic similarities and differences affects peace and conflict. *Personality and Social Psychology Bulletin, 42*, 688–700.

Kish-Gephart, J.J., Harrison, D.A., and Treviño, L.K. (2010). Bad apples, bad cases, and bad barrels: Meta-analytic evidence about sources of unethical decisions at work. *Journal of Applied Psychology, 95*, 1–31.

Klotz, A.C., and Bolino, M.C. (2013). Citizenship and counterproductive work behavior: A moral licensing view. *Academy of Management Review, 38*, 292–306.

Kobrynowicz, D., and Biernat, M. (1997). Decoding subjective evaluations: How stereotypes provide shifting standards. *Journal of Experimental Social Psychology, 33*, 579–601.

Kohlberg, L. (1971). Stages of moral development as a basis for moral education. In: C.M. Beck, B.S. Crittenden, and E. Sullivan (Eds.), *Moral education: Interdisciplinary approaches* (pp. 23–92). Toronto: University of Toronto Press.

Kohlberg, L. (1978). Revisions in the theory and practice of moral development. *New Directions for Child and Adolescent Development, 2*, 83–87.

Korsgaard, C.M. (1996). *Creating the kingdom of ends*. Cambridge: Cambridge University Press.

Kouchaki, M. (2011). Vicarious moral licensing: The influence of others' past moral actions on moral behavior. *Journal of Personality and Social Psychology, 101*, 702–715.

Kouchaki, M., and Smith, I.H. (2014). The morning morality effect: The influence of time of day on unethical behaviour. *Psychological Science, 25*, 95–102.

Kouzakova, M., Ellemers, N., Harinck, F., and Scheepers, D. (2012). The implications of value conflict: How disagreement on values affects self-involvement and perceived common ground. *Personality and Social Psychology Bulletin, 38*, 798–807.

Kouzakova, M., Harinck, F., Ellemers, N., and Scheepers, D. (2014). At the heart of a conflict: Cardiovascular and self-regulation responses to value vs. resource conflicts. *Social Psychological and Personality Science, 5*, 35–42.

Koval, P., Laham, S.M., Haslam, N., Bastian, B., and Whelan, J.A. (2012). Our flaws are more human than yours: Ingroup bias in humanizing negative characteristics. *Personality and Social Psychology Bulletin, 38*, 283–295.

Kramer, R.M. (1999). Trust and distrust in organizations: Emerging perspectives, enduring questions. *Annual Review of Psychology, 50*, 984–993.

Krebs, D.L. (2008). Morality, an evolutionary account. *Perspectives on Psychological Science, 3*, 149–172.

Kreps, T.A., and Monin, B. (2014). Core values versus common sense: Consequentialist views appear less rooted in morality. *Personality and Social Psychology Bulletin, 40*, 1529–1542.

Krosch, A.R., Berntsen, L., Amodio, D.M., Jost, J.T., and Van Bavel, J.J. (2013). On the ideology of hypodescent: Political conservatism predicts categorization of racially ambiguous faces as Black. *Journal of Experimental Social Psychology, 49*, 1196–1203.

Krumm, A., and Corning, A. (2008). Who believes us when we try to conceal our prejudices? The effectiveness of moral credentials with in-groups versus out-groups. *Journal of Social Psychology, 148*, 689–710.

Kumru, A. (2012). Prosocial moral reasoning and prosocial behavior among Turkish and Spanish adolescents. *Social Behavior and Personality: An International Journal, 40*, 205–214.

Kunst, J. R., Thomsen, L., Sam, D. L., and Berry, J. W. (2015). 'We are in this together': Common group identity predicts majority members' active acculturation efforts to integrate immigrants. *Personality and Social Psychology Bulletin, 41*, 1438–1453.

Kupor, D. M., Laurin, K., and Levav, J. (2015). Anticipating divine protection? Reminders of God can increase nonmoral risk taking. *Psychological Science, 26*, 374–384. doi:10.1177/0956797614563108

Kuppens, T., Easterbrook, M. J., Spears, R., and Manstead, A. S. R. (2015). Life at both ends of the ladder: Education-based identification and its association with well-being and social attitudes. *Personality and Social Psychology Bulletin, 41*, 1260–1275.

La Macchia, S. T., Louis, W. R., Hornsey, M. J., Thai, M., and Barlow, F. K. (2016). The whitewashing effect: Using racial contact to signal trustworthiness and competence. *Personality and Social Psychology Bulletin, 42*, 118–129.

Landy, J. F., Piazza, J., and Goodwin, J. P. (2016). When it's bad to be friendly and smart: The desirability of sociability and competence depends on morality. *Personality and Social Psychology Bulletin, 42*, 1272–1290.

Leach, C. W., Bilali, R., and Pagliaro, S. (2015). Groups and morality. In: J. Simpson and J. F. Dovidio (Eds.), *APA handbook of personality and social psychology, Volume 2: Interpersonal relationships and group processes* (pp. 123–149). Washington, DC: American Psychological Association.

Leach, C. W., Carraro, L., Garcia, R. L., & Kang, J. J. (2015). Morality stereotyping as a basis of women's in-group favoritism: An implicit approach. *Group Processes and Intergroup Relations, 20*, 153–172.

Leach, C. W., Ellemers, N., and Barreto, M. (2007). Group virtue: The importance of morality vs. competence and sociability in the evaluation of in-groups. *Journal of Personality and Social Psychology, 93*, 234–249.

Leavitt, K. and Sluss, D. M. (2015). Lying for who we are: An identity-based model of workplace dishonesty. *Academy of Management Review, 40*, 587–610.

Leidner, B. (2015). America and the age of genocide: Labeling a third-party conflict "genocide" decreases support for intervention among ingroup-glorifying Americans because they down-regulate guilt and perceived responsibility to intervene. *Personality and Social Psychology Bulletin, 41*, 1623–1645.

Leyens, J. P., Demoulin, S., Vaes, J., Gant, R., and Paladino, M. P. (2007). Infra-humanization: The wall of group differences. *Social Issues and Policy Review, 1*, 139–172.

Lin, S. H., Ma, J., and Johnson, R. E. (2016). When ethical leader behavior breaks bad: How ethical leader behavior can turn abusive via ego depletion and moral licensing. *Journal of Applied Psychology, 101*, 815–830.

Lind, E. A., and Tyler, T. R. (1988). *The psychology of procedural justice.* New York: Plenum Press.

Lind, E. A., and Van den Bos, K. (2002). When fairness works: Toward a general theory of uncertainty management. *Research in Organizational Behavior, 24*, 181–223.

Lovett, B. J., Jordan, A. H., and Wiltermuth, S. S. (2015). Individual differences in the moralization of everyday life. *Ethics and Behavior, 22*, 248–257.

Luyendijk, J. (2015). *Swimming with sharks: My journey into the world of the bankers.* London: Guardian Faber.

McAlister, A. L., Bandura, A., and Owen, S. V. (2006). Mechanisms of moral disengagement in support of military force: The impact of Sept. 11. *Journal of Social and Clinical Psychology, 25*, 141–165.

McDonald, R. I., Fielding, K. S., and Louis, W. (2013). Energizing and de-motivating effects of norm-conflict. *Personality and Social Psychology Bulletin, 39*, 57–72.

MacIntyre, A. (1966/1998). *A short history of ethics.* London: Routledge.

Mackie, D. M., Smith, E. R., and Ray, D. G. (2008). Intergroup emotions and intergroup relations. *Social and Personality Psychology Compass, 2*, 1866–1880.

Major, B., and Gramzow, R. H. (1999). Abortion as stigma: Cognitive and emotional implications of concealment. *Journal of Personality and Social Psychology, 77*, 735–745.

Maloku, E., Derks, B., Van Laar, C., and Ellemers, N. (2016). Building national identity in newborn Kosovo: Challenges of integrating national identity with ethnic identity among Kosovar Albanians and Kosovar Serbs. In: S. McKeown, R. Haji, and N. Ferguson (Eds.), *Understanding peace and conflict through social identity theory: Contemporary and world-wide perspectives* (pp. 245–260). New York: Springer.

Malone, C., and Fiske, S. T. (2013). *The human brand.* San Francisco: Jossey-Bass.

Manstead, A. S. R. (2000). The role of moral norm in the attitude-behavior relation. In: D. J. Terry and M. A. Hogg (Eds.), *Attitudes, behavior, and social context: The role of norms and group membership* (pp. 11–30). Mahwah, NJ: Lawrence Erlbaum.

Margolis, J. D., and Walsh, J. P. (2003). Misery loves companies: Rethinking social initiatives by business. *Administrative Science Quarterly, 48*, 268–305. doi:10.2307/3556659

Markus, R., and Conner, A. (2013). *Clash! How to thrive in a multicultural world.* New York: Penguin.

Marquardt, M. K., Gantman, A. P., Gollwitzer, P. M., and Oettingen, G. (2016). Incomplete professional identity goals override moral concerns. *Journal of Experimental Social Psychology, 65*, 31–41.

Marques, J. M., and Paez, D. (1994). The 'Black Sheep Effect': Social categorization, rejection of ingroup deviates, and perception of group variability. *European Review of Social Psychology, 5*, 37–68.

Martijn, C., Spears, R., Van Der Pligt, J., and Jakobs, E. (1992). Negativity and positivity effects in person perception and inference: Ability versus morality. *European Journal of Social Psychology, 22*, 453–463.

Martin, K. D., and Cullen, J. B. (2006). Continuities and extensions of ethical climate theory: A meta-analytic review. *Journal of Business Ethics, 69*, 175–194.

Martin, S. R., Kish-Gephart, J. J., and Detert, J. R. (2014). Blind forces: Ethical infrastructures and moral disengagement in organizations. *Organizational Psychology Review, 4*, 295–325.

Meindl, P., Johnson, K. M., and Graham, J. (2016). The immoral assumption effect: Moralization drives negative trait attributions. *Personality and Social Psychology Bulletin, 42*, 540–553.

Mentovich, A., Yudkin, D., Tyler, T., and Trope, Y. (2016). Justice without borders : The influence of psychological distance and construal level on moral exclusion. *Personality and Social Psychology Bulletin, 42*, 1349–1363.

Merritt, A. C., Effron, D. A., & Monin, B. (2010). Moral self-licensing: When being good frees us to be bad. *Social and Personality Psychology Compass, 4*, 344–357.

Merritt, A., Effron, D., Fein, S., Savitsky, K., and Tuller, B. (2012). The strategic pursuit of moral credentials. *Journal of Experimental Social Psychology, 48*, 774–777.

Miles, E., and Crisp, R. J. (2014). A meta-analytic test of the imagined contact hypothesis. *Group Processes and Intergroup Relations, 17*, 3–26.

Mill, J. S. (1861/1962). Utilitarianism. In: M. Warnock (Ed.), *Utilitarianism and other writings* (pp. 251–321). New York: Penguin Books.

Mlicki, P., and Ellemers, N. (1996). Being different or being better? National stereotypes and identifications of Polish and Dutch students. *European Journal of Social Psychology, 26*, 97–114.

Molden, D. C., Lee, A. Y., and Higgins, E. T. (2008). Motivations for promotion and prevention. In: J. Y. Shah and W. L. Gardner (Eds.), *Handbook of motivation science* (pp. 169–187). New York: Guilford Press.

Monin, B. (2007). Holier than me? Threatening social comparison in the moral domain. *Revue Internationale de Psychologie Sociale, 20*, 53–68.

Monin, B., and Miller, D. T. (2001). Moral credentials and the expression of prejudice. *Journal of Personality and Social Psychology, 81*, 33–43.

Monin, B., Sawyer, P. J., and Marquez, M. J. (2008). The rejection of moral rebels: Resenting those who do the right thing. *Journal of Personality and Social Psychology, 95*, 76–93.

Mooijman, M., and Stern, C. (2016). When perspective taking creates a motivational threat: The case of Conservatism, same-sex sexual behavior, and anti-gay attitudes. *Personality and Social Psychology Bulletin, 42*, 738–754.

Mooijman, M., Van Dijk, W., Van Dijk, E., and Ellemers, N. (2015). Why leaders punish: A power perspective. *Journal of Personality and Social Psychology, 109*, 75–89.

Mooijman, M., Van Dijk, W., Van Dijk, E., and Ellemers, N. (in preparation). Causes of distrust: Power-loss aversion instigates deterrence sanctions among those in power.

Mooijman, M., Van Dijk, W., Van Dijk, E., and Ellemers, N. (2017). On sanction-goal justifications: How and why deterrence justifications undermine rule compliance. *Journal of Personality and Social Psychology.*

Moore, C. (2008). Moral disengagement in processes of organizational corruption. *Journal of Business Ethics, 80*, 129–139.

Moore, C., Detert, J. R., Treviño, L. K., Baker, V. L., and Mayer, D. M. (2012). Why employees do bad things: Moral disengagement and unethical organizational behavior. *Personnel Psychology, 65*, 1–48.

Moore, C., and Gino, F. (2013). Ethically adrift: How others pull our moral compass from true North, and how we can fix it. *Research in Organizational Behavior, 33*, 53–77.

Moreland, R. L. (1985). Social categorization and the assimilation of 'new' group members. *Journal of Personality and Social Psychology, 48*, 1173–1190.

Moreland, R. L., and Levine, J. L. (1982). Socialization in small-groups: Temporal changes in individual-group relations. *Advances in Experimental Social Psychology, 15*, 137–192.

Morris, N., and Vines, D. (Eds.) (2014). *Capital failure: Rebuilding trust in financial services.* Oxford: Oxford University Press.

Morris, T. (1997). *If Aristotle ran General Motors: The new soul of business.* New York: Henry Holt.

Moscatelli, S., Rubini, M., Menegatti, M., and Ellemers, N. (submitted). The Lehman sisters would not have been hired.

Moss-Racusin, C. A., Molenda, A. K., and Cramer, C. R. (2015). Can evidence impact attitudes? Public reactions to evidence of gender bias in STEM fields. *Psychology of Women Quarterly, 39*, 194–209.

Moss-Racusin, C. A., Van der Toorn, J., Dovidio, J. F., Brescoll, V. L., Graham, M. J., and Handelsman, J. (2014). Scientific diversity interventions. *Science, 343*, 615–616.

Mulder, L., and Aquino, K. (2013). The role of moral identity in the aftermath of dishonesty. *Organizational Behavior and Human Decision Processes, 121*, 219–230.

Mullen, E., and Monin, B. (2016). Consistency versus licensing effects of past moral behavior. *Annual Review of Psychology, 67*, 363–385.

Mullen, E., and Skitka, L. J. (2006). Exploring the psychological underpinnings of the moral mandate effect: Motivated reasoning, group differentiation, or anger? *Journal of Personality and Social Psychology, 90*, 629–643.

Müller, J. W. (2016). *What is populism?* Philadelphia: University of Pennsylvania Press.

Mummendey, A., Klink, A., and Brown, R. (2001). Nationalism and patriotism: National identification and outgroup rejection. *British Journal of Social Psychology, 40,* 159–172.

Mummendey, A., and Otten, S. (1998). Positive-negative asymmetry in social discrimination. *European Review of Social Psychology, 9,* 107–143.

Mummendey, A., and Schreiber, H. J. (1983). Better or just different? Positive social identity by discrimination against, or by differentiation from outgroups. *European Journal of Social Psychology, 13,* 389–397.

Mummendey, A., and Schreiber, H. J. (1984a). Social comparison, similarity and ingroup favouritism – A replication. *European Journal of Social Psychology, 14,* 231–233.

Mummendey, A., and Schreiber, H. J. (1984b). 'Different' just means 'better': Some obvious and some hidden pathways to ingroup favouritism. *British Journal of Social Psychology, 23,* 363–368.

Mummendey, A., Simon, B., Dietze, C., Grünert, M., Haeger, G., Kessler, S., Lettgen, S., and Schäferhoff, S. (1992). Categorization is not enough: Intergroup discrimination in outcome allocation. *Journal of Experimental Social Psychology, 28,* 125–144.

Murmann, J. P., Aldrich, H. E., Levinthal, D., & Winter, S. G. (2003). Evolutionary thought in management and organization theory at the beginning of the new millennium: A symposium on the state of the art and opportunities for future research. *Journal of Management Inquiry, 12,* 22–40.

Myer, A. T., Thoroughgood, C. N., and Mohammed, S. (2016). Complementary or competing climates? Examining the interactive effect of service and ethical climates on company-level financial performance. *Journal of Applied Psychology, 101,* 1178–1190.

Narvaez, D., and Hill, L. (2010). The relation of multicultural experiences to moral judgment and mindsets. *Journal of Diversity in Higher Education, 3,* 43–55.

Netchaeva, E., Kouchaki, M., and Sheppard, L. D. (2015). A man's (precarious) place: Men's experienced threat and self-assertive reactions to female superiors. *Personality and Social Psychology Bulletin, 41,* 1247–1259.

Newheiser, A.-K., and Barreto, M. (2014). Hidden costs of hiding stigma: Ironic interpersonal consequences of concealing a stigmatized identity in social interactions. *Journal of Experimental Social Psychology, 52,* 58–70.

Newheiser, A. K., Barreto, M., Ellemers, N., Derks, B., and Scheepers, D. (2015). Regulatory focus moderates the social performance of individuals who conceal a stigmatized identity. *British Journal of Social Psychology, 54,* 787–797.

Nuijts, W., and De Haan, J. (2013). DNB supervision of conduct and culture. In: A. J. Kellermann, J. de Haan, and F. de Vries (Eds.), *Financial supervision in the 21st century* (pp. 151–165). Berlin Heidelberg: Springer-Verlag.

Ones, D. S., and Viswesvaran, C. (2001). Integrity tests and other Criterion-focused Occupational Personality Scales (COPS) used in personnel selection. *International Journal of Selection and Assessment, 9,* 31–39.

Ones, D. S., Viswesvaran, C., and Schmidt, F. (1993). Comprehensive meta-analysis of integrity test validities: Findings and implications for personnel selection and theories of job performance. *Journal of Applied Psychology, 78,* 679–703.

Osgood, C. E. (1971). Exploration in semantic space: A personal diary. *Journal of Social Issues, 27,* 5–64.

Ouwerkerk, J., and Ellemers, N. (2002). The benefits of being disadvantaged: Performance-related circumstances and consequences of intergroup comparisons. *European Journal of Social Psychology, 32,* 73–91.

Pagliaro, S., Brambilla, M., Sacchi, S., D'Angelo, M., and Ellemers, N. (2013). Initial impressions determine behaviours: Morality predicts the willingness to help newcomers. *Journal of Business Ethics, 117,* 37–44.

Pagliaro, S., Ellemers, N., and Barreto, M. (2011). Sharing moral values: Anticipated ingroup respect as a determinant of adherence to morality-based (but not competence-based) group norms. *Personality and Social Psychology Bulletin, 37,* 1117–1129.

Pagliaro, S., Ellemers, N., Barreto, M., and Di Cesare, C. (2016). Once dishonest, always dishonest? The impact of perceived pervasiveness of moral evaluations of the self on motivation to restore a moral reputation. *Frontiers in Psychology, Section Personality and Social Psychology.* http://dx.doi.org/10.3389/fpsyg.2016.00586.

Peer, E., Acquisti, A., and Shalvi, S. (2014). "I cheated, but only a little": Partial confessions to unethical behavior. *Journal of Personality and Social Psychology, 106,* 202–217.

Peters, K., and Kashima, Y. (2015). Bad habit or social good? How perceptions of gossiper morality are related to gossip content. *European Journal of Social Psychology, 45,* 784–798.

Peterson, B., Smith, J. A., Tannenbaum, D., and Shaw, M. P. (2009). On the 'Exporting' of morality: Its relation to political conservatism and epistemic motivation. *Social Justice Research, 22,* 206–230.

Piff, P. K., Stancato, D. M., Côté, S., Mendoza-Denton, R., and Keltner, D. (2012). Higher social class predicts increased unethical behavior. *Proceedings of the National Academy of Sciences, 109,* 4086–4091.

Pinto, J., Leana, C. R., and Pil, F. K. (2008). Corrupt organizations or organizations of corrupt individuals? *Academy of Management Review, 33,* 685–709.

Pittarello, A., Leib, M., Gordon-Hecker, T., and Shalvi, S. (2015). Justifications shape ethical blind spots. *Psychological Science, 26,* 794–804. doi:10.1177/0956797615571018

Pittarello, A., Rubaltelli, E., and Motro, D. (2016). Legitimate lies: The relationship between omission, commission, and cheating. *European Journal of Social Psychology, 46,* 481–491.

Polman, E., and Ruttan, R. (2012). Effects of anger, guilt, and envy on moral hypocrisy. *Personality and Social Psychology Bulletin, 38,* 129–139.

Powers, B., and Ellis, A. (1995). *A manager's guide to sexual orientation in the workplace.* New York: Routledge.

Purzycki, B. G., Apicella, C., Atkinson, Q. D., Cohen, E., McNamara, R. A., Willard, A. K., Xygalatas, D., Norenzayan, A., and Henrich, J. (2016). Moralistic gods, supernatural punishment and the expansion of human sociality. *Nature, 530,* 327–330.

Quinn, D. M., and Chaudoir, S. R. (2009). Living with a concealable stigmatized identity: The impact of anticipated stigma, centrality, salience, and cultural stigma on psychological distress and health. *Journal of Personality and Social Psychology, 97,* 634–651.

Quinn, D. M., Kallen, R. W., Twenge, J. M., and Fredrickson, B. L. (2006). The disruptive effect of self-objectification on performance. *Psychology of Women Quarterly, 30,* 59–64.

Raaijmakers, M. (Ed.) (2015). *Supervision of behaviour and culture: Foundations, practice, and future developments.* Amsterdam: De Nederlandsche Bank NV.

Rai, T. S., and Fiske, A. P. (2011). Moral psychology is relationship regulation: Moral motives for unity, hierarchy, equality, and proportionality. *Psychological Review, 118,* 57–75.

Ramos, M. R., Barreto, M., Ellemers, N., Moya, M., and Ferreira, L. (in press). What hostile and benevolent sexism communicate about men's and women's warmth and competence. *Group Processes and Intergroup Relations.*

Ramos, M. R., Barreto, M., Ellemers, N., Moya, M., Ferreira, L., and Calanchini, J. (2016). Exposure to sexism can decrease implicit gender stereotype bias. *European Journal of Social Psychology, 46,* 455–466.

Reeder, G. D., and Spores, J. M. (1983). The attribution of morality. *Journal of Personality and Social Psychology, 44,* 736–745.

Reicher, S. D., Spears, R., and Postmes, T. (1995). A social identity model of deindividuation phenomena. *European Review of Social Psychology, 6,* 161–198.

Rest, J. R. (1986). *Moral development: Advances in research and theory.* New York: Praeger.
Rest, J., Bebeau, M., and Volker, J. (1986). An overview of the psychology of morality. In: J. R. Rest (Ed.), *Moral development: Advances in research and theory* (pp. 1–27). New York: Praeger.
Rest, J., Thoma, S. J., Moon, Y. L., and Getz, I. (1986). Different cultures, sexes, and religions. In: J. R. Rest (Ed.), *Moral development: Advances in research and theory* (pp. 89–132). New York: Praeger.
Reynolds, S. J., and Ceranic, T. L. (2007). The effects of moral judgment and moral identity on moral behavior: An empirical examination of the moral individual. *Journal of Applied Psychology, 92,* 1610–1624.
Rijnbout, J. S., and McKimmie, B. (2012). Deviance in group decision making: Group-member centrality alleviates negative consequences for the group. *European Journal of Social Psychology, 42,* 915–923.
Rink, F., and Ellemers, N. (2006). What can you expect? The influence of gender diversity in dyads on work goal expectancies and subsequent work commitment. *Group Processes and Intergroup Relations, 9,* 577–588.
Rink, F., and Ellemers, N. (2007a). The role of expectancies in accepting task-related diversity: Do disappointment and lack of commitment stem from actual differences or violated expectations? *Personality and Social Psychology Bulletin, 33,* 842–854.
Rink, F., and Ellemers, N. (2007b). Defining the common feature: Task-related differences as the basis for dyadic identity. *British Journal of Social Psychology, 46,* 499–515.
Rink, F., and Ellemers, N. (2007c). Diversity as a source of common identity: Towards a social identity framework for studying the effects of diversity in organizations. *British Journal of Management, 18*(supplement 1), s17–s27.
Rink, F., and Ellemers, N. (2008). Diversity, newcomers, and team innovation: The importance of a common identity. In: B. Mannix, M. Neale, and K. Phillips (Eds.), *Diversity and Groups: Research on managing groups and teams* (Vol. 11, pp. 221–243). Stanford: JAI Press.
Rink, F., and Ellemers, N. (2009). Temporary vs. permanent group membership: How the future prospects of newcomers affect newcomer acceptance and newcomer influence. *Personality and Social Psychology Bulletin, 35,* 764–775.
Rink, F., and Ellemers, N. (2011). From current state to desired future: How compositional changes affect dissent and innovation in work groups. In: J. Jetten and M. J. Hornsey (Eds.), *Rebels in groups: Dissent, deviance, difference, and defiance* (pp. 54–72). Oxford: Blackwell.
Rink, F., and Ellemers, N. (2014). The pernicious effects of unstable work group membership: How work group changes undermine unique task contributions and newcomer acceptance. *Group Processes and Intergroup Relations, 4,* 1–18.
Rink, F., Kane, A. A., Ellemers, N., and Van der Vegt, G. (2013). Team receptivity to newcomers: Five decades of evidence and future research themes. *Academy of Management Annals, 7,* 1–47.
Rios, K., Fast, N. J., and Gruenfeld, D. H. (2015). Feeling high but playing low: Power, need to belong, and submissive behavior. *Personality and Social Psychology Bulletin, 41,* 1135–1146.
Rosenberg, S., Nelson, C., and Vivekananthan, P. S. (1968). A multi-dimensional approach to the structure of personality impressions. *Journal of Personality and Social Psychology, 9,* 283–294.
Rotella, K. N., Richeson, J. A., Chiao, J. Y., and Bean, M. G. (2013). Blinding trust: The effect of perceived group victimhood on intergroup trust. *Personality and Social Psychology Bulletin, 39,* 115–127.

Rothmund, T., Bender, J., Nauroth, P., and Gollwitzer, M. (2015). Public concerns about violent video games are moral concerns – How moral threat can make pacifists susceptible to scientific and political claims against violent video games. *European Journal of Social Psychology, 45*, 769–783.

Ruedy, N. E., Moore, C., Gino, F., and Schweitzer, M. (2013). The Cheater's High: The unexpected affective benefits of unethical behavior. *Journal of Personality and Social Psychology, 105*, 531–548.

Rupp, D. E., and Mallory, D. B. (2015). Corporate Social Responsibility: Psychological, person-centric, and progressing. *Annual Review of Organizational Psychology and Organizational Behavior, 2*, 211–236.

Sachdeva, S., Iliev, R., and Medin, D. L. (2009). Sinning saints and saintly sinners: The paradox of moral self-regulation. *Psychological Science, 20*, 523–528.

Sachdeva, S., Singh, P., and Medin, D. (2011). Culture and the quest for universal principles in moral reasoning. *International Journal of Psychology, 46*, 161–176.

Saini, A., and Martin, K. (2009). Strategic risk taking propensity: The role of ethical climate and marketing output control. *Journal of Business Ethics, 90*, 593–606.

Sassenberg, K., Ellemers, N., and Scheepers, D. (2012). The attraction of social power: The influence of construing power as opportunity versus responsibility. *Journal of Experimental Social Psychology, 48*, 550–555.

Sassenberg, K., Ellemers, N., Scheepers, D., and Scholl, A. (2014). "Power corrupts" revisited: The role of construal of power as opportunity or responsibility. In: J.-W. van Prooijen and P. A. M. van Lange (Eds.), *Power, politics, and paranoia: Why people are suspicious about their leaders* (pp. 73–87). Cambridge, UK: Cambridge University Press.

Sawaoka, T., Hughes, B. L., and Ambady, N. (2015). Power heightens sensitivity to unfairness against the self. *Personality and Social Psychology Bulletin, 41*, 1023–1035.

Schäfer, M., Haun, D. B. M., and Tomasello, M. (2015). Fair is not fair everywhere. *Psychological Science, 26*, 1252–1260. doi:10.1177/0956797615586188

Schaubroeck, J., and Lam, S. S. K. (2004). Comparing lots before and after: Promotion rejectees' invidious reactions to promotees. *Organizational Behavior and Human Decision Processes, 94*, 33–47.

Scheepers, D. (2009). Turning social identity threat into challenge: Status stability an cardiovascular reactivity during intergroup competition. *Journal of Experimental Social Psychology, 45*, 228–233.

Scheepers, D., De Wit, F., Ellemers, N., and Sassenberg, K. (2012). Social power makes the heart work more efficiently: Evidence from cardiovascular markers of challenge and threat. *Journal of Experimental Social Psychology, 48*, 371–374.

Scheepers, D., and Ellemers, N. (2005). When the pressure is up: The assessment of social identity threat in low and high status groups. *Journal of Experimental Social Psychology, 41*, 192–200.

Scheepers, D., Ellemers, N., and Sassenberg, K. (2013). Power in group contexts: The influence of group status on promotion and prevention decision making, *British Journal of Social Psychology, 52*, 238–254.

Scheepers, D., Ellemers, N., and Sintemaartensdijk, N. (2009). Suffering from the possibility of status loss: Physiological responses to social identity threat in high status groups. *European Journal of Social Psychology, 39*, 1075–1092.

Scheepers, D., Röell, C., and Ellemers, N. (2015). Unstable power threatens the powerful and challenges the powerless: Evidence from cardiovascular markers of motivation. *Frontiers in Psychology, 6*, 720. doi:10.3389/fpsyg.2015.00720

Scheepers, D., Spears, R., Doosje, B., Manstead, A.S.R. (2006). The social functions of ingroup bias: Creating, confirming or changing social reality. *European Review of Social Psychology*, 17, 359–396.

Schein, C., and Gray, K. (2015). The unifying moral dyad: Liberals and conservatives share the same harm-based moral template. *Personality and Social Psychology Bulletin*, 41, 1147–1163.

Scheske, C, and Schnall, S. (2012). The ethics of 'smart drugs': Moral judgments about healthy people's use of cognitive-enhancing drugs. *Basic and Applied Social Psychology*, 34, 508–515.

Schilke, O., Reimann, M., and Cook, K.S. (2015). Power decreases trust in social exchange. *Proceedings of the National Academy of Sciences*, 112, 12950–12955.

Schmitt, M.T., and Branscombe, N.R. (2002). The meaning and consequences of perceived discrimination in disadvantaged and privileged social groups. *European Review of Social Psychology*, 12, 167–199.

Schneider, B., Ehrhart, M.G., and Macey, W.H. (2013). Organizational climate and culture. *Annual Review of Psychology*, 64, 361–388.

Scholer, A.A., Zou, X., Fujita, K., Stroessner, S.J., and Higgins, E.T. (2010). When risk seeking becomes a motivational necessity. *Journal of Personality and Social Psychology*, 99, 215–231.

Scholl, A., Ellemers, N., Sassenberg, K., and Scheepers, D. (in press). Understanding power in social context: How power relates to language and communication in line with responsibilities or opportunities. In: H. Pishwa and R. Schulze (Eds.), *The exercise of power in communication: Devices, reception and reaction*. Hampshire: Palgrave Macmillan.

Scholl, A., Sassenberg, K., Ellemers, N., Scheepers, D., and De Wit, F. (submitted a). Highly identified power holders feel responsible: The interplay between social identification and social power within groups.

Scholl, A., Sassenberg, K., Ellemers, N., Scheepers, D., and De Wit, F. (submitted b). The burden of power: High power as responsibility (versus opportunity) alters threat-challenge responses.

Scholl, A., Sassenberg, K., Scheepers, D. Ellemers, N., and De Wit, F. (2017). A matter of focus: Power-holders feel more responsible after adopting a cognitive other-focus, rather than a self-focus. *British Journal of Social Psychology*.

Scholten, W.W., and Ellemers, N. (2016). Rotten apples or corrupting barrels? Preventing trader's misconduct. *Journal of Financial Regulation and Compliance*, 24, 366–382.

Schultz, P.W., Nolan, J.M., Cialdini, R.B., Goldstein, N.J., and Griskevicius, V. (2007). The constructive, destructive, and reconstructive power of social norms. *Psychological Science*, 18, 429–434.

Schwartz, S.H. (1992). Universals in the content and structure of values: Theory and empirical tests in 20 countries. In: M. Zanna (Ed.), *Advances in experimental social psychology* (Vol. 25, pp. 1–65). New York: Academic Press.

Schwartz, S.H. (2007). Universalism values and the inclusiveness of our moral universe. *Journal of Cross-Cultural Psychology*, 38, 711–728.

Schwartz, S.H., and Bardi, A. (2001). Value hierarchies across cultures: Taking a similarities perspective. *Journal of Cross-Cultural Psychology*, 32, 268–290.

Shafa, S., Harinck, F., Ellemers, N., and Beersma, B. (2013). Who are you calling rude? Honor-related differences in morality and competence evaluations after an insult. *Negotiation and Conflict Management Research*, 7, 38–56.

Shafa, S., Harinck, F., Ellemers, N., and Beersma, B. (2015). Regulating honor in the face of insults. *International Journal of Intercultural Relations*, 47, 158–174.

Shalvi, S., Gino, F., Barkan, R., and Ayal, S. (2015). Self-serving justifications: Doing wrong and feeling moral. *Current Directions in Psychological Science, 24*, 135–130.

Sharfman, M. (1996). The construct validity of the Kinder, Lydenberg and Domini Social performance ratings data. *Journal of Business Ethics, 15*, 287–296.

Shariff, A. F., Willard, A. K., Andersen, T., and Norenzayan, A. (2016). Religious priming: A meta-analysis with a focus on prosociality. *Personality and Social Psychology Review, 20*, 27–48.

Sharvit, K., Brambilla, M., Babush, M., and Colucci, F. P. (2015). To feel or not to feel when my group harms others? The regulation of collective guilt as motivated reasoning. *Personality and Social Psychology Bulletin, 41*, 1223–1235.

Sheikh, S., and Janoff-Bulman, R. (2010). The 'should' and 'should nots' of moral emotions: A self-regulatory perspective on shame and guilt. *Personality and Social Psychology Bulletin, 36*, 213–224.

Sheldon, O. J., and Fishbach, A. (2015). Anticipating and resisting the temptation to behave unethically. *Personality and Social Psychology Bulletin, 41*, 962–975.

Shepherd, L., Spears, R., and Manstead, A. S. R. (2013a). This will bring shame on our nation: The role of anticipated group-based emotions on collective action. *Journal of Experimental Social Psychology, 49*, 42–75.

Shepherd, L., Spears, R., and Manstead, A. S. R. (2013b). When does anticipating group-based shame lead to lower ingroup favoritism? The role of status and status stability. *Journal of Experimental Social Psychology, 49*, 334–343.

Sherif, M. (1936). *The psychology of social norms*. Oxford: Harper.

Shiota, M. N., and Keltner, D. (2007). The nature of awe: Elicitors, appraisals, and effects on self-concept. *Cognition and Emotion, 21*, 944–963.

Shu, L., and Gino, F. (2012). Sweeping dishonesty under the rug: How unethical actions lead to forgetting of moral rules. *Journal of Personality and Social Psychology, 102*, 1164–1177.

Shu, L., Gino, F., and Bazerman, M. (2011). Dishonest deed, clear conscience: When cheating leads to moral disengagement and motivated forgetting. *Personality and Social Psychology Bulletin, 37*, 330–349.

Simha, A., and Cullen, J. B. (2012). Ethical climates and their effects on organizational outcomes: Implications from the past and prophecies for the future. *Academy of Management Perspectives, 26*, 20–34.

Sipe, S. R., Larson, L., McKay, B. A., and Moss, J. (2016). Taking off the blinders: A comparative study of university students' changing perceptions of gender discrimination in the workplace from 2006 to 2013. *Academy of Management Learning and Education, 15*, 232–249.

Siy, J. O., and Cherian, A. (2016). Prejudice masking as praise: The negative echo of positive stereotypes. *Personality and Social Psychology Bulletin, 42*, 941–954.

Skarlicki, D. P., and Folger, R. (1997). Retaliation in the workplace: The roles of distributive, procedural, and interactional justice. *Journal of Applied Psychology, 82*, 434–443.

Skevington, S. M. (1981). Intergroup relations and nursing. *European Journal of Social Psychology, 11*, 43–59.

Skitka, L. J. (2002). Do the means always justify the ends, or do the ends sometimes justify the means? A value protection model of justice reasoning. *Personality and Social Psychology Bulletin, 28*(5), 588–597.

Skitka, L. J., Bauman, C. W., and Sargis, E. G. (2005). Moral conviction: Another contributor to attitude strength or something more? *Journal of Personality and Social Psychology, 88*, 895–917.

Skitka, L. J., and Mullen, E. (2003). The dark side of moral conviction. *Analysis of Social Issues and Public Policy, 2*, 35–41.

Skowronski, J. J., and Carlston, D. E. (1987). Social judgment and social memory: The role of cue diagnosticity in negativity, positivity, and extremity biases. *Journal of Personality and Social Psychology, 52*, 689–699. doi:10.1037//0022-3514.52.4.689

Sleebos, E., Ellemers, N., and De Gilder, D. (2006a). The paradox of the disrespected: Disrespected group members' engagement in group-serving effort. *Journal of Experimental Social Psychology, 42*, 413–427.

Sleebos, E., Ellemers, N., and De Gilder, D. (2006b). The carrot and the stick: Affective commitment and acceptance anxiety as motives for discretionary group efforts by respected and disrespected group members. *Personality and Social Psychology Bulletin, 32*, 244–255.

Smart, L., and Wegner, D. M. (1999). Covering up what can't be seen: Concealable stigmas and mental control. *Journal of Personality and Social Psychology, 77*, 474–486.

Smith, H. J., Jaurique, A., and Ryan, D. (2016). The mistreatment of others: Discrimination can undermine university identification, student health, and engagement. *Social Justice Research, 29*, 355–374.

Smith, L. G. E., Gavin, J., and Sharp, E. (2015). Social identity formation during the emergence of the occupy movement. *European Journal of Social Psychology, 45*, 818–832.

Smith, M. K. & Masser, B. M. (2012). Principles and popularity: The interplay of moral norms and descriptive norms in the context of volunteerism. *British Journal of Social Psychology, 51*, 762–771.

Sohnenshein, S. (2007). The role of construction, intuition, and justification in responding to ethical issues at work: The sensemaking-intuition model. *Academy of Management Review, 32*, 1022–1020.

Spears, R., Doosje, B., & Ellemers, N. (1997). Self-stereotyping in the face of threats to group status and distinctiveness: The role of group identification. *Personality and Social Psychology Bulletin, 23*, 538–553.

Spears, R., Ellemers, N., and Doosje, B. (2005). Let me count the ways in which I respect thee: Does competence compensate or compromise lack of liking from the group? *European Journal of Social Psychology, 35*, 263–280.

Spears, R., Ellemers, N., and Doosje, B. (2009). Strength in numbers, or less is more? A matter of opinion and a question of taste. *Personality and Social Psychology Bulletin, 35*, 1099–1111.

Stachowicz-Stanusch, A., and Simha, A. (2013). An empirical investigation of the effects of ethical climates on organizational corruption. *Journal of Business Economics and Management, 14* (supplement 1), S433–S446.

Staerkle, C., Falomir-Pichastor, J. M., Pereira, A., Berent, J., and Butera, F. (2015). Global value perceptions: The legitimizing functions of western representations of democracy. *European Journal of Social Psychology, 45*, 896–906.

Ståhl, T., and Ellemers, N. (2016). Ironic effects of moral motivation: Why working towards a moral goal reduces subsequent perspective taking. *Social Cognition, 34*, 133–148.

Ståhl, T., Van Laar, C., and Ellemers, N., and Derks, B. (2012). Searching for acceptance: Prejudice expectations direct attention towards social acceptance cues when under a promotion focus. *Group Processes and Intergroup Relations, 15*, 523–538.

Ståhl, T., Vermunt, R., and Ellemers, N. (2006). Friend or foe? Ingroup identification moderates reactions to outgroup members' allocation behavior. *European Journal of Social Psychology, 36*, 877–886.

Ståhl, T., Vermunt, R., and Ellemers, N. (2008a). Reactions to outgroup authorities' decisions: The role of expected bias, procedural fairness and outcome favorability. *Group Processes and Intergroup Relations, 11*, 281–299.

Ståhl, T., Vermunt, R., and Ellemers, N. (2008b). For love or money? How activation of relational versus instrumental concerns affects reactions to allocations by authorities. *Journal of Experimental Social Psychology, 44*, 80–94.

Starmans, C., and Bloom, P. (2016). When the spirit is willing, but the flesh is weak: Developmental differences in judgments about inner moral conflict. *Psychological Science, 27,* 1498–1506.

Stern, C., and West, T. V. (2016). Ideological differences in anchoring and adjustment during social inferences. *Personality and Social Psychology Bulletin, 42,* 1466–1479.

Stets, J., and Carter, M. (2011). The moral self: Applying identity theory. *Social Psychology Quarterly, 74,* 192–215.

Strelan, P., and Boeckmann, R. (2006). Why drug testing in elite sport does not work: Perceptual deterrence theory and the role of personal moral beliefs. *Journal of Applied Social Psychology, 36,* 2909–2934.

Stroebe, K., Barreto, M., and Ellemers, N. (2010a). Experiencing discrimination: How members of disadvantaged groups can be helped to cope with discrimination. *Social Issues and Policy Review, 4,* 181–213.

Stroebe, K., Barreto, M., and Ellemers, N. (2010b). When searching hurts: The role of information search in reactions to gender discrimination. *Sex Roles, 62,* 60–76.

Stroebe, K., Dovidio, J. F., Barreto, M., Ellemers, N., and John, M. S. (2011). Is the world a just place? Countering the negative consequences of pervasive discrimination by affirming the world as just. *British Journal of Social Psychology, 50,* 484–500.

Stroebe, K. E., Ellemers, N., Barreto, M., and Mummendey, A. (2009). For better or for worse: The congruence of personal and group outcomes on targets' responses to discrimination. *European Journal of Social Psychology, 39,* 576–591.

Strohminger, N., and Nichols, S. (2014). The essential moral self. *Cognition, 131,* 159–171.

Sullivan, D., Landau, M. J., Branscombe, N. R., and Rothschild, Z. K. (2012). Competitive victimhood as a response to accusations of ingroup harm doing. *Journal of Personality and Social Psychology, 102,* 778–795.

Suls, J., and Wills, T. A. (Eds.) (1991). *Social comparison: Contemporary theory and research.* Hillsdale, NJ: Lawrence Erlbaum Associates.

Sumanth, J. J., Mayer, D. M., and Kay, V. S. (2011). Why good guys finish last: The role of justification motives, cognition, and emotion in predicting retaliation against whistleblowers. *Organizational Psychology Review, 1,* 165–184.

Tai, K., Narayanan, J., and McAllister, D. J. (2012). Envy as pain: Rethinking the nature of envy and its implications for employees and organizations. *Academy of Management Review, 37,* 107–129.

Tajfel, H. (1974). Social identity and intergroup behaviour. *Social Science Information, 13,* 65–93.

Tajfel, H. (Ed.) (1978). *Differentiation between social groups: Studies in the social psychology of intergroup relations.* London: Academic Press.

Tajfel, H., and Turner, J. C. (1979). An integrative theory of intergroup conflict. In: W. G. Austin and S. Worchel (Eds.), *The social psychology of intergroup relations* (pp. 33–47). Monterey, CA: Brooks Cole.

Tangney, J. P. (1991). Moral affect: The good, the bad, and the ugly. *Journal of Personality and Social Psychology, 61,* 598–607.

Tangney, J. P., and Dearing, R. L. (2002). *Shame and guilt.* New York: Guilford.

Tarrant, M. Branscombe, N., Warner, R., and Weston, D. (2012). Social identity and perceptions of torture: It's moral when we do it. *Journal of Experimental Social Psychology, 48,* 513–518.

Täuber, S., and Van Zomeren, M. (2012). Refusing intergroup help from the morally superior: How one group's moral superiority leads to another group's reluctance to seek their help. *Journal of Experimental Social Psychology, 48,* 420–423.

Täuber, S., and Van Zomeren, M. (2013). Outrage towards whom? Threats to moral group status impede striving to improve via out-group-directed outrage. *European Journal of Social Psychology, 43,* 149–159.

Täuber, S., Van Zomeren, M., and Kutlaca, M. (2015). Should the moral core of climate issues be emphasized or downplayed in public discourse? Three ways to successfully manage the double-edged sword of moral communication. *Climatic Change, 130*, 453–464.

Taylor, S. E., and Lobel, M. (1989). Social comparison activity under threat: Downward evaluation and upward contacts. *Psychological Review, 96*, 569–575.

Teigen, K., and Brun, W. (2011). Responsibility is divisible by two, but not by three or four: Judgments of responsibility in dyads and groups. *Social Cognition, 29*, 15–42.

Tenbrunsel, A. E., Diekmann, K. A., Wade-Benzoni, K. A., and Bazerman, M. H. (2010). The ethical mirage: A temporal explanation as to why we aren't as ethical as we think we are. *Research in Organizational Behavior, 30*, 153–173.

Tenbrunsel, A. E., and Messick, D. M. (1996). Behavioral research, business ethics, and social justice. *Social Justice Research, 9*, 1–6.

Tenbrunsel, A. E., and Messick, D. M. (1999). Sanctioning systems, decision frames, and cooperation. *Administrative Science Quarterly, 44*, 684–707.

Tenbrunsel, A. E., and Smith-Crowe, K. (2008). Ethical decision making: Where we've been and where we're going. *The Academy of Management Annals, 2*, 545–607.

Tenbrunsel, A. E., Smith-Crowe, K., and Umphress, E. E. (2003). Building houses on rocks: The role of the ethical infrastructure in organizations. *Social Justice Research, 16*, 285–307.

Teper, R., Tullett, A. M., Page-Gould, E., and Inzlicht, M. (2015). Errors in moral forecasting: Perceptions of affect shape the gap between moral behaviors and moral forecasts. *Personality and Social Psychology Bulletin, 41*, 887–900.

Terwel, B., Harinck, F., Ellemers, N., and Daamen, D. L. (2009a). How organizational motives and communications affect public trust in organizations: The case of carbon dioxide capture and storage. *Journal of Environmental Psychology, 29*, 290–299.

Terwel, B., Harinck, F., Ellemers, N., and Daamen, D. L. (2009b). Competence-based and integrity-based trust as predictors of acceptance of carbon dioxide capture and storage technology (CCS). *Risk Analysis: An International Journal, 29*, 1129–1140.

Terwel, B., Harinck, F., Ellemers, N., and Daamen, D. L. (2010). Voice in political decision making: The effect of group voice on perceived trustworthiness of decision makers and acceptance of decisions. *Journal of Experimental Psychology: Applied, 16*, 173–186.

Terwel, B., Harinck, F., Ellemers, N., and Daamen, D. L. (2011). Going beyond the properties of CO2 capture and storage (CCS): How trust in stakeholders affects public acceptance of CCS. *International Journal of Greenhouse Gas Control, 5*, 181–188.

Thielmann, I., and Hilbig, B. E. (2015). The traits one can trust: Dissecting reciprocity and kindness as determinants of trustworthy behavior. *Personality and Social Psychology Bulletin, 41*, 1523–1536.

Tierney, D. (2010). *How we fight: Crusades, quagmires, and the American way of war.* New York: Little Brown and Company.

Tomasello, M. (2009). *Why we cooperate.* London: The MIT Press.

Tomasello, M., and Vaish, A. (2013). Origins of human cooperation and morality. *Annual Review of Psychology, 64*, 231–255.

Tooby, J., and Cosmides, L. (2010). Groups in mind: The coalitional roots of war and morality. In: Hogh-Olesen (Ed.), *Human morality and sociality* (pp. 191–234). New York: Palgrave Macmillan.

Treviño, L. K., Den Nieuwenboer, N. A., and Kish-Gephart, J. J. (2014). (Un)ethical behavior in organizations. *Annual Review of Psychology, 65*, 635–660.

Turiel, E. (1983). *The development of social knowledge: Morality and conventions.* New York: Cambridge University Press.

Turiel, E. (2006). Thought, emotions, and social interactional processes. In: M. Killen and J. G. Smetana (Eds.), *Handbook of moral development* (pp. 7–35). Mahwah, NJ: Lawrence Erlbaum.

Turner, J. C. (1985). Social categorization and the self-concept: A social cognitive theory of group behaviour. In: E. J. Lawler (Ed.), *Advances in group processes* (Vol. 2, pp. 77–122) Greenwich, CT: JAI Press.

Uhlmann, E. L., Poehlman, T. A., Tannenbaum, D., and Bargh, J. A. (2011). Implicit puritanism in American moral cognition. *Journal of Experimental Social Psychology, 47*, 312–320.

Van Bavel, J. J., and Cunningham, W. A. (2012). A social identity approach to person memory: Group membership, collective identification, and social role shape attention and memory. *Personality and Social Psychology Bulletin, 38*, 1566–1578.

Van Bavel, J. J., Mende-Siedlecki, P., Brady, W. J., and Reinero, D. A. (2016). Contextual sensitivity in scientific reproducibility. *Proceedings of the National Academy of Sciences, 113*, 6454–6459. doi:10.1073/pnas.1521897113

Van Berkel, L., Crandall, C. S., Eidelman, S., and Blanchar, J. C. (2015). Hierarchy, dominance, and deliberation: Egalitarian values require mental effort. *Personality and Social Psychology Bulletin, 41*, 1207–1222.

Van den Bos, K., and Lind, A. E. (2002). Uncertainty management by means of fairness judgments. *Advances in Experimental Social Psychology, 34*, 1–60.

Van der Lee, R., Ellemers, N., and Scheepers, D. (2016). Mastering moral misery: Emotional and coping responses to intragroup morality (vs. competence) evaluations. *Cognition and Emotion, 30*, 51–65.

Van der Lee, R., Ellemers, N., and Scheepers, D. (submitted). The emergence of cardiovascular threat vs. challenge when considering moral vs. competence failures of the self vs. a team mate.

Van der Lee, R., Ellemers, N., Scheepers, D., and Rutjens, B. T. (in press). In or out? How the morality (vs. competence) of prospective group members affects acceptance and rejection. *European Journal of Social Psychology*.

Van der Toorn, J., Ellemers, N., & Doosje, B. (2015). The threat of moral transgression: The impact of group membership and moral opportunity. *European Journal of Social Psychology, 45*, 609–622.

Van Dillen, L. F., Enter, D., Peters, L. P. M., Van Dijk, W. W., and Rotteveel, M. (2017). Moral fixations: The role of moral integrity and social anxiety in the selective avoidance of social threat. *Biological Psychology, 122*, 51–58.

Van Dyck, C., Baer, M., Frese, M., and Sonnentag, S. (2005). Organizational error management culture and its impact on performance: A two-study replication. *Journal of Applied Psychology, 90*, 228–1240.

Van Dyck, C., Van Hooft, E., De Gilder, D., and Liesveld, L. (2010). Proximal antecedents and correlates of adopted error approach: A self-regulatory perspective. *The Journal of Social Psychology, 150*, 428–451.

Van Knippenberg, A., and Ellemers, N. (1990). Social identity and intergroup differentiation processes. *European Review of Social Psychology, 1*, 137–169.

Van Knippenberg, A., and Van Oers, H. (1984). Social identity and equity concerns of intergroup perceptions. *British Journal of Social Psychology, 23*, 351–361.

Van Laar, C., Bleeker, D., Ellemers, N., and Meijer, E. (2014). Ingroup and outgroup support for upward mobility: Divergent responses to ingroup identification in low status groups. *European Journal of Social Psychology, 44*, 563–577.

Van Laar, C. Derks, B. and Ellemers, N. (2013). Motivation for education and work in young muslim women: The importance of value for ingroup domains. *Basic and Applied Psychology, 35*, 64–74.

Van Leeuwen, E., Van Knippenberg, D., and Ellemers, N. (2003). Continuing and changing group identities: The effects of merging on social identification and ingroup bias. *Personality and Social Psychology Bulletin, 29*, 679–690.

Van Leeuwen, F., Park, J. H., and Penton-Voak, I. S. (2012). Another fundamental social category? Spontaneous categorization of people who uphold or violate moral norms. *Journal of Experimental Social Psychology, 48*, 1385–1388.

Van Nunspeet, F., Derks, B., Ellemers, N., and Nieuwenhuis, S. (2015). Moral impression management: Evaluation by an in-group member during a moral IAT affects perceptual attention and conflict and response monitoring. *Social Psychological and Personality Science, 6*, 183–192.

Van Nunspeet, F., Ellemers, N., and Derks, B. (2015). Reducing implicit bias: How moral motivation can inhibit people's 'automatic' prejudiced associations. *Translational Issues in Psychological Science, 1*, 382–391.

Van Nunspeet, F., Ellemers, N., Derks, B., and Amodio, D. (in preparation): Affective responses to positive and negative feedback about one's own morality.

Van Nunspeet, F., Ellemers, N., Derks, B., and Nieuwenhuis, S. (2014). Moral concerns increase attention and response monitoring during IAT performance: ERP evidence. *Social, Cognitive and Affective Neuroscience, 9*, 141–149.

Van Prooijen, A. M., and Ellemers, N. (2015). Does it pay to be moral? How indicators or morality and competence enhance organizational and work team attractiveness. *British Journal of Management, 26*, 225–236. doi:10.1111/1467-8551.12055

Van Prooijen, A. M., Ellemers, N., Van der Lee, R., and Scheepers, D. T. (in press). What seems attractive may not always work well: Evaluative and cardiovascular responses to morality and competence levels in decision-making teams. *Group Processes and Intergroup Relations.* doi:https://doi.org/10.1177/1368430216653814

Van Rijswijk, W., and Ellemers, N. (2002). Context effects on the application of stereotype content to multiple categorizable targets. *Personality and Social Psychology Bulletin, 28*, 90–101.

Van Rijswijk, W., Haslam, S. A., and Ellemers, N. (2006). Who do we think we are: The effects of social context and social identification on ingroup stereotyping. *British Journal of Social Psychology, 45*, 161–174.

Van Steenbergen, E., Ellemers, N., Haslam, S. A., and Urlings, F. (2008). There is nothing either good or bad but thinking makes it so: Informational support and cognitive appraisal of the work-family interface. *Journal of Occupational and Organizational Psychology, 81*, 349–367.

Van Veelen, R., Otten, S., Cadinu, M., and Hansen, N. (2016). An integrative model of social identification: Self-stereotyping and self-anchoring as two cognitive pathways. *Personality and Social Psychology Review, 20*, 3–26.

Van Zant, A. B., and Moore, D. A. (2015). Leaders' use of moral justifications increases policy support. *Psychological Science, 26*, 934–943.

Vandello, J. A., Michniewicz, K., & Goldschmied, N. (2011). Moral judgments of the powerless and powerful in violent intergroup conflicts. *Journal of Experimental Social Psychology, 47*, 1173–1178.

Vauclair, C. M., and Fischer, R. (2011). Do cultural values predict individuals' moral attitudes? A cross-cultural multilevel approach. *European Journal of Social Psychology, 41*, 645–675.

Vaughan, D. (1999). The dark side of organizations: Mistake, misconduct, and disaster. *Annual Review of Sociology, 25*, 271–305.

Vecchio, R. P. (2000). Negative emotion in the workplace: Employee jealousy and envy. *International Journal of Stress management, 7*, 161–179.

Vecchione, M., and Alessandri, G. (2013). Disentangling trait from state components in the assessment of egoistic and moralistic self-enhancement. *Personality and Individual Differences, 54*, 884–889.

Victor, V., and Cullen, J. B. (1988). The organizational bases of ethical work climates. *Administrative Science Quarterly, 33,* 101–125.

Vogel, D. (2005). *The market for virtue: The potential and limits of Corporate Social Responsibility.* Washington: The Brookings Institution.

Wainryb, C., Shaw, L. A., Laupa, M., and Smith, K. R. (2001). Children's, adolescents' and young adults' thinking about different types of disagreements. *Developmental Psychology, 37,* 373–386.

Walton, G. M. (2014). The new science of Wise psychological interventions. *Current Directions in Psychological Science, 23,* 73–82.

Wellman, N., Mayer, D. M., Ong, M., and DeRue, D. S. (2016). When are Do-Gooders treated badly? Legitimate power, role expectations, and reactions to moral objection in organizations. *Journal of Applied Psychology, 101,* 793–814.

Wentura, D., Rothermund, K., and Bak, P. (2000). Automatic vigilance: The attention-grabbing power of approach- and avoidance-related social information. *Journal of Personality and Social Psychology, 78,* 1024–1037.

White, G. M. (1980). Conceptual universals in interpersonal language. *American Anthropologist, 82,* 759–781.

Whyte, W. F. (1943). *Street corner society: The social structure of an Italian slum.* Chicago: University of Chicago Press.

Williams, J. C. (2014). Hacking tech's diversity problem. *Harvard Business Review, 92,* 96–100.

Williams, J. C., Berdahl, J. L., and Vandello, J. A. (2016). Beyond work-life 'integration'. *Annual Review of Psychology, 67,* 515–539.

Williams, J. C., and Dempsey, R. (2014). *What works for women at work: Four patterns working women need to know.* New York: New York University Press.

Williams, J. E., and Best, D. L. (1982). *Measuring sex stereotypes: A multination study.* Thousand Oaks: Sage.

Williams, K. (2007). Ostracism. *Annual Review of Psychology, 58,* 425–452.

Willis, J., and Todorov, A. (2006). First impression: Making up your mind after a 100-Ms exposure to a face. *Psychological Science, 17,* 592–598.

Winston, J. S., Strange, B., O'Doherty, J., Dolan, R. J. (2002). Automatic and intentional brain responses during evaluation of trustworthiness of faces. *Nature Neuroscience, 5,* 277–283.

Wohl, M. J. A., and Branscombe, N. R. (2004). Importance of social categorization for forgiveness and collective guilt assignment for the holocaust. In: N. R. Branscombe and B. J. Doosje (Eds.), *Collective guilt: International Perspectives* (pp. 284–305). Cambridge: Cambridge University Press.

Wojciszke, B. (2005). Morality and competence in person- and self-perception. *European Review of Social Psychology, 16,* 155–188.

Wright, J. C., Cullum, J., and Schwab, N. (2008). The cognitive and affective dimensions of moral conviction: Implications for attitudinal and behavioral measures of interpersonal tolerance. *Personality and Social Psychology Bulletin, 34,* 1461–1476.

Wright, S. C. (2001). Restricted intergroup boundaries: Tokenism, ambiguity, and the tolerance of injustice. In: J. T. Jost and B. Major (Eds.), *The psychology of legitimacy: Emerging perspectives on ideology, justice, and intergroup relations* (pp. 223–254). New York: Cambridge University Press.

Xiao, Y. J., Coppin, G., and Van Bavel, J. J. (2016). Perceiving the world through group-colored glasses: A perceptual model of intergroup relations. *Psychological Inquiry, 27,* 255–274.

Ybarra, O., Park, H., Stanik, C., and Lee, D. S. (2012). Self-judgment and reputation monitoring as a function of the fundamental dimensions, temporal appraisal, and culture. *European Journal of Social Psychology, 42,* 200–209.

Young, L., and Durwin, A. J. (2013). Moral realism as moral motivation: The impact of meta-ethics on everyday decision-making. *Journal of Experimental Social Psychology, 49*, 302–306.

Young, H., Van Knippenberg, A., Ellemers, N., and De Vries, N. (1997). The effects of group membership and social context on information organization. *European Journal of Social Psychology, 27*, 523–537.

Zaal, M., and Ellemers, N. (2013). *Overtreding vermijden of naleving bevorderen? Hoe mensen aan te zetten zijn tot regelnaleving hangt af van het gedrag van hun groepsgenoten*. Den Haag: Boom/Lemma Uitgevers.

Zaal, M. P., Van Laar, C., Ståhl, T., Ellemers, N., and Derks, B. (2011). By any means necessary: The effects of regulatory focus and moral conviction on hostile and benevolent forms of collective action. *British Journal of Social Psychology, 50*, 670–689.

Zaal, M. P., Van Laar, C., Ståhl, T., Ellemers, N., and Derks, B. (2012). Social change as an important goal or likely outcome: How regulatory focus affects commitment to collective action. *British Journal of Social Psychology, 51*, 93–110.

Zaal, M. P., Van Laar, C., Ståhl, T., Ellemers, N., and Derks, B. (2015). Self-promotion: How regulatory focus affects the pursuit of self-interest at the expense of the group. *European Journal of Social Psychology, 45*, 587–598.

Zhang, J. W., and Chen, S. (2016). Self-compassion promotes personal improvement from regret experiences via acceptance. *Personality and Social Psychology Bulletin, 42*, 244–258.

Zhou, J., and Heim, D. (2016). A qualitative exploration of alcohol use among student sportspeople: A social identity perspective. *European Journal of Social Psychology, 46*, 581–594.

Zimmermann, A. Abrams, D., Doosje, B. J., and Manstead, A. (2011). Causal and moral responsibility: Antecedents and consequences of group-based guilt. *European Journal of Social Psychology, 41*, 825–839.

Zoghbi-Manrique-de-Lara, P., and Suárez-Acosta, M. A. (2014). Employees' reactions to peers' unfair treatment by supervisors: The role of ethical leadership. *Journal of Business Ethics, 122*, 537–549.

Zou, X., Scholer, A. A., and Higgins, E. T. (2014). In pursuit of progress: Promotion motivation and risk preference in the domain of gains. *Journal of Personality and Social Psychology, 106*, 183–201.

主题索引[1]

Abu Ghraib prison 阿布格莱布监狱，5
accentuating the positive 强调积极面向，161-5
acceptance and inclusion, earning 赢得接受与接纳，135-8，139
African Americans 非裔美国人，199-200
agency 能动性，42
agreeing to disagree 接受异议的存在，192-4
Albanians 阿尔巴尼亚人，196
allied selves 自己人，19
altruism 利他行为，20-1
approval-seeking, moral 寻求道德认可，122-4
Aquino, K. 阿奎诺，39
Aristotle 亚里士多德，11，13，22
Armstrong, Lance 兰斯·阿姆斯特朗，4
Asian Americans 亚裔美国人，222
Atlantic, The 《大西洋月刊》，178
Atran, Scott 斯科特·阿特兰，129
attraction to moral groups and organizations 行事道德的群体和组织的吸引力，52-5

bad apples 害群之马，155-7
balancing outcomes and values in groups 平衡群体结果与价值，165-7
"Banker's Oath" 银行从业者誓言，94
Barcaccia Fountain 破船喷泉，17-18
Begoglio, Cardinal 枢机主教伯戈里奥，108
benefit of the doubt 无罪推定，146-7
benevolent sexist views 善意的性别歧视观，222-3，224
betrayal, group 背叛群体，149
bias 偏差
　　implicit 内隐偏差，49
　　moralistic 道德主义偏差，40
"Big Five" personality inventories "大五"人格量表，39
Black lives matter movement "黑人的命也

---

[1] 索引中的页码为英文原书页码，即本书边码，见于正文侧边。——译者注

是命"运动，199-200
Blake, Heidy 海蒂·布莱克，88
Blatter, Sepp 塞普·布拉特，88，110
blood feuds 世仇，72
brain activity monitoring 大脑活动监测，50-1
Bush, George W. 乔治·W. 布什，177

caring climates 关怀氛围，158
change, perspectives of 对改变的看法，212-20，234
Christianity 基督教
    original sin in 基督教中的原罪，32
    perceptions of trustworthiness 基督教徒对虔信的看法，194
    rules for morality in 基督教的道德准则，22
circle of care 关怀圈，19
climates, ethical 伦理氛围，158-61
codes of conduct 行为准则，33
communication and moral behavior 传播与道德行为，243-4
communion 共生，42，44
comparisons, social 社会比较，114-17
competence and morality 能力与德性，42，44-7
    in organizations and groups 组织的能力与德性，53-4
contagion, moral 道德传染，29
corrupting barrels 染缸，155-7
corruption 腐败，28
credentials, moral 道德声誉，33
cultural contexts of moral and immoral behavior 道德行为与不道德行为的文化

背景，193-4
Culvert, Jonathan 乔纳森·卡尔弗特，88

dehumanization of outgroup members 外群成员非人化，210-11
democracy 民主，177-8
depletion, moral 道德耗竭，63-6
deservingness 应得性，208-11
Deutsche Bank 德意志银行，155，168
devaluation, moral 道德贬损，184-7
dignity societies 尊严社会，72-3
discomfort of privilege 对特权感到不适，212-20
discrimination, intergroup 群际歧视，200-8
downward comparisons 向下比较，116
drug abuse among athletes 运动员药物滥用，156-7
Dutch Central Bank (DNB) 荷兰中央银行，7

Ebola epidemic 埃博拉疫情，3
electroencephalogram (EEG) 脑电图，50-1
eliminating the negative 消除不利因素，161-5
empathy 共情，19
employee satisfaction surveys 员工满意度调查，57-8
entrepreneurship, moral 道德企业家精神，122
ethical climates 伦理氛围，158-61
eudaimonia 幸福，11
evidence-based interventions 循证干预，245-6
expectations 期望

positive group-based 群体积极期望, 221-2

stereotypical 刻板印象期望, 224-8

experimental trust game 信任博弈实验, 103-4

failures, moral 道德缺陷/污点, 参见 immoral behavior

fairness 公平/公平性, 11-12, 19, 42

considering merit alone in 仅公平地考虑成就, 227-8

determining deservingness and 决定应得性与公平性, 208-11

errors and sanctions in 过失及惩治的公平, 171-3

moral leadership and 道德领导力与公平, 168-9

moral treatment and intergroup 道德待遇与群际公平, 200-8

financial sector 金融部门, 5-7, 147-8, 153-5

Financial Times《金融时报》, 155

first impressions and trust 第一印象与信任, 89

friendliness, morality as not just 德性不仅仅是友善, 41-4

future focus 未来聚焦, 242-3

genuine morality 真正的道德, 20

goal achievement and moral behavior 目标达成与道德行为, 44-5

"Golden Rule" 黄金法则, 11

Grey, Annika 安妮卡·格雷, 155

groups 群体

accentuating the positive or eliminating the negative in 强调群体的积极面向还是消除不利因素, 161-5

attraction to moral 行事道德的群体的吸引力, 52-5

bad apples and corrupting barrels in 害群之马与染缸, 155-7

balancing outcomes and values in 平衡群体结果与价值, 165-7

benefit of the doubt in 无罪推定, 146-7

care for others in 关怀群体中的其他人, 19

competence of 群体能力, 42

considering merit alone in 仅考虑群体中的成就, 227-8

context often ignored 常被忽略的群体语境, 23-5

costs of contesting morals in 对抗群体道德的代价, 147-9

defining what is normal 群体界定了何为道德, 30-1

developing moral atmosphere in 培育群体道德氛围, 173-4

earning acceptance and inclusion in 赢得群体接受与接纳, 135-8, 139

errors and sanctions in 群体中的过失及惩治, 171-3

group membership shaping self-views in 群体成员资格在群体中塑造自我观, 130-5

immoral behavior by 群体不道德行为, 17-18

importance of workplace morality in 职场道德在群体中的重要性, 55-8

interdependence 群体互依，20
loyalty to 对群体忠诚，149-51
meaning well while doing wrong in 出于善意但导致群体不公，220-3，224
membership shaping self-views，群体成员资格塑造自我观，130-5
as moral anchors 群体作为道德之锚，29-33
moral behavior impacting the self 群体道德行为影响自我，32
morality beyond interdependence and care in 群体中超越互依与关怀的道德，21-3
moral leadership in 群体中的道德领导力，167-70
morals 群体道德，13-14，15
as not the root of all problems 群体并非所有问题的根源，237-8
opportunities and responsibilities with power in 群体中拥有权力的机遇与责任，104-6
origins of moral convictions of 群体道德信念的起源，19-21
position security and trust in 群体中的地位安全性与信任，101-4
shifting standards of moral treatment in 对不同群体变换不同的道德标准，224-7
sustaining individual moral behavior 群体维系个体道德行为，32-3
symbolic value to adherence of moral norms of 遵守群体道德标准的象征意义，20-1
unsolicited inclusion in 未经同意被纳入群体，134-5
volunteers 志愿者，138
whose judgments count in 在群体中谁的判断重要，139-46
Guantanamo Bay, Cuba 古巴关塔那摩，4，96
Guardian, *The*《卫报》，5
guilt 罪疚感，参见 shame and guilt

Haidt, Jonathan 乔纳森·海特，11
Hayden, Brian 布莱恩·海登，183
Heinz dilemma 海因茨困境，92-3
HEXACO personality assessment HEXACO 六因素人格量表，39
hierarchy of dominance 支配等级，20
honor cultures 荣誉文化，72，122
Hussein, Saddam 萨达姆·侯赛因，177

identity 认同/身份
ingroup 内群认同，194-8，237-8
moral 道德认同，39-40
relevant guidelines 与认同相关的原则，142-3
secret 身份保密，185-6
image, moral 道德形象 187-92
immoral behavior 不道德行为
addressing (vicarious) 应对（间接体验到的）道德感或不道德感，79-83
connecting the dots in 不道德行为研究的要点串联，232-4
coping with moral failures and 应对道德缺失与不道德行为，83-4
cultural contexts of 不道德行为的文化背

景，193-4
dwelling on problems or finding solutions to 纠结于问题还是寻求解决不道德行为的方案，241-3
emotional costs of 不道德行为的情绪成本，66-70
in the financial sector 金融领域的不道德行为，5-7
by groups 群体不道德行为，17-18
portrayed in media 媒体所描绘的不道德行为，37-8
public debate and opinions of 有关不道德行为的公众舆论，5-7
science of 不道德行为的科学研究，7
self-protective responses to 对不道德行为的自我保护反应，76-9
social implications of 不道德行为的社会意涵，70-6

Implicit Association Test (IAT) 内隐联想测验，48-51
with groups 群体内隐联想测验，143-6
implicit bias 内隐偏差，49
inclusion 接纳
earning acceptance and 赢得接受与接纳，135-8，139
unsolicited 未经同意被纳入群体，134-5
individual dispositions, assessment of 评估个人特质，234-5
individual mobility ideologies 个体流动思想，201
inferred intentions 推断的意图，97
information processing and fairness 信息处理与公平，201-2

ingroup members 内群成员，133-4，146-7，237-8
defining 界定内群，194-8
determining deservingness by 根据内群身份决定应得性，208-11
perceived competence and morality of 感知到的内群成员的能力与德性，180-1
Institute for Policy Studies 政策研究所，6
integrity screening 诚信审查，91-2
integrity tests 诚信测验，44
interdependence 互依，20，21-3，109-10
intergroup level, the 群际水平
agreeing to disagree at 在群际水平接受异议的存在，192-4
building a moral image at 树立不同群体的道德形象，187-92
coping with moral devaluation at 应对群际道德贬损，184-7
defining the ingroup at 在群际水平界定内群成员，194-8
determining deservingness in 根据群体身份决定应得性，208-11
discomfort of privilege and 对特权感到不适与群际水平，212-20
meaning well while doing wrong at 出于善意但导致群际不公，220-3，224
same goals, different means at 不同群体的同样的目标，不同的手段，198
shifting standards at 对不同群体变换标准，224-7
striving for moral superiority at 争取对其他群体的道德优越感，178-84
trying to be fair at 力图实现群际公平，

200 - 8

internalization, moral 道德内化, 40

interpersonal level, the 人际水平

 concerns about outcomes at 人际水平上对结果的关切, 113 - 14

 deciding whom to trust at 决定人们中谁值得信任, 91 - 5

 difficulty of moral improvement and 向他人学习与提升道德的困难之处, 124 - 5

 importance of trust at 人际信任的重要性, 89 - 91

 moral approval at 人际道德认可, 122 - 4

 moral beacons and 道德明灯与人际水平, 114 - 18

 moral differences eliciting threat at 道德差异引发人际威胁, 118 - 22

 moral guidance and trust at 人际水平上的道德引导与信任, 109 - 12

 perceived motives coloring judgement at 感知到的动机影响人际判断, 95 - 7

 position security and trust at 人际水平上的地位安全性与信任, 101 - 4

 power differences impacting trust at 权力差异影响人际信任, 97 - 101

 securing moral approval at 确保人际道德认可, 122 - 4

 trust opportunities and responsibilities at 人际水平上对机遇与责任的信任, 104 - 6

intragroup level, the 群体内水平

 accentuating the positive or eliminating the negative at 强调群体内积极面向还是消除不利因素, 161 - 5

 bad apples and corrupting barrels at 害群之马与染缸, 155 - 7

 balancing outcomes and values at 平衡群体内结果与价值, 165 - 7

 benefit of the doubt at 无罪推定, 146 - 7

 costs of contesting group morals at 在群体内对抗群体道德的代价, 147 - 9

 developing moral atmosphere at 培育群内道德氛围, 173 - 4

 earning acceptance and inclusion at 赢得群体内的接受与接纳, 135 - 8, 139

 errors and sanctions at 群体内的过失及惩治, 171 - 3

 group loyalty and 对群体的忠诚与群体内水平, 149 - 51

 group membership shaping self-views at 群体成员在群内塑造自我观, 130 - 5

 moral leadership at 群体内的道德领导力, 167 - 70

 narrowing out moral perspective at 限制群内道德观, 151 - 2

 whose judgments count at 群体内谁的判断重要, 139 - 46

intrapersonal level, the 个体内水平

 addressing (vicarious) (im) morality at 应对个体（间接体验到的）道德感或不道德感, 79 - 83

 attraction to moral groups and organizations 行事道德的群体和组织对个体的吸引力, 52 - 5

 being a moral person at 做一个有德性的人, 38 - 41

being moral or being smart at 是要德性还是要聪明，44－7

coping with moral failures and 应对个体自身的道德污点，83－4

emotional costs of morally questionable behavior 个体内水平上道德存疑行为的情绪成本，66－70

importance of workplace morality at 职场道德在个体内水平的重要性，55－8

moral depletion and 道德耗竭与个体内水平，63－6

morality as not just friendliness at 德性不仅仅是友善，41－4

morality defining who we are at 德性决定我们是谁，58－9

morality portrayed in media 媒体所描绘的个体德性，37－8

motivation to be moral and 道德动机与个体内水平，65－6

motivation to be moral at 个体内隐的道德动机，48－51，52

self-protective responses 个体对不道德行为的自我保护反应，76－9

shame and guilt defined and 界定的羞耻感和罪疚感与个体内水平，61－3

social implications of moral transgressions at 道德过失对个体的社会意涵，70－6

social media and 社交媒体与个体内水平，60－1

ISIS "伊斯兰国"，129－30

judgments, moral 道德判断，14，43－4

Keenan, Douglas 道格拉斯·基南，155
KLM Airlines 荷兰皇家航空公司，187－8
Kosovo 科索沃，196

lapses, moral 道德走神，参见 immoral behavior
leadership, moral 道德领导力，167－70
licensing, moral 道德许可，33，66
loyalty, group 群体忠诚，149－51
Luyendijk, Joris 乔里斯·卢因迪克，5－6，147

Masini, Paolo 保罗·马西尼，18
meaning well while doing wrong 好心办坏事，220－3，224
Merkel, Angela 安格拉·默克尔，110，118，208
migrants and refugees 移民与难民，208－9
military, the 军队，5，177－8
  group acceptance in 军队中的群体接受，138，139
  LGBT persons in 军队中具有多元性倾向的个人，184
moral anchors, groups as 群体作为道德之锚，29－33
moral approval seeking 寻求道德认可，122－4
moral atmospheres 道德氛围，153－5
  accentuating the positive or eliminating the negative in 强调道德氛围的积极面向还是消除不利因素，161－5
  bad apples and corrupting barrels in 道德氛围中的害群之马与染缸，155－7
  balancing outcomes and values 平衡结果

与价值的道德氛围，165－7

　　development of 道德氛围的培育，173－4

　　errors and sanctions in 道德氛围中的过失及惩治，171－3

　　ethical climates as 作为道德氛围的伦理氛围，158－61

　　moral leadership in 道德氛围中的道德领导力，167－70

moral beacons 道德明灯，114－18

moral behavior 道德行为

　　beyond interdependence and care 超越互依与关怀的道德行为，21－3

　　classic developmental view of 道德行为的经典发展观，38

　　communication and 传播与道德行为，243－4

　　connecting the dots in 道德行为研究的要点串联，232－4

　　cultural contexts of 道德行为的文化背景，193－4

　　doing only what works in 只做有助于道德行为的可行之事，244－6

　　future focus and 未来聚焦与道德行为，242－3

　　groups sustaining individual 群体维系个体道德行为，32－3

　　hope breeding scope in 期望催生改变道德行为的余地，244

　　how to examine 怎样检验道德行为，8－10

　　interdependence and 互依与道德行为，20

　　making a difference with 改变道德行为，240－1，246－7

　　motivation for 道德行为的动机，48－51，52，65－6

　　not just about care 道德行为不只是关怀，20－1

　　of other group members impacting the self 其他内群成员的道德行为会影响自我，32

　　shared values and 共享价值观与道德行为，13－14，15

moral character 道德品质，92

moral compass 道德指针，29

moral contagion 道德传染，29

moral convictions, origin of 道德信念的起源，19－21，23

moral credentials 道德声誉，33

moral depletion 道德耗竭，63－6

moral devaluation, coping with 应对道德贬损，184－7

moral differences, threat from 道德差异的威胁，118－22

moral distinction 道德区分

　　agreeing to disagree and 接受异议的存在与道德区分，192－4

　　building a moral image for 树立道德形象以获得道德区分，187－92

　　coping with moral devaluation and 应对道德贬损与道德区分，184－7

　　defining the ingroup and 界定内群与道德区分，194－8

　　same goals, different means for 同一目标，不同的道德区分手段，198

　　striving for moral superiority and 争取道德优越感与道德区分，178－84

moral entrepreneurship 道德企业家精神，122

moral failures 道德缺陷/污点，**参见** immoral behavior

moral foundations theory 道德根基论，11

moral guidance 道德引导

 concerns beyond outcomes 超越结果关切的道德引导，113-14

 moral beacons making us feel inadequate and 道德明灯使我们感受到自身的不足与道德引导，114-18

 and moral differences eliciting threat 道德引导与引发威胁的道德差异，118-22

 trust and 信任与道德引导，109-12

moral identity 道德认同，39-40

 relevant guidelines 道德认同的相关准则，142-3

moral image building 树立道德形象，187-92

moral improvement, difficulty of 道德提升的困难之处，124-5

moral internalization 道德内化，40

moralistic bias 道德主义偏差，40

morality 德性/道德：

 assessing individual dispositions as not helpful in understanding 评估个人特质无益于理解德性，234-5

 competence and 能力与德性，42，44-7

 connecting the dots in researching, 串联道德研究的要点，232-4

 defined 道德的界定，10-12

 defining who we are 德性决定我们是谁，58-9

 genuine 真正的道德，20

 and how to examine moral behavior 道德与如何检验道德行为，8-10

 importance of workplace 职场道德的重要性，55-8

 as not a simple choice between good and evil 道德不是善恶的简单抉择，235-7

 as not just friendliness 德性不仅仅是友善，41-4

 paradox of 道德悖论，33

 psychology of 道德心理学，12-13

 public discussions of 对道德的公众讨论，3，5-7

 reasons for studying 研究道德的理由，3-5，231-2，238-9

 religion and 宗教与道德，39，139-40

 scientific studies of 道德的科学研究，7

 significance of group morals in 群体道德对道德的意义 13-14，15

 social functions of 道德的社会功能，14，16

 social identity approach to 道德的社会认同路径，25-9，178-83

 as social test 道德作为一种社会测验，33-4

 true 真正的德性，30

moral judgments 道德判断，14，43-4

moral lapses 道德走神，**参见** immoral behavior

moral leadership 道德领导力，167-70

moral licensing 道德许可，33，66

Morally Debatable Behaviors Scale (MDBS) 道德争议行为量表，158

moral person, definition of a 有德性的人的定义，38-41

moral personality 道德人格，39

moral rebels 道德反叛者，117
moral refusers 道德抗拒者，117
moral self, conceptions of the 对道德自我的看法，39-41
moral superiority 道德优越感，178-84
moral symbolization 道德符号化，39-40
moral treatment 道德待遇
    considering merit alone in 仅以成就考虑道德待遇，227-8
    determining deservingness of 决定应得的道德待遇，208-11
    discomfort of privilege and 对特权与道德待遇感到不适，212-20
    fairness and 公平与道德待遇，200-8
    meaning well while doing wrong and 好心办坏事与道德待遇，220-3，224
    shifting standards of 变换道德待遇的标准，224-7
motivation 动机
    balancing outcomes and values in 平衡动机的结果与价值，165-7
    to be moral 行事道德的动机，48-51，52，65-6
    perceived organizational 感知到的组织动机，188-90
Murray, Andy 安迪·穆雷，220

normality, group-defined 群体界定的道德，30-1
NSA surveillance practices 美国国家安全局监控项目，3
Nuzzi, Gianluigi 詹路易吉·努齐，109

Obama, Barack 巴拉克·奥巴马，177

objectification of women 女性的物化，220-1
Occupy Wall Street "占领华尔街" 运动，3，132
organizations 组织，参见 groups
outcome concerns 结果关切，113-14，158
outgroup members 外群成员，133-4，146-7
    dehumanization of 外群成员的非人化，210-11

paradox of morality 道德悖论，33
perceived motives and judgment of trustworthiness 感知到的动机与对可信度的判断，95-7
perceived organizational morality 感知到的组织道德，170
personality, moral 道德人格，39
personality inventories 人格量表，39，41
personal moral convictions 个人道德信念，31
Pirates of the Caribbean《加勒比海盗》，37
Platini, Michel 米歇尔·普拉蒂尼，88
political parties 政党，192-3
Pope Francis 教皇方济各，108-9，116
position security and trust 地位安全性与信任，101-4
positive group-based expectations 基于群体的积极期望，221-2
power, opportunities and responsibilities associated with 与权力相关的机遇与责任，104-6
prevention climates 预防氛围，162-5
privilege, discomfort of 对特权感到不适，212-20

promotion climates 进取氛围，162-5
psychology of morality 道德心理学，12-13
public shaming on social media 社交媒体上的公开羞辱，60-1
Pulse nightclub shooting, 2016 2016年奥兰多"脉动"夜店枪击案，187
Putin, Vladimir 弗拉基米尔·普京，110, 118

Qaddafi, Muammar 穆阿迈尔·卡扎菲，177

rebels, moral 道德反叛者，117
Reed, A. I. 里德，39
refusers, moral 道德抗拒者，117
relationship focus in the workplace 职场中的人际关系聚焦，160
religion 宗教
　　endorsement inducing hostility and aggression 宗教支持导致的敌意与攻击，121
　　group membership shaping self-views 宗教团体成员资格塑造自我观，132
　　morality and 道德与宗教，39, 139-40
　　perceptions of trustworthiness and 对可信度与宗教的看法，194
reputation, social 社会声誉，133
Roman Catholic Church 罗马天主教会，108-9
Ronson, Jon 乔恩·罗森，60
Royal Netherlands armed force 荷兰皇家武装部队，138, 139
rules climates 规则氛围，159

Salih, Barham 巴尔哈姆·萨利赫，177
sanctions, social 社会惩治，149

secret identity 秘密身份，185-6
self, conceptions of the moral 道德自我观，39-41
self-protective responses 自我保护反应，76-9
self-regulation 自我调节，12
　　desire to be moral as motivation for 对行事道德的渴望作为自我调节的动机，33
　　difficulty of moral improvement and 道德提升与自我调节的困难之处，124-5
self-reinforcing 自我强化，245
self-reporting of moral behavior 道德行为的自我报告，8
self-views 自我观，40-1, 234-5
　　addressing (vicarious) (im) morality 应对（间接体验到的）道德感或不道德感，79-83
　　coping with moral failures and 应对道德污点的自我观，83-4
　　emotional costs of morally questionable behavior on 道德存疑行为在自我观上的情绪成本，66-70
　　group memberships shaping 群体成员资格塑造自我观，130-5
　　moral beacons and 道德明灯与自我观，114-18
　　moral depletion and 道德耗竭与自我观，63-6
　　securing moral approval and 确保道德认可与自我观，122-4
　　self-protective responses 自我保护反应，76-9
　　social implications of moral transgressions

and 道德过失的社会意涵与自我观，70 - 6

September 11, 2001, terrorist attacks 2001 年"9·11"恐怖袭击事件, 3, 210 - 11

Serbians 塞尔维亚人, 196

sexist treatment 性别歧视, 202 - 3

sexist views, benevolent 善意的性别歧视观, 222 - 3, 224

shame and guilt 羞耻感和罪疚感

　defined 界定羞耻感和罪疚感, 61 - 3

　emotional costs of morally questionable behavior 道德存疑行为导致羞耻感和罪疚感的情绪成本, 66 - 70

　moral criticism and approval from others and 他人的道德批评和认可与羞耻感和罪疚感, 140 - 1

　moral depletion and 道德耗竭与羞耻感和罪疚感, 63 - 6

　motivation to be moral and 行事道德的动机与羞耻感和罪疚感, 65 - 6

　social media and 社交媒体与羞耻感和罪疚感, 60 - 1

shared morals 共享道德, 13 - 14, 15, 26

　group memberships shaping self-views and 群体成员资格塑造自我观与共享道德, 132

shifting standards 变换的标准, 224 - 7

situational constraints on choices 抉择的情境限制, 235

smart, being moral versus being 是要德性还是要聪明, 42, 44 - 7

Smith, Greg 格雷格·史密斯, 154

sociability 亲和性, 41

in organizations and group 组织与群体中的亲和性, 53 - 4

social comparisons 社会比较, 114 - 17

social functions of morality 道德的社会功能, 14, 16

social identity approach to morality 道德的社会认同路径, 25 - 9

　moral superiority and 道德优越感与道德的社会认同路径, 178 - 84

social implications of moral transgressions 道德过失的社会意涵, 70 - 6

social media, public shaming on 社交媒体上的公开羞辱, 60 - 1

social reputation 社会声誉, 133

social sanctions 社会惩治, 149

social test, morality as 道德作为社会测验, 33 - 4

So You've Been Publicly Shamed 《千夫所指》, 60

stereotype congruent items 刻板印象一致项, 49

stereotypical expectations 刻板印象期望, 224 - 8

stigmatized identity 污名化认同, 185 - 6

suicide 自杀, 60 - 1

superiority, moral 道德优越感, 178 - 84

symbolization, moral 道德符号化, 39 - 40

targeted actions 针对性行动, 245

terrorism 恐怖主义, 3, 26, 129 - 30, 210 - 11

theory of mind 心理理论, 19

Theory of Planned Behavior 计划行为论, 48

Tierney, Dominic 多米尼克·蒂尔尼, 177-8
Tiggelaar, Ben 本·蒂格拉尔, 168
tokens 标志, 204
Tomasello, M. 托马塞洛, 22
trolley dilemmas 电车困境, 8
true morality 真正的德性, 30
trust 信任
    deciding whom to 决定信任谁, 91-5
    defined 信任的界定, 87
    importance of 信任的重要性, 89-91
    moral guidance and 道德引导与信任, 109-12
    opportunities and responsibilities 机遇与责任, 104-6
    perceived motives coloring judgment about 感知到的动机影响信任判断, 95-7
    position security raising 地位安全性提升信任, 101-4
    power differences impacting 权力差异影响信任, 97-101
    a priori 先在的信任, 209
    willingness to 给予信任的意愿, 87-8
trustworthiness 可信度
    behavioral implications of 可信度对行为的意涵, 89-90
    first impressions and 第一印象与可信度, 89
    as unenforceable 无法强制的可信度, 106-7
Twitter 推特, 60

Ukraine crisis, 2015 2015年乌克兰危机, 110
universal moral guidelines 普适道德原则, 31
unsolicited inclusion 未经同意被纳入群体, 134-5
upward comparisons 向上比较, 115-16

Vaish, A. 瓦伊什, 22

whistle-blowers 检举者, 148
"white lies" 善意的谎言, 147
WikiLeaks 维基解密, 3
Williams, Serena 塞雷娜·威廉姆斯, 220-1
Wimbledon 温布尔登, 220-1
Winfrey, Oprah 奥普拉·温弗瑞, 4
women 女性, 221
    athletes 女性运动员, 220-1
    benevolent sexist views of 对女性的善意性别歧视观, 222-3, 224
    objectification of 女性的物化, 220-1
    sexist treatment of 女性的性别不公待遇, 202-3
    shifting standards and stereotypical expectations of 对女性变换标准以及刻板印象期望, 224-5, 227-8
workplace morality, importance of 职场道德的重要性, 55-8
World Value Survey 世界价值观调查, 158

youth gangs 青年帮派, 135

译后记

《道德之锚：道德与社会行为的调节》一书作者娜奥米·埃勒默斯（Naomi Ellemers）是乌得勒支大学的杰出教授（Distinguished Professor）。在本书中，她以清晰明确而极富社会意涵的方式对道德这一抽象议题进行了探索。道德知易行难，但埃勒默斯不欲批判行动者理想化的道德自我观，或是指责群体营造不可抗拒的不道德的风气，而是从群体入手分析道德提升的困难之处，并呈现了并不复杂的引导人们实现道德理想的路径。本书有助于普通个体了解群体成员资格在形塑自身德性上的力量，更能使人反省特权，意识到少数族裔、多元性取向社群与女性所面临的诸多不公，以及应如何促进公正的实现。埃勒默斯的理性与关怀视角，毫无疑问地展现了一位女性学者的非凡成就与社会使命感。事实上，她所带来的鼓舞不止于学术引导，还有实际的对抗偏见的行动：埃勒默斯与另外三位女教授以"雅典娜的天使"（Athena's Angels）为名，倡导关注学界女性所面临的性别歧视，并为她们的科研事业提供有益的帮助。

本书隶属于方文教授主编的"当代西方社会心理学名著译丛"（第二辑），埃勒默斯在书中所依托的社会认同论与社会心理学解释水平相关著作此前已在该译丛第一辑中出版。感谢方老师的信任，让我能有幸翻译这样一部著作。倘若没有老师的耐心鼓励，我无法想象自己能真正完成翻译。老师的社会心理学专题研究课程与推荐的论著曾使我在入门社会心理学之初体会到震动与无尽乐趣，而译丛书目所及范围又能超越课堂，希望这能使更多对社会心理学感兴趣的读者获益，受到经由"Double Best"标准所精心遴选译介的名著的滋养。

　　本书由赵蜜博士校对。师姐校对文档细致之极，不禁令人担忧这番校对恐怕比她自己亲自翻译更费心力。师姐对专业名词、学术表达和语句排布的斟酌与把握，准确而有力地传达了原著中的洞见。我在翻译过程中不时受制于学识、自我耗竭以及更不妙的自我膨胀，是师姐的帮助让翻译能够尽可能忠实于原著的文字与思想，这令我十分感激。

　　中国人民大学出版社的张宏学编辑与郦益编辑为本书的出版提供了持续的指导帮助，感谢他们承担了书籍出版背后烦琐又重要的工作。感谢精通荷兰语的挚友刘畅对书中特定名词的解答。感谢我的师妹蒋谦无私的帮助。我的父母是译稿最早的读者，我们一同见证了不完善的初稿在师友帮助下渐渐成形的过程。

马梁英

2022 年 4 月

当代西方社会心理学名著译丛

《欲望的演化：人类的择偶策略》（最新修订版）

- 著名心理学家戴维·巴斯富有开创性和争议性的经典力作
- 用进化心理学揭开人类择偶和爱情的神秘面纱
- 用真实数据赋予读者塑造亲密关系的强大力量

【美】戴维·巴斯 著
王叶 谭黎 译
ISBN：978-7-300-28329-6
出版时间：2020 年 8 月
定价：79.80 元

《归因动机论》

- 著名社会心理学家、归因理论集大成者伯纳德·韦纳收山之作
- 深入探究社会动机，独到剖析社会正义，透彻解读道德情感

伯纳德·韦纳 著
周玉婷 译
ISBN：978-7-300-28542-9
出版时间：2020 年 9 月
定价：59.80 元

《偏见》（第 2 版）

- 著名社会心理学家鲁珀特·布朗关于偏见研究的全新作品
- 正确理解偏见、积极消除偏见、客观认识世界的不二之选

【英】鲁珀特·布朗 著
张彦彦 译
ISBN：978-7-300-28793-5
出版时间：2021 年 1 月
定价：98.00 元

《努力的意义：积极的自我理论》

- 全球最大教育奖"一丹教育奖"首位获奖者扛鼎之作
- 汇集 30 余年自我理论研究之精华，挑战错误的教育观念
- 帮助下一代充分实现自我潜能，成为比我们更了不起的人

【美】卡罗尔·德韦克 著
王芳 左世江 等 译
ISBN：978-7-300-28458-3
出版时间：2021 年 3 月
定价：59.90 元

《偏见与沟通》

- 深刻揭示偏见与沟通的开创性著作
- 全面了解群际接触理论及研究的必读书

【美】托马斯·佩蒂格鲁，琳达·特罗普 著
林含章 译
ISBN：978-7-300-30022-1
出版时间：2022 年 1 月
定价：79.80 元

《情境中的知识：表征、社群与文化》

- 伦敦政治经济学院社会心理学资深教授约夫切洛维奇扛鼎之作
- 深入理解知识的社会心理路径的不二之选

【英】桑德拉·约夫切洛维奇 著
赵蜜 译
ISBN：978-7-300-30024-5
出版时间：2022 年 1 月
定价：68.00 元

Morality and the Regulation of Social Behavior: Groups as Moral Anchors by Naomi Ellemers

ISBN: 9781138958180

Copyright © 2017 Naomi Ellemers

Authorized translation from the English language edition published by Routledge, a member of the Taylor & Francis Group. All rights reserved. 本书原版由 Taylor & Francis 出版集团旗下 Routledge 公司出版，并经其授权翻译出版，版权所有，侵权必究。

China Renmin University Press is authorized to publish and distribute exclusively the Chinese (Simplified Characters) language edition. This edition is authorized for sale throughout the mainland of China. No part of the publication may be reproduced or distributed by any means, or stored in a database or retrieval system, without the prior written permission of the publisher. 本书中文简体翻译版权授权由中国人民大学出版社独家出版并仅限在中国大陆地区销售，未经出版者书面许可，不得以任何方式复制或发行本书的任何部分。

Copies of this book sold without a Taylor & Francis sticker on the cover are unauthorized and illegal. 本书封面贴有 Taylor & Francis 公司防伪标签，无标签者不得销售。

北京市版权局著作权合同登记号：01－2020－4479

图书在版编目（CIP）数据

道德之锚：道德与社会行为的调节/（荷）娜奥米·埃勒默斯（Naomi Ellemers）著；马梁英译．--北京：中国人民大学出版社，2023.1
（当代西方社会心理学名著译丛/方文主编）
书名原文：Morality and the Regulation of Social Behavior：Groups as Moral Anchors
ISBN 978-7-300-31154-8

Ⅰ.①道… Ⅱ.①娜… ②马… Ⅲ.①道德行为-研究 Ⅳ.①B82

中国版本图书馆 CIP 数据核字（2022）第 197144 号

当代西方社会心理学名著译丛
方文　主编
道德之锚：道德与社会行为的调节
[荷] 娜奥米·埃勒默斯　著
马梁英　译
赵　蜜　审校
Daode zhi Mao：Daode yu Shehui Xingwei de Tiaojie

出版发行	中国人民大学出版社		
社　　址	北京中关村大街 31 号	邮政编码	100080
电　　话	010－62511242（总编室）	010－62511770（质管部）	
	010－82501766（邮购部）	010－62514148（门市部）	
	010－62515195（发行公司）	010－62515275（盗版举报）	
网　　址	http：//www.crup.com.cn		
经　　销	新华书店		
印　　刷	北京昌联印刷有限公司		
规　　格	170 mm×240 mm　16 开本	版　次	2023 年 1 月第 1 版
印　　张	23.5 插页 2	印　次	2023 年 1 月第 1 次印刷
字　　数	348 000	定　价	88.00 元

版权所有　侵权必究　　印装差错　负责调换